Schriftenreihe des Archivs für
Urheber-, Film-, Funk- und Theaterrecht (UFITA)

herausgegeben von
Prof. Dr. Manfred Rehbinder
Institut für Urheber- und Medienrecht, München
Band 144

Dr. Ulrich Block, LL.M.

Die Lizenzierung von Urheberrechten für die Herstellung und den Vertrieb von Tonträgern im Europäischen Binnenmarkt

Nomos Verlagsgesellschaft
Baden-Baden 1997

Gedruckt mit Unterstützung der Deutschen Vereinigung für gewerblichen Rechtsschutz und Urheberrecht e.V.

Die Deutsche Bibliothek – CIP-Einheitsaufnahme

Block, Ulrich:
Die Lizenzierung von Urheberrechten für die Herstellung und den Vertrieb von Tonträgern im Europäischen Binnenmarkt / Ulrich Block. – 1. Aufl., Stand: Dezember 1996. – Baden-Baden : Nomos Verl.-Ges., 1997
(Schriftenreihe des Archivs für Urheber-, Film-, Funk- und Theaterrecht (UFITA) ; Bd. 144)
Zugl.: Freiburg (Breisgau), Univ., Diss., 1996
ISBN 3-7890-4893-3

Stand: Dezember 1996

1. Auflage 1997

Inhaltsübersicht

Inhaltsverzeichnis

(1) Einführung

Die Lizenzierung von Urheberrechten für die Herstellung und den Vertrieb von Tonträgern im Europäischen Binnenmarkt ist ein Aspekt des Spannungsverhältnisses, das zwischen dem Schutz geistigen Eigentums durch die nationale Gesetzgebung der Mitgliedstaaten und dem Recht der Europäischen Gemeinschaft[1] besteht. Zweck der vorliegenden Arbeit ist es, die Konflikte zu beleuchten, die im Zusammenhang mit der Tonträgervermarktung zwischen nationalem Urheberrechtsschutz und den Zielen der Europäischen Gemeinschaft entstehen. Dabei soll gezeigt werden, welche Bedeutung die europarechtlichen Lösungen dieser Konflikte für die Lizenzierungspraxis haben. Im Mittelpunkt stehen die territoriale Aufspaltung von Lizenzbedingungen nach Bestimmungsländern und die territoriale Aufteilung der Urheberrechtslizenzierung zwischen den nationalen Verwertungsgesellschaften.

A. Ausgangspunkt: Die Urheberrechtslizenzierung im Umbruch

Entscheidungen und informelle Verfahren der Europäischen Kommission[2] haben zu einschneidenden Veränderungen bei der internationalen Praxis der Tonträgerlizenzierung geführt. Parallel hierzu haben technische Neuerungen (so die Erfindung der Compact Disc) und wirtschaftliche Entwicklungen (insbesondere die Entstehung großer Tonträgerherstellerkonzerne mit europaweiten Strukturen) das herkömmliche System der Urheberrechtslizenzierung vor neue Anforderungen gestellt. Europäische Verwertungsgesellschaften sind in der Folge dieser Entwicklungen in letzter Zeit dazu übergegangen, Lizenzen gemeinschaftsweit zu vergeben, d.h. an Tonträgerhersteller, die nicht ihren Sitz im jeweiligen nationalen Verwaltungsgebiet der Verwertungsgesellschaft haben. Das geschieht zum einen in der Form sogenannter Zentrallizenzen, die von einigen Verwertungsgesellschaften an die fünf großen Tonträgerhersteller Sony, Polygram, EMI, Warner Music und Bertelsmann Music Group vergeben werden. Die Verwertungsgesellschaften schließen Zentrallizenzverträge mit Konzerngesellschaften dieser Hersteller ungeachtet der Frage, ob die vertragschließende Konzerngesellschaft ihren Sitz im Verwaltungsgebiet der Verwertungsgesellschaft hat. Zum anderen erteilen Verwertungsgesellschaften Lizenzen mittlerweile auch an kleine und mittlere Tonträgerhersteller mit Sitz außerhalb des jeweiligen Verwaltungsgebietes der Verwertungsgesellschaft. Leistungsfähigkeit, personelle und materielle Ausstattung dieser Verwertungsgesellschaften können dabei oftmals eine wirksame Kontrolle der Lizenzbedingungen außerhalb des jeweiligen Verwaltungsgebietes nicht gewährleisten.

---

1 Im folgenden: Gemeinschaft oder EG.
2 Im folgenden: Kommission.

Die gemeinschaftsweite Vergabe von Lizenzen ist geeignet, sowohl einen effektiven Urheberrechtsschutz als auch das System der internationalen Urheberrechtslizenzierung in Frage zu stellen, insbesondere soweit dieses System auf der Kooperation der Verwertungsgesellschaften durch Gegenseitigkeitsverträge[3] beruht: Die Gegenseitigkeitsverträge versetzen im Interesse der Urheber und Tonträgerhersteller jede Verwertungsgesellschaft in die Lage, das Weltrepertoire an musikalischen Werken zu lizenzieren. In der Vergangenheit war die Tätigkeit der Verwertungsgesellschaften bei der Vergabe des Weltrepertoires nach nationalen Tätigkeitsbereichen territorial aufgeteilt. Jede Verwertungsgesellschaft vergab - in Übereinstimmung mit entsprechenden territorialen Beschränkungen in den Gegenseitigkeitsverträgen - Lizenzen über das Weltrepertoire nur an Tonträgerhersteller mit Sitz in ihrem Verwaltungsgebiet.

Der Wettbewerb um Lizenzverträge mit Tonträgerherstellern, der nunmehr zwischen den Verwertungsgesellschaften einzusetzen beginnt, droht den Interessen der Urheber an einer effektiven Wahrnehmung ihrer Rechte zuwiderzulaufen. Verwertungsgesellschaften sehen sich veranlaßt und berechtigt, gegeneinander um Tonträgerhersteller mit möglichst günstigen Lizenzgebühren und Konditionen zu werben. Tatsächlich kommt es mittlerweile vor, daß Verwertungsgesellschaften Tonträgerherstellern massiv mit Sonderkonditionen und Vergünstigungen entgegenkommen. Dazu werden entweder die Möglichkeiten, die der BIEM/IFPI-Normalvertrag[4] für Individualvereinbarungen läßt, ausgenutzt oder die Regelungen im BIEM/IFPI-Normalvertrag werden im Einzelfall schlicht mißachtet.

Der Wettbewerb zwischen den Verwertungsgesellschaften und ein damit zusammenhängendes Lizenzen-Dumping laufen nicht nur den Urheberinteressen entgegen. Sie können auch dazu führen, daß Verwertungsgesellschaften ihre Gegenseitigkeitsverträge mit konkurrierenden Schwestergesellschaften kündigen, um ihr eigenes Repertoire zu schützen. Folge wäre, daß Tonträgerhersteller das Weltrepertoire nur mittels einer Vielzahl von Lizenzverträgen mit verschiedenen Verwertungsgesellschaften erwerben könnten.

Die gegenwärtige Lizenzierungspraxis befindet sich auf dem Hintergrund der Kommissionspraxis und der veränderten wirtschaftlichen Rahmenbedingungen in einer Umbruchphase. Die Praxis ist von Rechtsunsicherheit geprägt. Verwertungsgesellschaften und Tonträgerhersteller scheinen sich von Fall zu Fall zu arrangieren und auftretende Rechtsfragen durch individualvertragliche Absprachen und Vergleiche zu regeln. Die Bedingungen dürften dabei oft genug von der finanziellen Leistungsfähigkeit und Zuverlässigkeit des jeweiligen Tonträgerherstellers abhängen.

Mit der vorliegenden Arbeit soll im Hinblick auf die gegenwärige Umbruchphase eine Bestandsaufnahme der bisherigen Rechtsprechung des Europäischen Gerichtshofs (EuGH) und der Praxis der Kommission vorgenommen und deren Bedeutung für die Lizenzierungpraxis bewertet werden. Die Ansicht der Kommission wird anhand der Rechtsprechung des EuGH einer Prüfung unterzogen. Schließlich soll unter Berücksichtigung der Bedürfnisse der Praxis versucht wer-

3 Dazu ausführlich unten **(3)** C.

4 Zu diesem Vertrag ausführlich unten **(3)** E.

den, Lösungsansätze für die Probleme aufzuzeigen, die sich aus dem Widerspruch zwischen dem Interesse der Urheber an effektivem Schutz ihrer Rechte und dem Interesse der Tonträgerhersteller an möglichst kostengünstiger europaweiter Verfügbarkeit des Weltrepertoires ergeben.

B. Begriffsklärungen

Ein "Tonträger" ist für Zwecke dieser Arbeit in Anlehnung an Definitionen in internationalen Konventionen und in nationaler Gesetzgebung jeder Gegenstand, auf welchem ausschließlich Töne in einer Form festgelegt sind, welche die wiederholbare Wiedergabe dieser Töne ermöglicht[5]. Der erste Tonträger im modernen Sinne wurde 1877 von Thomas Edison erfunden[6]. Zum gegenwärtigen Stand der Technik sind folgende Gegenstände als Tonträger gebräuchlich: Vinylschallplatten, Tonbänder, Kassetten, Compact Discs (CD), Minidiscs (MD), Digital Audio Tapes (DAT) und Digital Compact Cassettes (DCC). Innerhalb dieser Kategorien, insbesondere bei der CD, gibt es wiederum verschiedene Arten, die sich nach Aufnahmeverfahren, Spieldauer, Abspielverfahren etc. unterscheiden[7].
Unter "Lizenzierung" ist für Zwecke dieser Arbeit jede Erlaubnis eines Urhebers oder sonstigen Berechtigten (Lizenzgebers) zu verstehen, die dieser einem anderen (Lizenznehmer) erteilt, ein urheberrechtlich geschütztes Werk in einer bestimmten Weise zu nutzen. Wie diese Erlaubnis rechtsdogmatisch ausgestaltet ist, hängt von den Regelungen der jeweiligen nationalen Urheberrechtsordnungen ab[8]. Die rechtlichen Konstruktionen (ganze oder teilweise Übertragung des Urheberrechts, Übertragung von Verwertungsrechten, Einräumung von Nutzungsrechten etc.) können sehr unterschiedlich sein[9]. Diese Unterschiede sind aber für die vorliegende Arbeit nicht von Bedeutung. Entscheidend für das Vorliegen einer Lizenz ist nur, daß mit ihr die Nutzung eines urheberrechtlich geschützten Werkes gestattet wird.

---

5 Artikel 3 b Internationales Abkommen über den Schutz der ausübenden Künstler, der Hersteller von Tonträgern und der Sendeunternehmen vom 26. Oktober 1961 (Rom-Abkommen), BGBl. 1965 II S. 1245; Artikel 1 a Übereinkommen zum Schutz der Hersteller von Tonträgern gegen die unerlaubte Vervielfältigung ihrer Tonträger vom 29. Oktober 1971 (Tonträgerabkommen), BGBl. 1973 II S. 1670; § 16 Abs. 2 Gesetz über Urheberrecht und verwandte Schutzrechte (UrhG); section 5 (1) britischer Copyright, Designs and Patents Act 1988 (im folgenden: brit. Copyright, Designs and Patents Act 1988); § 101 US - Copyright Act ("Phonorecords").

6 *Boytha* IIC Vol. 24 No. 3/1993, 285; *Schricker-Loewenheim* vor §§ 73 ff Rn 3.

7 S. *Kreile/Becker* Multimedia und die Praxis der Lizenzierung von Urheberrechten in: GEMA-Jahrbuch 1995/96 C S. 68 ff, 70 f; *dies.* GRUR Int. 1996, 677, 679; *Vacher-Desvernais* BIEM in: *Lester/Faulder/van Rij* (Hrsg.) Mechanical Rights - Reports presented at the Meeting of the International Association of Entertainment Lawyers MIDEM 1992, S. 35, 148, 149 und *Vacher-Desvernais* BIEM and Mechanical Rights a.a.O. S. 17, 18.

8 Z.B. §§ 31 ff UrhG; sections 90 - 95 brit. Copyright, Designs and Patents Act 1988; Artikel L. 131-1 ff französischer Code de la Propriété Intellectuelle (im folgenden: frz. Code de la Propriété Intellectuelle).

9 S. z.B. für die Länder Belgien, Dänemark, Deutschland, Frankreich, Großbritannien, Irland, Italien, Luxemburg und Niederlande die Darstellung bei *Dietz* Das Urheberrecht in der Europäischen Gemeinschaft, 1978, S. 251 ff.

Die wirtschaftlich bedeutendsten Werke, die auf Tonträgern festgehalten werden, und die für dieses Medium zugleich typischsten, sind musikalische Werke. Die maßgeblichen Entscheidungen des Europäischen Gerichtshofs und der Kommission sind im Bereich der Lizenzierung solcher Werke ergangen. Auch ist die kollektive Rechtswahrnehmung sowie die internationale Vernetzung von Urheberrechtsverwertungsgesellschaften im Bereich der musikalischen Werke am stärksten entwickelt[10]. Schon wegen der Sprachunterschiede spielt dagegen die Lizenzierung literarischer Werke für Tonträger eine wirtschaftlich untergeordnete Rolle. Die Kooperation der Verwertungsgesellschaften für literarische Werke ist nicht so stark entwickelt wie die derjenigen für musikalische Werke. Verwertungsgesellschaften für literarische Werke nehmen ferner in der Regel die phonographischen Rechte der Urheber literarischer Werke überhaupt nicht wahr, so daß der Urheber hier selbst auf Tonträgerhersteller zugehen muß. Die europarechtlichen Probleme, die mit der Tätigkeit von Verwertungsgesellschaften und mit deren internationaler Kooperation verbunden sind, treten im Bereich literarischer Werke damit nicht im gleichen Umfang auf. Wegen der geringen wirtschaftlichen und rechtlichen Relevanz der Lizenzierung literarischer Werke für Tonträger beschränkt sich die vorliegende Arbeit auf die Lizenzierung der Rechte an musikalischen Werken.

---

10 *Karnell* GRUR Int. 1991, 583, 585; *Dietz* Das Urheberrecht in der Europäischen Gemeinschaft, 1978, S. 272.

(2) Rechtliche und wirtschaftliche Rahmenbedingungen für die Urheberrechtslizenzierung

Die Lizenzierung von Urheberrechten für die Herstellung und den Vertrieb von Tonträgern ist das Ergebnis eines Geflechts nationaler, europäischer und internationaler Rechtsvorschriften. Die Lizenzregelungen werden von den wirtschaftlichen Bedingungen beeinflußt, die auf dem Markt der Verwertung musikalischer Werke mittels Tonträger herrschen.

A. Urheberrechtsschutz mit Auswirkungen auf den Tonträgerhandel

Tonträger vermitteln musikalische Werke. Die Autoren dieser Werke (Komponisten, Textdichter, Bearbeiter) werden durch die nationalen Urheberrechte der Mitgliedstaaten der Europäischen Gemeinschaft geschützt. Die jeweiligen Urheberrechtsvorschriften können den freien Handel mit Tonträgern innerhalb der Gemeinschaft nachteilig beeinflussen. Diese Behinderungen des innergemeinschaftlichen Handels sind Gegenstand des Gemeinschaftsrechts. Zum besseren Verständnis des gemeinschaftsrechtlichen Einflusses werden die nationalen Regelungen im folgenden in ihren Grundzügen skizziert:

I. Formen des Urheberrechtsschutzes durch nationale Gesetzgebung

Die Herstellung, Vervielfältigung und Verbreitung von Tonträgern tangieren ideelle und wirtschaftliche Interessen des Urhebers, dessen Werk auf dem Tonträger festgehalten werden soll. Nationales Urheberrecht unterwirft deshalb diese Verwertungshandlungen der Kontrolle durch den Urheber.
Soweit es den Schutz wirtschaftlicher Interessen des Urhebers betrifft, steht dabei im Mittelpunkt, den Urheber an der kommerziellen Nutzung seines Werkes angemessen zu beteiligen. Der Urheber ist in dieser Hinsicht schutzwürdig, da der wirtschaftliche Erfolg eines Tonträgers mit seinem Werk auch der Erfolg des Werkes selber ist. Die Beteiligung des Urhebers am Ertrag aus der Tonträgervermarktung dient damit als Gegenleistung für die geistige Leistung des Urhebers[11]. Zugleich bildet die Beteiligung des Urhebers an der Nutzung einen wirtschaftlichen Anreiz dazu, neue Werke zu schaffen, die mittels der Vergütung hierfür dem Urheber neue Einkommensquellen versprechen. Das Urheberrecht fördert auf diese Weise im Interesse der Allgemeinheit kulturelles Schaffen[12].

---

11 *Schricker* Einl Rn 14.

12 *Schricker* Einl Rn 13; *Joliet* GRUR 1992, 240; *Schricker* GRUR 1992, 242, 245, 246; Kommission der Europäischen Gemeinschaften KOM (90) 584 endg. Mitteilung der Kommission "Initiativen zum Grünbuch - Arbeitsprogramm der Kommission auf dem Gebiet des Urheberrechts und der verwandten Schutzrechte", Brüssel, den 17.1.1991, S. 2 f Ziff. 1.3; Kommission der Europäischen Gemeinschaften KOM (95) 382 endg. Grünbuch Urheberrecht und verwandte Schutzrechte in der Informationsgesellschaft, Brüssel, den 19.7.1995, S. 11 Ziff. 13 - 15.

Das Urheberrecht ist aber nicht auf einen reinen Vergütungsanspruch zu reduzieren. Wirtschaftliche (wie ideelle) Interessen des Urhebers können es erforderlich machen, daß der Urheber die Nutzung seines Werkes gänzlich untersagt oder die Nutzung inhaltlich beschränkt. Der Urheber hat nicht nur ein Interesse daran, an jeglicher Nutzung wirtschaftlich Anteil zu haben, sondern auch daran, die Nutzung selber inhaltlich zu beeinflussen. An welchem Ort, in welcher Form, durch wen und in welchem Umfang das Werk genutzt wird, kann für den Urheber von wirtschaftlicher (oder ideeller) Bedeutung sein.

1. Ausschließliche Vervielfältigungsrechte und Verbreitungsrechte für den Urheber eines Werkes und ihre wirtschaftliche Funktion

Zumeist schützt nationale Gesetzgebung das genannte Interesse des Urhebers an Kontrolle der Nutzung seines Werkes und an wirtschaftlicher Beteiligung, indem sie ihm das ausschließliche Recht gewährt, sein Werk auf Tonträger aufzunehmen und zu vervielfältigen (Vervielfältigungsrecht[13]). Ist im folgenden vom "Vervielfältigungsrecht" des Urhebers die Rede, so schließt dies das ausschließliche Recht der (erstmaligen) Aufnahme mit ein.
Darüber hinaus schützen viele Rechtsordnungen ausdrücklich das ausschließliche Recht des Urhebers, die Vervielfältigungsstücke in den Verkehr zu bringen (Verbreitungsrecht[14]). Staaten, die ein Verbreitungsrecht nicht ausdrücklich gewähren, schützen der Sache nach dieses Recht zumeist dennoch, indem sie es inhaltlich dem Vervielfältigungsrecht zuordnen und es als ausschließliche urheberrechtliche Befugnis im Rahmen dieses Rechts berücksichtigen[15]. Wird im folgenden von "Verbreitungsrecht" gesprochen, so ist die ausschließliche Befugnis des Urhebers gemeint, Vervielfältigungsstücke eines Werkes in den Verkehr zu bringen, unabhängig davon, ob dieses Recht im Einzelfall durch nationales Recht ausdrücklich oder als Bestandteil des Vervielfältigungsrechts geschützt ist. Vervielfältigungsrechte (und die daran anknüpfenden Verbreitungsrechte) werden auch als "mechanische Rechte" bezeichnet[16].

---

13 Z.B. § 16 UrhG; sections 16 (1) (a), 17 brit. Copyright, Designs and Patents Act 1988; Artikel L. 122-1, L. 122-3 frz. Code de la Propriété Intellectuelle.

14 Z.B. § 17 UrhG; sections 16 (1) (b), 18 brit. Copyright, Designs and Patents Act 1988.

15 So z.B. das französische Recht (Artikel L. 122-1 ff frz. Code de la Propriété Intellectuelle, allerdings mit ausdrücklicher Regelung des Verbreitungsrechts für Computerprogramme in Artikel L. 122-6 Ziff. 3, eingefügt durch Gesetz Nr. 94-361 vom 10.5.1994), s.a. *Dietz* Das Urheberrecht in der Europäischen Gemeinschaft, 1978, S. 132 ff und *Davies/Rauscher auf Weeg* Das Recht der Hersteller von Tonträgern, 1983, Rn 407 ff (S. 140 ff).

16 S. *Gorsler* Mechanical Rights in Germany in: *Lester/Faulder/van Rij* (Hrsg.) Mechanical Rights - Reports presented at the Meeting of the International Association of Entertainment Lawyers MIDEM 1992, 50, 53; *Vacher-Desvernais* BIEM a.a.O. S. 148 und *Vacher-Desvernais* BIEM and Mechanical Rights a.a.O. S. 17.

a) Das Monopol des Urhebers über die Vervielfältigung und Verbreitung von Tonträgern: Vertriebskontrolle und monopolistische Gewinnchance

Das Eigentum an den genannten ausschließlichen Rechten verschafft dem Urheber das **Monopol** über die Vervielfältigung und Verbreitung von Tonträgern mit seinem Werk. Die Monopolstellung ermöglicht es dem Urheber, die unerlaubte Vervielfältigung und Verbreitung als Rechtsverletzung zu verfolgen und zu unterbinden. Das Untersagungsrecht gewährleistet dem Urheber die Kontrolle über die Werknutzung und sichert ihm das Interesse an wirtschaftlicher Beteiligung: Wollen andere das Werk nutzen, so müssen sie sich zuvor an den Urheber wenden, um dessen Erlaubnis einzuholen. Auf diese Weise erhält der Urheber von geplanten Werknutzungen Kenntnis. Mittels der Zustimmungsbedürftigkeit kann der Urheber auf die Modalitäten der Werknutzung Einfluß nehmen. Das Monopol über die Verwertung gibt dem Urheber die Möglichkeit, zu beeinflussen, wo Tonträger mit seinem Werk unter welchen Bedingungen der Öffentlichkeit angeboten werden (Vertriebskontrolle). Der Urheber wird damit in die Lage versetzt, die Lizenzbedingungen den jeweiligen Gegebenheiten am Ort der Verwertung anzupassen.
Weiter kann der Urheber als Inhaber des Monopols über die Verwertung des Werkes seine Erlaubnis zur Vervielfältigung und Verbreitung von Bedingungen hinsichtlich seiner Vergütung abhängig machen, insbesondere von der Zahlung einer Gebühr. Das Recht des Urhebers, die Nutzung ganz zu untersagen, verleiht der Position des Urhebers bei der Aushandlung der Lizenzbedingungen das erforderliche Gewicht gegenüber dem potentiellen Nutzer. Das ausschließliche Vervielfältigungs- und Verbreitungsrecht ermöglicht dem Urheber dadurch die Erzielung einer "monopolistischen Gewinnchance"[17].

b) Abweichungen in Ländern mit Zwangslizenzen oder gesetzlichen Lizenzen

Anders als soeben beschrieben stellt sich die Situation des Urhebers in Ländern dar, deren Urheberrechte es gestatten, daß Tonträgerhersteller Werke zur Vervielfältigung und Verbreitung von Tonträgern nutzen, wenn diese Werke bereits zuvor rechtmäßig auf Tonträger aufgenommen und veröffentlicht worden sind. Regelungen dieser Art verfolgen den Zweck, eine Monopolisierung von Werknutzungsrechten bei einzelnen Tonträgerherstellern zu verhindern[18]. Sie können als System der Zwangslizenzierung ausgestaltet sein: In diesem Fall ist der Urheber gesetzlich verpflichtet, mit jedem Zweittonträgerhersteller einen Lizenzvertrag zu angemessenen Bedingungen abzuschließen[19].

---

17 Schlußantrag des Generalanwalts *Roemer* in der Rs 78/70 *Deutsche Grammophon ./. Metro-SB-Großmärkte* Slg 1971, 487, 508; s.a. *Schricker - Ungern-Sternberg* § 15 Rn 1 f.

18 *Dietz* Das Urheberrecht in der Europäischen Gemeinschaft, 1978, S. 127.

19 Z.B. im irischen Recht: section 13 irischer Copyright Act 1963; auch im deutschen Urheberrecht § 61 UrhG - diese Vorschrift ist jedoch weitgehend obsolet, da sie nicht für die Wahrnehmung von Vervielfältigungs- und Verbreitungsrechten durch Verwertungsgesellschaften gilt (§ 61 Abs. 1 S. 1, 2. HS UrhG); s.a. *Schricker-Melichar* § 61 Rn 16.

Stärker noch sind die Rechte des Urhebers in einem System gesetzlicher Lizenz eingeschränkt: Jeder Zweittonträgerhersteller kann dort bei Erfüllung der gesetzlichen Voraussetzungen Tonträger herstellen, ohne mit dem Urheber einen Lizenzvertrag abzuschließen. Der Urheber hat lediglich einen Anspruch auf - zumeist gesetzlich festgelegte - Vergütung[20]. Die Rechte der Urheber sind in solchen Ländern erheblich verkürzt: Der Urheber muß die Vervielfältigung oder Verbreitung von Tonträgern mit einem Werk, das bereits auf Tonträgern erschienen ist, nicht nur - wie bei der Zwangslizenz - zu angemessenen Bedingungen gestatten. Es kommt vielmehr auf eine Gestattung des Urhebers überhaupt nicht mehr an. Die gesetzlich festgelegte Lizenzgebühr liegt stets unter derjenigen, die üblicherweise zwischen Urheber und Tonträgerhersteller ausgehandelt werden könnte. Wegen der gesetzlichen Festlegung einer Lizenzgebühr ist zusätzlich die Verhandlungsposition des Urhebers bei der Vereinbarung der Lizenzgebühr für die Erstverwertung entscheidend geschwächt. Der Ersttonträgerhersteller wird kaum bereit sein, eine höhere Lizenzgebühr zu zahlen, als sie der Zweittonträgerhersteller zu erbringen hat. Denn der Ersttonträgerhersteller kann stattdessen abwarten, bis zunächst ein Konkurrent Tonträger herstellt, um dann selber auf der Basis der gesetzlichen Lizenz zu produzieren.

c) Die Berechnung der Lizenzgebühren als Anteil am tatsächlichen wirtschaftlichen Erfolg des Werkes

Die Gebühr als Gegenleistung für die Erteilung der Lizenz wird in der Praxis, soweit möglich, als Prozentsatz der Einkünfte berechnet, die aus dem Verkauf oder der sonstigen Vermarktung der Tonträger erzielt werden. Auf diese Weise wird im Interesse des Urhebers wie des Tonträgerherstellers die Beteiligung des Urhebers direkt an den wirtschaftlichen Erfolg des Werkes geknüpft:
Der Preis des Tonträgers spiegelt dessen Wert auf dem Markt und damit letztlich den wirtschaftlichen Wert des Werkes wider. Die Lizenzgebühr, als Prozentsatz des Preises berechnet, variiert mit den Preisschwankungen. Die Vergütung des Urhebers folgt damit dem wirtschaftlichen Erfolg des Werkes und läuft nicht Gefahr, unangemessen hoch oder niedrig zu werden. Ferner gewährleistet die Berechnung als Prozentsatz des Preises für jeden Tonträger, daß die Anzahl der verkauften Tonträger bei der Vergütung des Urhebers berücksichtigt wird. Je höher die Anzahl der verkauften Tonträger ist, desto erfolgreicher ist das Werk auf dem Markt. Da die Lizenzgebühr mit jedem Tonträgerverkauf anfällt, erhöht sich die Urhebervergütung mit der Zahl der Verkäufe.
Wegen der genannten Vorteile, welche die Berechnung der Lizenzgebühr als Prozentsatz der Einkünfte für Urheber und Werknutzer mit sich bringt, wird diese Art der Berechnung beim Tonträgervertrieb weit überwiegend praktiziert. Teil-

---

20 Im US-amerikanischen Recht: § 115 US-Copyright Act; im kanadischen Recht: section 19 Copyright Act; im früheren britischen Recht (bis 1989): section 8 brit. Copyright Act 1956.

weise ordnet nationales Urheberrecht sogar gesetzlich an, daß die Urhebervergütung in dieser Weise zu berechnen ist[21].

d) Anerkennung des ausschließlichen Vervielfältigungsrechts und des Verbreitungsrechts durch internationale Konventionen

Ausschließliche Vervielfältigungs- und Verbreitungsrechte sind seit langem Bestandteil der nationalen Urheberrechte in der Welt. Das Vervielfältigungsrecht hat durch die Berner Übereinkunft vom 9. September 1886[22] (im folgenden: RBÜ) und durch das Welturheberrechtsabkommen vom 6. September 1952[23] (im folgenden WUA) internationale Anerkennung gefunden. Die Unterzeichnerstaaten dieser Konventionen sind zu Gewährung von Vervielfältigungsrechten verpflichtet[24]. Eine solche Pflicht besteht auch für die Unterzeichner des Agreement establishing the World Trade Organization vom 15.4.1994[25] (WTO-Übereinkommen). Die Unterzeichnerstaaten sind an das Agreement on Trade-Related Aspects of Intellectual Property Rights[26] (im folgenden: TRIPS-Übereinkommen) gebunden, das als Anlage 1 C dem WTO-Übereinkommen angefügt ist. Das TRIPS-Übereinkommen verpflichtet die Unterzeichner, den Regelungen der Artikel 1 - 21 RBÜ zu entsprechen[27]. Dazu gehört auch die Gewährung des Vervielfältigungsrechts.
Das Verbreitungsrecht des Urhebers musikalischer Werke hat in gewissem Umfang durch Artikel 14 Abs. 3 und 16 Abs. 1 und 2 RBÜ (und damit durch Artikel 9 Abs. 1 TRIPS-Übereinkommen) Anerkennung gefunden: Dort wird die Beschlagnahme von Tonträgern für zulässig erklärt, die in einem Land vervielfältigt worden sind und die in ein anderes Land eingeführt werden, in welchem die Vervielfältigung nicht zulässig wäre. Eine solche Beschlagnahme läßt sich inhaltlich nur mit der Verletzung eines ausschließlichen Verbreitungsrechts bzw. eines um ein inhärentes Verbreitungsrecht erweiterten ausschließlichen Vervielfältigungsrechts begründen.

2. Wiedergaberechte, Vermiet- und Verleihrechte des Urhebers

Nationales Urheberrecht gewährt dem Urheber neben ausschließlichen Vervielfältigungs- und Verbreitungsrechten auch das Recht, sein Werk der Öffentlichkeit

21 Z.B. § 13 Abs 3 S. 1 Gesetz über die Wahrnehmung von Urheberrechten und verwandten Schutzrechten vom 9. September 1965 (UrhWG); Artikel L. 131-4 frz. Code de la Propriété Intellectuelle.

22 Berner Übereinkunft zum Schutz von Werken der Literatur und Kunst vom 9. September 1886 (RGBl. 1897 S. 759), revidiert zuletzt in Paris am 24. Juli 1971 (RBÜ) (BGBl. 1973 S. 1071; geändert durch Beschluß vom 2.10.1979, BGBl. 1985 II S. 81).

23 Welturheberrechtsabkommen vom 6. September 1952 (BGBl. 1955 II S. 102), revidiert in Paris am 24. Juli 1971 (BGBl. 1973 II S. 1111).

24 Artikel 9 Abs. 1 RBÜ; Artikel IVbis i.V.m. Artikel I WUA.

25 BGBl. 1994 II S. 1442 (englisch), 1625 (deutsch).

26 BGBl. 1994 II S. 1565 (englisch), 1730 (deutsch); GRUR Int. 1994, 128.

27 Artikel 9 Abs. 1 TRIPS-Übereinkommen, im einzelnen s. *Katzenberger* GRUR Int. 1995, 447, 456.

in wiederholbarer Weise zugänglich zu machen. Im Hinblick auf die Nutzung von Werken mittels Tonträger ist damit zum einen das ausschließliche Recht des Urhebers angesprochen, sein Werk durch das Abspielen von Tonträgern öffentlich wahrnehmbar zu machen bzw. zu senden[28].
Zum anderen wird ein Werk auch durch das Vermieten oder Verleihen von Tonträgern in wiederholbarer Weise der Öffentlichkeit zugänglich gemacht. Nationales Urheberrecht gewährt dem Urheber an dieser Nutzungsform ebenfalls Rechte. Insbesondere die Mitgliedstaaten der Gemeinschaft sind aufgrund der Richtlinie 92/100/EWG des Rates vom 19. November 1992 zum Vermietrecht und Verleihrecht sowie zu bestimmten dem Urheberrecht verwandten Schutzrechten im Bereich des geistigen Eigentums verpflichtet, dem Urheber das ausschließliche Vermiet- und Verleihrecht an seinem Werk zu gewähren[29]. Ferner muß jeder Mitgliedstaat vorsehen, daß Urheber, die dieses Recht an einen Tonträgerhersteller abtreten, ein unverzichtbares Recht auf Zahlung einer angemessenen Vergütung für die Vermietung behalten[30].
Das Wiedergaberecht hat durch Artikel 11 Abs. 1 Nr. 1, Artikel 11bis Abs. 1 Nr. 1 RBÜ, Artikel IVbis WUA und Artikel 9 Abs. 1 TRIPS-Übereinkommen internationale Anerkennung gefunden. Das Vermiet- und Verleihrecht des Urhebers dürfte durch Artikel 14 Abs. 4 S. 1 i.V.m. Artikel 11 TRIPS-Übereinkommen international anerkannt sein[31].

3. Leistungsschutzrechte zugunsten anderer an der Veröffentlichung des Werkes Beteiligter

Nationales Urheberrecht gewährt nicht nur den Urhebern musikalischer Werke, sondern auch anderen Personen, die an der Veröffentlichung des Werkes beteiligt sind, ausschließliche Rechte an der Vervielfältigung, Verbreitung und am wiederholbaren öffentlichen Zugänglichmachen ihrer Leistungen mittels Tonträger. Zu diesen Personen gehören Tonträgerhersteller[32], ausübende Künstler[33] und

---

28 § 15 Abs. 2 Nr. 2 und 3, § 21 UrhG; sections 16 (1) (c) (d), 19 (1), (2) (b), 20 brit. Copyright, Designs and Patents Act 1988; Artikel L. 122-2 frz. Code de la Propriété Intellectuelle.

29 Artikel 2 Abs. 1 Richtlinie 92/100/EWG des Rates vom 19. November 1992 zum Vermietrecht und Verleihrecht sowie zu bestimmten dem Urheberrecht verwandten Schutzrechten im Bereich des geistigen Eigentums, ABl. EG Nr. L 346 vom 27.11.1992, S. 61; GRUR Int. 1993, 144.

30 Artikel 4 Abs. 1 und 2 Richtlinie 92/100/EWG des Rates vom 19. November 1992 zum Vermietrecht und Verleihrecht sowie zu bestimmten dem Urheberrecht verwandten Schutzrechten im Bereich des geistigen Eigentums, ABl. EG Nr. L 346 vom 27.11.1992, S. 61; GRUR Int. 1993, 144.

31 S. die Erläuterung bei *Katzenberger* GRUR Int. 1995, 447, 466.

32 Vervielfältigungs- und Verbreitungsrecht: § 85 UrhG; sections 1 (1) (b), 9 (1) (2) (a), 16 (1) (a), 17, 16 (1) (b), 18 brit. Copyright, Designs and Patents Act 1988; Artikel L. 213-1 frz. Code de la Propriété Intellectuelle; Artikel 7 Abs. 1 und Artikel 9 Abs. 1 Richtlinie des Rates vom 19. November 1992 zum Vermietrecht und Verleihrecht sowie zu bestimmten dem Urheberrecht verwandten Schutzrechten im Bereich des geistigen Eigentums; Artikel 10 Rom-Abkommen, Artikel 2 Tonträger-Abkommen (einschließlich Verbreitungsrecht); Artikel 14 Abs. 2 TRIPS-Übereinkommen;
Rechte bzw. Vergütungsansprüche am wiederholbaren Zugänglichmachen (Wiedergabe, Senden, Vermieten, Verleihen): § 85 Abs. 1 S. 1 i.V.m. § 17 Abs. 1, 3 UrhG, § 86 i.V.m. § 76 Abs. 2, §

Sendeunternehmen[34]. Die Leistungsschutzrechte sind nach rechtlicher Ausgestaltung und wirtschaftlicher Funktion den Rechten des Urhebers angenähert. Sie werden daher in einigen Rechtsordnungen auch als "urheberrechtsähnliche" oder dem Urheberrecht "verwandte" oder "benachbarte" Schutzrechte bezeichnet[35].
Die Leistungsschutzrechte der Tonträgerhersteller, ausübenden Künstler und Sendeunternehmen können wie die Rechte des Urhebers zu Beschränkungen des innergemeinschaftlichen Tonträgerhandels führen. Das gilt insbesondere für die Rechte der Tonträgerhersteller, die oft in noch erheblicherem Umfang als die Urheberrechte zur Beeinflussung der Tonträgervermarktung eingesetzt werden[36]. Die erste bahnbrechende Entscheidung des EuGH zu solchen Beschränkungen

---

77 UrhG; sections 1 (1) (b), 9 (1) (2) (a), 16 (1) (c), 19 (3), 16 (1) (d), 20 (b) brit. Copyright, Designs and Patents Act 1988; Artikel L. 213-1, L. 214-1 frz. Code de la Propriété Intellectuelle; Artikel 1, Artikel 2 Abs. 1, Artikel 8 Abs. 2 Richtlinie 92/100/EWG des Rates vom 19. November 1992 zum Vermietrecht und Verleihrecht sowie zu bestimmten dem Urheberrecht verwandten Schutzrechten im Bereich des geistigen Eigentums; Artikel 12 Rom-Abkommen; Artikel 14 Abs. 4 i.V.m. Artikel 11 TRIPS-Übereinkommen.

33 Vervielfältigungsrecht und Verbreitungsrecht: § 75 Abs. 1, 2 UrhG; sections 182 (1) (a), 184 brit. Copyright, Designs and Patents Act 1988; Artikel L. 212-3 frz. Code de la Propriété Intellectuelle; Artikel 6 Abs. 1, Artikel 7 Abs. 1, Artikel 9 Abs. 1 Richtlinie 92/100/EWG des Rates vom 19. November 1992 zum Vermietrecht und Verleihrecht sowie zu bestimmten dem Urheberrecht verwandten Schutzrechten im Bereich des geistigen Eigentums; Artikel 7 Abs. 1 b), c) Rom-Abkommen; Artikel 14 Abs. 1 TRIPS-Übereinkommen;
Rechte bzw. Vergütungsansprüche am wiederholbaren Zugänglichmachen mittels Tonträger (Wiedergabe, Senden, Vermieten, Verleihen): § 75 Abs. 2, 2. Fall, Abs. 3 i.V.m. § 27 UrhG, § 76 Abs. 2, 77 UrhG; section 183, auch section 184 (1) (b) brit. Copyright, Designs and Patents Act 1988; Artikel L. 212-3, L. 214-1 frz. Code de la Propriété Intellectuelle; Artikel 2 Abs. 1, Artikel 4 Abs. 1 und 2, Artikel 8 Abs. 2 der Richtlinie 92/100/EWG des Rates vom 19. November 1992 zum Vermietrecht und Verleihrecht sowie zu bestimmten dem Urheberrecht verwandten Schutzrechten im Bereich des geistigen Eigentums; Artikel 12 Rom-Abkommen, Artikel 14 Abs. 4 i.V.m. Artikel 11 TRIPS-Übereinkommen.

34 Vervielfältigungs- und Verbreitungsrecht: § 87 Abs. 1 Nr. 2 UrhG (seit 1.7.1995 nunmehr einschließlich Verbreitungsrecht ohne Vermietung); sections 1 (1) (b), 16 (1) (a), 17, 16 (1) (b), 18 brit. Copyright, Designs and Patents Act 1988; Artikel L. 216-1 frz. Code de la Propriété Intellectuelle; Artikel 6 Abs. 2, Artikel 7 Abs. 1, Artikel 9 Abs. 1 der Richtlinie 92/100/EWG des Rates vom 19. November 1992 zum Vermietrecht und Verleihrecht sowie zu bestimmten dem Urheberrecht verwandten Schutzrechten im Bereich des geistigen Eigentums; Artikel 13 b), c) Rom-Abkommen; Artikel 14 Abs. 3 TRIPS-Übereinkommen.

35 S. z.B.: Überschrift Zweiter Teil des UrhG (§§ 70 ff); Überschrift Code de la propriété intellectuelle, Première Partie, Livre II; auch Überschriften der Richtlinie 93/98/EWG des Rates vom 29. Oktober 1993 zur Harmonisierung der Schutzdauer des Urheberrechts und bestimmter verwandter Schutzrechte, ABl EG Nr. L 290 vom 24.11.1993, S. 9; GRUR Int. 1994, 141 und der Richtlinie 92/100/EWG des Rates vom 19. November 1992 zum Vermiet- und Verleihrecht sowie zu bestimmten dem Urheberrecht verwandten Schutzrechten im Bereich des geistigen Eigentums ABl. EG Nr. L 346 vom 27.11.1992, S. 61; GRUR Int. 1993, 144.

36 S. etwa den Sachverhalt in der Rs 78/70 *Deutsche Grammophon ./. Metro-Großmärkte* Slg 1971, 487. Die Vervielfältigung von Rundfunksendungen spielt dagegen im Tonträgerhandel eine untergeordnete Rolle. Ausübende Künstler sind zumeist vertraglich an Tonträgerproduzenten gebunden und räumen diesen ihre Rechte an der Vervielfältigung der künstlerischen Leistung auf Tonträgern ein (s. die Darstellung bei *Hodik* Leistungsschutzrechtliche Vertragsbeziehungen bei der Tonträgerherstellung und -verwertung, UFITA 113/1990 S. 5, 8 ff). Die warenverkehrsrechtlichen und kartellrechtlichen Probleme im Bereich des Tonträgerhandels treten damit erst auf der folgenden Stufe auf (Vergabe der Künstlerrechte zusammen mit den Tonträgerherstellerrechten an weitere Tonträgerproduzenten).

betraf Rechte von Tonträgerherstellern[37]. Im Rahmen dieser Arbeit werden Leistungsschutzrechte nur am Rande berührt. Im Mittelpunkt der Darstellung steht die Lizenzierung der Vervielfältigungs- und Verbreitungsrechte der Urheber.

II. Das Territorialitätsprinzip und Unterschiede zwischen den nationalen Urheberrechtsordnungen

Die nationalen Vorschriften, welche dem Urheber die genannten ausschließlichen Befugnisse gewähren, können Geltung nur innerhalb des Gebietes des Staates beanspruchen, der sie erlassen hat. Der Schutz des Urhebers durch eine nationale Rechtsordnung endet an den territorialen Grenzen dieser Rechtsordnung[38]. Beruft sich ein Urheber gegenüber Verletzungshandlungen in dem Gebiet eines bestimmten Staates auf sein Urheberrecht, so richten sich die Bedingungen des Urheberrechtsschutzes (Entstehung, Inhalt, Umfang, Schutzdauer, Erlöschen) nach dem Recht dieses Staates[39]. Für die gesetzlichen Befugnisse, die ein Urheber in einem bestimmten Staat genießt, ist stets das Recht dieses Staates maßgeblich, wobei allerdings für die Beurteilung der Rechtslage Vorgänge relevant sein können, die im Ausland stattgefunden haben.
Das Territorialitätsprinzip hat weitreichende Folgen für die Herstellung und den Vertrieb von Tonträgern: Ein Urheber hat in jedem Staat an seinem Werk jeweils gänzlich separate Vervielfältigungs- und Verbreitungsrechte. Um sein Werk vor unerlaubter Nutzung in jedem Staat zu schützen, muß er auf jede einzelne Rechtsordnung und die dort gewährleisteten Befugnisse zurückgreifen. Der Tonträgerhersteller, der das Werk verwerten will, muß sich für jeden einzelnen Staat, in dem er Tonträger herstellt oder vertreibt, vergewissern, daß die jeweilige Verwertungshandlung nach dem dort anwendbaren Recht gestattet ist.
Die Auswirkungen des Territorialitätsprinzips treten verschärft zutage, wenn die nationalen Urheberrechtsordnungen inhaltlich voneinander abweichen. Die nationalen Vorschriften verschiedener Staaten zum Schutz des Urheberrechts sind gegebenenfalls nicht gleich. Sie können Ausschließlichkeitsrechte unterschiedlichen Inhalts, unterschiedlichen Umfangs und unterschiedlicher Schutzdauer vorsehen[40]. Ferner sind die gerichtlichen Durchsetzungsmöglichkeiten und gesetzlichen Zwangsmittel gegen Urheberrechtsverletzungen unterschiedlich ausgestaltet[41]. Trotz möglicher scheinbarer Übereinstimmungen im materiellen Recht

---

37 Rs 78/70 *Deutsche Grammophon ./. Metro-Großmärkte* Slg 1971, 487 dazu im einzelnen unten (4) A II 1.

38 *Schricker-Katzenberger* vor §§ 120 ff Rn 72; *Fromm/Nordemann* vor § 120 Rn 1, § 121 Rn 4; *v. Gamm* Einf. Rn 29, 142; § 11 Rn 9; § 97 Rn 6; § 113 Rn 4; *Nordemann/Vinck/Hertin* Internationales Urheberrecht und Leistungsschutzrecht Einl. Rn 26; RBÜ Art. 2/Art. 2bis Rn 1; *Nordemann/Vinck/Hertin* International Copyright and Neighboring Rights Law Introduction note 26; Art. 2/2bis BC note 1.

39 *Schricker-Katzenberger* vor §§ 120 ff, Rn 69.

40 Zu Harmonisierungsbemühungen auf europäischer Ebene siehe sogleich unter D.

41 Eine Darstellung der unterschiedlichen prozessualen und vollstreckungsrechtlichen Verhältnisse innerhalb der Gemeinschaft findet sich für die Rechte der ausübenden Künstler und Tonträgerhersteller bei *Davies/Rauscher auf Weeg* Das Recht der Hersteller von Tonträgern, 1983, Rn 184

können daher Unterschiede im Urheberrechtsschutz zwischen verschiedenen Staaten bestehen.
Das Territorialitätsprinzip und die Unterschiede zwischen den urheberrechtlichen Regelungen der Nationalstaaten können zu Behinderungen im Tonträgerverkehr führen. Gestattet z.B. das Recht in Staat A die Vervielfältigung und Verbreitung bestimmter Tonträger, so bedeutet das nicht, daß die Verbreitung auch in Staat B zulässig ist. Denn für die Verbreitung in Staat B ist allein das Recht dieses Staates maßgeblich. Das Recht des Staates B vermag die Zulässigkeit der Verbreitung anders zu beurteilien, als es nach dem Recht des Staates A der Fall ist. Grenzüberschreitende Bewegungen von Tonträgern können insbesondere beeinträchtigt werden durch Unterschiede, die hinsichtlich des Inhalts, Umfangs und der Dauer des Urheberrechtsschutzes zwischen Staaten bestehen: Tonträger, die in einem Staat mit niedrigerem Schutzniveau im freien Verkehr sind, unterliegen dann praktisch einem Exportverbot, wenn das Land des Imports dem Urheber Rechte gewährt, die im Exportstaat nicht existieren oder erloschen sind. Indem der Urheber seine Rechte im Importstaat geltend macht, kann er den Import untersagen bzw. gegebenenfalls dadurch behindern, daß er die Zahlung einer Lizenzgebühr verlangt.

III. Keine Beseitigung des Territorialitätsprinzips und der nationalen Unterschiede durch internationale urheberrechtliche Abkommen

Die internationalen Abkommen zum Schutz des Urheberrechts und verwandter Schutzrechte überwinden weder das Territorialitätsprinzip noch gleichen sie vollständig die Unterschiede zwischen den nationalen Urheberrechtssystemen aus. Sie begründen keine supranationale Urheberrechtsordnung:

1. Inländerbehandlung

Die Konventionen verpflichten die Unterzeichnerstaaten, Werken ausländischer Autoren denselben Schutz zu gewähren, wie er nach dem jeweiligen nationalen Recht Werken inländischen Autoren zusteht (Inländerbehandlung)[42]. Ein ausländischer Urheber kann in jedem Unterzeichnerstaat für sein Werk denselben Schutz in Anspruch nehmen, der in diesem Staat von einheimischen Urhebern beansprucht werden kann. Der Schutz wird aber nur von diesem Staat, nur für dessen Gebiet und nur nach Maßgabe des innerstaatlichen Rechts gewährt. Für den Urheberrechtsschutz sind somit trotz der internationalen Konventionen nach wie vor die jeweiligen nationalen Urheberrechtsordnungen maßgeblich. Deren Geltung ist territorial beschränkt. Auch das TRIPS-Übereinkommen überwindet

---

- 280 (S. 73 ff); im Zusammenhang mit Piraterieverfolgung auch Kommission der Europäischen Gemeinschaften KOM (88) 172 endg. "Grünbuch über das Urheberrecht und die technologische Herausforderung - Urheberrechtsfragen, die sofortiges Handeln erfordern" Brüssel, den 23.8.1988, Kapitel 2 Ziff. 2.6.27 ff (S. 54 ff).

42 Artikel 5 RBÜ; Artikel II WUA; Artikel 2, 4, 5 Rom-Abkommen; Artikel 2 Tonträger-Abkommen; Artikel 3 TRIPS-Übereinkommen.

das Territorialitätsprinzip nicht. Das ergibt sich aus dem dort niedergelegten Grundsatz der Inländerbehandlung (Artikel 3 TRIPS und Artikel 9 Abs. 1 S. 1 TRIPS i.V.m. Artikel 5 RBÜ) sowie allgemein aus der Inkorporation der RBÜ, welcher das Territorialitätsprinzip zugrundeliegt[43].

2. Mindeststandards

Grundsätzlich lassen die Konventionen die Kompetenz der Unterzeichnerstaaten, für ihr eigenes Gebiet gesetzgeberisch tätig zu sein, unberührt[44]. Sie verlangen in der Regel lediglich, daß die Gesetzgebung bestimmten Mindeststandards zum Schutze der Urheber bzw. sonstiger Berechtigter genügt[45], wobei zahlreiche Ausnahmen vorgesehen sind[46]. Die Art und Weise, wie diese Mindeststandards umgesetzt werden, richtet sich nach den gesetzgeberischen Vorgaben des jeweiligen Staates. Auch bleibt den Staaten der Erlaß strengerer Regeln, die größeren Urheberrechtsschutz gewähren, vorbehalten[47]. Daraus resultierende Unterschiede zwischen den nationalen Rechtsordnungen sowie Unterschiede, die sich aus nationalen rechtsdogmatischen, prozessualen oder vollstreckungsrechtlichen Vorgaben ergeben, werden somit durch die internationalen Konventionen zum Urheberrecht nicht beseitigt.

B. Anreize zur territorialen Beschränkung von Lizenzen und zur territorialen Aufspaltung der Lizenzbedingungen: unterschiedliche rechtliche und wirtschaftliche Rahmenbedingungen in verschiedenen Staaten

Die territoriale Aufspaltung des Urheberrechtsschutzes in die Gebiete der Nationalstaaten ist nicht die einzige Ursache für Behinderungen des Tonträgerverkehrs. Die territoriale Aufspaltung in nationale Gebiete findet sich auch in den privatrechtlichen Lizenzvereinbarungen, die zwischen Urhebern und Werknutzern abgeschlossen werden: Lizenzen können auf einen Staat territorial beschränkt werden. Dafür bestehen je nach Einzelfall unterschiedliche Gründe (dazu sogleich I). Auch wenn die Lizenz territorial nicht beschränkt ist, sind die Lizenzbedingungen nach den jeweiligen Staaten, die von der Lizenz gedeckt sind,

---

43 *Katzenberger* GRUR Int. 1995, 447, 459 f

44 *Schricker-Katzenberger* vor §§ 120 ff Rn 18, 27, 46 ff; *Nordemann/Vinck/Hertin* Internationales Urheberrecht und Leistungsschutzrecht Einl. Rn 23; *Nordemann/Vinck/Hertin* International Copyright and Neighboring Rights Law Introduction note 23; s. z.B. Artikel 7 Abs. 6, 19 RBÜ, Artikel 9 Rom-Abkommen; Artikel 3, 4, 7 Tonträger-Abkommen.

45 Für ausschließliche Rechte des Urhebers an der Werknutzung mittels Tonträger und ihre Schutzdauer: Artikel 9, 7 Abs. 1 RBÜ; Artikel IVbis, IV Abs. 2. a) WUA; Artikel 7 Abs. 1 b), c); Artikel 10, 12, 13 b), c), 14 Rom-Abkommen; Artikel 2, 4 Tonträger-Abkommen; Artikel 9, 11, 12, 14 TRIPS-Übereinkommen.

46 Z.B. Artikel 13 Abs. 1 RBÜ; Artikel IVbis Abs. 2 WUA; Artikel 15 Abs. 2 Rom-Abkommen; Artikel 6 Tonträger-Abkommen; Artikel 14 Abs. 6 S. 2 TRIPS-Übereinkommen.

47 Ausdrücklich Artikel 1 Abs. 1 S. 2, 3 TRIPS-Übereinkommen; Artikel 19 RBÜ.

unterschiedlich ausgestaltet. Hierfür bestehen rechtliche und wirtschaftliche Gründe (dazu unten II).

I. Anreize zur territorialen Beschränkung von Lizenzen

Ist eine Lizenz territorial beschränkt, so bedeutet dies, daß der Urheber seine Erlaubnis zur Vervielfältigung bzw. zur Verbreitung von Tonträgern auf das Gebiet eines bestimmten oder mehrerer bestimmter Staaten beschränkt. Hierfür können unterschiedliche Gründe sprechen:

1. Territoriale Beschränkung der Verbreitungslizenz zur Verfolgung von Verwertungsstrategien

Denkbar ist, daß der Urheber ein Interesse daran hat, daß sein Werk zunächst ausschließlich in einem bestimmten Staat veröffentlicht wird. Das ist im Zusammenhang mit der Aufführung musikalischer Werke regelmäßig der Fall, wenn der Urheber eine Weltpremiere an einem bestimmten kulturell oder wirtschaftlich bedeutenden Ort inszenieren will.
Im Bereich der Herstellung und Verbreitung von Tonträgern sind solche Erwägungen seltener. Hier besteht grundsätzlich ein Interesse des Urhebers daran, daß möglichst viele Tonträger an möglichst vielen Orten der Welt vertrieben werden. Exklusive Veröffentlichungen werden weniger auf bestimmte Orte beschränkt, sondern eher auf bestimmte Tonträgerhersteller: Ausgewählte renommierte Schallplattenfirmen dienen dann dem Urheber dazu, der Veröffentlichung neuer musikalischer Werke mittels Tonträger einen "Weltpremiere-Charakter" zu verleihen.
Jedoch sind auch im Tonträgerbereich Konstellationen möglich, in denen es im Interesse des Urhebers liegt, einen Tonträger ausschließlich in einem bestimmten Staat erstmalig in den Verkehr bringen zu lassen. So ist es vorstellbar, daß zur Vermarktung eines Werkes territorial beschränkte Probeläufe durchgeführt werden oder daß zunächst das Renommee eines bestimmten räumlichen Musikmarktes genutzt werden soll.

2. Territoriale Beschränkung der Vervielfältigungslizenz oder Verbreitungslizenz als Schutzmaßnahme

Ein besonders geringer Urheberrechtsschutz in einem bestimmten Staat kann den Urheber zwingen, die Vervielfältigung und Verbreitung von Tonträgern mit seinem Werk anderen Staaten vorzubehalten. Das kann daran liegen, daß die Urheberrechtsvorschriften des Staates nur unzureichenden Schutz gewähren (etwa wegen des Bestehens einer Zwangslizenz oder gesetzlichen Lizenz) oder daß die Rechte wegen Stillstands der Rechtspflege tatsächlich nicht durchsetzbar sind. Auch eine unzureichende Wahrnehmung der Urheberinteressen seitens der jeweiligen nationalen Verwertungsgesellschaft des Staates kann für den Urheber faktisch zu einer Aushöhlung seiner Rechte führen, so daß eine Beschränkung der Lizenz auf andere Staaten erforderlich ist. Überlegungen dieser Art sind z.B. im Hinblick auf die im Übergang befindlichen Staaten des ehemaligen Ostblocks gerechtfertigt. Aber auch innerhalb der Gemeinschaft sind erhebliche Qualitätsunterschiede in der Wahrnehmung der Urheberinteressen durch die verschiedenen Verwertungsgesellschaften zu beobachten.

3. *Territoriale Beschränkung von Lizenzen zur Wahrung des urheberrechtlichen Monopols*

Territoriale Beschränkungen von Lizenzen können schließlich die Funktion haben, die vom jeweiligen nationalen Urheberrecht gewährten ausschließlichen Rechte des Urhebers als Monopolbefugnisse zu wahren. Jeder Urheber genießt in den Staaten der Welt ein jeweils ausschließliches Recht an der Nutzung seines Werkes. Die Wahrnehmung dieser Rechte ist in der Praxis jedoch durch Berechtigungsverträge[48] und Gegenseitigkeitsverträge[49] einer Vielzahl von Verwertungsgesellschaften übertragen. Damit besteht die Gefahr, daß das jeweilige Urheberrecht entgegen seiner rechtlichen Konstruktion als Monopolrecht faktisch in eine Vielzahl identischer nicht-ausschließlicher Rechte aufgespalten wird. Unter anderem um dies zu verhindern, sind die Ermächtigungen in den Gegenseitigkeitsverträgen zur Vergabe von Lizenzen territorial beschränkt[50].

II. *Anreize zur territorialen Aufspaltung der Lizenzbedingungen*

Wie erwähnt hat der Urheber in der Regel (wenn auch nicht immer[51]) ein Interesse an einer möglichst weltweiten Verbreitung von Tonträgern mit seinem Werk in möglichst hoher Auflage. Eine territoriale Beschränkung der Verbreitungslizenz ist daher die Ausnahme. Auch wenn die Verbreitungslizenz territorial nicht beschränkt ist, werden jedoch die Bedingungen der Lizenzvergabe an die jeweiligen rechtlichen und wirtschaftlichen Verhältnisse in den Staaten der Verbreitung angepaßt:

1. *Territoriale Aufspaltung der Lizenzbedingungen zur Anpassung an die jeweiligen rechtlichen Bedingungen*

Zunächst sind die Bedingungen, zu denen der Urheber die Lizenz zur Vervielfältigung und Verbreitung des Tonträgers erteilt, den Urheberrechtbestimmungen des jeweiligen Staates anzupassen, in welchem der Tonträger auf den Markt gebracht werden soll. Gilt etwa in Staat A aufgrund rechtlicher Vorgaben (Zwangslizenz oder gesetzliche Lizenz) eine niedrigere Lizenzgebühr als sie in

48 Dazu unten **(3)** B.
49 Dazu unten **(3)** C.
50 Dazu ausführlich unten **(3)** C I 1.
51 S.o. A I 1 und 2.

Staat B üblich ist, so wird der Urheber nicht bereit sein, ohne Unterschied für beide Staaten eine Lizenz zum niedrigeren Gebührensatz zu vergeben. Vielmehr wird er verlangen, daß zwar für diejenigen Tonträger, die in Staat A verbreitet werden sollen, die anwendbare gesetzliche Lizenzgebühr gezahlt wird, daß aber für diejenigen Tonträger, die in Staat B vertrieben werden sollen, eine eigene höhere Lizenzgebühr ausgehandelt wird. Die Verbreitungslizenz ist dann zwar territorial nicht auf Staat A oder B beschränkt. Die Lizenzbedingungen sind aber territorial aufgespalten: Für Tonträger, die in Staat A auf den Markt kommen, gelten andere Gebührenbedingungen als für Tonträger, die in Staat B auf den Markt kommen.

2. Territoriale Aufspaltung der Lizenzbedingungen zur Anpassung an die jeweiligen wirtschaftlichen Bedingungen

Von noch größerer Bedeutung als die rechtlichen Vorgaben des jeweiligen nationalen Urheberrechts sind die wirtschaftlichen Rahmenbedingungen, die in jedem Staat für die Verwertung eines musikalischen Werkes bestehen: Erklärter Zweck des Urheberrechts ist es, dem Urheber eine angemessene Vergütung an der wirtschaftlichen Verwertung des Werkes zu garantieren. Die Vergütung des Urhebers ist nur angemessen, wenn sie möglichst eng mit dem tatsächlichen kommerziellen Erfolg des Tonträgers verknüpft ist. Wie bereits erläutert[52] werden deshalb die Lizenzgebühren - vereinfacht gesagt - als Prozentsatz des Preises des jeweiligen verkauften Tonträgers berechnet. Der wirtschaftliche Erfolg eines Werkes kann nun von Staat zu Staat sehr unterschiedlich sein. Sowohl der Preis des Tonträgers als auch die Absatzzahlen können erheblich schwanken. Sie hängen von einer Vielzahl von Faktoren ab, die sich in jedem Staat unterschiedlich ausnehmen: Publikumsgeschmack, Käufergewohnheiten, Kaufkraft, allgemeines Niveau der Lebenshaltungskosten, Kosten des Tonträgervertriebs (einschließlich Transport-, Lohn- und Lagerkosten), Steuern, Währungsumtauschkurse etc. Je nach Tonträgerpreis fällt die prozentual berechnete Urhebervergütung von Land zu Land unterschiedlich aus[53].

Die Berechnung eines durchschnittlichen Tonträgerpreises für die Gesamtheit der Staaten wäre nicht praktikabel: Der durchschnittliche Preis könnte nur ermittelt werden, wenn man die Absatzzahlen einbezöge, die der Tonträger in den Staaten mit unterschiedlichem Preisniveau jeweils erreicht. Das aber ist nicht möglich, da der Umfang, in dem ein Tonträger auf dem jeweiligen Markt Absatz findet, niemals vorausgesagt werden kann.

Aus diesen Gründen sind Urheber und Tonträgerhersteller zur Gewährleistung einer angemessenen Urhebervergütung darauf angewiesen, die Vergütungen des Urhebers für Tonträger, die im Niedrigpreisland vertrieben werden, und die Vergütungen für Tonträger, die im Hochpreisland vertrieben werden, getrennt abzurechnen. Die Verbreitungslizenz ist dann zwar nicht territorial beschränkt. Die

52 S.o. A I 1 c).

53 Man denke etwa an den "Wert", den ein Tonträger mit sog. "deutscher Schlagermusik" in Portugal hat.

Lizenzbedingungen sind aber nach den jeweiligen Ländern, für welche die Tonträger bestimmt sind, aufgespalten: Die Tonträger für Staat A werden nach den Preisen in Staat A abgerechnet, die Tonträger für Staat B nach den dort geltenden Preisen.
Die Aufspaltung der Lizenzbedingungen einer territorial nicht beschränkten Verbreitungslizenz kann den Tonträgerhandel dann behindern, wenn Tonträger entgegen ihrer Bestimmung nach Zahlung der Lizenzgebühr in anderen Staaten abgesetzt werden als ursprünglich vorgesehen[54]. Bei einer Lieferung in ein Land mit höherem Preisniveau oder höherem Lizenzgebührensatz wird der Urheber die Differenz zwischen der gezahlten niedrigeren Lizenzgebühr im ursprünglichen Bestimmungsland und der fälligen höheren Lizenzgebühr im tatsächlichen Importland verlangen.

C. Entgegenstehende Ziele der Europäischen Gemeinschaft

Im Gegensatz zur territorialen Aufteilung des Urheberrechtsschutzes in verschiedene nationale Rechtsordnungen und zur territorialen Aufspaltung der Urheberrechtslizenzierung verfolgt der Vertrag zur Gründung der Europäischen Gemeinschaft vom 25. März 1957 (EGV) das Ziel, durch Errichtung eines Gemeinsamen Marktes unter anderem eine harmonische und ausgewogene Entwicklung des Wirtschaftslebens innerhalb der Gemeinschaft, ein beständiges Wachstum, einen hohen Grad an Konvergenz der Wirtschaftsleistungen und den wirtschaftlichen Zusammenhalt zwischen den Mitgliedstaaten zu fördern (Artikel 2 EGV). Zur Erreichung dieser Ziele umfassen die Tätigkeiten der Gemeinschaft u.a.:

- die Abschaffung mengenmäßiger Beschränkungen bei der Ein- und Ausfuhr von Waren sowie aller sonstigen Maßnahmen gleicher Wirkung zwischen den Mitgliedstaaten (Artikel 3 a EGV),

- einen Binnenmarkt, der durch die Beseitigung der Hindernisse für den freien Waren- und Dienstleistungsverkehr zwischen den Mitgliedstaaten gekennzeichnet ist (Artikel 3 c EGV),

- ein System, das den Wettbewerb innerhalb des Binnenmarktes vor Verfälschungen schützt (Artikel 3 g EGV),

- die Angleichung der innerstaatlichen Rechtsvorschriften, soweit dies für das Funktionieren des Gemeinsamen Marktes erforderlich ist (Artikel 3 h EGV).

Die genannten Tätigkeiten der Gemeinschaft werden wesentlich durch die Anwendung der Vorschriften über den freien Warenverkehr (Artikel 30 ff EGV) und

54 So der Sachverhalt in Rs 55 und 57/80 *Musikvertrieb membran und K-tel International ./. GEMA* Slg 1981, 147 - s. dazu unten **(4)** A II 2.

der Wettbewerbsregeln (Artikel 85 ff EGV) vorangetrieben. Diese Vorschriften und ihre Auslegung durch den EuGH sowie Verfahren der Kommission haben bedeutende Auswirkungen auf das Territorialitätsprinzip und die Lizenzierung von Urheberrechten.

Auf der anderen Seite erkennt der EGV das Bedürfnis des Urhebers am effektiven Schutz seiner wirtschaftlichen Interessen an. Das Gemeinschaftsrecht beabsichtigt nicht, die bestehenden nationalen Vorschriften zum Urheberrecht zu beseitigen (Artikel 36, 222 EGV). Gerade die territoriale Aufspaltung der Lizenzbedingungen ist jedoch aufgrund der rechtlichen und wirtschaftlichen Unterschiede zwischen den Mitgliedstaaten für den Schutz der Urheberinteressen wesentlich. Das Dilemma besteht also darin, daß die Fortgeltung rechtlicher und vor allem wirtschaftlicher Unterschiede zwischen den Mitgliedstaaten die Anwendung jener Vorschriften des EGV hemmt, die gerade zur Überwindung dieser Unterschiede dienen sollen.

D. Maßnahmen zur Harmonisierung des Urheberrechts auf Gemeinschaftsebene

Neben der Durchsetzung des freien Warenverkehrs und der Wettbewerbsregeln sind, gestützt auf Artikel 57 Abs. 2, 66 und 100 a EGV, bedeutende Maßnahmen zur Harmonisierung des Urheberrechts innerhalb der Gemeinschaft vorgenommen worden, die für die Lizenzierung von Urheberrechten für Tonträger relevant sind. Die Harmonisierungsbemühungen verfolgen ausdrücklich zwei Ziele: Auf der einen Seite soll ein Binnenmarkt errichtet werden, auf welchem der **freie Verkehr** von Gütern und Dienstleistungen sowie der **freie Wettbewerb** nicht durch Unterschiede zwischen den nationalen Urheberrechten behindert werden[55]. Auf der anderen Seite soll gemeinschaftsweit ein **hohes Niveau an Urheberrechtsschutz** eingeführt werden, das die harmonische Entwicklung der literarischen und künstlerischen Kreativität in der Gemeinschaft fördert[56]. Die Harmo-

---

55 Präambel Nr. 2 Richtlinie 93/98/EWG des Rates vom 29. Oktober 1993 zur Harmonisierung der Schutzdauer des Urheberrechts und bestimmter verwandter Schutzrechte ABl. EG Nr. L 290 vom 24.11.1993, S. 9, GRUR Int. 1994, 141; Präambel Absätze 1 - 3 Richtlinie 92/100/EWG des Rates vom 19. November 1992 zum Vermietrecht und Verleihrecht sowie zu bestimmten dem Urheberrecht verwandten Schutzrechten im Bereich des geistigen Eigentums ABl. EG Nr. L 346 vom 27.11.1992, GRUR Int. 1993, 144.

56 Präambel Nr. 9 - 11 Richtlinie 93/98/EWG des Rates vom 29. Oktober 1993 zur Harmonisierung der Schutzdauer des Urheberrechts und bestimmter verwandter Schutzrechte ABl. EG Nr. L 290 vom 24.11.1993, S. 9, GRUR Int. 1994, 141; Kommission der Europäischen Gemeinschaften KOM (90) 584 endg. Mitteilung der Kommission "Initiativen zum Grünbuch - Arbeitsprogramm der Kommission auf dem Gebiet des Urheberrechts und der verwandten Schutzrechte", Brüssel, den 17.1.1991, S. 3 Ziff. 1.4, 1.5, S. 4 f Ziff. 1.8, S. 5 Ziff. 1.10, Ziff. 1.11.1, S. 32 Ziff. 8.2.5 b); Präambel Vorschlag für eine Richtlinie des Rates zur Harmonisierung der Schutzdauer des Urheberrechts und bestimmter verwandter Schutzrechte, Kommission der Europäischen Gemeinschaften KOM (92) 33 endg. - SYN 395, Brüssel, den 23.März 1992, ABl. EG Nr. C 92 vom 11.4.1992, S. 6; Präambel Geänderter Vorschlag für eine Richtlinie des Rates zur Harmonisierung der Schutzdauer des Urheberrechts und bestimmter verwandter Schutzrechte, Kommission der Europäischen Gemeinschaften KOM (92) 602 endg. - SYN 395, Brüssel, den 7. Januar 1993,

nisierungsmaßnahmen werden im folgenden dargestellt, soweit sie für Tonträger von Bedeutung sind.
Das Bedürfnis nach einer Harmonisierung des Urheberrechts innerhalb der Gemeinschaft wurde von der Kommission erstmalig in deren "Grünbuch über das Urheberrecht und die technologische Herausforderung - Urheberrechtsfragen, die sofortiges Handeln erfordern" vom 7. Juni 1988[57] thematisiert. Dieses Grünbuch wurde kritisiert, weil es eher die Interessen der Industrie zu Lasten des Urheberrechtsschutzes betonte[58]. Die Kommission veröffentlichte darauf ihre Stellungnahme "Initiativen zum Grünbuch - Arbeitsprogramm der Kommission auf dem Gebiet des Urheberrechts und der verwandten Schutzrechte" vom 17. Januar 1991[59], in dem sie ihre Position revidierte und sich nunmehr zu einem Schutz des Urheberrechts auf hohem Niveau bekannte[60]. Die Mitteilung erläutert die Schritte, welche die Kommission im Urheberrecht für erforderlich hält. Dazu gehören u.a. die folgenden Vorschläge: a) Beitritt aller Mitgliedstaaten zur Berner Übereinkunft (in der Pariser Fassung von 1971) und zum Rom-Abkommen; b) die gemeinschaftsweite Einführung von Vermiet- und Verleihrechten sowie bestimmter dem Urheberrecht verwandter Schutzrechte; c) die Harmonisierung der Schutzdauer des Urheberrechts und verwandter Schutzrechte[61].
In Übereinstimmung mit diesen Zielen schlug die Kommission am 11. Januar 1991[62] bzw. 14. Februar 1992[63] eine Ratsentscheidung vor, nach welcher alle Mitgliedstaaten bis zum 31. Dezember 1992 der Berner Übereinkunft und dem

---

ABl. EG Nr. C 27 vom 30.1.1993, S. 7; s.a. Kommission der Europäischen Gemeinschaften KOM (95) 382 endg. Grünbuch Urheberrecht und verwandte Schutzrechte in der Informationsgesellschaft, Brüssel, den 19.7.1995, S. 11 Ziff. 13 - 17.

57 Kommission der Europäischen Gemeinschaften KOM (88) 172 endg., Brüssel, den 23.8.1988.

58 *Schricker* IIC 1989, 466 ff; s. z.B. Kapitel 1 Ziff. 1.3.5 f (S. 5) in Kommission der Europäischen Gemeinschaften KOM (88) 172 endg. "Grünbuch über das Urheberrecht und die technologische Herausforderung - Urheberrechtsfragen, die sofortiges Handeln erfordern" Brüssel, den 23.8.1988.

59 Kommission der Europäischen Gemeinschaften KOM (90) 584 endg., Brüssel, den 17.1.1991, GRUR Int. 1991, 359.

60 Kommission der Europäischen Gemeinschaften KOM (90) 584 endg. Mitteilung der Kommission "Initiativen zum Grünbuch - Arbeitsprogramm der Kommission auf dem Gebiet des Urheberrechts und der verwandten Schutzrechte", Brüssel, den 17.1.1991, S. 3 Ziff. 1.4, 1.5, S. 4 f Ziff. 1.8, S. 5 Ziff. 1.10, Ziff. 1.11.1, S. 32 Ziff. 8.2.5 b).

61 S. Kommission der Europäischen Gemeinschaften KOM (90) 584 endg. Mitteilung der Kommission "Initiativen zum Grünbuch - Arbeitsprogramm der Kommission auf dem Gebiet des Urheberrechts und der verwandten Schutzrechte", Brüssel, den 17.1.1991, Beilage S. 38.

62 Vorschlag für eine Entscheidung des Rates über den Beitritt der Mitgliedstaaten zur Berner Übereinkunft zum Schutz von Werken der Literatur und Kunst in der Fassung der Revision von Paris vom 24. Juli 1971 und zum Internationalen Abkommen über den Schutz der ausübenden Künstler, der Hersteller von Tonträgern und der Sendeunternehmen vom 26. Oktober 1961, Kommission der Europäischen Gemeinschaften KOM (90) 582 endg. - SYN 318, Brüssel, den 11. Januar 1991.

63 Geänderter Vorschlag für einen Beschluß des Rates über den Beitritt der Mitgliedstaaten zur Berner Übereinkunft zum Schutz von Werken der Literatur und Kunst in der Pariser Fassung vom 24. Juli 1971 und zum Internationalen Abkommen von Rom über den Schutz der ausübenden Künstler, der Hersteller von Tonträgern und der Sendeunternehmen vom 26. Oktober 1961, Kommission der Europäischen Gemeinschaften KOM (92) 10 endg. - SYN 318, Brüssel, den 14. Februar 1992.

Rom-Abkommen beitreten sollten. Anstelle einer solchen Entscheidung verabschiedete der Rat am 14. Mai 1992 eine unverbindliche Entschließung im Hinblick auf einen verstärkten Schutz des Urheberrechts und der Leistungsschutzrechte[64]. In dieser Resolution forderte der Rat die Mitgliedstaaten auf, soweit dies noch nicht geschehen ist, bis zum 1. Januar 1995 unter Beachtung der jeweiligen verfassungsrechtlichen Vorgaben der Berner Übereinkunft in der Pariser Fassung von 1971 und dem Rom-Abkommen beizutreten und Maßnahmen der Gesetzgebung zu treffen, um den Anforderungen der Konventionen zu genügen.
Am 24. Januar 1991 präsentierte die Kommission dem Rat einen Richtlinienvorschlag[65], der nach einer Änderung[66] zur Richtlinie 92/100/EWG des Rates vom 19. November 1992 zum Vermietrecht und Verleihrecht sowie zu bestimmten dem Urheberrecht verwandten Schutzrechten im Bereich des geistigen Eigentums[67] führte. Diese Richtlinie verpflichtete die Mitgliedstaaten unter anderem, bis zum 1.7.1994 ausschließliche Vermiet- und Verleihrechte für Urheber, Tonträgerhersteller und ausübende Künstler sowie einen unverzichtbaren Vergütungsanspruch der Urheber und ausübenden Künstlern für die Vermietung einzuführen[68]. Weiter mußte bis zu diesem Zeitpunkt jeder Mitgliedstaat Tonträgerherstellern, ausübenden Künstlern und Sendeunternehmen das ausschließliche Vervielfältigungs- und Verbreitungsrecht an ihren Leistungen[69] sowie den Künstlern und Sendeunternehmen das ausschließliche Aufzeichnungsrecht[70] gewähren. Ferner ist für Tonträgerhersteller und ausübende Künstler ein Anspruch auf angemessene Vergütung für die Nutzung von Tonträgern zur Sendung oder öffentlichen Wiedergabe vorgesehen[71]. Die Aufzählung zeigt, daß die Richtlinie keine umfassende Regelung von ausschließlichen Verwertungsrechten enthält, sondern nur fragmentarischen Charakter hat. So unterblieb z. B. eine Regelung von Vervielfältigungs- und Verbreitungsrechten zugunsten von Urhebern, da alle

---

64 Entschließung des Rates vom 14. Mai 1992 im Hinblick auf einen verstärkten Schutz des Urheberrechts und der Leistungsschutzrechte, ABl. EG Nr. C 138 vom 28.5.1992, S. 1.

65 Vorschlag für eine Richtlinie des Rates zum Vermietrecht, Verleihrecht und zu bestimmten verwandten Schutzrechten, Kommission der Europäischen Gemeinschaften KOM (90) 586 endg. - SYN 319, Brüssel, den 24. Januar 1991; ABl. EG Nr. C 53 vom 28.2.1991, S. 35; GRUR Int. 1991, 111.

66 Geänderter Vorschlag für eine Richtlinie des Rates zum Vermietrecht und Verleihrecht sowie zu bestimmten dem Urheberrecht verwandten Schutzrechten im Bereich des geistigen Eigentums, Kommission der Europäischen Gemeinschaften KOM (92) 159 endg. - SYN 319, Brüssel, den 30. April 1992; ABl. EG Nr. C 128 vom 20.5.1992, S. 8.

67 ABl. EG Nr. L 346 vom 27.11.1992, S. 61; GRUR Int. 1993, 144.

68 Artikel 1, 2 und 4 Richtlinie 92/100/EWG des Rates vom 19. November 1992 zum Vermietrecht und Verleihrecht sowie zu bestimmten dem Urheberrecht verwandten Schutzrechten im Bereich des geistigen Eigentums, ABl. EG Nr. L 346 vom 27.11.1992, S. 61; GRUR Int. 1993, 144.

69 Artikel 7 und 9 Richtlinie 92/100/EWG des Rates vom 19. November 1992 zum Vermietrecht und Verleihrecht sowie zu bestimmten dem Urheberrecht verwandten Schutzrechten im Bereich des geistigen Eigentums, ABl. EG Nr. L 346 vom 27.11.1992, S. 61; GRUR Int. 1993, 144.

70 Artikel 6 Richtlinie 92/100/EWG des Rates vom 19. November 1992 zum Vermietrecht und Verleihrecht sowie zu bestimmten dem Urheberrecht verwandten Schutzrechten im Bereich des geistigen Eigentums, ABl. EG Nr. L 346 vom 27.11.1992, S. 61; GRUR Int. 1993, 144.

71 Artikel 8 Abs. 2 Richtlinie 92/100/EWG des Rates vom 19. November 1992 zum Vermietrecht und Verleihrecht sowie zu bestimmten dem Urheberrecht verwandten Schutzrechten im Bereich des geistigen Eigentums, ABl. EG Nr. L 346 vom 27.11.1992, S. 61; GRUR Int. 1993, 144.

Mitgliedstaaten in ihren Rechtsordnungen in der einen oder anderen Form über entsprechende Vorschriften verfügen.
Auf Vorschlag der Kommission vom 23. März 1992[72] bzw. 7. Januar 1993[73] erließ der Rat am 29. Oktober 1993 die Richtlinie 93/98/EWG zur Harmonisierung der Schutzdauer des Urheberrechts und bestimmter verwandter Schutzrechte[74]. Damit wurden die Mitgliedstaaten verpflichtet, bis zum 1. Juli 1995 ihre Urheberrechtsvorschriften auf neue gemeinschaftseinheitliche Schutzfristen umzustellen. Die Schutzdauer des Urheberrechts an Werken der Literatur und Kunst im Sinne des Artikels 2 der Berner Übereinkunft umfaßt nun einheitlich das Leben des Urhebers und siebzig Jahre nach seinem Tod[75]. Die Rechte der Tonträgerhersteller erlöschen 50 Jahre nach der Aufzeichnung bzw. ersten erlaubten Veröffentlichung, die der ausübenden Künstler 50 Jahre nach der Darbietung bzw. ersten erlaubten Veröffentlichung, die der Sendeunternehmen 50 Jahre nach der Erstsendung[76].

E. Verbleibende rechtliche und wirtschaftliche Unterschiede zwischen den Mitgliedstaaten, insbesondere zwischen Kontinentaleuropa und dem Vereinigten Königreich

Die genannten Maßnahmen bewirken eine weitgehende Harmonisierung des Urheberrechts hinsichtlich von Schutzdauer, Leistungsschutzrechten und Vermiet- und Verleihrechten. Verzerrungen des Handels mit Tonträgern innerhalb der Gemeinschaft, die sich insoweit aus den früher bestehenden Unterschieden ergaben, werden bei ordnungsgemäßer Umsetzung der Richtlinien weitgehend beseitigt. Die Maßnahmen heben aber nur in den genannten Teilbereichen die Unterschiede auf, die zwischen den nationalen Urheberrechtsordnungen in rechtlicher Hinsicht bestehen[77]. Gänzlich unberührt lassen die Harmonisierungsmaßnahmen

---

72 Vorschlag für eine Richtlinie des Rates zur Harmonisierung der Schutzdauer des Urheberrechts und bestimmter verwandter Schutzrechte, Kommission der Europäischen Gemeinschaften KOM (92) 33 endg. - SYN 395, Brüssel, den 23. März 1992; ABl. EG Nr. C 92 vom 11.4.1992, S. 6.

73 Geänderter Vorschlag für eine Richtlinie des Rates zur Harmonisierung der Schutzdauer des Urheberrechts und bestimmter verwandter Schutzrechte, Kommission der Europäischen Gemeinschaften KOM (92) 602 endg. - SYN 395, Brüssel, den 7. Januar 1993; ABl. EG Nr. C 27 vom 30.1.1993, S. 7.

74 ABl. EG Nr. L 290 vom 24.11.1993, S. 9; GRUR Int. 1994, 141.

75 Artikel 1 Richtlinie 93/98/EWG des Rates zur Harmonisierung der Schutzdauer des Urheberrechts und bestimmter verwandter Schutzrechte, ABl. EG Nr. L 290 vom 24.11.1993, S. 9; GRUR Int. 1994, 141.

76 Artikel 3 Richtlinie 93/98/EWG des Rates zur Harmonisierung der Schutzdauer des Urheberrechts und bestimmter verwandter Schutzrechte, ABl. EG Nr. L 290 vom 24.11.1993, S. 9; GRUR Int. 1994, 141.

77 Selbst in Bezug auf die Schutzrechte, die Gegenstand der Richtlinie zum Vermiet- und Verleihrecht sowie zu verwandten Schutzrechten sind, ist die Umsetzung in das jeweilige nationale Recht den rechtlichen Besonderheiten der jeweiligen Rechtsordnung des Mitgliedstaates unterworfen. Die Richtlinie beläßt den Mitgliedstaaten auch einzelne Kompetenzen, weiterreichenden Schutz zu gewähren oder Einschränkungen vorzunehmen (mit Bezug auf Tonträger: Präambel a. E., Artikel 4 Abs. 4, Artikel 5 Abs 1, Artikel 8 Abs. 2, Artikel 10, Artikel 13 Abs 3, 7, 8, ferner:

die Unterschiede, die hinsichtlich der wirtschaftlichen Bedingungen für die Verwertung urheberrechtlich geschützter Werke zwischen den Mitgliedstaaten bestehen.

I. Fortbestand rechtlicher Unterschiede

Inhalt und Schranken der Ausschließlichkeitsrechte des Urhebers bestimmen sich nach wie vor nach den Grundsätzen, wie sie in den einzelnen Rechtsordnungen der Mitgliedstaaten aufgrund nationaler Gesetzgebung und Rechtsprechung sich herausgebildet haben. Diese Grundsätze gelten aufgrund des Territorialitätsprinzips weiterhin für jeden Mitgliedstaat getrennt, für welchen Urheberrechtsschutz in Anspruch genommen wird. Die nationalen Urheberrechte können auch in Zukunft in einer Weise voneinander abweichen, die den freien Tonträgerverkehr innerhalb der Gemeinschaft nachteilig zu beeinflussen vermag. Das gilt insbesondere für Unterschiede in der inhaltlichen Ausgestaltung des Vervielfältigungsrechts und des Verbreitungsrechts, bei der Regelung des Urhebervertragsrechts einschließlich der Höhe der Urhebervergütung und zum Teil noch bei der Schutzdauer[78].
Ein prominentes Beispiel für Unterschiede zwischen den Mitgliedstaaten im Urheberrechtsschutz ist der in Frankreich und Belgien anerkannte Anspruch des Urhebers auf eine sogenannte "zusätzliche Gebühr für die mechanische Vervielfältigung" bei Vorführungen mittels Tonträger als Ausfluß des Vervielfältigungsrechts. Den anderen Mitgliedstaaten ist ein Anspruch auf Zahlung einer "zusätzlichen Gebühr für die mechanische Vervielfältigung" fremd[79]. Ein weiteres Beispiel bildet die irische Zwangslizenz gemäß section 13 irischer Copyright Act 1963, die in dieser Form nicht in anderen Mitgliedstaaten existiert. Ein wirtschaftlich besonders wichtiger Unterschied besteht zwischen dem Vereinigten Königreich und den kontinentaleuropäischen Mitgliedstaaten aufgrund eines Urteils des britischen Copyright Tribunal vom 1. November 1991 (dazu soglcich unter III).
So gut wie unberührt von den Harmonisierungsmaßnahmen bleibt auch der Bereich der zivil- (und straf-) gerichtlichen Durchsetzung und Vollstreckung urheberrechtlicher Ansprüche. In dieser Hinsicht bestehen erhebliche Unterschiede

---

Artikel 2 Abs. 2 S.2, Abs. 6, Artikel 13 Abs. 4 und 5 Richtlinie 92/100/EWG des Rates vom 19. November 1992 zum Vermietrecht und Verleihrecht sowie zu bestimmten dem Urheberrecht verwandten Schutzrechten im Bereich des geistigen Eigentums, ABl. Nr. L 346 vom 27.11.1992, S. 61, GRUR Int.1993, 147). Soweit neue Arten von Verwertungsrechten betroffen sind, stellt die Richtlinie zur Schutzdauerharmonisierung hinsichtlich von Leistungsschutzrechten klar, daß es den Mitgliedstaaten freisteht, neue Schutzrechte einzuführen (Präambel Ziffer 20 Richtlinie 93/98/EWG des Rates vom 29. Oktober 1993 zur Harmonisierung der Schutzdauer des Urheberrechts und bestimmter verwandter Schutzrechte, ABl. EG Nr. L 290 vom 24.11.1993, S. 9).

78 Zu den Unterschieden s. *Dietz* Das Urheberrecht in der Europäischen Gemeinschaft, 1978, S. 125 ff, 131 ff, 245 ff und die Darstellung zur Schutzdauerharmonisierung unten **(4)** A III 2 c).

79 Siehe dazu im einzelnen die Darstellung zu den *SACEM*-Entscheidungen unter **(3)** A II 4 c).

zwischen den Mitgliedstaaten, die für den jeweiligen Urheberrechtsschutz von Bedeutung sein können[80].

Die Unterschiede zwischen den nationalen Urheberrechtsordnungen könnten letztlich nur durch ein umfassendes einheitliches europäisches Urheberrecht beseitigt werden. Die einheitliche Auslegung und Anwendung dieses Rechts müßte durch ein oberstes europäisches Gericht gewährleistet werden.

II. Fortbestand wirtschaftlicher Unterschiede

Mindestens ebenso bedeutend wie die urheberrechtlichen Unterschiede sind Abweichungen der wirtschaftlichen Rahmenbedingungen zwischen den einzelnen Mitgliedstaaten. Wie erwähnt[81], führen die völlig unterschiedlichen wirtschaftlichen Gegebenheiten für die Verwertung urheberrechtlich geschützter Werke aufgrund von Faktoren wie Publikumsgeschmack, Käuferverhalten, Kaufkraft, Produktions- und Vertriebskosten, Steuern, Währungsumtauschkurse etc. zu Abweichungen innerhalb der Gemeinschaft hinsichtlich des Kaufpreises und der Absatzzahlen eines Tonträgers. Dies bildet nach wie vor einen Anreiz für die Aufspaltung der Lizenzbedingungen nach Mitgliedstaaten. Der Inhaber des jeweiligen Urheberrechts sichert sich mit dieser territorialen Aufspaltung eine realistische Beteiligung an der tatsächlichen wirtschaftlichen Nutzung seines Werkes.

Die Vereinheitlichung des Urheberrechts auf Gemeinschaftsebene ändert an den unterschiedlichen wirtschaftlichen Bedingungen für die Vermarktung von Tonträgern nichts. Die Preisschwankungen und unterschiedlichen Absatzzahlen, die für denselben Tonträger in verschiedenen Mitgliedstaaten auftreten können, machen aus Sicht der Beteiligten eine territoriale Aufspaltung der Lizenzbedingungen weiterhin erforderlich.

III. Unterschiede zwischen Kontinentaleuropa und dem Vereinigten Königreich sowie Irland

Die Bedeutung der Unterschiede zwischen den Mitgliedstaaten für die Urheberrechtsverwertung ist besonders groß, wenn nicht nur die Preisunterschiede zu einem unterschiedlichem Gebührenaufkommen führen, sondern zusätzlich aufgrund vertraglicher, gesetzlicher oder gerichtlicher Vorgaben in einem Mitgliedstaat andere Lizenzbedingungen, insbesondere Lizenzgebührensätze, anwendbar sind als in den sonstigen Mitgliedstaaten. Die Höhe der Gebühr als Prozentsatz

---

80 Dazu bereits oben A II; eine Darstellung der prozessualen und vollstreckungsrechtlichen Verhältnisse findet sich für die Rechte der ausübenden Künstler und Tonträgerhersteller bei *Davies/Rauscher auf Weeg* Das Recht der Hersteller von Tonträgern, 1983, Rn 184 - 280 (S. 73 ff) und im Zusammenhang mit Piraterieverfolgung bei Kommission der Europäischen Gemeinschaften KOM (88) 172 endg. "Grünbuch über das Urheberrecht und die technologische Herausforderung - Urheberrechtsfragen, die sofortiges Handeln erfordern" Brüssel, den 23.8.1988, Kapitel 2 Ziff. 2.6.27 ff (S. 54 ff).

81 S.o. **(2)** B II 2.

sowie sonstige vergütungsbezogene Regelungen wirken sich ungeachtet der unterschiedlichen Absatzpreise für Tonträger unmittelbar auf das Ausmaß der wirtschaftlichen Beteiligung des Urhebers an der Verwertung aus.
Die in Kontinentaleuropa übliche Urhebervergütung beruht bis heute auf dem BIEM/IFPI-Normalvertrag[82], einer vertraglichen Einigung zwischen IFPI[83], dem Weltdachverband der Tonträgerhersteller, und BIEM[84], einer internationalen Vereinigung von Verwertungsgesellschaften zur Wahrnehmung mechanischer Rechte. Demgegenüber gelten in Irland und im Vereinigten Königreich bis auf den heutigen Tag niedrigere Gebührensätze als in Kontinentaleuropa. Lizenzbedingungen, die dem Schutz der Urheberinteressen dienen und in Kontinentaleuropa üblich sind, werden in Irland oder im Vereinigten Königreich nicht praktiziert.
In Irland ist dies auf die erwähnte irische Zwangslizenz gemäß section 13 irischer Copyright Act 1963 zurückzuführen. Zum gegenwärtigen Zeitpunkt basiert die Urhebervergütung in Irland auf einer Vereinbarung zwischen der MCPS und der Irish Federation of Phonographic Industries. Danach wird für jeden Tonträger eine Lizenzgebühr von 8,1% des Händlerabgabepreises erhoben[85] - ein Satz, der erheblich unter der in Kontinentaleuropa üblichen Vergütung liegt (gegenwärtig 9,306% des Händlerabgabepreises).
Für das Vereinigte Königreich ergibt sich der Unterschied zu Kontinentaleuropa aus folgenden rechtlichen Vorgaben:

1. Rechtslage vor 1989 - britische gesetzliche Lizenz

Bis zum Inkrafttreten des Copyright, Designs and Patents Act 1988 am 1. August 1989, galt nach britischem Recht eine gesetzliche Lizenz[86] für die Nutzung musikalischer Werke zur Vervielfältigung von Tonträgern mit einer gesetzlich festgelegten Lizenzgebühr von 6,25% des Endverkaufspreises des Tonträgers. Diese Gebühr lag erheblich unter den entsprechenden Gebühren, die im kontinentalen Europa anwendbar waren. Der BIEM/IFPI-Normalvertrag sah von 1947 bis 1985, also für die meiste Zeit der Geltung der erwähnten britischen gesetzlichen Lizenz von 6,25%, eine Lizenzgebühr von 8,0% des Endverkaufspreises vor[87].

---

82 Dazu näher unten **(3)** E.

83 International Federation of Producers of Phonograms and Videograms.

84 Bureau International des Sociétés gérant les Droits d'Enregistrement et de Reproduction Mécanique - mit diesem Namen seit dem 27.3.1968. Das BIEM wurde 1929 als "Bureau International de l'Édition Mécanique" gegründet.

85 Der Satz soll bis zum Jahr 2000 durch jährliche Steigerungen auf 8,5% des Händlerabgabepreises erhöht werden.

86 Section 8 brit. Copyright Act 1956 - im einzelnen hierzu die Darstellung zur Entscheidung *Musik-Vertrieb membran und K-tel ./. GEMA* unten **(4)** A II 3 b).

87 Nach 1985 9,504% des Händlerabgabepreises, seit dem 1.10.1992 9,306% des Händlerabgabepreises, s. unten **(3)** E II 2.

2. Neue Rechtslage aufgrund der Entscheidung des Copyright Tribunal vom 1. November 1991

Mit der Abschaffung der gesetzlichen Lizenz durch den Copyright, Designs and Patents Act 1988 und der Zulassung von freien Verhandlungen im Vereinigten Königreich zwischen Urhebern und Tonträgerherstellern entstand die Hoffnung, ein europaeinheitliches Lizenzgebührenniveau könne gefunden und die wettbewerbsverzerrende Wirkung unterschiedlicher Lizenzhöhen und Lizenzbedingungen in Zukunft vermieden werden[88]. Diese Erwartung ist durch eine Entscheidung des britischen Copyright Tribunal vom 1. November 1991[89] enttäuscht worden:

Grundlage der Entscheidung war ein Streit zwischen der British Phonographic Industry Limited (BPI) und der Mechanical Copyright Protection Society Limited (MCPS). BPI ist ein Wirtschaftsverband, der etwa 90% der Tonträgerproduzenten im Vereinigten Königreich vertritt - darunter die britischen Tochtergesellschaften der weltweit bedeutendsten Tonträgerherstellerkonzerne. BPI fungiert zugleich als britische Landesgruppe der IFPI. MCPS ist die britische Verwertungsgesellschaft, die für die Lizenzierung mechanischer Rechte für Tonträger im Vereinigten Königreich das faktische Monopol innehat. Sie ist Mitglied des BIEM. BPI betrachtete die Lizenzbedingungen, die MCPS in ihren Standardverträgen für Herstellungs- und Vertriebslizenzen an die Mitglieder von BPI vorsah, als unangemessen und legte die Standardverträge gemäß section 118 Copyright, Designs and Patents Act 1988 dem Copyright Tribunal zur Änderung vor.

Den breitesten Raum innerhalb der Entscheidung des Copyright Tribunal nimmt die Frage ein, in welcher Höhe die Lizenzgebühr festgesetzt werden sollte, die von britischen Tonträgerherstellern an MCPS zu zahlen sind. MCPS hatte im Verfahren vorgeschlagen, die BIEM/IFPI-Normalvertragsrate von (damals) 9,504% des Händlerabgabepreises anzusetzen.

Das Gericht lehnte es jedoch ab, sich am BIEM/IFPI-Normalvertrag zu orientieren und die BIEM/IFPI-Normalvertragsrate auf den Lizenzvertrag zwischen BPI und MCPS zu übertragen. Das Gericht befand unter anderem, daß die Marktbedingungen im Vereinigten Königreich für die Produktion und den Verkauf von Tonträgern wesentlich anders seien als diejenigen auf dem Kontinent. Die Vermarktung eines musikalischen Werkes im Vereinigten Königreich sei für den Urheber vorteilhafter als auf dem Kontinent. Die Veröffentlichung im Vereinigten Königreich eröffne wegen der internationalen Bedeutung des britischen Musikmarktes den Zugang zu anderen Märkten. Der Urheber bekomme damit für die Vergabe der Nutzungsrechte im Vereinigten Königreich "mehr" als auf dem

---

88 *Thurow*, Lizenzierung von Tonträgern durch Verwertungsgesellschaften für den Bereich der EG in: *Becker* (Hrsg.), Die Verwertungsgesellschaften im Europäischen Binnenmarkt, 1990, S. 95 ff, 105.

89 Decision in the matter of a reference (No. CT 7/90) to the Copyright Tribunal under section 118 of the brit. Copyright, Designs and Patents Act 1988 between The British Phonographic Industry Limited and Mechanical-Copyright Protection Society Limited and Composers' Joint Council, November 1, 1991; abgedruckt in deutscher Übersetzung bei *Schulze* RzU Band III (Entscheidungen) Ausl. Großbr 27; s.a. *Schulze* GRUR Int. 1993, 825.

Kontinent. Diesem Bonus, der sich aus den Vorteilen einer Vermarktung in Großbritannien ergebe, müsse eine entsprechend niedrigere Lizenzgebühr gegenüberstehen[90]. Das Copyright Tribunal setzte deshalb die Gebühr für das Vereinigte Königreich auf 8,5% des Händlerabgabepreises fest[91].

Auch hinsichtlich einer ganzen Reihe anderer Lizenzbedingungen setzte das Copyright Tribunal verbindliche Vertragsklauseln fest, die zugunsten der Tonträgerhersteller von den Regelungen des BIEM/IFPI-Normalvertrages abweichen und damit im Widerspruch zur kontinentaleuropäischen Praxis stehen. Die wirtschaftlich größte Bedeutung hat dabei, daß die Verträge der MCPS mit britischen Tonträgerherstellern keine Mindestvergütungen (minimum roalties)[92] für die Urheber vorsehen dürfen, wie dies auf der Grundlage des BIEM/IFPI-Normalvertrages der Fall ist[93].

Eine weitere bedeutende Abweichung von der Praxis in Kontinentaleuropa ist das Fehlen einer Obergrenze für die Anzahl der auf einem Tonträger verwertbaren Kompositionen (maximum tracks)[94]. Der in Kontinentaleuropa praktizierte BIEM/IFPI-Normalvertrag sieht in diesem Zusammenhang vor, daß je nach Spieldauer des betroffenen Tonträgers nur eine begrenzte Anzahl von Werken oder Werkteilen auf diesen Tonträger aufgenommen werden darf. Bei Überschreitung der Werkbegrenzung, erhöht sich anteilig die Urhebervergütung[95]. Eine entsprechende Regelung wurde vom Copyright Tribunal aus den Standardverträgen der MCPS gestrichen.

Die Unterschiede zwischen den Lizenzbedingungen einschließlich der Gebührenhöhe im Vereinigten Königreich (bzw. Irland) und Kontinentaleuropa, die durch die Entscheidung des Copyright Tribunal auch für die Zukunft festgeschrieben sind, werden weiterhin ein kritischer Punkt für die Lizenzierungspraxis innerhalb der Gemeinschaft bleiben. Aus Sicht der Tonträgerhersteller bietet es sich an, über Tochtergesellschaften Lizenzen in Großbritannien zu den dortigen - gerichtlich vorgeschriebenen - Bedingungen zu erwerben, um diese für die Herstellung und den Vertrieb von Tonträgern in anderen Mitgliedstaaten zu verwenden. Damit besteht die Möglichkeit, daß - soweit Tonträger aus britischer Herstellung betroffen sind - das niedrigere Schutzniveau des Vereinigten Königreichs faktisch auf ganz Europa ausgedehnt wird. Das Gefälle im Urheberrechtsschutz würde sich noch schwerer auswirken, sollte die britische Verwertungsgesellschaft

---

90 Decision in the matter of a reference (No. CT 7/90) to the Copyright Tribunal under section 118 of the brit. Copyright, Designs and Patents Act 1988, Buchstabe V S. 32 ff; *Schulze* RzU Band III (Entscheidungen) Ausl. Großbr 27, S. 39 ff.

91 Decision in the matter of a reference (No. CT 7/90) to the Copyright Tribunal under section 118 of the brit. Copyright, Designs and Patents Act 1988, Buchstabe Y S. 44 Rn 35; *Schulze* RzU Band III (Entscheidungen) Ausl. Großbr 27, S. 54.

92 Decision in the matter of a reference (No. CT 7/90) to the Copyright Tribunal under section 118 of the brit. Copyright, Designs and Patents Act 1988, Buchstabe L S. 19 f Rn 35; *Schulze* RzU Band III (Entscheidungen) Ausl. Großbr 27, S. 23 f.

93 Dazu näher unten **(3)** E II 5.

94 Decision in the matter of a reference (No. CT 7/90) to the Copyright Tribunal under section 118 of the brit. Copyright, Designs and Patents Act 1988, Buchstabe K S. 18, 19 Rn 5; *Schulze* RzU Band III (Entscheidungen) Ausl. Großbr 27, S. 22 f.

95 Dazu näher unten **(3)** E II 6.

MCPS dazu übergehen, Lizenzen gemeinschaftsweit, d.h. auch an Tonträgerhersteller ohne Sitz im Vereinigten Königreich, zu vergeben, und dabei die Lizenzbedingungen anzuwenden, wie sie die Entscheidung des Copyright Tribunal vorgibt (insbesondere keine Mindestgebühren, Lizenzgebühr von 8,5% des Händlerabgabepreises).

F. Zusammenfassung

Für den Schutz des Urheberrechts sind trotz internationaler Übereinkommen und europäischer Harmonisierungsmaßnahmen nach wie vor die nationalen Urheberrechtsordnungen maßgeblich, deren Geltung gemäß dem Territorialitätsprinzip auf das Gebiet des jeweiligen Staates beschränkt ist. Fortbestehende Unterschiede zwischen den nationalen Urheberrechten (insbesondere bei der inhaltlichen Ausgestaltung des Vervielfältigungs- und Verbreitungsrechts, beim Urhebervertragsrecht, bei der Urhebervergütung, beim Recht der Verwertungsgesellschaften und in prozessualen/vollstreckungsrechtlichen Fragen) bilden Anreize zur territorialen Beschränkung von Urheberrechtslizenzen oder zumindest zur territorialen Aufspaltung der Lizenzbedingungen. Auch können Vermarktungsstrategien des Urhebers, Maßnahmen zum Schutz der Urheberinteressen (z.B. bei Unterschieden im Urheberrechtsschutz zwischen den nationalen Rechtsordnungen oder in der Urheberrechtswahrnehmung durch nationale Verwertungsgesellschaften) und Maßnahmen zur Wahrung des urheberrechtlichen Monopols territoriale Beschränkungen von Lizenzen erforderlich machen.
Aufgrund der Entscheidung des Copyright Tribunal vom 1.11.1991 besteht nach wie vor ein erhebliches Gefälle zwischen der Urhebervergütung in Kontinentaleuropa und der Urhebervergütung im Vereinigten Königreich. Dasselbe gilt für Irland wegen der Zwangslizenz gemäß section 13 irischer Copyright Act 1963 bzw. aufgrund der in Irland gegenwärtig praktizierten Vereinbarungen zwischen MCPS und der irischen Tonträgerindustrie. Aus Sicht der Urheber muß durch die territoriale Aufspaltung der Lizenzbedingungen, gegebenenfalls durch territoriale Beschränkungen von Lizenzen einer Ausweitung der niedrigeren britischen (und irischen) Urhebervergütung auf die gesamte Gemeinschaft entgegengewirkt werden.
Zwischen den Mitgliedstaaten der Gemeinschaft bestehen neben den rechtlichen Unterschieden vor allem gravierende wirtschaftliche Unterschiede bei der Vermarktung musikalischer Werke. Diese Unterschiede schlagen sich in unterschiedlichen Verkaufspreisen für ein und denselben Tonträger in verschiedenen Staaten nieder. Nur bei Berücksichtigung der tatsächlichen Marktverhältnisse kann aber dem Urheber eine angemessene, d.h. am jeweiligen wirtschaftlichen Erfolg des Tonträgers orientierte, Vergütung garantiert werden. Deshalb ist in der einen oder anderen Form der Verkaufspreis des Tonträgers im jeweiligen Staat Grundlage für die Berechnung der Urhebervergütung. Die Berechnung eines durchschnittlichen Kaufpreises von Tonträgern für die gesamte Gemeinschaft wäre nicht praktikabel, da in eine solche Berechnung die - nicht vorhersehbaren -

Absatzzahlen für jeden Tonträger im jeweiligen Mitgliedstaat einzubeziehen wären. Aus diesen Gründen machen die wirtschaftlichen Unterschiede eine getrennte Abrechnung der Urhebervergütung nach Mitgliedstaaten, d.h. eine territoriale Aufspaltung der Lizenzbedingungen, erforderlich.
Inwieweit das europäische Gemeinschaftsrecht den Tendenzen zu einer territorialen Beschränkung von Lizenzen bzw. zu einer Aufspaltung der Lizenzbedingungen nach Staaten Grenzen setzt, wird unter **(4)** und **(5)** untersucht. Zuvor wird unter **(3)** das System der internationalen Urheberrechtslizenzierung für Tonträger erläutert.

(3) Die internationale Praxis der Lizenzierung von Urheberrechten für die Herstellung und den Vertrieb von Tonträgern

Die Internationale Praxis der Lizenzierung von Urheberrechten für die Herstellung und den Vertrieb von Tonträgern hat sich in den Jahrzehnten ihrer Existenz mehrfach gewandelt[96]. Gegenwärtig befindet sie sich erneut in einer Umbruchphase. Im Rahmen der vorliegenden Arbeit sind vor allem jene Veränderungen der Lizenzierungspraxis von Interesse, die sich direkt oder indirekt aufgrund von Entscheidungen des EuGH und Verfahren der Kommission für das Gebiet der Gemeinschaft ergeben haben. Zum Verständnis dieser Veränderungen und ihrer Tragweite bedarf es eines Überblicks über die Grundzüge des internationalen Lizenzierungssystems. Das internationale Lizenzierungssystem wird weit über den Bereich der Europäischen Gemeinschaft hinaus praktiziert. Im folgenden werden die wesentlichen Elemente dieses Systems erläutert.

A. Funktion und Stellung der Verwertungsgesellschaften

Will ein Urheber sein Werk einer erfolgreichen wirtschaftlichen Nutzung zuführen, so ist er darauf angewiesen, sein Werk einer möglichst großen Zahl von Nutzern gegen Zahlung von Lizenzgebühren zugänglich zu machen. Hierzu bedarf es der Verhandlung und des Abschlusses von Lizenzverträgen mit den Nutzern sowie der Durchführung dieser Verträge und der Kontrolle ihrer Einhaltung. Ein Urheber muß ferner darüber wachen, daß seine Rechte nicht durch unberechtigte Nutzer verletzt werden, die über keine Lizenz verfügen.
Die genannten Aufgaben kann der einzelne Urheber dann nicht mehr selbständig wahrnehmen, wenn - was für den Urheber grundsätzlich wünschenswert ist - eine große Zahl potentieller und tatsächlicher Nutzer des Werkes vorhanden ist. Der Urheber ist nicht in der Lage, mit allen denkbaren Nutzern seines Werkes Kontakt aufzunehmen und mit ihnen individuell Lizenzverträge abzuschließen. Noch weniger wird es ihm möglich sein, die Vertragstreue aller Nutzer flächendeckend (d.h. möglicherweise weltweit) zu überwachen. Schließlich kann der einzelne Autor die weltweite Einziehung der anfallenden Lizenzgebühren nicht bewerkstelligen, da dies einen erheblichen Aufwand an Inkassotätigkeiten, Datenverarbeitung und Aktualisierung von Daten erfordert. So müßte der Urheber bei der Tonträgerlizenzierung stets von neuem weltweit die Anzahl der von seinen Lizenznehmern produzierten und in Verkehr gebrachten Tonträger überwachen, die anwendbaren Verkaufspreise kontrollieren, aus den geprüften Zahlen die anfallende Lizenzgebühr ermitteln und diese mit den Abrechnungen des Tonträgerherstellers abgleichen.

---

96 S. die Darstellungen bei *Mestmäcker/Schulze* Band 2 Teil III (IntR) 6. Abschnitt B § 1 VI 2 und bei *Thurow* Lizenzierung von Tonträgern durch Verwertungsgesellschaften für den Bereich der EG in: *Becker* (Hrsg.) Die Verwertungsgesellschaften im Europäischen Binnenmarkt, 1990, S. 95 ff.

Abschluß, Verwaltung und Kontrolle von Lizenzverträgen sowie die Einziehung von Gebühren können wirksamer von Organisationen wahrgenommen werden, die über die erforderlichen Personal- und Sachmittel verfügen und die in der Lage sind, flächendeckend zu operieren. Aus diesem Grund kam es schon frühzeitig zur Errichtung von Verwertungsgesellschaften (auch "Wahrnehmungsgesellschaften"), denen die Urheber ihre Nutzungsrechte zur kollektiven Wahrnehmung übertrugen. Der erste Vorläufer einer Verwertungsgesellschaft wurde bereits im Jahre 1777 in Frankreich gegründet[97]. Die Existenz von Verwertungsgesellschaften hat in der Gesetzgebung und Rechtsprechung der nationalen Urheberrechtsordnungen in unterschiedlicher Form Anerkennung gefunden[98].

Neben dem Abschluß, der Durchführung und Überwachung von Lizenzverträgen sowie der Einziehung und Verteilung von Lizenzgebühren betreiben eine Reihe von Verwertungsgesellschaften auf der Grundlage des jeweiligen nationalen Rechts soziale Vorsorge- und Unterstützungseinrichtungen für ihre Mitglieder, die durch einen Teil des Gebührenaufkommens finanziert werden[99]. Ferner nehmen Verwertungsgesellschaften für sich in Anspruch, nicht nur wirtschaftlich, sondern auch ideell Interessenvertreter der Urheber zu sein und der Kulturförderung zu dienen[100]. Schließlich üben die Verwertungsgesellschaften Lobbytätigkeiten aus, mit denen sie urheberfreundliche Gesetzgebung durchzusetzen suchen.

Die weltweit existierenden Verwertungsgesellschaften vermitteln kein einheitliches Bild. Rechtliche Grundlagen, gesellschaftsrechtliche Organisationsformen, Tätigkeitsbereich, Vertragsbeziehungen mit Urhebern und Nutzern, Verwaltungskosten können erheblich zwischen den Gesellschaften variieren[101]. Die unterschiedlichen Tätigkeitsbereiche der Verwertungsgesellschaften sind abgegrenzt entweder nach den verschiedenen Arten von Werken, die vertreten werden

---

97 "Bureau de législation dramatique", im Jahre 1791 umbenannt in "Société des auteurs et compositeurs dramatiques" (SACD), siehe *WIPO* Publication No.688 (E) "Collective Administration of Copyright and Neighbouring Rights", Genf 1990, S. 9 Ziffer 14; Copyright 1989, S. 312 Ziffer 22 und *Peeperkorn* Collecting for "Bluettes" in: *Peeperkorn/van Rij* (Hrsg.) Collecting Societies in the Music Business - Reports presented at the meeting of the International Association of Entertainment Lawyers, Midem 1989, Cannes, S. 11.

98 S. für die Staaten Belgien, Dänemark, Deutschland, Frankreich, Irland, Italien, Luxemburg, Niederlande und Vereinigtes Königreich die Darstellung bei *Dietz* Das Urheberrecht in der Europäischen Gemeinschaft, 1978, S. 277 ff.

99 S. z.B § 8 UrhWG; ferner die Antworten verschiedener Verwertungsgesellschaften zu Frage 5. (d) des Questionnaire der *International Association of Entertainment Lawyers*, Survey of Collecting Societies in *Peeperkorn/van Rij* (Hrsg.) Collecting Societies in the Music Business S. 108 ff; s.a. Darstellung bei *Melichar* Der Abzug für soziale und kulturelle Zwecke durch Verwertungsgesellschaften im Lichte des internationalen Urheberrechts in: *Becker* (Hrsg.) Die Verwertungsgesellschaften im Europäischen Binnenmarkt, 1990, S. 47 ff; *Corbet* Les Sociétés d'Auteurs en Europe in: *Peeperkorn/van Rij* (Hrsg.) Collecting Societies in the Music Business S. 91, 94; *ders.* Authors' societies in Europe a.a.O., S. 22, 25.

100 *Corbet* Les Sociétés d'Auteurs en Europe in: *Peeperkorn/van Rij* (Hrsg.) Collecting Societies in the Music Business S. 91, 94; *ders.* Authors' societies in Europe a.a.O., S. 22, 25

101 S. die Antworten verschiedener Verwertungsgesellschaften zum Questionnaire der *International Association of Entertainment Lawyers*, Survey of Collecting Societies in *Peeperkorn/van Rij* (Hrsg.) Collecting Societies in the Music Business S. 108 ff.

(musikalische Werke, literarische Werke, Filmwerke, Werke der bildenden Kunst, Lichtbildwerke etc.), oder nach den verschiedenen Gruppen von angeschlossenen Berechtigten (Urheber, ausübende Künstler, Tonträgerhersteller, Filmhersteller, Rundfunkanstalten, Herausgeber wissenschaftlicher Ausgaben, Verleger etc.). Auch gibt es Verwertungsgesellschaften, die nur bestimmte Arten von Nutzungsrechten wie Vervielfältigungs- und Verbreitungsrechte oder Aufführungsrechte verwerten.[102]

Für die Zwecke dieser Arbeit sind solche Verwertungsgesellschaften von Interesse, die - ausschließlich oder neben anderen Rechten - Vervielfältigungs- und Verbreitungsrechte von Urhebern musikalischer Werke (Komponisten, Textdichter, Bearbeiter und gegebenenfalls deren Verleger) vertreten. In den meisten Staaten der Welt, insbesondere in praktisch allen Mitgliedstaaten der Europäischen Gemeinschaft gibt es Verwertungsgesellschaften, welche die Verwertung der mechanischen Rechte ihrer Urheber-Mitglieder wahrnehmen[103]. Auch zwischen den europäischen Verwertungsgesellschaften bestehen gravierende Unterschiede im Hinblick auf finanzielle, sachliche und personelle Ausstattung. Folge ist, daß die Effektivität, mit der die Gesellschaften Kontrollen, Inkasso, Abrech-

---

102 *Corbet* Les Sociétés d'Auteurs en Europe in: *Peeperkorn/van Rij* (Hrsg.) Collecting Societies in the Music Business S. 91; *ders.* Authors' societies in Europe a.a.O., S. 22, 25; *Karnell* GRUR Int. 1991, 583 f.

103 Verwertungsgesellschaften in den Mitgliedstaaten der Gemeinschaft für den Schutz mechanischer Rechte an musikalischen Werken sind:

Belgien:	Société Belge des Auteurs, Compositeurs et Editeurs (SABAM), Brüssel
Dänemark:	Nordisk Copyright Bureau (NCB), Kopenhagen - zuständig auch für die anderen skandinavischen Staaten
Deutschland:	Gesellschaft für musikalische Aufführungs- und mechanische Vervielfältigungsrechte (GEMA), Berlin
Finnland:	Nordisk Copyright Bureau (NCB), Kopenhagen - zuständig auch für die anderen skandinavischen Staaten
Frankreich:	Société des Auteurs, Compositeurs et Editeurs de Musique (SACEM), Neuilly-sur-Seine, mechanische Rechte verwaltet durch die Tochtergesellschaft Société pour l' Administration du Droit de Reproduction Mécanique des Auteurs, Compositeurs et Editeurs (SDRM), Neuilly-sur-Seine
Griechenland:	Société Hellénique pour la Protection de la Propriété Intellectuelle S.A. (AEPI), Athen
Irland:	siehe Vereinigtes Königreich
Italien:	Società Italiana degli Autori ed Editori (SIAE), Rom
Luxemburg:	siehe Frankreich
Niederlande:	Stichting tot Uitoefening en Handhaving van Mechanische Reproduktierechten der Auteurs (STEMRA), Amstelveen
Österreich:	Gesellschaft zur Wahrnehmung mechanisch-musikalischer Urheberrechte Gesellschaft mbH (AUSTRO-MECHANA), Wien
Portugal:	Sociedade Portuguesa de Autores (SPA), Lissabon
Schweden:	Nordisk Copyright Bureau (NCB), Kopenhagen - zuständig auch für die anderen skandinavischen Staaten
Spanien:	Sociedad General de Autores de España (SGAE), Madrid
Vereinigtes Königreich:	Mechanical Copyright Protection Society Ltd. (MCPS), London.

nung und Verteilung vornehmen, innerhalb der Gemeinschaft stark zwischen den Mitgliedstaaten abweichen kann.
Jede Verwertungsgesellschaft genießt herkömmlicherweise in ihrem räumlichen Tätigkeitsbereich ("Verwaltungsgebiet"), der zumeist dem Staat entspricht, in dem die Verwertungsgesellschaft ihren Sitz hat, ein in der Regel faktisches Monopol[104]: Im jeweiligen Verwaltungsgebiet existiert nur eine Verwertungsgesellschaft, die das mechanische Recht wahrnimmt. Eine Konkurrenz durch weitere inländische Verwertungsgesellschaften findet also nicht statt. Ferner werden herkömmlicherweise ausländische Verwertungsgesellschaften im Verwaltungsgebiet einer Schwestergesellschaft nicht tätig. Auch eine Konkurrenz von außen findet also nicht statt. Tonträgerhersteller erhalten deshalb in der Regel Vervielfältigungs- und Verbreitungslizenzen nur bei einer Verwertungsgesellschaft im Staat ihres Sitzes.

B. Übertragung der mechanischen Rechte von den Urhebern auf die Verwertungsgesellschaft

In aller Regel überträgt ein Urheber mit Abschluß eines Berechtigungsvertrages treuhänderisch seine gesamten mechanischen Rechte, wo immer weltweit diese gegenwärtig und zukünftig geschützt sind, ausschließlich auf die Gesellschaft seines Wohnsitzstaates[105]. Die Rechtsübertragung bezieht sich somit regelmäßig auf alle Werke, die der Urheber geschaffen hat oder noch schaffen wird. Sie umfaßt alle Nutzungsrechte, die der Urheber in den verschiedenen Staaten der Welt genießt. Die Übertragung erfolgt ausschließlich auf die Verwertungsgesellschaft. Die Länge der vertraglichen Bindung des Urhebers ist von Verwertungsgesellschaft zu Verwertungsgesellschaft unterschiedlich[106].
Die genannten Bindungen des Urhebers an die Verwertungsgesellschaft waren Gegenstand einer Entscheidung[107] der Kommission gegen die GEMA vom 2. Juni 1971. Auf diese Entscheidung wird bei der Erläuterung der Kommissionsverfahren näher eingegangen[108]. Die Kommission machte der GEMA u.a. die

104 *Dietz* Das Urheberrecht in der Europäischen Gemeinschaft, 1978, S. 48 ff, 271 ff; ein gesetzliches Monopol genießt die italienische Verwertungsgesellschaft SIAE gemäß Artikel 180 - 184 Legge 22 aprile 1941, n. 633. Protezione del diritto d'autore e di altri diritti connessi al suo esercizio und Artikel 57 - 63 Regolamento per l'esecuzione della legge 22 aprile 1941, n. 623, per la protezione del diritto d'autore e di altri diritti connessi al suo esercizio. Dieses Monopol ist Gegenstand einer Vorlage der Pretura Circondariale Rom an den EuGH zur Vorabentscheidung gemäß Artikel 177 EGV, s. GRUR Int. 1996, 842.

105 S. z.B. § 1 GEMA-Berechtigungsvertrag, abgedruckt in GEMA-Jahrbuch 1995/96 D II 2, S. 162 sowie § 3 Satzung der GEMA mit Ausnahmen für EG-Angehörige in Nr. 2, abgedruckt in GEMA-Jahrbuch 1995/96 D II 1, S. 147 f.

106 Z.B. beträgt die Mindestdauer bei der deutschen GEMA für Nicht-EG-Angehörige 6 Jahre (§ 10 GEMA-Berechtigungsvertrag, § 3 Satzung der GEMA, s. GEMA-Jahrbuch 1995/96 D II 1 S. 148, D II 2, S. 166), für EG-Angehörige 3 Jahre (s. § 3 Ziff. 2 Satzung der GEMA, a.a.O.), bei der französischen SACEM/SDRM dagegen nur ein Jahr.

107 ABl. EG Nr. L 134 vom 20.6.1971, S. 15; CMLR 1971, D35.

108 S.u. **(5)** A I.

Auflage, Satzung und Berechtigungsverträge in einer Weise zu ändern, daß es dem Urheber erlaubt sei, seine Rechte weltweit auf verschiedene Verwertungsgesellschaften aufzuteilen und der Gesellschaft nur bestimmte Sparten von Nutzungsrechten (mechanisches Recht, Aufführungsrecht etc.) zu übertragen. Außerdem mußte die GEMA Regelungen abschaffen, nach welchen nur deutsche Staatsangehörige oder Personen mit steuerlichem Wohnsitz in Deutschland ordentliches GEMA-Mitglied werden konnten.
Als Konsequenz der Kommissionsauflagen änderten die Verwertungsgesellschaften der Gemeinschaft ihre Berechtigungsverträge dahin, daß EG-angehörige Urheber sich jeder Verwertungsgesellschaft innerhalb der Gemeinschaft anschließen können[109]. Weiter dürfen EG-angehörige Urheber ihrer Rechte territorial nach Ländern aufgeteilt verschiedenen Verwertungsgesellschaften übertragen sowie der Nutzungsart nach aufspalten[110]. Von diesen Möglichkeiten, zwischen den Verwertungsgesellschaften der Gemeinschaft zu wählen sowie die Rechtsübertragung nach Ländern und Nutzungsarten aufzuspalten, machen die Urheber bisher allerdings nur in beschränktem Umfang Gebrauch. Die Mehrzahl der Urheber überträgt nach wie vor die weltweit bestehenden Rechte im vollen Umfang ausschließlich auf die jeweilige Verwertungsgesellschaft ihres Wohnsitzstaates.

C. Gegenseitigkeitsverträge zwischen den Verwertungsgesellschaften

Verwertungsgesellschaften vertreten nicht nur die mechanischen Rechte ihrer Urheber-Mitglieder auf der Grundlage der soeben erläuterten Berechtigungsverträge. Durch bilaterale Vereinbarungen mit ihren ausländischen Schwestergesellschaften verfügen sie auch über deren Repertoire:
Fast alle Verwertungsgesellschaften in der Welt, insbesondere die europäischen Verwertungsgesellschaften, sind miteinander durch Gegenseitigkeitsverträge verbunden. In diesen zweiseitigen Verträgen bevollmächtigen sich die jeweils beteiligten zwei Verwertungsgesellschaften gegenseitig dazu, in ihrem jeweiligen Heimatstaat das Repertoire der anderen Gesellschaft zu verwalten. Die "ausländische" Gesellschaft beauftragt die "inländische" Gesellschaft mit der Wahrnehmung ihres Repertoires an Musikwerken im Inland und umgekehrt. Nach deutschem Rechtsverständnis handelt es sich um einen Dienstvertrag, der eine Geschäftsbesorgung zum Gegenstand hat[111]. Wirtschaftlich wirkt sich der Gegenseitigkeitsvertrag wie eine Lizenz aus: Der Verwertungsgesellschaft wird für ihr räumliches Gebiet die Ausübung der Nutzungsrechte des Repertoires der ausländischen Schwestergesellschaft übertragen.
Neben den Gegenseitigkeitsverträgen basiert die weltweite Kooperation bei der Urheberrechtsverwertung gelegentlich auch auf einseitigen Verträgen (unilaterale

---

109 S. z.B. § 6 Ziff. 4 Satzung der GEMA, GEMA-Jahrbuch 1995/96 D II 1 S. 149.
110 S. die Regelung für EG-Angehörige in § 3 Ziff. 2 Satzung der GEMA, GEMA-Jahrbuch 1995/96 D II 1 S. 148.
111 § 675 BGB; s.a. *Mestmäcker/Schulze* Band 2 Teil III (IntR) 6. Abschnitt B § 7 VI.

Vereinbarungen), mit denen Verwertungsgesellschaften ihr Repertoire Organisationen im Ausland, zumeist Agenturen, zur Wahrnehmung übertragen. Dies ist erforderlich, wenn im Ausland keine oder keine leistungsfähigen Verwertungsgesellschaften existieren. Da sich mehr und mehr auch in weniger entwickelten Ländern Verwertungsgesellschaften mit den erforderlichen Vertragsstrukturen herausbilden, verlieren die einseitigen Vertragsverhältnisse zunehmend an Bedeutung.

I. Die Regelungen in den Gegenseitigkeitsverträgen

Gegenseitigkeitsverträge bestehen für das Aufführungs- und Senderecht[112] sowie für das mechanische Recht[113]. Den Gegenseitigkeitsverträgen liegen überwiegend Standardverträge zugrunde, die von den Weltvereinigungen der Verwertungsgesellschaften CISAC[114] und BIEM[115] entworfen worden sind. In der CISAC sind praktisch alle Verwertungsgesellschaften der Welt organisiert, jedenfalls soweit sie das Aufführungs- und Senderecht von Urhebern wahrnehmen. Das bereits erwähnte BIEM, der Dachverband von Verwertungsgesellschaften für mechanische Rechte, weist einen nicht ganz so großen Mitgliederbestand auf[116]. Jedoch sind jedenfalls sämtliche Verwertungsgesellschaften, die in der Gemeinschaft für das mechanische Recht existieren, Mitglied des BIEM. Da der europäische Markt für Tonträger etwa zwei Drittel des weltweiten Aufkommens an Lizenzgebühren repräsentiert[117], kommt damit dem BIEM und den auf der Grundlage der BIEM-Satzung geschlossenen Gegenseitigkeitsverträgen große Bedeutung zu.

Die dem BIEM assoziierten Verwertungsgesellschaften sind verpflichtet, untereinander Gegenseitigkeitsverträge nach dem vom BIEM entworfenen Standardvertrag abzuschließen[118]. Der entsprechende Mustervertrag für das mechanische

---

112 Ein Mustervertrag im EG-Bereich für das Aufführungs- und Senderecht gemäß CISAC-Standardvertrag mit Protokoll ist abgedruckt in GEMA-Jahrbuch 1995/96 D II 6 (S. 203 ff).

113 Ein Mustervertrag im EG-Bereich für das Vervielfältigungsrecht gemäß BIEM-Standardvertrag mit Protokoll und Zusatzprotokoll ist abgedruckt in GEMA-Jahrbuch 1995/96 D II 6 (S. 213 ff).

114 Confédération Internationale des Sociétés d'Auteurs et Compositeurs, Paris.

115 Bureau International des Sociétés gérant les Droits d'Enregistrement et de Reproduction Mécanique, Paris.

116 Assoziierte Gesellschaften des BIEM sind zum gegenwärtigen Zeitpunkt die Verwertungsgesellschaften folgender Länder: Ägypten, Argentinien, Belgien, Dänemark, Deutschland, Finnland, Frankreich, Griechenland, Israel, Italien, Japan, Jugoslawien, Kanada (Society for Reproduction Rights of Authors, Composers and Publishers in Canada - SODRAC - Montreal,), Niederlande, Norwegen, Österreich, Polen, Portugal, Schweden, Schweiz, Slowakei, Spanien, Südafrika, Tschechische Republik, Ungarn, Vereinigtes Königreich, USA (Harry Fox Agency); angeschlossene Gesellschaften des BIEM sind zum gegenwärtigen Zeitpunkt Verwertungsgesellschaften folgender Länder: Australien, Kanada (Canadian Musical Reproduction Rights Agency Ltd. - CMRRA - Toronto), Kroatien, Mexiko, Uruguay.

117 *Kreile* EMRO - Zukunft oder Gefährdung der Musiklizenzierung in Europa? in GEMA-Jahrbuch 1993 C, S. 65, 67.

118 Artikel 7 Ziff. 1), Artikel 2 Ziff. 2) Satzung des BIEM, abgedruckt: in GEMA-Jahrbuch 1995/96 D II 4 S. 175 ff

Recht wird im folgenden für die Darstellung der Gegenseitigkeitsverträge zugrundegelegt:

1. Gegenseitige Ermächtigung zur Vergabe der Vervielfältigungslizenz und der Verbreitungslizenz - territoriale Beschränkung hinsichtlich der Vervielfältigungslizenz

Jede der vertragschließenden Gesellschaften überträgt der anderen Gesellschaft für deren Verwaltungsgebiet, das im Gegenseitigkeitsvertrag genau definiert ist[119], die Wahrnehmung folgender Rechte: Aufnahme und mechanische Vervielfältigung "der Werke des Repertoires der anderen Gesellschaft in dem entsprechenden Verwertungsgebiet der vertragschließenden Gesellschaften" und die Verbreitung der Aufnahmen und Vervielfältigungsexemplare "gleichgültig in welcher Form und an welchem Ort"[120]. Diese Regelungen sind - ungeachtet ihrer europarechtlichen Bewertung - wie folgt zu verstehen:
Verwertungsgesellschaft A ermächtigt Verwertungsgesellschaft B, Rechte am Repertoire der A zur **Vervielfältigung** von Tonträgern im Verwaltungsgebiet der B - und nur dort - zu lizenzieren. Ferner ermächtigt Verwertungsgesellschaft A Verwertungsgesellschaft B dazu, Rechte am Repertoire der A für die **Verbreitung** von Tonträgern an jedem Ort, also weltweit, zu lizenzieren. Dasselbe gilt umgekehrt für das Repertoire der B: Verwertungsgesellschaft A wird ermächtigt, das Repertoire der B für die Vervielfältigung im Verwaltungsgebiet A sowie für die Verbreitung von Tonträgern in der ganzen Welt an Tonträgerhersteller zu lizenzieren.
Die jeweilige Ermächtigung zur Vergabe der **Vervielfältigungs**lizenz ist also territorial beschränkt: Die Vervielfältigungslizenz über Repertoire der A kann Verwertungsgesellschaft B nur für ihr Verwaltungsgebiet vergeben. Umgekehrt kann die Verwertungsgesellschaft A die Vervielfältigung von Repertoire der B nur in ihrem eigenen Verwaltungsgebiet gestatten, nicht im Verwaltungsgebiet der B oder anderswo.
Dagegen ist die jeweilige Ermächtigung zur Vergabe der **Verbreitungs**lizenz nicht territorial beschränkt: Verwertungsgesellschaft B kann die Verbreitung von Tonträgern mit Repertoire der A in der ganzen Welt gestatten. Umgekehrt kann Verwertungsgesellschaft A das Repertoire der B zur weltweiten Verbreitung von Tonträgern lizenzieren.
Nach diesen Regelungen kann somit jede Verwertungsgesellschaft das Repertoire der anderen Gesellschaft nur insoweit vergeben, als Tonträger in ihrem Verwaltungsgebiet vervielfältigt werden. Jede Verwertungsgesellschaft kann jedoch die Verbreitung der in ihrem Verwaltungsgebiet ordnungsgemäß vervielfältigten Tonträger in der ganzen Welt gestatten. Geht man davon aus, daß so gut wie alle Verwertungsgesellschaften der Welt miteinander in der beschriebenen Weise

---

119 S. Artikel III Mustervertrag im EG-Bereich für das Vervielfältigungsrecht gemäß BIEM-Standardvertrag, abgedruckt in GEMA-Jahrbuch 1995/96 D II 6, S. 213, 214.

120 Artikel I Ziff. 2) Mustervertrag im EG-Bereich für das Vervielfältigungsrecht gemäß BIEM-Standardvertrag, abgedruckt in GEMA-Jahrbuch 1995/96 D II 6, S. 213.

durch Gegenseitigkeitsverträge verbunden sind, so ergibt sich daraus folgendes Bild:
Jede Verwertungsgesellschaft kann das Weltrepertoire (d.h. die Gesamtheit der Repertoires der mit ihr durch Gegenseitigkeitsverträge verbundenen Gesellschaften) an Tonträgerhersteller lizenzieren. Die Lizenz umfaßt die Vervielfältigung von Tonträgern nur im jeweiligen Verwaltungsgebiet der lizenzierenden Gesellschaft, die Verbreitung der Tonträger jedoch in der ganzen Welt. Auf der Basis der Lizenz darf der Tonträgerhersteller also in dem jeweiligen Verwaltungsgebiet produzieren und anschließend in beliebige Länder exportieren.
Die territoriale Beschränkung der gegenseitigen Ermächtigungen zur Vergabe des Vervielfältigungsrechts ist Ausdruck einer territorialen Aufteilung der Tätigkeitsgebiete zwischen den Verwertungsgesellschaften: Jede Verwertungsgesellschaft kann das Weltrepertoire an sich nur zur Vervielfältigung von Tonträgern in ihrem jeweiligen Verwaltungsgebiet lizenzieren (mit anschließender weltweiter Verbreitung). Die Gegenseitigkeitsverträge gehen dabei von dem (veralteten) Leitbild aus, daß der Tonträgerhersteller mit Sitz im Verwaltungsgebiet der lizenzierenden Verwertungsgesellschaft in diesem Gebiet ein eigenes Preßwerk betreibt, in dem er Tonträger vervielfältigt und von dem aus er die Tonträger anschließend weltweit vertreibt. Die territoriale "Zuständigkeit" der lizenzierenden Verwertungsgesellschaft für den Tonträgerhersteller mit Sitz in ihrem Verwaltungsgebiet beruht auf dem Gedanken, daß die Verwertungsgesellschaft gegenüber den Tonträgerherstellern, die in ihrem Verwaltungsgebiet präsent sind, am besten die Kontrolle ausüben und gegebenenfalls Vollstreckungmaßnahmen ausführen kann.
Wie noch näher erläutert wird[121], läßt es das BIEM-System jedoch zu, daß ein Tonträgerhersteller fremde Preßwerke im Ausland (d.h. außerhalb des Verwaltungsgebietes der lizenzierenden Verwertungsgesellschaft) mit der Vervielfältigung von Tonträgern in seinem Namen und auf seine Rechnung beauftragt (Lohnpressung). Die Vervielfältigung wird in diesem Fall analog zum Tonträgerherstellerbegriff des nationalen Urheberrechts ausschließlich dem organisatorisch verantwortlichen Tonträgerhersteller zugerechnet. Nur dieser ist Vertragspartner des Lizenzvertrages und haftet der Verwertungsgesellschaft für die Vervielfältigung der Tonträger. Die "Vervielfältigung" findet nach der Vertragskonstruktion rechtlich dort statt, wo der organisatorisch verantwortliche Tonträgerhersteller seinen Sitz hat.
Angesichts der Möglichkeit der Lohnpressung wirkt sich die territoriale Beschränkung der Ermächtigungen in den Gegenseitigkeitsverträgen zur Vergabe der Vervielfältigungslizenz im Ergebnis dahin aus, daß jede Verwertungsgesellschaft zur Vergabe von Lizenzen über das Weltrepertoire nur an Tonträgerhersteller mit Sitz in ihrem Verwaltungsgebiet ermächtigt ist. Das beruht auf der Erwägung, daß jede Verwertungsgesellschaft nur an Tonträgerhersteller lizenzieren soll, bei denen sie wegen deren Präsenz im Verwaltungsgebiet effektiv Kontrollen durchführen kann und auf die sie gegebenenfalls den Zugriff im Wege der

121 S.u. E IV.

Vollstreckung hat. Die Kontroll- und Vollstreckungsmöglichkeiten am Sitz des Tonträgerherstellers sind auch dann relevant, wenn der Tonträgerhersteller Preßwerke außerhalb des Verwaltungsgebietes der lizenzierenden Verwertungsgesellschaft in Anspruch nimmt. Die Verwertungsgesellschaft kann die Vervielfältigungsvorgänge und Tonträgerverkäufe in den Büchern des verantwortlichen Tonträgerherstellers überprüfen und auf dessen Vermögen, das in der Regel im Sitzstaat des Tonträgerherstellers belegen ist, Zugriff nehmen. Möglichen Mißbräuchen (Vorschieben einer konkursreifen Tochtergesellschaft im Verwaltungsgebiet der Verwertungsgesellschaft) kann die Verwertungsgesellschaft durch Bonitätsprüfungen vorbeugen.
Zusammenfassend ist somit festzuhalten, daß auf der Basis der Gegenseitigkeitsverträge des BIEM-Systems jede Verwertungsgesellschaft das ihr von den Schwestergesellschaften anvertraute Repertoire (in der Gesamtheit: das Weltrepertoire) auf der Grundlage der Gegenseitigkeitsverträge nur an Tonträgerhersteller mit Sitz in ihrem Verwaltungsgebiet lizenzieren kann, möge der Tonträgerhersteller nun mit einem eigenen Preßwerk oder im Wege der Lohnpressung produzieren.[122]

2. *Gleichbehandlungsgrundsatz*

Jede im BIEM organisierte Verwertungsgesellschaft ist verpflichtet, die Rechte der Urheber der anderen mit ihr durch Gegenseitigkeitsverträge verbundenen Gesellschaften in derselben Weise und im selben Umfang wahrzunehmen, wie sie dies für ihre eigenen Mitglieder tut. Insbesondere müssen die Bedingungen einschließlich Lizenzgebühr, die für die Lizenzierung von Werken der ausländischen Urheber vereinbart werden, dieselben sein wie diejenigen für Werke der inländischen Urheber. Diese Pflicht zur Gleichbehandlung inländischer und ausländischer Urheber ergibt sich zum Teil ausdrücklich aus den Gegenseitigkeitsverträgen[123]. Sie ist vor allem aber verbindlicher Bestandteil der BIEM-Satzung[124], auf der die Gegenseitigkeitsverträge beruhen. Damit ist die Gleichbehandlungspflicht für die Auslegung und Durchführung der Gegenseitigkeitsverträge maßgeblich.

3. *Abrechnung und Kommissionsabzug*

Aufgrund der gegenseitigen Ermächtigung lizenziert die inländische Gesellschaft in ihrem Verwaltungsgebiet an Stelle der ausländischen Verwertungsgesellschaft deren Repertoire, überwacht die Durchführung des Lizenzvertrages und zieht die anfallenden Gebühren ein. Die inländische Gesellschaft ist verpflichtet, die Abrechnung der kassierten Beträge zu den gleichen Terminen vorzunehmen wie für

122 Über diese territoriale Beschränkung der Gegenseitigkeitsverträge setzen sich neuerdings Verwertungsgesellschaften hinweg, indem sie Lizenzen an Tonträgerhersteller mit Sitz in anderen Verwaltungsgebieten vergeben, s. schon oben **(1)** A.

123 Artikel IV Ziff. 1), Artikel VI Mustervertrag im EG-Bereich für das Vervielfältigungsrecht gemäß BIEM-Standardvertrag, abgedruckt in GEMA-Jahrbuch 1995/96 D II 6, S. 213, 214.

124 Artikel 2 Ziff. 3) Satzung des BIEM, abgedruckt in GEMA-Jahrbuch 1995/96 D II 4, S. 175.

die Beträge, die für ihr eigenes heimisches Repertoire angefallen sind. Mit Abschluß der Abrechnung sind die Beträge fällig und an die ausländische Gesellschaft zu überweisen[125].
Auf die Beträge, welche die inländische Verwertungsgesellschaft für die ausländische Verwertungsgesellschaft eingezogen hat, erhebt die inländische einen Kommissionsabzug, der zur Deckung der Verwaltungskosten dient, die der inländischen Gesellschaft für ihre Verwaltungstätigkeit zugunsten der ausländischen Gesellschaft entstanden sind. Die Höhe des Abzugs ist im Gegenseitigkeitsvertrag als für beide Verwertungsgesellschaften bindend festgelegt[126]. Er beträgt zumeist 8% des für die ausländische Gesellschaft kassierten Bruttobetrages. Der verbleibende Betrag wird an die ausländische Gesellschaft überwiesen, die diesen ohne weiteren Abzug an die Urheber ausschüttet.[127]

II. Die Funktionen der Gegenseitigkeitsverträge

Die Gegenseitigkeitsverträge dienen verschiedenen Zwecken:

1. Weltweite Urheberrechtsverwertung

Der Urheber wird durch die (idealerweise) weltweite Vernetzung der Verwertungsgesellschaften durch Gegenseitigkeitsverträge in die Lage versetzt, sein Werk nicht nur in seinem Heimatland, sondern auch im Ausland der Nutzung zuzuführen. Zu diesem Zweck reicht es aus, daß der Urheber seine Nutzungsrechte einer einzigen Verwertungsgesellschaft, in der Regel der seines Heimatlandes, überträgt. Auf der Basis der Gegenseitigkeitsverträge wird das urheberrechtlich geschützte Werk dann über die ausländischen Verwertungsgesellschaften Nutzern in der ganzen Welt zugänglich gemacht.

2. Praktische Umsetzung der Inländerbehandlung

Die Pflicht der Verwertungsgesellschaften zur Gleichbehandlung inländischen und ausländischen Repertoires gewährleistet, daß ein Urheber in jedem Land in tatsächlicher Hinsicht denselben Schutz genießt wie ein Staatsangehöriger dieses Landes. Die Gegenseitigkeitsverträge dienen der praktischen Durchsetzung der Inländerbehandlung[128], die von den internationalen Konventionen zum Urheberrechtsschutz eingefordert wird[129]:

---

125 Artikel VI Mustervertrag im EG-Bereich für das Vervielfältigungsrecht gemäß BIEM-Standardvertrag, abgedruckt in GEMA-Jahrbuch 1995/96 D II 6, S. 213, 214.

126 Artikel VII Abs. 1 Mustervertrag im EG-Bereich für das Vervielfältigungsrecht gemäß BIEM-Standardvertrag, abgedruckt in GEMA-Jahrbuch 1995/96 D II 6, S. 213, 214.

127 Zum ganzen Verfahren ausführlich unten F, G.

128 Zur Inländerbehandlung s.o. **(2)** A III 1.

129 Artikel 5 RBÜ; Artikel II WUA; Artikel 2, 4, 5 Rom-Abkommen; Artikel 2 Tonträger-Abkommen; Artikel 3 TRIPS-Übereinkommen.

Die Inländerbehandlung verpflichtet jeden Unterzeichnerstaat der internationalen Konventionen, ausländischen Urhebern denselben Rechtsschutz zu gewähren wie inländischen Urhebern. Diese Pflicht der Staaten betrifft aber nur die Einräumung entsprechender Rechte im Wege der Gesetzgebung. Angesichts der praktischen Schwierigkeiten für jeden Urheber, seine Rechte selbst weltweit wahrzunehmen, kommt es für die tatsächliche Ausübung dieser Rechte im Ausland entscheidend auf die Tätigkeit der jeweiligen ausländischen Verwertungsgesellschaft an. Die Pflicht der Verwertungsgesellschaften, sich für die Rechte aller Urheber gleichermaßen einzusetzen, garantiert dem Urheber weltweit die tatsächliche Wahrung seiner Rechte nach den jeweiligen Bedingungen im Land der Werknutzung.

3. Verfügbarkeit des Weltrepertoires

Gegenseitigkeitsverträge statten eine Verwertungsgesellschaft mit dem Repertoire aller ausländischen Verwertungsgesellschaften aus, mit denen sie solche Verträge geschlossen hat. Unter der Voraussetzung, daß alle bedeutenden Verwertungsgesellschaften der Welt untereinander durch Gegenseitigkeitsverträge verbunden sind, bedeutet dies, daß jede Verwertungsgesellschaft in der Lage ist, das gesamte Weltrepertoire an Nutzer zu lizenzieren. Die Nutzer (insbesondere Tonträgerhersteller) genießen auf diese Weise den Vorteil, nur mit einer einzigen Verwertungsgesellschaft kontrahieren zu müssen, wenn sie das gesamte Weltrepertoire nutzen wollen. Es bleibt ihnen erspart, mit einer Vielzahl nationaler Verwertungsgesellschaften Lizenzverträge abschließen zu müssen, um Zugang zu allen Werken zu erhalten, welche das Weltrepertoire bilden. So werden, letztlich auch zugunsten der Verbraucher, Kosten der Tonträgerherstellung gespart.

4. Arbeitsteilung unter den Verwertungsgesellschaften

Aufgrund der Gegenseitigkeitsverträge kann sich jede Verwertungsgesellschaft zur Verwaltung ihres Repertoires im Ausland auf die Schwestergesellschaften stützen. Sie ist nicht darauf angewiesen, im Ausland eigene Niederlassungen zu gründen, Personal anzustellen und eigene Vertragsbeziehungen mit Nutzern zu knüpfen. Damit können die Kosten der Verwaltung zugunsten der Urheber, Tonträgerhersteller und Verbraucher gering gehalten werden.

III. Ausschließlichkeit oder Nichtausschließlichkeit der gegenseitigen Ermächtigungen - Problematik der Vergabe von Direktlizenzen

Die Ermächtigungen in den Gegenseitigkeitsverträgen waren ursprünglich ausschließlich: Die Verwertungsgesellschaften übertrugen sich die Wahrnehmung ihrer Repertoires in der Weise, daß jede Verwertungsgesellschaft in ihrem jeweiligen Verwaltungsgebiet unter Ausschluß jeder anderen Gesellschaft tätig wurde. Diese Ausschließlichkeit der Berechtigung jeder Verwertungsgesellschaft, das ausländische Repertoire in ihrem Verwaltungsgebiet zu vertreten, wurde im Jahre 1971 auf Einschreiten der Kommission gegen die Verwertungsgesellschaften der Gemeinschaft abgeschafft[130]. Seither hindern die Gegenseitigkeitsverträge die Verwertungsgesellschaften im Bereich der Gemeinschaft nicht daran, ihr eigenes Repertoire direkt an Nutzer in anderen Mitgliedstaaten zu lizenzieren. Einer solchen Direktlizenzierung stehen jedoch rechtliche und praktische Gründe entgegen:

1. Inhaltliche Beschränkung der Direktlizenz auf heimisches Repertoire

Die direkte Lizenzvergabe durch eine Verwertungsgesellschaft im Ausland kann bei Zugrundelegung der vorhandenen Gegenseitigkeitsverträge nicht das Weltrepertoire umfassen: Wie erläutert sind die gegenseitigen Ermächtigungen im Hinblick auf die Vergabe der Vervielfältigungslizenz territorial beschränkt. Die inländische Verwertungsgesellschaft ist seitens ihrer ausländischen Schwestergesellschaften zur Vergabe des Weltrepertoires nur insoweit ermächtigt, als es die Herstellung von Tonträgern in ihrem Verwaltungsgebiet betrifft, wobei im Falle der Lohnpressung die Herstellung dem im Verwaltungsgebiet ansässigen verantwortlichen Tonträgerhersteller zugerechnet wird. Die Ermächtigung, im Namen der ausländischen Verwertungsgesellschaft die Vervielfältigung von Tonträgern mit deren Repertoire zu erlauben, wird der inländischen Verwertungsgesellschaft nur für deren Verwaltungsgebiet erteilt. Die Vervielfältigung ausländischen Repertoires im Ausland kann die inländische Verwertungsgesellschaft danach nicht gestatten. Im Ergebnis kann damit jede Verwertungsgesellschaft Direktlizenzen im Ausland nur über ihr eigenes (überwiegend heimisches) Repertoire vergeben. Dieses heimische Repertoire macht aber nur einen Bruchteil des Weltrepertoires aus.[131]

2. Fehlende Kontroll- und Vollstreckungsmöglichkeiten der Verwertungsgesellschaft im Ausland

Die Vergabe direkter Lizenzen im Ausland wird von den Verwertungsgesellschaften aus praktischen Gründen herkömmlicherweise verweigert. Die Verwertungsgesellschaften verlangen für die Vergabe von Lizenzen, daß der Tonträgerhersteller seinen Sitz im Verwaltungsgebiet der Verwertungsgesellschaft hat. Die

---

130 1. Bericht über die Wettbewerbspolitik (1971) S. 84 Ziff. 85 Fn. (1), letzter Absatz; s.a. die Antwort vom 9. Dezember 1971 auf die schriftliche Anfrage Nr. 349/71 des Abgeordneten Vredeling an die Kommission der Europäischen Gemeinschaften vom 12. Oktober 1971, ABl. EG Nr. C 125 vom 18.12.1971, S. 8 f; Sitzungsbericht und Entscheidungsgründe sowie der Schlußantrag des Generalanwalts *Jacobs* in Rs 395/87 *Ministère Public ./. Tournier* Slg 1989, 2521, 2533, 2573 Rn 20, 2546; ferner *Karnell* GRUR Int. 1991, 583, 589 (der allerdings die Aufhebung der Ausschließlichkeitsklauseln unzutreffend auf die GEMA-Entscheidung vom 2.6.1971 zurückführt).

131 Wie erwähnt gehen einige Verwertungsgesellschaften entgegen dieser Rechtslage in letzter Zeit ungeachtet der inhaltlichen Beschränkung von Direktlizenzen dazu über, Direktlizenzen über das Repertoire auch ihrer Schwestergesellschaften an Tonträgerhersteller außerhalb ihres jeweiligen Verwaltungsgebietes zu vergeben.

Verwertungsgesellschaft sichert sich auf diese Weise den bereits erläuterten Zugriff auf den Tonträgerhersteller zur Durchführung von Kontrollen (v.a. Prüfung der Bücher). Der Sitz des Tonträgerherstellers im Inland ist als Gerichtsstand auch Voraussetzung dafür, daß die Verwertungsgesellschaft gegebenenfalls effektiv und ohne Zeitverzug gegen den Tonträgerhersteller gerichtlich vorgehen kann und für den Fall einer eventuell erforderlichen Vollstreckung Zugriff auf dessen Vermögen hat. Etwaigen Umgehungen dieses Zugriffs (Vorschieben einer vermögenslosen Gesellschaft) beugt die Verwertungsgesellschaft durch Bonitätsprüfungen vor.

Um die genannten Kontroll- und Zugriffsmöglichkeiten auch bei der Vergabe von Direktlizenzen im Ausland zu haben, müßte die Verwertungsgesellschaft eine eigene Verwaltungstätigkeit im Ausland ausüben. Die Verwaltungstätigkeit im Ausland würde es erforderlich machen, daß die Gesellschaft in dem jeweiligen ausländischen Staat eine eigene Verwaltungsorganisation und ein eigenes Kontroll- und Inkassosystem einrichtet. Das würde zu zusätzlichen Verwaltungskosten führen, die auf die Höhe der Lizenzgebühr durchschlagen müßten. Die Direktlizenzierung wäre damit letztlich auch für den Tonträgerhersteller unrentabel.

Denkbar wäre es allenfalls, daß die direktlizenzierende Verwertungsgesellschaft zur Vermeidung einer eigenen Verwaltungsorganisation im Ausland die jeweilige ausländische Schwestergesellschaft mit den Kontroll- und Vollstreckungsaufgaben betraut, die im Zusammenhang mit der Direktlizenzierung auftreten. Eine ausdrückliche Pflicht der Verwertungsgesellschaften, einander bei der Direktlizenzierung im eigenen Verwaltungsgebiet zu unterstützen, besteht aufgrund der vorhandenen Verträge indessen nicht[132]. Ein Protokoll zum Mustervertrag im EG-Bereich - von dem in der Praxis offenbar kein Gebrauch gemacht wird - sieht zwar vor, daß im Falle einer Direktlizenzierung die direktlizenzierende Verwertungsgesellschaft die andere Verwertungsgesellschaft benachrichtigt[133]. Die andere Verwertungsgesellschaft hat ferner das Recht, eine angemessene Entschädigung für ihre eigenen Aufwendungen zu verlangen[134]. Eine ausdrückliche Pflicht der Verwertungsgesellschaft zur Unterstützung der direktlizenzierenden Verwertungsgesellschaft läßt sich daraus aber nicht ohne weiteres herleiten.

Es ist auch fraglich, ob eine Aufgabenteilung zwischen direktlizenzierender Verwertungsgesellschaft im Ausland und kontrollierender Verwertungsgesellschaft im Inland dieselbe Kontrolle gewährleisten könnte, wie sie bei der Wahrnehmung

---

132 Hiervon zu unterscheiden ist die Pflicht der Verwertungsgesellschaften, sich gegenseitig mit der Kontrolle von Preßwerken im eigenen Verwaltungsgebiet zu unterstützen. Eine solche Pflicht ist vorgesehen in einem BIEM-Muster für entsprechende Zusatzverträge zu den Gegenseitigkeitsverträgen (dazu unten E IV). Bei einer gegenseitigen Unterstützung der Verwertungsgesellschaften durch Kontrolle von Preßwerken im Rahmen von Lohnpressungen wird der verantwortliche Tonträgerhersteller nach wie vor von der Verwertungsgesellschaft, in deren Verwaltungsgebiet der Tonträgerhersteller seinen Sitz hat, lizenziert und kontrolliert.

133 Ziff. 2 a) Protokoll zum Mustervertrag im EG-Bereich für das Vervielfältigungsrecht, abgedruckt in GEMA-Jahrbuch 1995/96 D II 6 S. 215.

134 Ziff. 2 d) Protokoll zum Mustervertrag im EG-Bereich für das Vervielfältigungsrecht, abgedruckt in GEMA-Jahrbuch 1995/96 D II 6 S. 215.

aller Lizenzierungsaufgaben durch die inländische Verwertungsgesellschaft bestünde. Die erforderliche Koordination der Tätigkeiten zweier Verwertungsgesellschaften würde zusammen mit der anfallenden Aufwandsentschädigung die Kosten der Direktlizenzierung durch die ausländische Verwertungsgesellschaft gegenüber der Lizenzierung durch die inländische Verwertungsgesellschaft erhöhen, so daß auch bei einer Kooperation von Verwertungsgesellschaften bei der Direktlizenzierung wegen der erforderlichen Tätigkeit zweier Gesellschaften zusätzlicher finanzieller Aufwand entstehen müßte[135].

D. Rechtseinräumung von Subverlagen an Verwertungsgesellschaften über anglo-amerikanisches Repertoire

Eine Sonderrolle nehmen im internationalen Urheberrechtsverkehr die Werke anglo-amerikanischer Urheber ein. Diese Werke machen etwa 70% der weltweiten Tonträgerproduktion aus.
Die mechanischen Rechte an den Werken anglo-amerikanischer Urheber befinden sich überwiegend in den Händen anglo-amerikanischer Verlage, nicht in den Händen von Urhebern oder Verwertungsgesellschaften. Die anglo-amerikanischen Originalverlage räumen die Rechte Subverlagen in den jeweiligen Staaten außerhalb der USA bzw. außerhalb des Vereinigten Königreichs durch territorial beschränkte Lizenzen ein[136]. Die Verträge sind unterschiedlich ausgestaltet. In der Regel besitzt der jeweilige Subverlag die nicht-ausschließlichen Vervielfältigungsrechte und Verbreitungsrechte für das eingeräumte Repertoire bezogen auf das jeweilige Subverlagsgebiet. Zugleich genießt der Subverlag in der Regel das ausschließliche Recht zum Inkasso der Lizenzgebühren, die auf die Vervielfältigung und Verbreitung von Tonträgern im Subverlagsgebiet anfallen.
Die Subverlage übertragen ihre Rechte und Inkassovollmachten treuhänderisch auf die jeweilige Verwertungsgesellschaft im Staat ihres Sitzes. Die Rechtseinräumung ist - wie schon die Lizenz vom Verlag an den Subverlag - territorial beschränkt: Die Verwertungsgesellschaft kann auf der Grundlage des Berechtigungsvertrages mit dem Subverlag Lizenzen nur zur Vervielfältigung und Verbreitung von Tonträgern in ihrem Verwaltungsgebiet vergeben.
Jedoch ist jede Verwertungsgesellschaft aufgrund der Gegenseitigkeitsverträge, die zwischen den Verwertungsgesellschaften bestehen und die auch das jeweilige anglo-amerikanische Repertoire erfassen, in der Lage, die Verbreitung von Tonträgern mit diesem Repertoire in allen Verwaltungsgebieten der mit ihr verbun-

135 Anders stellt sich die Situation bei den noch zu erläuternden Zentrallizenzverträgen (dazu unten H) dar: Hier können wegen der standardisierten Abrechnung der gesamten europaweiten Umsätze eines Tonträgerherstellerkonzerns in erheblichem Umfang Verwaltungskosten gespart werden. Eine Direktlizenzierung mit Kooperation zweier Verwertungsgesellschaften erscheint hier eher in einem wirtschaftlich vertretbaren Umfang möglich.

136 Muster von veralteten Subverlagsverträgen sind abgedruckt bei *Schulze* Urhebervertragsrecht 3. Aufl. München 1982, Materialien Nr. 43 - 45. Sie sind allerdings für die Verwendung durch deutsche Originalverleger bestimmt und enthalten deshalb keine Einräumung mechanischer Rechte an den Subverlag.

denen Verwertungsgesellschaften zu gestatten. Jede Verwertungsgesellschaft kann also auf der Grundlage ihrer eigenen Verträge mit Subverlagen die Vervielfältigung und Verbreitung von Tonträgern mit anglo-amerikanischem Repertoire in ihrem Verwaltungsgebiet lizenzieren. Ferner kann sie auf der Grundlage der Gegenseitigkeitsverträge mit ausländischen Verwertungsgesellschaften, die ihrerseits Verträge mit Subverlagen in ihrem Verwaltungsgebiet geschlossen haben, die Verbreitung der Tonträger in allen Verwaltungsgebieten der mit ihr verbundenen Verwertungsgesellschaften gestatten. Hinsichtlich der Vervielfältigung des anglo-amerikanischen Repertoires bleibt es bei der territorialen Beschränkung, die, wie erläutert, den Gegenseitigkeitsverträgen zugrundeliegt.

E. Lizenzverträge zwischen den Verwertungsgesellschaften und den Herstellern von Tonträgern - Der BIEM/IFPI-Normalvertrag

Die Verwertungsgesellschaften, die auf der Grundlage der Berechtigungsverträge, der Gegenseitigkeitsverträge, unilateraler Vereinbarungen und der Verträge mit Subverlagen über das Weltrepertoire verfügen, lizenzieren dieses Repertoire an Tonträgerhersteller für die Vervielfältigung und Verbreitung von Tonträgern. Die Lizenzbedingungen richten sich in der Regel nach den Bestimmungen des BIEM/IFPI-Normalvertrages[137]. Dieser Standardvertrag ist durch die internationalen Dachorganisationen BIEM[138] und IFPI[139] ausgehandelt worden und wird von Zeit zu Zeit revidiert. Der erste BIEM/IFPI-Normalvertrag stammt bereits aus dem Jahre 1947[140].
Die im BIEM organisierten Verwertungsgesellschaften sind aufgrund der BIEM-Satzung verpflichtet, den BIEM/IFPI-Normalvertrag ihren Lizenzvereinbarungen mit Tonträgerherstellern zugrunde zu legen[141]. Von dieser Pflicht sind die Gesellschaften allerdings befreit, soweit zwingende gesetzliche Vorschriften ihnen eine Abweichung vom BIEM/IFPI-Normalvertrag vorgeben[142]. Das hat insbesondere Bedeutung für die britische MCPS, die an die erläuterte Entscheidung des Copyright Tribunal vom 1. November 1991 auf der Grundlage von section 118 des Copyright, Designs and Patents Act 1988 gebunden ist. Ferner läßt der BIEM/IFPI-Normalvertrag in einer Reihe von Angelegenheiten

---

137 Dieser Vertrag ist in veralteter Version abgedruckt bei *Schulze* Urheberrechte in der Musik und die deutsche Urheberrechtsgesellschaft 2. Aufl. 1956, S. 376 ff, 389 ff. Eine aktuellere Version läßt sich dem Beschluß des OLG München vom 30.4.1987 - 5 AR 19/85 - entnehmen (abgedruckt in *Schulze* RzU OLGZ 294, S. 3 ff): Der vom OLG München festgesetzte Normalvertrag ist stark an den BIEM/IFPI-Normalvertrag angelehnt.

138 Bureau International des Sociétés gérant les Droits d'Enregistrement et de Reproduction Mécanique, Paris.

139 International Federation of Producers of Phonograms and Videograms, London.

140 *Best* Brief Analysis of the BIEM/IFPI Standard Agreement in: *Lester/Faulder/van Rij* (Hrsg.) Mechanical Rights - Reports presented at the Meeting of the International Association of Entertainment Lawyers MIDEM 1992, S. 27.

141 Artikel 2 Ziff. 3), Artikel 7 Satzung des BIEM, abgedruckt in GEMA-Jahrbuch 1995/96 D II 4, S. 175, 176 f.

142 Artikel 7 Ziff. 4) Satzung des BIEM, abgedruckt in GEMA-Jahrbuch 1995/96 D II 4, S. 177.

individuelle Vereinbarungen zu, die zwischen der Verwertungsgesellschaft und der jeweiligen Landesgruppe der IFPI bzw. mit dem einzelnen Tonträgerhersteller ausgehandelt werden dürfen. Die wirtschaftlich bedeutendsten Angelegenheiten sind dabei die Regelungen über Mindestvergütungen[143], die Regelungen über Pauschalabzüge für Exporte von Tonträgern, die im Lager eines verbundenen Importeurs verbleiben[144], und die Regelungen über Pauschalabzüge für Retouren bei Neuerscheinungen[145].[146]

Der zur Zeit gültige BIEM/IFPI-Normalvertrag stammt in seiner ursprünglichen Form aus dem Jahre 1975. Er wurde durch sechs Zusatzvereinbarungen ergänzt, deren letzte vom 1. Oktober 1992 datiert. Der umfangreiche Standardvertrag enthält detaillierte Regelungen zum Vertragsverhältnis zwischen Tonträgerhersteller und Verwertungsgesellschaft. Der bisher gültige BIEM/IFPI-Normalvertrag lief am 30. September 1996 ab, wurde jedoch unverändert bis Ende des Jahres 1996 verlängert. Zum gegenwärtigen Zeitpunkt finden Verhandlungen über Neuregelungen statt. Im Mittelpunkt stehen dabei, wie schon in der Vergangenheit, die Regelungen zur Lizenzgebühr[147]. Die grundlegenden Vorschriften des BIEM/IFPI-Normalvertrages werden jedoch auch in Zukunft Bestand haben:

I. Der Umfang der Rechtseinräumung

Gemäß Artikel II Abs. 1 BIEM/IFPI-Normalvertrag "erteilt" die Verwertungsgesellschaft "unter den Bedingungen und Beschränkungen des vorliegenden Vertrages" dem Tonträgerhersteller das nicht-ausschließliche Recht, Tonaufnahmen von Werken des Repertoires der Verwertungsgesellschaft vorzunehmen, von diesen Aufnahmen Tonträger zu fertigen und die Tonträger unter seinen Marken für den

---

143 Artikel VI (2) BIEM/IFPI-Normalvertrag.

144 Artikel V (9bis) i.V.m. (9) BIEM/IFPI-Normalvertrag.

145 Artikel V (18bis) i.V.m. (18) BIEM/IFPI-Normalvertrag.

146 Weitere Angelegenheiten, die Gegenstand individueller Vereinbarungen sein dürfen, sind: Umsetzung der Meistbegünstigungsklausel: Artikel II (10bis) BIEM/IFPI-Normalvertrag; fakultative Anwendung der Inlandsvergütungen für Exporte: Artikel V (7bis) BIEM/IFPI-Normalvertrag; zusammenfassende Abrechnung geringfügiger Exporte zur Inlandsvergütung: Artikel V (11) BIEM/IFPI-Normalvertrag; Abzug bestimmter Steuern von der Urhebervergütung: Artikel V (21) BIEM/IFPI-Normalvertrag; Bekanntgabe territorialer Beschränkungen an Grossisten und Einzelhändler: Artikel IX (6) BIEM/IFPI-Normalvertrag; Aufmachung der Aufnahmeanmeldungen: Artikel X (2) BIEM/IFPI-Normalvertrag; Abrechnungsperiode: Artikel XII (1) und (3) BIEM/IFPI-Normalvertrag; Höhe der vom Tonträgerhersteller zu zahlenden Garantiesumme: Artikel XII (4) BIEM/IFPI-Normalvertrag; Ausübung der Kontrolle durch die Verwertungsgesellschaft: Artikel XIII (4) BIEM/IFPI-Normalvertrag; Höhe von Verzugszinsen: Artikel XV (3) BIEM/IFPI-Normalvertrag.

147 Der Tonträgerindustrie ist unter anderem daran gelegen, einen niedrigeren Lizenzgebührensatz und eine Abschaffung der Mindestvergütungen durchzusetzen. Weiterer Diskussionspunkt ist die stärkere Berücksichtigung von Rabatten und Retouren bei der Lizenzgebühr.
Den Verwertungsgesellschaften ist unter anderem daran gelegen, die Wirksamkeit der von ihnen erteilten Lizenzen davon abhängig zu machen, daß der Tonträgerhersteller über die erforderlichen Leistungsschutzrechte verfügt. Auch soll in Artikel II Abs. 1 BIEM/IFPI-Normalvertrag klargestellt werden, daß die Lizenz erst mit der Einzeichnung gemäß Artikel X (1) S. 3 und 4 BIEM/IFPI-Normalvertrag erteilt wird.

Verkauf an das Publikum zum privaten Gebrauch in den Verkehr zu bringen. Das Repertoire der Gesellschaft umfaßt alle Werke, für die der Gesellschaft die Wahrnehmung der Vervielfältigungsrechte von ihren Mitgliedern und den durch Gegenseitigkeitsverträge verbundenen Schwestergesellschaften übertragen worden ist oder zukünftig übertragen wird, und zwar "in dem Umfang, in dem die Gesellschaft mit dieser Wahrnehmung betraut worden ist" (Artikel I Abs. 1 BIEM/IFPI-Normalvertrag).
Entgegen der Formulierung "erteilt" in Artikel II Abs. 1 BIEM/IFPI-Normalvertrag werden dem Tonträgerhersteller die Rechte erst mit der Einzeichnung der vom Tonträgerhersteller angemeldeten Werke eingeräumt (dazu ausführlich unten III 1). Artikel II Abs. 1 BIEM/IFPI-Normalvertrag beschreibt somit nur, in welchem Umfang die Verwertungsgesellschaft sich zur Lizenzerteilung verpflichtet.

1. Territoriale Beschränkung der Vervielfältigungslizenz

Aus den Regelungen in Artikel I Abs. 1, II Abs. 1 BIEM/IFPI-Normalvertrag ergibt sich, daß der Umfang des an den Tonträgerhersteller zu lizenzierenden Rechts sich nach dem Umfang richtet, in welchem die Verwertungsgesellschaft seitens ihrer Schwestergesellschaften mit der Wahrnehmung des Repertoires betraut ist. Das bedeutet, daß die territoriale Beschränkung, die Bestandteil der Ermächtigungen zur Vergabe der Vervielfältigungslizenz in den Gegenseitigkeitsverträgen ist, in der Lizenz an den Tonträgerhersteller fortwirkt: Die Verwertungsgesellschaft kann das Weltrepertoire an den Tonträgerhersteller nur in dem Umfang lizenzieren, in dem sie von den Schwestergesellschaften zur Wahrnehmung bevollmächtigt worden ist. Die Lizenz erlaubt es dem Tonträgerhersteller also nur, Tonträger im jeweiligen Verwaltungsgebiet der Verwertungsgesellschaft zu vervielfältigen. Denn nur für dieses Gebiet ist die Verwertungsgesellschaft zur Gestattung der Vervielfältigung des Weltrepertoires ermächtigt. Allerdings kann der Tonträgerhersteller, wie bereits erwähnt, Preßwerke im Ausland mit der Vervielfältigung beauftragen (Lohnpressung). Die Vervielfältigung wird dann dem auftraggebenden Tonträgerhersteller zugerechnet, der seinen Sitz im Verwaltungsgebiet der lizenzierenden Verwertungsgesellschaft hat[148].
Da die Ermächtigung der Gegenseitigkeitsverträge hinsichtlich des **Verbreitungsrechts** weltweit gilt, ist dem Tonträgerhersteller auf der Grundlage des BIEM/IFPI-Normalvertrages die Verbreitung von Tonträgern weltweit gestattet[149]. Allerdings richten sich die Lizenzbedingungen nach den jeweiligen Verhältnissen im Bestimmungsland[150].

---

148 S.unten E IV.

149 Zum Umfang der Einzeichnung s.u. III 1.

150 Dazu sogleich E II 3.

2. *Gesamtlizenz*

Die Einräumung der Rechte durch die Verwertungsgesellschaften an Tonträgerhersteller erfolgt aus Gründen der Praktikabilität[151], in Form einer Gesamtlizenz: Die Rechte werden nicht an einzelnen Werken oder am Repertoire eines einzelnen Urhebers lizenziert, sondern nur im Umfang des gesamten Repertoires der Verwertungsgesellschaft. Eine Einräumung von Rechten an Teilrepertoire ist im BIEM/IFPI-Normalvertrag nicht vorgesehen. Der Tonträgerhersteller hat auf der Grundlage dieses Vertrages nicht die Möglichkeit, einzelne Werkkategorien, einzelne Urheber oder gar einzelne Titel auszuwählen[152].

II. Die Vergütungsregelungen und das Bestimmungslandprinzip

Den breitesten Raum im BIEM/IFPI-Normalvertrag nehmen die Regelungen zur Vergütung ein. Diese Regelungen müssen in erster Linie unter dem Gesichtspunkt gesehen werden, daß der BIEM/IFPI-Normalvertrag grundsätzlich soweit wie möglich die Lizenzgebühr an die rechtlichen und wirtschaftlichen Bedingungen des Landes anzupassen sucht, in denen die Tonträger verbreitet werden. Gebührensatz und zugrundegelegter Preis für Tonträgerexporte sollen sich nach den rechtlichen und wirtschaftlichen Bedingungen des Importlandes richten (Bestimmungslandprinzip). Dieser Grundsatz ist aufgrund des Einschreitens der Kommission in den achtziger Jahren allerdings modifiziert und für das Gebiet der Gemeinschaft weitgehend in sein Gegenteil verkehrt worden[153]. Im folgenden werden die Grundsätze der Gebührenberechnung erläutert.

1. *Berechnungsgrundlage für die Vergütung*

Die Vergütung, die der Tonträgerhersteller an die Verwertungsgesellschaft zu zahlen hat, wird als Prozentsatz des Preises des Tonträgers berechnet[154]. Etwas anderes gilt nur, wenn die Tonträger in Ländern verbreitet werden, in denen die Vergütung durch Gesetz festgelegt ist (z.B. USA, Kanada). Für diese Tonträger gilt die gesetzlich festgelegte Vergütung[155].

Für die Höhe der Lizenzgebühr sind somit in aller Regel zwei Faktoren maßgeblich: Die Höhe des zugrundegelegten Preises und der Vergütungssatz in Prozent.

---

151 S. hierzu und zur kartellrechtlichen Beurteilung die Darstellung zu den *SACEM*-Entscheidungen unten B III 2 c) und 3 c).

152 Allerdings bieten Verwertungsgesellschaften außerhalb des BIEM/IFPI-Normalvertrages auch eine kostenaufwendige Werk-für-Werk-Lizenzierung an. Diese Möglichkeit dürfte nur für kleine Tonträgerhersteller interessant sein.

153 Dazu ausführlich unten (5) A IV 1 a) und VI.

154 Artikel V Abs. 3 BIEM/IFPI-Normalvertrag i.V.m. Anhang Nr. IV (1).

155 Artikel V Abs. 3 BIEM/IFPI-Normalvertrag i.V.m. Anhang Nr. IV (2).

a) Der zugrundegelegte Preis

Für Kontinentaleuropa werden folgende Preise der Berechnung zugrunde gelegt: Wendet der Tonträgerhersteller - was die Ausnahme ist - gebundene oder empfohlene Detailverkaufspreise (Endverkaufspreise) an und werden diese Preise allgemein von der Öffentlichkeit bezahlt, so sind diese Preise maßgeblich[156]. Andernfalls - und dies ist der Regelfall - wird der höchste Preis des jeweiligen Tonträgers zugrunde gelegt, wie er von dem Tonträgerhersteller am Tag des Lagerausgangs in der Liste mit den Listenabgabepreisen für den Detailhandel veröffentlicht ist[157]. Dieser Preis wird als Händlerabgabepreis oder PPD (Published Price for Dealers) bezeichnet. Der Händlerabgabepreis wurde Anfang der achtziger Jahre auf Verlangen der Kommission[158] als Berechnungsgrundlage für die Urhebervergütung in der Gemeinschaft genommen. Er trat damit an die Stelle des zuvor angewandten Einzelhandelspreises[159].
Maßgeblich sind somit die Händlerabgabepreise, wie sie der Tonträgerhersteller in freier Preisgestaltung in seinen Listen gegenüber Händlern festlegt, die unmittelbar von ihm Tonträger beziehen[160]. Eine Ausnahmeregelung[161] gilt für den seltenen Fall, daß der Tonträgerhersteller nicht in der Lage ist, der Verwertungsgesellschaft Listen über seine Händlerabgabepreise zur Verfügung zu stellen: Grundlage ist dann der Händlerabgabepreis, der von den anderen inländischen Tonträgerherstellern für die jeweilige Tonträgerkategorie allgemein praktiziert wird. Die Regelung kommt nur für sehr kleine Tonträgerhersteller in Betracht, die ihre Preise völlig frei von Kaufvertrag zu Kaufvertrag gestalten.

b) Der Vergütungssatz in Prozent

Der Vergütungssatz beträgt für die Verbreitung von Tonträgern in Kontinentaleuropa bei Zugrundelegung des Händlerabgabepreises 11%[162], bei ausnahmsweiser Zugrundelegung des Detailverkaufspreises (Preisbindung oder Preisempfehlung) 8%[163]. Werden die Tonträger in andere Länder außerhalb Kontinentaleuropas exportiert, so gelten für sie die Vergütungsbedingungen, die zwischen der Verwertungsgesellschaft oder ihrer Vertretung und den nationalen Herstellern in diesen Ländern vereinbart worden sind[164].
Zusammengefaßt schuldet somit der Tonträgerhersteller für die Verbreitung von Tonträgern in der Europäischen Gemeinschaft mit Ausnahme des Vereinigten Königreichs und Irlands auf der Grundlage des BIEM/IFPI-Normalvertrages der

156 Artikel V (5) BIEM/IFPI-Normalvertrag i.V.m. Anhang Nr. IV (1).
157 Artikel V (4), VII (4) c) BIEM/IFPI-Normalvertrag i.V.m. Anhang Nr. IV (1).
158 13. Bericht über die Wettbewerbspolitik (1983) S. 94 Ziff. 147 - 150; CMLR 1984, 308.
159 Ausführlich unten (5) A IV 1 a).
160 Einem Mißverständnis erliegt *Deringer* (NJW 1985, 513, 517), der fordert, der "Herstellerabgabepreis" solle der Lizenzgebühr zugrunde gelegt werden. Händlerabgabepreis ist der Preis für die Abgabe vom Tonträgerhersteller an den Händler (Großhändler sind im Tonträgergeschäft kaum noch anzutreffen). Einen "Herstellerabgabepreis" gibt es nicht.
161 Artikel V (6) BIEM/IFPI-Normalvertrag.
162 Artikel V (4) BIEM/IFPI-Normalvertrag i.V.m. Anhang Nr. IV (1).
163 Artikel V (5) BIEM/IFPI-Normalvertrag i.V.m. Anhang Nr. IV (2).
164 Artikel V (3) BIEM/IFPI-Normalvertrag i.V.m. Anhang Nr. IV (3), (4).

Verwertungsgesellschaft für jeden Tonträger eine Lizenzgebühr von 11% des Händlerabgabepreises. Diese Gebühr ist allerdings Gegenstand von Abzügen:

2. Abzüge

Von den 11% des jeweiligen Händlerabgabepreises werden 6% für die gewöhnlich von den Herstellern gewährten Fakturennachlässe (Skonti, Rabatte) abgezogen[165]. Von dem so errechneten Betrag werden weitere 10% als Pauschale für die vom Tonträgerhersteller geleistete Aufmachung der Tonträger durch individuell gestaltete Verpackung abgezogen[166].
Die Lizenzgebühr beträgt für die Verbreitung in Kontinentaleuropa im Ergebnis somit 9,306% des Händlerabgabepreises. In Abweichung hiervon wurde durch das britische Copyright Tribunal in der Entscheidung vom 1.11.1991 für den Standardvertrag der MCPS mit britischen Tonträgerherstellern eine Vergütung in Höhe von 8,5 % des Händlerabgabepreises festgesetzt[167].

3. Bestimmungslandprinzip

Der BIEM/IFPI-Normalvertrag stellt den Grundsatz auf, daß für die Berechnung der Lizenzgebühr die Lizenzbedingungen, insbesondere der Gebührensatz, und derjenige Preis maßgeblich sind, die in dem Land angewandt werden, in welchem der jeweilige Tonträger verbreitet wird. Für Exporte außerhalb Kontinentaleuropas ergibt sich das aus Artikel V (3) BIEM/IFPI-Normalvertrag i.V.m. Anhang Nr. IV Abs. (2) - (4) zum BIEM/IFPI-Normalvertrag. Für Exporte innerhalb Kontinentaleuropas, für die der einheitliche Gebührensatz von 9,306% des Händlerabgabepreises gilt, ergibt sich das Bestimmungslandprinzip aus der Pflicht des Tonträgerherstellers, seine Listen mit den anwendbaren Händlerabgabepreisen, die der Gebührenberechnung zugrunde gelegt werden, "pro Land" auf dem laufenden zu halten[168]. An sich ist also für Kontinentaleuropa nach dem ursprünglichen Konzept des BIEM/IFPI-Normalvertrages immer der Händlerabgabepreis maßgeblich, der vom Tonträgerhersteller im Land des Imports praktiziert wird.
Das Bestimmungslandprinzip garantiert, daß die Vergütung des Urhebers den tatsächlichen wirtschaftlichen Verhältnissen entspricht, die in dem Land der Verbreitung des Tonträgers (dem Bestimmungsland) gelten. Damit wird dem Grundsatz des Urheberrechts entsprochen, nach welchem der Urheber Anspruch auf eine angemessene Beteiligung an der tatsächlichen kommerziellen Nutzung seines Werkes hat.
Die Bedeutung des Bestimmungslandprinzips wird am Beispiel unterschiedlicher Lizenzgebührenniveaus deutlich: Unterstellt, ein Tonträgerhersteller mit Sitz in Land A praktiziert in Land B höhere Preise für einen bestimmten Tonträger als in

165 Artikel V (4) S. 2 BIEM/IFPI-Normalvertrag i.V.m. Zusatzvereinbarung Nr. 6 vom 1.10.1992.
166 Artikel V (23) BIEM/IFPI-Normalvertrag.
167 S.o. (2) E III.
168 Artikel VII Abs. 4 c) S. 2 BIEM/IFPI-Normalvertrag.

Land A. Der Händlerabgabepreis, den der Tonträgerhersteller in der Liste für den Detailhandel veröffentlicht hat, ist dementsprechend für Land B höher als für Land A. Der Tonträgerhersteller kann in A von der dortigen Verwertungsgesellschaft eine Herstellungs- und Vertriebslizenz erhalten, die ihn zum weltweiten Export berechtigt. Auf der Grundlage des Bestimmungslandprinzips berechnet aber die Verwertungsgesellschaft die Lizenzgebühr für Exporte nach B nach dem Preisniveau, das im Land B gilt, dem Land, in welchem die Tonträger auf den Markt kommen. Legte die Verwertungsgesellschaft stattdessen den Händlerabgabepreis zugrunde, der für Verkäufe im Land A gilt, so korrespondierte die Urhebervergütung nicht mehr mit dem tatsächlichen wirtschaftlichen Erfolg des Tonträgers (und damit des Werkes) in B. Der Urheber würde nicht angemessen an der wirtschaftlichen Verwertung beteiligt.
Umgekehrt schützt das Bestimmungslandprinzip natürlich auch den Tonträgerhersteller: Will ein Tonträgerhersteller mit Sitz im Hochpreisland B in das Niedrigpreisland A exportieren, so gewährleistet das Bestimmungslandprinzip eine entsprechend niedrigere Lizenzgebühr: Wenn der Tonträgerhersteller die Lizenz in B erwirbt, wendet die dort ansässige Verwertungsgesellschaft für die Abrechnung der Exporte nach A den Händlerabgabepreis im Bestimmungsland A an. Würde dagegen der Händlerabgabepreis des Tonträgerherstellers im Land B angewandt, so zahlte der Tonträgerhersteller eine, gemessen am wirtschaftlichen Erfolg des Tonträgers, überhöhte Lizenzgebühr.
Das Bestimmungslandprinzip ist aufgrund des Einschreitens der Kommission in den achtziger Jahren für den Bereich der EG durchbrochen und weitgehend in sein Gegenteil verkehrt worden[169]. Danach soll die Urhebervergütung für Inlandsverkäufe und Exporte gleichermaßen nach dem Vergütungssatz und dem Händlerabgabepreis berechnet werden, wie sie im Mitgliedstaat gelten, in dem der Tonträgerhersteller die Lizenz erwirbt (sog. "Herkunftsland", "Herstellungsland" oder "Exportland"). Die Kommission ließ Ausnahmen nur für den Fall zu, daß der Tonträgerhersteller an verbundende Unternehmen oder Lizenznehmer im Ausland liefert. Dann dürften die Preise des Bestimmungslandes angewandt werden, wobei für den Vergütungssatz stets das "Herstellungsland" maßgeblich bleibe. In der gegenwärtigen Fassung des BIEM/IFPI-Normalvertrages sind diese Vorgaben in der Weise umgesetzt, daß der Tonträgerhersteller dafür optieren kann, von seinen Lieferungen ins Ausland die Bestände abzuziehen, die im Lager des verbundenen Importeurs verbleiben. Die Lizenzgebühren für die Lagerausgänge des verbundenen Importeurs werden dann nach den Händlerabgabepreisen des Bestimmungslandes berechnet, wobei allerdings die Lizenzbedingungen einschließlich des Vergütungssatzes sich nach denjenigen des Herkunftslandes richten[170].

169 Dazu ausführlich unten (5) A IV 1 a), VI.
170 Artikel V (9) BIEM/IFPI-Normalvertrag.

4. *Anteilige Vergütung bei Tonträgern mit gemischtem Repertoire*

Enthält ein Tonträger gleichzeitig Werke des Repertoires der Verwertungsgesellschaft und Werke, die nicht zum Repertoire der Gesellschaft gehören, so wird die Vergütung bei annähernd gleicher Spieldauer der Werke anteilig nach dem Zahlenverhältnis der Werke auf dem Tonträger berechnet. Bei stärkeren Abweichungen zwischen den Werken in der Spieldauer wird das Verhältnis der Spieldauer des jeweiligen Werkes zur Gesamtspieldauer des Tonträgers für die Berechnung der Gebühr zugrundegelegt. Im letzteren Fall wird zur Vereinfachung die Spieldauer jedes Werkes in der Regel auf volle Minuten gerundet[171]. Ähnliche Regelungen sind für die Verwertung von Werkteilen vorgesehen.
Tonträger mit gemischtem Inhalt sind eine seltene Ausnahme, da sich ca. 99% des geschützten Weltrepertoires in der Hand der jeweiligen BIEM-Verwertungsgesellschaft befinden. Die Regelung über Tonträger mit gemischtem Repertoire hat jedoch Bedeutung für die spätere Ausschüttung der Lizenzgebühr an die Urheber, wenn auf einem Tonträger mehrere Urheber mit Werken vertreten sind. Die Verteilung der für diesen Tonträger anfallenden Gebühr zwischen den Urhebern findet dann analog zu der Vergütungsregelung für Tonträger mit gemischtem Inhalt nach dem Minutenanteil statt[172].

5. *Mindestvergütungen*

Für Kontinentaleuropa ordnet Artikel VI (1) BIEM/IFPI-Normalvertrag eine Mindestvergütung pro Tonträger an. Sie beträgt zwei Drittel der für Kontinentaleuropa vorgesehen Lizenzgebühr (also in der Regel zwei Drittel von 9,306% des PPD). Der PPD, der als Grundlage für die Berechnung der Mindestvergütung dient, wird von der Verwertungsgesellschaft und der jeweiligen nationalen Landesgruppe der IFPI einvernehmlich festgesetzt, wobei die Möglichkeit einer jährlichen Revision besteht[173]. Mangels einer Einigung beträgt die Mindestvergütung zwei Drittel der Durchschnittsvergütung, die von den zwei inländischen Herstellern erbracht wurde, die im Vorjahr den höchsten Vergütungsbetrag an die Verwertungsgesellschaft oder an andere BIEM-Gesellschaften abgeführt haben[174].
Die Mindestvergütung soll den Urheber vor Einnahmeverlusten sichern, die sich möglicherweise aus dem Verkauf von Tonträgern zu Billigpreisen ergeben können[175]. Die Urheberseite scheint die Rechtfertigung einer Mindestvergütung auch darin zu sehen, daß ein urheberrechtlich geschütztes Werkes einen Wert habe, der unabhängig vom jeweiligen Tonträgerpreis bestehe und der nicht wegen

---

171 Artikel V (12), (13) BIEM/IFPI-Normalvertrag.
172 S. § 2 Verteilungsplan der GEMA für das mechanische Vervielfältigungsrecht in Verbindung mit Ausführungsbestimmungen zum Verteilungsplan für das mechanische Vervielfältigungsrecht II a), GEMA-Jahrbuch 1995/96 D IV 1, S. 275, 281.
173 Artikel VI (2) BIEM/IFPI-Normalvertrag.
174 Artikel VI (3) BIEM/IFPI-Normalvertrag.
175 Vgl. die Begründung des OLG München zu Artikel VI (1) Normalvertrag im Beschluß vom 30.4.1987 - 6 AR 19/85 - Ziff. (18), *Schulze* RzU OLGZ 294, S. 54 ff, 55.

der prozentualen Berechnung der Lizenzgebühr mittels Preissenkungen des Tonträgers unterschritten werden dürfe[176].

Ungeachtet ihrer problematischen sachlichen Rechtfertigung[177] kommt der Mindestvergütung jedenfalls eine erhebliche wirtschaftliche Bedeutung zu, die teilweise größer ist als die Bedeutung der prozentualen Höhe der Lizenzgebühr. Die Mindestvergütung ist damit ein zentraler Bestandteil der zwischen BIEM und IFPI vereinbarten Urhebervergütung auf der Basis des BIEM/IFPI-Normalvertrages. Wegen der großen Bedeutung der Mindestvergütung für die Urhebervergütung wirkt es sich besonders schwerwiegend aus, daß eine Mindestvergütung in dem Standardvertrag, den das britische Copyright Tribunal festgesetzt hat, nicht vorgesehen ist[178]. Damit ist auf der einen Seite ein Gefälle des Urheberschutzes zwischen Kontinentaleuropa und dem Vereinigten Königreich verbunden, zum anderen ergibt sich daraus ein Wettbewerbsvorteil für Tonträger aus britischer Produktion.

6. Werkebegrenzungen und Spieldauerbegrenzungen

Eine weitere Regelung zum Schutz der Interessen der Urheber enthält Artikel VI (5) ff BIEM/IFPI-Normalvertrag. Dort ist vorgeschrieben, in welcher Anzahl Werke oder Werkteile des Repertoires der Verwertungsgesellschaft auf einem Tonträger eines bestimmten Typs festgelegt werden dürfen[179]. Gibt der Tonträgerhersteller mehr Werke oder Werkteile als die vorgeschriebene Höchstzahl auf dem Tonträger wieder, so erhöht sich die Vergütung im gleichen Verhältnis, es sei denn es handelt sich um Werkteile, an denen dieselben Berechtigten beteiligt sind[180]. Wird ferner die für jeden Tonträgertyp festgelegte Spieldauer um mehr als sechzig Sekunden überschritten, erhöht sich die für den Tonträger zu entrichtende Vergütung im gleichen Verhältnis[181].

Als Rechtfertigung für die Werkebegrenzung wird von der Urheberseite angeführt, daß der Anteil jedes Urhebers geringer werde, je mehr Werke unterschiedlicher Urheber auf einem Tonträger wiedergegeben seien. Es solle verhindert werden, daß ein erfolgreiches Werk als Zugpferd für eine Vielzahl von weniger

---

176 S. die Stellungnahme der MCPS und des Komponisten *Greenaway*, wiedergegeben in Decision in the matter of a reference (No. CT 7/90) to the Copyright Tribunal under section 118 of the Copyright, Designs and Patents Act 1988 between The British Phonographic Industry Limited and Mechanical-Copyright Protection Society Limited and Composers' Joint Council, November 1, 1991, Buchstabe L S. 19, Rn 20; abgedruckt in *Schulze* RzU - Entscheidungssammlung Brit. Nr. 27, S. 23.

177 Die kartellrechtliche und urheberrechtliche Problematik der Mindestvergütungen wird im Rahmen der vorliegenden Arbeit nicht erörtert. Vgl. hierzu Decision in the matter of a reference (No. CT 7/90) to the Copyright Tribunal under section 118 of the Copyright, Designs and Patents Act 1988 between The British Phonographic Industry Limited and Mechanical-Copyright Protection Society Limited and Composers' Joint Council, November 1, 1991, Buchstabe L S. 19 f, Rn 15 - 35; abgedruckt in *Schulze* RzU - Entscheidungssammlung Brit. Nr. 27, S. 23 f.

178 S. dazu oben **(2)** E III 2.

179 Artikel VI (5) und (5bis) BIEM/IFPI-Normalvertrag.

180 Artikel VI (6) BIEM/IFPI-Normalvertrag.

181 Artikel VI (7) BIEM/IFPI-Normalvertrag.

erfolgreichen Werken eingesetzt werde mit der Folge, daß der Urheber des erfolgreichen Werkes nur einen stark verringerten Anteil an der Lizenzgebühr erhalte[182]. Der Spieldauerbegrenzung dürfte der Gedanke zugrunde liegen, daß dem Urheber bei einer Verteilung seiner Werke auf mehrere Tonträger eine größere Gewinnchance entsteht, als wenn eine Vielzahl seiner Werke auf einem einzigen oder nur wenigen Tonträgern konzentriert wird[183].
Werkebegrenzungen oder Spieldauerbegrenzungen sind in den Standardvertrag, den das Copyright Tribunal für das Vereinigte Königreich festgesetzt hat, nicht aufgenommen worden[184].

III. Die Vertragsdurchführung

Der BIEM/IFPI-Normalvertrag enthält detaillierte Regelungen darüber, wie die Aufnahme von Werken, die Herstellung und der Vertrieb von Tonträgern zwischen Tonträgerhersteller und Verwertungsgesellschaft dokumentiert, lizenziert und abgerechnet werden. Im folgenden eine kurze Zusammenfassung:

1. Aufnahmeanmeldungen und Einzeichnung

Der Tonträgerhersteller ist verpflichtet, der Verwertungsgesellschaft frühestmöglich, spätestens vor Auslieferung der von ihm hergestellten Tonträger, eine Aufstellung der Werke zur Verfügung zu stellen, die er verwerten will[185]. Das gilt für Werke, die der Tonträgerhersteller selber aufnimmt oder die er mittels der Matrizen Dritter oder mittels alter eigener Matrizen unter neuer Katalognummer für die Herstellung von Tonträgern verwertet. Die Anmeldung muß eine Reihe von Mindestinformationen enthalten, darunter die Tonträgermarke, die Matrizennummer, die Titel der Musikstücke, die dazugehörigen Namen des Komponisten, Textdichters, Verlegers und Bearbeiters, Tonträgerkategorie sowie die Spieldauer der Werke[186]. Die Form der Anmeldungen wird auf nationaler Ebene zwischen den Verwertungsgesellschaften und Tonträgerherstellern individuell festgelegt[187]. Es handelt sich meist um umfangreiche, standardisierte EDV-Formate.

---

182 S. Decision in the matter of a reference (No. CT 7/90) to the Copyright Tribunal under section 118 of the Copyright, Designs and Patents Act 1988 between The British Phonographic Industry Limited and Mechanical-Copyright Protection Society Limited and Composers' Joint Council, November 1, 1991, Buchstabe K S. 18, Rn 30, 35; abgedruckt in *Schulze* RzU Band III (Entscheidungen) Ausl. Großbr 27, S. 22 f.

183 Vgl. Begründung des OLG München zu Artikel VI (3) bis (7) Normalvertrag im Beschluß vom 30.4.1987 - AR 19/85 - Ziff. (19), *Schulze* RzU OLGZ 295, S. 57 f.

184 Decision in the matter of a reference (No. CT 7/90) to the Copyright Tribunal under section 118 of the Copyright, Designs and Patents Act 1988 between The British Phonographic Industry Limited and Mechanical-Copyright Protection Society Limited and Composers' Joint Council, November 1, 1991, Buchstabe K S. 18, Rn 30, 35; abgedruckt in *Schulze* RzU Band III (Entscheidungen) Ausl. Großbr 27, S. 22 f.

185 Artikel X (1) BIEM/IFPI-Normalvertrag.

186 Anhang Nr. V BIEM/IFPI-Normalvertrag.

187 Artikel X (2) BIEM/IFPI-Normalvertrag.

Die Aufnahmeanmeldungen enthalten keine Angaben darüber, in welche Länder der Tonträgerhersteller zu exportieren beabsichtigt[188]. Wenn der Tonträgerhersteller die Werke anmeldet, die er zu verwerten beabsichtigt, steht noch gar nicht fest, welche Tonträger in welchem Umfang in welchen Staaten verbreitet werden sollen.

Die Verwertungsgesellschaft gibt dem Tonträgerhersteller aufgrund der Aufnahmeanmeldung bekannt, welche Werke, die in der Aufnahmemeldung enthalten sind, zum Repertoire der Gesellschaft gehören, und bestätigt ihm im Vertrauen auf die Richtigkeit der Angaben die Lizenz für diese Werke (sog. "Einzeichnung")[189]. Da die Verwertungsgesellschaft durch die Gegenseitigkeitsverträge über fast das gesamte Weltrepertoire verfügt, gehören die angemeldeten Werke zu über 99% zum Repertoire der Gesellschaft. Seltene Ausnahmen sind z.B. die Werke von Urhebern, die nicht an Verwertungsgesellschaften angeschlossen sind, oder gemeinfreie Werke.

Mit der Bekanntgabe, so die Formulierung im BIEM/IFPI-Normalvertrag, "bestätigt" die Verwertungsgesellschaft die Genehmigung, die in Artikel II (1) BIEM/IFPI-Normalvertrag enthalten ist, im Umfang des Repertoires, das von der Bekanntgabe gedeckt ist[190]. Diese Regelung ist so zu verstehen, daß mit der Einzeichnung rechtswirksam die Lizenz zur Vervielfältigung und Verbreitung von Tonträgern erteilt wird, und zwar hinsichtlich der in der Bekanntgabe genannten Werke[191]. Erst mit der Einzeichnung gemäß Artikel X (1) S. 3 und 4 BIEM/IFPI-Normalvertrag, nicht schon mit Abschluß des Vertrages, werden die Urheberrechte, notfalls rückwirkend, eingeräumt[192].

Die Lizenzerteilung (= Einzeichnung) erfolgt gemäß Artikel II Abs. 1, I Abs. 1 BIEM/IFPI-Normalvertrag in dem Umfang, in dem die Verwertungsgesellschaft von ihren Schwestergesellschaften mit der Wahrnehmung betraut ist. Da die Verwertungsgesellschaft, wie erläutert[193], aufgrund der Gegenseitigkeitsverträge zur Lizenzierung der weltweiten Verbreitung von Tonträgern ermächtigt ist, wird mit der Einzeichnung eine territorial unbeschränkte Verbreitungslizenz erteilt. Die Verwertungsgesellschaft zeichnet die angemeldeten Werke zur weltweiten Verbreitung von Tonträgern ein[194]. In welche Staaten der Tonträgerhersteller

188 Unzutreffend OLG Hamburg Urteil vom 22.9.1983 - 3 U 193/82, *Schulze* RzU OLGZ 263, S. 27 mit Anmerkung *Mestmäcker* a.a.O., S. 33.

189 Artikel X (1) S. 3 und 4 BIEM/IFPI-Normalvertrag.

190 Artikel X (1) S. 4.

191 Artikel II (1) BIEM/IFPI-Normalvertrag begründet nach deutschem Rechtsverständnis also nur die schuldrechtliche Pflicht zur Einräumung der Rechte und bestimmt den Umfang dieser Pflicht.

192 Zur Klarstellung haben deshalb die GEMA und die deutsche Landesgruppe der IFPI ihren Normalvertrag vom 3. August 1995 in Artikel II (1) und X (1) entsprechend umformuliert. Es ist zu erwarten, daß in die neue Version des BIEM/IFPI-Normalvertrages ab dem 1.1.1997 ebenfalls eine Klarstellung eingefügt wird.

193 S.o. C I 1.

194 Unzutreffend OLG Hamburg Urteil vom 22.9.1983 - 3 U 193/82, *Schulze* RzU OLGZ 263, S. 27 mit Anmerkung *Mestmäcker* a.a.O., S. 33, und OLG Hamburg GRUR Int. 1978, 140, 141; unzutreffend auch BGH GRUR 1988, 373, 375 (ohne eigene Prüfung) und *Frotz* Österreichische Blätter für den gewerblichen Rechtsschutz und Urheberrecht 1977, S. 137 ff, 139. Der weltweiten Gültigkeit der Verbreitungslizenz steht nicht Artikel IX Abs. 6 BIEM/IFPI-Normalvertrag entgegen, auf den sich die zitierten Stimmen berufen. Diese weitgehend obsolete Vorschrift, die gemäß

welche Tonträger in welcher Stückzahl exportiert, wird erst bei der Abgabe der Ausgangsaufstellungen offenbar[195].
Die Einzeichnung kann im Rahmen der herkömmlichen Lizenzierung von der Verwertungsgesellschaft auf der Grundlage entsprechender organisatorischer Maßnahmen in der Regel ohne größere Komplikationen durchgeführt werden. Die Verwertungsgesellschaft muß hierzu - im Vertrauen auf die Richtigkeit der Angaben des Tonträgerherstellers - nur feststellen, ob die betroffenen Werke zum Repertoire der Verwertungsgesellschaft oder einer mit ihr verbundenen Schwestergesellschaft gehören. Hierzu kann sich die Verwertungsgesellschaft eigener Dokumentationen bedienen oder hilfsweise auf international zugängliche Datenbanken zurückgreifen[196].

2. Ausgangsaufstellungen, "Lizenzschwelle" und Abrechnung

Gemäß Artikel XI BIEM/IFPI-Normalvertrag stellt der Tonträgerhersteller der Verwertungsgesellschaft Aufstellungen über die Anzahl der Tonträger, die das oder die Lager des Tonträgerherstellers verlassen haben, innerhalb des auf den Schluß einer Abrechnungsperiode folgenden Monats (Inlandsverkäufe) bzw. innerhalb von zwei Monaten (Exporte) zur Verfügung. Die Aufmachung der Ausgangsaufstellungen wird einvernehmlich zwischen Tonträgerhersteller und Verwertungsgesellschaft festgelegt[197]. Es handelt sich in der Regel um standardisierte EDV-Formate. Mangels solcher Vereinbarungen müssen die Ausgangsaufstellungen als Mindestangaben unter anderem die Katalognummern, die Titel der für jeden Tonträger verwendeten Werke oder Werkteile und die auf sie anfallenden Prozentsätze der Vergütung, die Namen der Berechtigten, das jeweilige Verkaufsland mit Angabe der pro Werk oder Werkteil gezahlten Vergütung, die Zahl der pro Werk ausgelieferten Tonträger, den Prozentsatz der gezahlten Vergütung und Informationen über Neuerscheinungen enthalten[198].
Die Ausgangsaufstellungen stehen in engem Zusammenhang mit den Regelungen über die "Fälligkeit" der Vergütung: Danach ist die Vergütung bei Verlassen des Tonträgers aus dem oder den Lager(n) des Herstellers "fällig" (sog. "Lizenzschwelle")[199]. Gemeint ist damit, daß der Anspruch der Verwertungsge-

---

Artikel IX Abs. 6bis BIEM/IFPI-Normalvertrag ohnehin auf den EG-Bereich nicht anwendbar ist, gibt eine strenge Auffassung vom Territorialitätsprinzip wieder, wonach das Inverkehrbringen eines Tonträgers in einem Staat selbst dann nicht zur Erschöpfung des Verbreitungsrechts in einem anderen Staat führt, wenn die Lizenz zum erstmaligen Inverkehrbringen territorial nicht beschränkt ist.

195 Dazu sogleich 2.

196 So existiert bei der schweizerischen Verwertungsgesellschaft SUISA das "CAE"-Verzeichnis (Compositeurs, Auteurs, Éditeurs), eine internationale Berechtigtendatei. Die US-amerikanische Verwertungsgesellschaft ASCAP verfügt über eine internationale Werkedatei.

197 Artikel XI (3) BIEM/IFPI-Normalvertrag.

198 Artikel XI (3) BIEM/IFPI-Normalvertrag i.V.m. Anhang VI zum BIEM/IFPI-Normalvertrag.

199 Artikel V (16) BIEM/IFPI-Normalvertrag.

sellschaft auf Zahlung der Lizenzgebühr für jeden Tonträger in dem Moment entsteht, in dem der Tonträger ein Lager des Tonträgerherstellers verläßt[200].
Die Abrechnungsperiode beträgt sechs Monate[201]. Aufgrund der vom Tonträgerhersteller übermittelten Ausgangsaufstellung stellt die Gesellschaft ihre Rechnung für die betreffende Periode. Der Tonträgerhersteller zahlt innerhalb eines Monats nach Rechnungsstellung. Allerdings ist der Tonträgerhersteller zur Leistung monatlicher Vorauszahlungen[202] und zur Hinterlegung eines Garantiebetrages in Höhe des ungefähren Vergütungsbetrages für ein Quartal verpflichtet[203].

3. Kontrollen

Die Verwertungsgesellschaft ist berechtigt, umfassende Kontrollmaßnahmen beim Tonträgerhersteller durchzuführen[204]. Unter das Kontrollrecht fallen alle Handlungen des Tonträgerherstellers, die Gegenstand des Vertrages bilden. Dazu gehören insbesondere Aufnahmen, Tonträgerpressungen, Buchführung. Zu Kontrollzwecken dürfen Vertreter der Verwertungsgesellschaft alle Werkstätten, Lager und Büros des Tonträgerherstellers betreten. Sie dürfen die Bücher einsehen und Stichproben vornehmen.

IV. Lohnpressungen, Konzernpressungen

Ein Tonträgerhersteller hat nicht nur die Möglichkeit, in eigenen Fertigungsstätten Tonträger herzustellen. Er kann auch andere Unternehmen (sog. Preßwerke) damit beauftragen, Tonträger in seinem Namen und auf seine Rechnung herzustellen. Die als Preßwerke tätigen Unternehmen können unabhängige Dritte oder Konzernunternehmen sein. Im zweiten Fall wird die Lohnpressung auch als Konzernpressung bezeichnet.
Das Preßwerk nimmt mit der Vervielfältigung (gegebenenfalls Aufnahme) zwar eine urheberrechtlich relevante Handlung vor. Die organisatorische Verantwortung hierfür liegt aber beim Auftraggeber, in dessen Namen und auf dessen Rechnung die erforderlichen Verträge abgeschlossen werden. Deshalb wird im BIEM/IFPI-Normalvertrag die Lohnpressung dem Auftraggeber als Tonträgerhersteller zugeordnet. Dieser wird hinsichtlich der im Wege der Lohnpressung hergestellten Tonträger als Hersteller angesehen und ist für die Zahlung der Vergütung und die Erfüllung der sonstigen Pflichten aus dem BIEM/IFPI-Normalvertrag verantwortlich.

---

200 Was der BIEM/IFPI-Normalvertrag als "Fälligkeit" bezeichnet, betrifft also den Zeitpunkt der Anspruchsentstehung. Die Fälligkeit im rechtlichen Sinne, d.h. die Leistungszeit, ist in Artikel XII BIEM/IFPI-Normalvertrag geregelt.

201 Artikel XII (1) BIEM/IFPI-Normalvertrag.

202 Artikel XII (6) BIEM/IFPI-Normalvertrag.

203 Artikel XII (4) BIEM/IFPI-Normalvertrag.

204 Artikel XIII BIEM/IFPI-Normalvertrag.

Die Zuordnung der Lohnpressung zum auftraggebenden Tonträgerhersteller entspricht dem Tonträgerherstellerbegriff in den nationalen Urheberrechten: Danach ist Tonträgerhersteller derjenige, der die organisatorische Verantwortung für die Herstellung der Aufnahme trägt[205]. Der BIEM/IFPI-Normalvertrag erweitert diesen Grundsatz vertraglich auf die Vervielfältigung der Erstaufnahme durch Pressung weiterer Tonträger.
Der BIEM/IFPI-Normalvertrag regelt sowohl den Fall, daß der vertragschließende Tonträgerhersteller als Lohnpresser für andere Tonträgerhersteller tätig wird[206], als auch den Fall, daß der Tonträgerhersteller andere Preßwerke als Lohnpresser mit der Fertigung von Tonträgern beauftragt[207]:

1. Der Tonträgerhersteller als Auftragnehmer einer Lohnpressung; Lohnherstellungsvertrag

Ist der Tonträgerhersteller als Lohnpresser tätig, so muß er die Verwertungsgesellschaft hierüber unterrichten[208]. Für Auftraggeber, die nicht selbst einen Vertrag mit der Verwertungsgesellschaft geschlossen haben, darf der Tonträgerhersteller nur mit Genehmigung der Verwertungsgesellschaft tätig werden. Hat der Auftraggeber seinen Sitz im Ausland, so holt die Verwertungsgesellschaft die Zustimmung ihrer dortigen Schwestergesellschaft ein. Auf diese Weise stellt die Verwertungsgesellschaft sicher, daß der Auftraggeber über eine Lizenz der Verwertungsgesellschaft oder einer ihrer Schwestergesellschaften zur Vervielfältigung und Verbreitung des Repertoires verfügt. Werden die Informationspflichten und Genehmigungspflichten eingehalten, so ist der als Lohnpresser tätige Tonträgerhersteller nicht für die Zahlung der Vergütungen verantwortlich[209]. In jedem Fall ist der als Lohnpresser tätige Tonträgerhersteller verpflichtet, der Verwertungsgesellschaft die Kontrolle über alle Pressungen sicherzustellen[210].
In Ergänzung dieser Regelungen im BIEM/IFPI-Normalvertrag schließt die Verwertungsgesellschaft mit einem Preßwerk stets einen separaten Lohnherstellungsvertrag, der auf einem entsprechenden Standardvertrag des BIEM beruht. Er verpflichtet das Preßwerk und die Verwertungsgesellschaft zu einem umfangreichen gegenseitigen Informationsaustausch. Zweck des Lohnherstellungsvertrages ist es, zu verhindern, daß das Preßwerk für Tonträgerhersteller tätig wird, die nicht über eine Lizenz verfügen. Auf diese Weise sichert sich die Verwertungsgesellschaft die ordnungsgemäße Zahlung der Lizenzgebühren, während das Preßwerk aus der Haftung für die Lizenzgebühren entlassen wird.

---

205 Vgl. Artikel L. 213-1 Abs. 1 frz. Code de la Propriété Intellectuelle; section 9 (2) (a) brit. Copyright, Designs and Patents Act 1988; § 201 (b) US-Copyright Act; für das deutsche Urheberrecht § 85 Abs. 1 S. 2 UrhG und BGH GRUR 1982, 102, 103.
206 Artikel VIII BIEM/IFPI-Normalvertrag.
207 Artikel IX (4), (5) BIEM/IFPI-Normalvertrag.
208 Artikel VIII (1) BIEM/IFPI-Normalvertrag.
209 Artikel VIII (1), (2) S. 3 BIEM/IFPI-Normalvertrag.
210 Artikel VIII (3) BIEM/IFPI-Normalvertrag.

2. Der Tonträgerhersteller als Auftraggeber einer Lohnpressung

Beauftragt der Tonträgerhersteller andere Preßwerke als Lohnpresser, so muß er die Verwertungsgesellschaft hierüber ebenfalls unterrichten. Er schuldet die Zahlung der Vergütungen nach den Bedingungen seines Vertrages mit der Verwertungsgesellschaft[211]. Der Tonträgerhersteller darf Unternehmen, die keinen Vertrag mit der Verwertungsgesellschaft haben, nur mit deren Genehmigung als Lohnpresser beauftragen. Liegt die Fertigungsstätte im Ausland, so ersucht die Verwertungsgesellschaft ihre dortige Schwestergesellschaft um Zustimmung[212]. Auf Verlangen der Verwertungsgesellschaft ist der Tonträgerhersteller verpflichtet, der Verwertungsgesellschaft eine Erklärung des Lohnpressers vorzulegen, nach welcher sich dieser den Kontrollrechten der Verwertungsgesellschaft nach Artikel XIII BIEM/IFPI-Normalvertrag unterwirft[213]. Es handelt sich dabei um ein Kontrollrecht, das letztlich von der Verwertungsgesellschaft ausgeübt wird, in deren Verwaltungsgebiet das Preßwerk seinen Sitz hat.

3. Zusatzverträge zu den Gegenseitigkeitsverträgen

Zwischen den BIEM-Gesellschaften sind zur besseren Kontrolle von Lohnpressungen Zusatzverträge zu den Gegenseitigkeitsverträgen vorgesehen. Sie sollen die Verwertungsgesellschaften verpflichten, sich gegenseitig über vorhandene Preßwerke und über Tonträgerhersteller, welche Preßwerke in Anspruch nehmen, zu informieren. Vorgesehen ist ferner, daß die Verwertungsgesellschaften sich gegenseitig durch Kontrolle der in ihren jeweiligen Verwaltungsgebieten belegenen Preßwerke unterstützen. Für die Kontrollkosten ist eine Entschädigung vorgesehen, wenn die beidseitig erbrachten Leistungen nicht gleichwertig oder von dem Kommissionsabzug nicht gedeckt sind, wie er im Gegenseitigkeitsvertrag festgelegt ist. In der Praxis scheint die Aufwandsentschädigung bei der Zusammenarbeit der Verwertungsgesellschaften bisher nicht zu funktionieren. Zwischen den Kosten, die den verschiedenen Verwertungsgesellschaften für Kontrollen bei der Lohnpressung entstehen, bestehen offenbar erhebliche Ungleichgewichte. Diese werden auf der Grundlage der vorhandenen Vereinbarungen bislang nicht wirksam ausgeglichen.

4. Bedeutung der Lohnpressung/Konzernpressung

Die genannten Regelungen zur Lohnpressung haben den Zweck, es dem Tonträgerhersteller zu ermöglichen, als unselbständiger Lohnpresser tätig zu werden sowie andere Unternehmen als unselbständige Lohnpreßwerke zu beauftragen, zugleich aber der Verwertungsgesellschaft bzw. ihren Schwestergesellschaften eine umfassende Kontrolle über die Tonträgerproduktion zu garantieren. Auf diese Weise soll gewährleistet werden, daß die Konstruktion der Lohnpressung

---

211 Artikel IX (4) BIEM/IFPI-Normalvertrag.
212 Artikel IX (5) BIEM/IFPI-Normalvertrag.
213 Artikel IX (2) BIEM/IFPI-Normalvertrag.

nicht für die unkontrollierte Herstellung von Tonträgern mißbraucht wird, etwa indem der Lohnpresser die finanzielle Verantwortung auf einen Auftraggeber schiebt, der dem Zugriff durch die Verwertungsgesellschaften entzogen ist oder indem der Tonträgerhersteller ohne Kenntnis der Verwertungsgesellschaft Lohnpresser in Anspruch nimmt, um Vergütungsansprüche zu umgehen.

Die Lohnpressung spielt in der gegenwärtigen Lizenzierungspraxis eine große Rolle. Die Mehrzahl der Tonträgerhersteller betreibt heutzutage keine eigenen Preßwerke mehr, sondern überläßt die Produktion anderen Preßwerken. Diese Preßwerke werden je nach Bedarf in allen Ländern der Welt in Anspruch genommen. Da jedoch für die Lizenzgebührenzahlung und für die Erfüllung der sonstigen Pflichten aus dem BIEM/IFPI-Normalvertrag nur der organisatorisch verantwortliche Tonträgerhersteller haftet, ist eine effektive Durchführung und Kontrolle des Lizenzvertrages sowie eine gegebenenfalls erforderliche Vollstreckung durch die lizenzierende Verwertungsgesellschaft nach wie vor nur gewährleistet, wenn der Tonträgerhersteller seinen Sitz im Verwaltungsgebiet der lizenzierenden Verwertungsgesellschaft hat.

Eine weitere wesentliche Bedeutung der Lohnpressung/Konzernpressung besteht darin, daß diese Vertragskonstruktion auf der Basis der Gegenseitigkeitsverträge und im Rahmen des BIEM-Systems den Verwertungsgesellschaften die Möglichkeit gibt, an die großen weltweit tätigen Tonträgerherstellerkonzerne (die sog. fünf Majors) Zentrallizenzen zu vergeben. Zentrallizenzen sind rechtlich nichts anderes als eine - wenn auch in ihrem wirtschaftlichen Umfang erheblich gesteigerte - Form der Lohnpressung/Konzernpressung mit eigenen Regelungen zur Abrechnung der Vergütung (dazu unten H).

V. Sonstige Mitauswerter des Tonträgerherstellers; Vertrieb von Aufnahme Matrizen

Oftmals schaltet der Tonträgerhersteller neben Preßwerken auch andere Tonträgerunternehmen zur Vermarktung von Tonträgern unter seiner Marke ein. Das kann z.B. in der Weise geschehen, daß der Tonträgerhersteller eine Aufnahme fertigt und seine Tonträgerherstellerrechte an der Aufnahme unter Überlassung der Aufnahme-Matrize anderen Tonträgerunternehmen überträgt. Diese Tonträgerunternehmen dürfen dann mittels der überlassenen Matrize als Lizenznehmer Kopien der Erstaufnahme des Tonträgerherstellers unter dessen Marke herstellen und vertreiben. Oft stehen der ursprüngliche Tonträgerhersteller und sein Lizenznehmer zueinander im Verhältnis von Mutter- und Tochterunternehmen. Die Muttergesellschaft ist Inhaberin der Leistungsschutzrechte für alle Staaten, die zum Tätigkeitsbereich des Konzerns gehören. Die Rechte werden an die Konzerntöchter auf der Basis territorial begrenzter Lizenzen übertragen: Die Lizenz erlaubt der jeweiligen Tochter die Produktion und den Vertrieb von Tonträgern territorial beschränkt in dem Land, in dem die Tochter ihren Sitz hat[214].

---

214 *Loewenheim* UFITA 95/1983 S. 41, 43 f.

Die Einschaltung anderer Unternehmen unterliegt, ähnlich wie die von Lohnpressunternehmen, detaillierten Regelungen im BIEM/IFPI-Normalvertrag. Diese Regelungen sollen sicherstellen, daß die Verwertungsgesellschaften die Kontrolle über die Nutzung ihres Repertoires behalten:
Gemäß Artikel IX (1) BIEM/IFPI-Normalvertrag sind alle Gesellschaften oder Personen, die in irgendeiner Weise an der Herstellung (Aufnahme oder Pressung) von Tonträgern unter der Marke des Tonträgerherstellers beteiligt sind, als Mitauswerter der Tonträgerhersteller anzusehen. Mitauswerter sind somit auch Tonträgerunternehmen - seien sie Konzernunternehmen oder selbständige Unternehmen -, die unter der Marke des Tonträgerherstellers in eigener organisatorischer Verantwortung Tonträger herstellen.
Der Tonträgerhersteller haftet für alle Pressungen von Tonträgern unter seinen Marken, die von Dritten durchgeführt werden, es sei denn, diese haben einen entsprechenden eigenen Lizenzvertrag mit der Verwertungsgesellschaft geschlossen[215]. Auf Verlangen der Verwertungsgesellschaft ist der Tonträgerhersteller verpflichtet, eine Erklärung des Mitauswerters vorzulegen, nach welcher sich der Mitauswerter denselben Kontrollen nach Artikel XIII BIEM/IFPI-Normalvertrag unterwirft, denen der Tonträgerhersteller selber unterliegt[216].
Über jede Lieferung von Matrizen an Dritte muß der Tonträgerhersteller die Verwertungsgesellschaft unterrichten[217], und er bedarf zu einer solchen Lieferung grundsätzlich der Erlaubnis der Verwertungsgesellschaft[218]. Die Genehmigung ist u.a. dann verzichtbar, wenn der Empfänger der Matrize einen dem BIEM/IFPI-Normalvertrag entsprechenden Vertrag mit einer assoziierten Gesellschaft des BIEM abgeschlossen hat[219] oder wenn der Empfänger der Matrize zumindest seinen Sitz in einem Land hat, in dem eine assoziierte Gesellschaft des BIEM existiert, und wenn der Tonträgerhersteller, von dem die Matrize stammt, sich vor Überlassung der Matrize gegenüber seiner Verwertungsgesellschaft verpflichtet, die Vergütungen zu zahlen, die für die mittels der Matrize gepreßten Tonträger fällig werden[220].

F. Kommissionsabzug

Von den Lizenzgebühren, die die Verwertungsgesellschaft beim Tonträgerhersteller im sechsmonatigen Rhythmus einzieht, behält die Verwertungsgesellschaft einen bestimmten Prozentsatz als Vergütung für die von ihr erbrachten bzw. zu erbringenden Verwaltungsleistungen ein (Kommissionsabzug). Die Höhe des Kommissionsabzugs kann von Verwertungsgesellschaft zu Verwertungsgesellschaft unterschiedlich sein. Sie ist allerdings im Verhältnis zwischen zwei Ver-

215 Artikel IX (3) BIEM/IFPI-Normalvertrag.
216 Artikel IX (2) BIEM/IFPI-Normalvertrag.
217 Artikel XIV (6) BIEM/IFPI-Normalvertrag.
218 Artikel XIV (2) BIEM/IFPI-Normalvertrag.
219 Artikel XIV (3) b) BIEM/IFPI-Normalvertrag.
220 Artikel XIV (4) BIEM/IFPI-Normalvertrag.

wertungsgesellschaften, die Vertragspartner eines Gegenseitigkeitsvertrages sind, in diesem Vertrag verbindlich festgelegt. Der Kommissionsabzug beträgt zur Zeit meistens 8% der kassierten Bruttobeträge. Der Betrag war früher höher. Er wurde in den zurückliegenden Jahren wegen verbesserter Organisation und Technik sowie aufgrund Wettbewerbsdrucks von Seiten anglo-amerikanischer Verlage[221] mehrfach gesenkt.

Der Betrag, der an die Urheber (bzw. auf dem Weg dorthin an die ausländischen Schwestergesellschaften) ausgekehrt wird, verkürzt sich um den Kommissionsabzug. Die Verwaltungspauschale läßt sich als "Aufwendungsersatz" ansehen, den der Urheber der Verwertungsgesellschaft für die Verwaltung seiner Rechte zahlen muß. Zugleich ist die Verwaltungspauschale aber auch ein Kostenfaktor, der indirekt in die Bestimmung der prozentualen Höhe der Lizenzgebühr eingeht und sich damit zu Lasten des Tonträgerherstellers auswirkt.

G. Ausschüttung an die Schwestergesellschaften und an die Urheber - "Nettoeinzelverrechnung"

Nach Abzug der Verwaltungspauschale überweist die Verwertungsgesellschaft diejenigen Gebührenerträge, die auf Werke ihrer Urheber-Mitglieder angefallen sind, an diese Berechtigten. Ferner überweist sie auf der Grundlage ihrer Gegenseitigkeitsverträge[222] diejenigen Gebührenerträge, die auf Werke von Urhebern der ausländischen Schwestergesellschaften angefallen sind, nach Abzug der Verwaltungskommission an die ausländischen Verwertungsgesellschaften. Diese leiten ohne weiteren Kommissionsabzug die Beträge an ihre Urheber-Mitglieder weiter.

Die Verteilung erfordert einen erheblichen (und gegenüber der Einzeichnung gesteigerten) Aufwand an Datenverarbeitung. Die angefallenen Lizenzgebühren müssen den Berechtigten nach den ihnen zustehenden Anteilen zugeführt werden. Die Angaben des Tonträgerherstellers sind dabei auf ihre Richtigkeit zu überprüfen. Soweit Repertoireteile betroffen sind, die aus dem anglo-amerikanischen Bereich oder aus dem Verwaltungsgebiet der Verwertungsgesellschaft stammen, verfügt die Verwertungsgesellschaft in der Regel über die notwendigen Dokumentationen. Bei Lizenzgebühren, die auf ausländisches Repertoire anfallen, bedarf es dagegen u.U. längerer Recherchen, die gegebenenfalls in Zusammenarbeit mit ausländischen Verwertungsgesellschaften durchgeführt werden.

Bei der Ausschüttung werden diejenigen Urheber berücksichtigt, deren Werke gemäß den Aufstellungen der Tonträgerhersteller zur Vervielfältigung und Ver-

---

221 So für die GEMA *Kreile* EMRO - Zukunft oder Gefährdung der Musiklizenzierung in Europa? in: GEMA-Jahrbuch 1993 C, S. 65.

222 S. Artikel VI Mustervertrag im EG-Bereich für das Vervielfältigungsrecht gemäß BIEM-Standardvertrag, abgedruckt in GEMA-Jahrbuch 1995/96 D II 6, S. 213, 214.

breitung von Tonträgern verwertet wurden[223]. Die Verteilung erfolgt im Wege der sog. "Nettoeinzelverrechnung". Das bedeutet, daß die Berechtigten am Gebührenaufkommen nach der tatsächlichen Nutzung ihrer Werke beteiligt werden. Während bei den Gebühren für Aufführungs- und Senderechte das Inkasso nach tatsächlichen Nutzungsvorgängen in der Regel nicht möglich ist, weil die Erfassung der tatsächlichen Nutzung praktische Schwierigkeiten bereitet[224], wird bei den mechanischen Rechten auf der Grundlage der Ausgangsaufstellungen der Tonträgerhersteller das Gebührenaufkommen bereits werkbezogen kassiert. Der Anteil des Urhebers am Gebührenaufkommen kann deshalb unmittelbar danach berechnet werden, wieviele Tonträger mit Werken des jeweiligen Urhebers tatsächlich ausgeliefert worden sind.
Sind mehrere Urheber mit Werken auf einem Tonträger vertreten, so richtet sich der Umfang der Beteiligung jedes Urhebers am Ausschüttungsbetrag analog der Regelungen des BIEM/IFPI-Normalvertrages für Tonträger mit gemischtem Inhalt nach dem Minutenverhältnis der einzelnen Werke zur Gesamtspieldauer des Tonträgers. Das Verhältnis, zu dem der Gebührenertrag pro Werk dann zwischen den an diesem Werk beteiligten Berechtigten (Komponist, Textdichter, Bearbeiter, Verleger) aufgeteilt wird, bestimmt sich nach dem jeweiligen Verteilungsplan der Verwertungsgesellschaft[225].

H. Zentrallizenzen

Seit Beginn der achtziger Jahre vergeben einige Verwertungsgesellschaften der Gemeinschaft zentrale europäische Lizenzen[226] an die großen Tonträgerherstellerkonzerne mit europaweiten Strukturen (die sog. fünf "Majors"). Den ersten Zentrallizenzvertrag schloß die niederländische Verwertungsgesellschaft STEMRA mit CBS (später Sony) im Jahre 1983. Es folgte ein Zentrallizenzvertrag mit Polygram im Jahre 1987. Die deutsche GEMA schloß Zentrallizenzverträge in den Jahren 1988/89 mit den Unternehmen Bertelsmann

---

223 S. z.B. § 2 Verteilungsplan der GEMA für das mechanische Vervielfältigungsrecht in Verbindung mit Ausführungsbestimmungen zum Verteilungsplan für das mechanische Vervielfältigungsrecht II a), GEMA-Jahrbuch 1995/96 D IV 1, S. 275, 281.

224 S. *Vogel* GRUR Int. 1993, 513, 523.

225 S. z.B. § 3 Nr. 5 Verteilungsplan der GEMA für das mechanische Vervielfältigungsrecht und Anteilverrechnungsschlüssel, GEMA-Jahrbuch 1995/96 D IV 1, S. 276 f, 293, 295, 297.

226 Zur Zentrallizenz s. die Darstellungen bei *Thurow* Lizenzierung von Tonträgern durch Verwertungsgesellschaften für den Bereich der EG in: *Becker* (Hrsg.) Die Verwertungsgesellschaften im Europäischen Binnenmarkt, 1990, S. 95 ff, 103 f, 106 f; *Mestmäcker* Zur Urhebervergütung für Tonträger im europäischen Gemeinschaftsrecht in: *Scheurmann/Strittmatter* (Hrsg.) Urheberrechtliche Probleme der Gegenwart - Festschrift für Ernst Reichardt zum 70. Geburtstag, 1990, S. 141, 163 f, gleichlautend *Mestmäcker/Schulze* Band 2 Teil III (IntR) 6. Abschnitt B § 7 X 4; *van Rij* EC Law and the Licensing of Mechanical Rights in: *Lester/Faulder/van Rij* (Hrsg.) Mechanical Rights - Reports presented at the Meeting of the International Association of Entertainment Lawyers MIDEM 1992, S. 35, 45 f; *Vacher-Desvernais* BIEM a.a.O. S. 148, 155 und *Vacher-Desvernais* BIEM and Mechanical Rights a.a.O. S 17, 24; *Lester* Mechanical Rights in the UK a.a.O. S. 76, 92 f; auch *Kreile* EMRO - Zukunft oder Gefährdung der Musiklizenzierung in Europa? in: *GEMA*-Jahrbuch 1993 C S. 65 ff, 68.

Music Group und WEA (später Warner Music). EMI steht bei BEL, einem Gemeinschaftsunternehmen von GEMA, SACEM/SDRM und MCPS mit einer Zentrallizenz unter Vertrag[227]. Sony hat mittlerweile ein Zentrallizenzabkommen mit der französischen SACEM/SDRM abgeschlossen. Seit kurzem besteht ein Zentrallizenzvertrag zwischen Polygram und MCPS, der allerdings Besonderheiten aufweist[228].

Die Zentrallizenz ist eine Reaktion auf die Herausbildung europaweiter Tonträgerherstellerkonzerne sowie auf die Entwicklung der CD Anfang der achtziger Jahre. Diese wirtschaftlichen Rahmenbedingungen ermöglichen eine flexible europaweite Vermarktung von Tonträgern. Mit den Zentrallizenzverträgen wird in erster Linie dem Bedürfnis der großen Tonträgerherstellerkonzerne Rechnung getragen, je nach Bedarf Tonträger zwischen den verschiedenen Konzernunternehmen innerhalb der Gemeinschaft grenzüberschreitend verschieben zu dürfen, ohne daß hierdurch ein Anspruch auf Zahlung von Lizenzgebühren entsteht.

I. Die Regelungen in den Zentrallizenzverträgen

Die Zentrallizenzverträge sehen im wesentlichen folgendes vor: Die Verwertungsgesellschaft erteilt einer Gesellschaft des Konzerns (der Konzernmutter oder einer leistungsfähigen Konzerntochter) die nicht-ausschließliche Lizenz zur Herstellung und zum Vertrieb von Tonträgern. Die Lizenz umfaßt alle von der Lizenznehmerin im eigenen Namen und auf eigene Rechnung durchgeführten Konzern- und Lohnpressungen. Die Lizenzbedingungen richten sich nach dem BIEM/IFPI-Normalvertrag sowie den zusätzlichen Regelungen im Zentrallizenzvertrag. Die Lizenz umfaßt die Herstellung und den Vertrieb von Tonträgern in allen Ländern der Gemeinschaft.

Die Lizenznehmerin meldet für alle Konzernunternehmen zentral die zur Auswertung in der Gemeinschaft bestimmten Aufnahmen an. Die Abrechnungen erfolgen nach den Bedingungen, wie sie im Bestimmungsland von der dortigen Verwertungsgesellschaft angewendet werden. Maßgeblich sind die Tonträgerpreise, die vom Konzern im Bestimmungsland praktiziert werden.

"Lizenzschwelle" ist nur die endgültige Auslieferung eines Tonträgers aus dem Zentrallager oder einem Nebenlager des Konzerns an den Handel. Nicht berücksichtigt werden Lieferungen zwischen dem Zentrallager und Nebenlagern oder zwischen den Nebenlagern. Damit entsteht der Anspruch auf Zahlung der Lizenzgebühr erst, wenn der Tonträger an einen Dritten außerhalb des Konzerns veräußert wird.

Die Lizenznehmerin rechnet die gesamten Konzernumsätze nach einem standardisierten Verfahren zentral, aufgeteilt nach Bestimmungsländern für alle Verkäufe in der Gemeinschaft ab, die sie selbst bzw. ihre Konzernunternehmen vorgenommen haben. Die Abrechnung erfolgt in der Regel vierteljährlich.

---

227 Dazu näher unten J I.

228 Dazu unten J II.

Die lizenzierende Verwertungsgesellschaft ist berechtigt, Prüfungen im Zentrallager und in allen Nebenlagern vorzunehmen. Für diese Prüfungen gelten die jeweiligen Regelungen im Bestimmungsland. Die lizenzierende Verwertungsgesellschaft darf die jeweilige nationale Verwertungsgesellschaft mit der Prüfung beauftragen.

II. Kommissionsabzug und Verteilung

Die zentrallizenzierende Verwertungsgesellschaft erhebt (so die bisherige Praxis) von den eingezogenen Lizenzgebühren in der Regel einen Kommissionsabzug von 3,6%. Die übrigen Beträge werden an die Schwestergesellschaften je nach den Anteilen überwiesen, die auf die Verkäufe in ihrem Verwaltungsgebiet angefallen sind. Die zentrallizenzierende Verwertungsgesellschaft nimmt also die Verteilung der Lizenzgebühren nach den Anteilen der berechtigten Urheber nicht vor. Erst die jeweilige Gesellschaft im Bestimmungsland verteilt die Gebühren, die auf die Verkäufe in ihrem Land angefallen sind, an die Rechteinhaber und ihre Verwertungsgesellschaften. Das bedeutet, daß z.B. Beträge, die dem Repertoire von Urhebern zuzuordnen sind, welche der zentrallizenzierenden Verwertungsgesellschaft angehören, von der verteilenden Gesellschaft an die zentrallizenzierende Gesellschaft zurücküberwiesen werden. Die verteilende Gesellschaft erhebt für ihre Verwaltungsaufgaben eine Kommission von 4,4%. Die Verwaltungspauschalen der zentrallizenzierenden und der verteilenden Verwertungsgesellschaft betragen damit insgesamt 8% des Gebührenaufkommens, was der Situation bei der herkömmlichen Lizenzierung entspricht.
Die Aufspaltung der Inkasso- und der Verteilungsaufgaben zwischen den Verwertungsgesellschaften soll dadurch gerechtfertigt sein, daß die zentrallizenzierenden Verwertungsgesellschaften bislang wohl noch nicht über ausreichende Dokumentationen verfügen, um die erforderliche Datenverarbeitung mit der nötigen Zuverlässigkeit und in vertretbarer Zeit zu bewältigen. Anders als bei der herkömmlichen Lizenzierung, bei welcher die Abrechnung von Exporten und die Datenverarbeitung über Repertoire, das nicht lokalen oder anglo-amerikanischen Ursprungs ist, einen geringen Umfang einnehmen, muß bei der Zentrallizenz den Urhebern aller in Europa genutzten Werke Rechenschaft abgelegt werden. Neben diesen Überlegungen dürfte allerdings bei der Aufspaltung der Inkasso- und der Verteilungsaufgaben vor allem eine Rolle spielen, daß mit der Aufteilung der Kommissionsabzüge jeder Verwertungsgesellschaft ein Anteil an der wirtschaftlich so bedeutenden Zentrallizenzierung gesichert werden soll, etwa damit die von jeder Verwertungsgesellschaft nach wie vor zu erbringenden Verwaltungsleistungen (Kontrolle) vergütet werden.

III. Vorteile der Zentrallizenz

Zentrallizenzvereinbarungen haben Vorteile, die vor allem für multinationale Konzerne der Tonträgerindustrie mit europaweitem Tätigkeitsgebiet bedeutsam

sind: Die Lizenzgebühren fallen erst an, wenn tatsächlich der Verkauf eines Tonträgers an einen Dritten außerhalb des Konzerns stattfindet. Der Verkauf kann je nach Bedarf überall in der Gemeinschaft vorgenommen werden, auch wenn hierzu zunächst grenzüberschreitende Lieferungen zwischen den Konzernunternehmen erfolgen. Damit kann die Konzernleitung innerhalb der Unternehmensgruppe flexibel Tonträger verschieben, ohne Überlegungen wegen möglicherweise anfallender Lizenzgebühren anzustellen. Wegen der Fälligkeit der Lizenzgebühr erst beim tatsächlichen Verkauf an die nächste Wirtschaftsstufe hat der Konzern ferner einen Zinsgewinn.
Die Verwertungsgesellschaft auf der anderen Seite profitiert davon, daß der Konzern seine Verkäufe alle drei Monate abrechnet und nicht lediglich alle sechs Monate, wie vom BIEM/IFPI-Normalvertrag vorgesehen[229]. Der Verwertungsgesellschaft wird damit eine ausgeglichenere Datenverarbeitung ermöglicht. Lizenzgebühren können schneller an Urheber abgeführt werden. Vor allem aber ist die zentrale standardisierte Abrechnung, die von den großen Tonträgerherstellerkonzernen über ihre Verkäufe in der gesamten Gemeinschaft geleistet wird, eine Verwaltungsvereinfachung, die der Verwertungsgesellschaft ihre Tätigkeit bei gleichzeitig erheblich gesteigertem Gebührenaufkommen wesentlich erleichtert.

IV. Rechtliche Besonderheiten der Zentrallizenz gegenüber der herkömmlichen Lizenzierung

Die Besonderheit der Zentrallizenz besteht nicht darin, daß dem Lizenznehmer die europaweite Herstellung von Tonträgern durch Konzernunternehmen in anderen Mitgliedstaaten gestattet wird. Dies ist im Wege der Lohnpressung oder Konzernpressung stets auf Grundlage des BIEM/IFPI-Normalvertrages möglich gewesen[230]. Auch die gemeinschaftsweite Verbreitung von Tonträgern konnte jede Verwertungsgesellschaft schon bisher aufgrund ihrer Gegenseitigkeitsverträge gestatten[231]. Solange der für die Lohnpressung/Konzernpressung organisatorisch und finanziell verantwortliche Lizenznehmer eines Zentrallizenzvertrages ein Tonträgerhersteller mit Sitz im Verwaltungsgebiet der lizenzierenden Verwertungsgesellschaft ist, stellt die Vergabe einer Zentrallizenz keine Verletzung der Gegenseitigkeitsverträge dar. Die dort enthaltene territoriale Beschränkung der Ermächtigung zur Vergabe der Vervielfältigungslizenz bewirkt, wie erläutert[232], daß - wegen der Möglichkeiten der Lohnpressung bzw. Konzernpressung - der Tonträgerhersteller lediglich seinen Sitz im Verwaltungsgebiet der lizenzierenden Verwertungsgesellschaft haben muß, damit diese eine Lizenz über das Weltrepertoire erteilen kann.

229 Artikel XII (1) BIEM/IFPI-Normalvertrag.
230 Artikel IX BIEM/IFPI-Normalvertrag, s.o. E IV 2.
231 S.o. C I 1.
232 S.o. C I 1.

Die eigentliche Neuerung, die mit der Zentrallizenz verbunden ist, besteht darin, daß entgegen der herkömmlichen Lizenzierungspraxis Lagerausgänge nicht gebührenpflichtig sind, wenn sie für konzerninterne Warenbewegungen erfolgen. Die Vergütungspflicht tritt erst dann ein, wenn ein Tonträger von einem der Konzernunternehmen an einen Dritten ausgeliefert wird. Nach dem BIEM/IFPI-Normalvertrag entsteht dagegen der Anspruch der Verwertungsgesellschaft auf Zahlung der Lizenzgebühr grundsätzlich beim Verlassen des Lagers, selbst wenn die Lieferung an ein Konzernunternehmen erfolgt. Nach dem BIEM/IFPI-Normalvertrag ist es zwar möglich, daß im Rahmen eines Abzugssystems der Tonträgerhersteller seine Ausgangsaufstellungen so erstellt, daß von seinen Lagerausgängen an Tonträgern die im Lager eines Importeurs, der mit dem Tonträgerhersteller verbunden ist, verbliebenen Tonträger abgezogen werden[233]. Rücklieferungen an den Tonträgerhersteller oder Weiterlieferungen an andere Konzernunternehmen sind von dieser Regelung jedoch nicht gedeckt.

V. Beschränkung auf das "internationale Repertoire"?

Von einigen Verwertungsgesellschaften wird vertreten, Zentrallizenzen könnten nicht das Weltrepertoire umfassen, sondern lediglich das sog. "internationale Repertoire"[234]. Dabei soll es sich um das leistungsschutzrechtlich geschützte Tonträgerrepertoire handeln, das wegen seines anglo-amerikanischen Ursprungs oder seiner internationalen Popularität in mehreren Ländern verwertet wird. Hintergrund dieser Überlegungen ist, daß die zentrallizenzierende Verwertungsgesellschaft möglicherweise nicht ausreichend Dokumentationen über das lokale Repertoire zur Verfügung hat, um eine wirksame Wahrnehmung dieses Repertoires zu gewährleisten. In der Tat ist wohl das lokale Repertoire in den vorhandenen Werke- und Berechtigtendateien nur schwach vertreten. Bis die erforderlichen Daten zur Verfügung stehen, vergeht oftmals viel Zeit, wobei die Daten nicht immer zuverlässig sind.

Mit den Gegenseitigkeitsverträgen läßt sich allerdings eine Beschränkung der Zentrallizenz auf das "internationale Repertoire" nicht begründen. Dort übertragen sich die Verwertungsgesellschaften die Wahrnehmung ihrer jeweiligen Repertoires ohne eine solche inhaltliche Beschränkung. Auch dürfte eine Abgrenzung des internationalen Repertoires vom Weltrepertoire (= internationales Repertoire + lokales Repertoire) letztlich nicht praktikabel sein[235].

---

233 Artikel V (9) BIEM/IFPI-Normalvertrag, s. schon oben E II 3 a.E.

234 Zu diesem Begriff *Lester* Mechanical Rights in the UK in: *Lester/Faulder/van Rij* (Hrsg.) Mechanical Rights - Reports presented at the Meeting of the International Association of Entertainment Lawyers MIDEM 1992, S. 76, 92 f; *Vacher-Desvernais* BIEM in: *Lester/Faulder/van Rij* (Hrsg.) Mechanical Rights - Reports presented at the Meeting of the International Association of Entertainment Lawyers MIDEM 1992, S. 148, 155 und *Vacher-Desvernais* BIEM and Mechanical Rights a.a.O. S. 17, 24.

235 Gehören die Komponisten der von "Heino" verwerteten Titel zum internationalen Repertoire, weil "Heino" nicht nur in Deutschland, sondern auch in Österreich Abnehmer findet? Gehörten die Komponisten des Welterfolges "Lambada" zum lokalen Repertoire, solange keine ausreichenden Dokumentationen über sie vorhanden waren?

Die Diskussion um das internationale und lokale Repertoire betrifft genaugenommen ein praktisches Problem der Datenverarbeitung, das in den Gegenseitigkeitsverträgen keine rechtliche Berücksichtigung gefunden hat. Wirtschaftlich geht es den an der Diskussion beteiligten Verwertungsgesellschaften um die Teilhabe an Verwaltungskommissionen, die bei den Umsätzen der fünf großen Tonträgerherstellerkonzerne anfallen.

J. Neuere Entwicklungen

Im Zusammenhang mit der Zentrallizenzierung haben europäische Verwertungsgesellschaften neue Initiativen ergriffen:

I. Bureau Européen de Licences (BEL)

Die drei größten Verwertungsgesellschaften der Europäischen Gemeinschaft, nämlich die deutsche GEMA, die britische MCPS und die französische SACEM/SDRM, haben im Dezember 1994 eine Europäische Wirtschaftliche Interessenvereinigung "Bureau Européen de Licences (BEL)"[236] mit Sitz in München gegründet. Im Beirat von BEL sind die übrigen europäischen Verwertungsgesellschaften vertreten. BEL hat am 1.1.1995 seine Tätigkeit aufgenommen. Aufgabe dieser Gesellschaft ist es, die drei als Gesellschafter beteiligten Verwertungsgesellschaften technisch zu unterstützen, d.h. insbesondere eine zentrale Datenverarbeitung zu übernehmen, und die Vergabe von Zentrallizenzen zu koordinieren.

Offizieller Anlaß der Gründung von BEL war der Wunsch des Tonträgerherstellerkonzerns EMI, eine Zentrallizenz über das Weltrepertoire ohne etwaige Beschränkung auf das sog. internationale Repertoire zu erhalten. Wegen der hierzu als erforderlich angesehenen Zusammenführung von Daten mehrerer Verwertungsgesellschaften wurde BEL als eine zentrale Clearing-Stelle eingerichtet. Es handelt sich zum gegenwärtigen Zeitpunkt um eine kleine Organisation mit wenig Personal. Hintergrund der Gründung von BEL dürfte der Versuch gewesen sein, angesichts der wirtschaftlichen Bedeutung der Vergabe von Zentrallizenzen eine einvernehmliche Zusammenarbeit zu institutionalisieren, die allen Verwertungsgesellschaften eine Beteiligung ermöglicht.

BEL vertritt GEMA, SACEM/SDRM und MCPS bei der Durchführung des Zentrallizenzvertrages. Es führt die Einzeichnungen bei den einzelnen Gesellschaften herbei und leitet sie zusammengefaßt an EMI weiter. Die anfallenden Lizenzgebühren werden an die Verwertungsgesellschaften der Verkaufsländer ausgeschüttet. Diese führen die Verteilung durch. BEL nimmt also nicht eine zentrale

---

236 S. zu diesem Projekt schon *van Rij* EC Law and the Licensing of Mechanical Rights in: *Lester/Faulder/van Rij* (Hrsg.) Mechanical Rights - Reports presented at the Meeting of the International Association of Entertainment Lawyers MIDEM 1992, S. 35, 47.

Verteilung an die Berechtigten vor. Auch werden die Zentrallizenzverträge nach wie vor von den Verwertungsgesellschaften individuell abgeschlossen.

II. Zentrale Verteilung

Wegen der umständlichen Aufteilung von Inkasso und Verteilung, die bei der herkömmlichen Zentrallizenzierung besteht, wurde schon frühzeitig vorgeschlagen[237], die zentrallizenzierende Verwertungsgesellschaft solle nicht wie bisher die Lizenzgebühren an die Verwertungsgesellschaften der Bestimmungsländer nach den jeweiligen Verkäufen ausschütten, sondern unmittelbar die Lizenzgebühren an die Verwertungsgesellschaften nach den Anteilen von deren jeweiligen Urheber-Mitgliedern oder sogar direkt an die Berechtigten verteilen. Einen solchen Weg will nunmehr die MCPS mit ihrem Zentrallizenzvertrag mit Polygram gehen.

Es ist allerdings fraglich, ob eine zentrale Verteilung zum gegenwärtigen Zeitpunkt ohne ein ausgereiftes System internationaler Datenverarbeitung effektiv funktionieren kann. Zentrale Verteilung erfordert einen Aufwand an Datenverarbeitung, den zum gegenwärtigen Zeitpunkt wohl bisher noch keine Verwertungsgesellschaft erbringen kann, ohne daß dies potentiell zu Nachteilen für die Rechteinhaber führt.

Für die übrigen Verwertungsgesellschaften stellt sich der Vorstoß der MCPS darüber hinaus vor allem deswegen als Provokation dar, weil diesen Gesellschaften bei einer Übernahme von Inkasso und Verteilung durch die MCPS die Verwaltungskommission in Höhe von 4,4% entgeht, die nach der bisherigen Praxis bei Zentrallizenzen von den verteilenden Gesellschaften einbehalten wird. Bei einer zentralen Verteilung durch eine Verwertungsgesellschaft wären nach wie vor Verwaltungsleistungen (Kontrollen) auch von den übrigen Verwertungsgesellschaften zu erbringen. Die betroffenen Verwertungsgesellschaften machen eine angemessene Entschädigung für die von ihnen wahrgenommenen Kontrollaufgaben geltend. Die Diskussion um die zentrale Verteilung zielt insoweit letztlich auf das Problem, daß bis heute keine befriedigende Lösung gefunden worden ist, den bei der Ausführung der Zentrallizenzverträge mitbetroffenen Verwertungsgesellschaften eine angemessene Entschädigung für die von ihnen wahrgenommenen Verwaltungsaufgaben zu garantieren.

Eine zentrale Verteilung der Lizenzgebühren aus dem Zentrallizenzvertrag an die Verwertungsgesellschaften nach ihren jeweiligen Repertoireanteilen wäre von den bestehenden Gegenseitigkeitsverträgen gedeckt: Wie erläutert sind die Zentrallizenzverträge eine Variante der im Rahmen des BIEM-Systems anerkannten Lohnpressung/Konzernpressung (mit Sonderregelungen zur Lizenzschwelle). Nach Artikel VI der Gegenseitigkeitsverträge[238] hat die lizenzierende Verwer-

---

237 S. z.B. *van Rij* EC Law and the Licensing of Mechanical Rights in: *Lester/Faulder/van Rij* (Hrsg.) Mechanical Rights - Reports presented at the Meeting of the International Association of Entertainment Lawyers MIDEM 1992, S. 35, 46 f.

238 S. Mustervertrag im EG-Bereich für das Vervielfältigungsrecht gemäß BIEM-Standardvertrag, abgedruckt in GEMA-Jahrbuch 1995/96 D II 6, S. 213, 214.

tungsgesellschaft die Lizenzgebühren, die - z.B. im Wege der Lohnpressung/Konzernpressung - auf das Repertoire der Schwestergesellschaft anfallen, dieser nach Abzug der Verwaltungspauschale von in der Regel 8% zu überweisen. Eine zentrale Verteilung der bei Zentrallizenzen anfallenden Gebühren an die verschiedenen Verwertungsgesellschaften nach ihren jeweiligen Rechteanteilen entspräche dieser Regelung.

Demgegenüber wäre eine zentrale Verteilung der Lizenzgebühren direkt an die berechtigten Urheber und Verlage angreifbar, da durch die direkte Ausschüttung die übrigen Verwertungsgesellschaften entgegen Artikel VI der Gegenseitigkeitsverträge umgangen würden. Als Gegenmaßnahme käme eine Kündigung der Gegenseitigkeitsverträge wegen Verletzung des Artikels VI in Betracht. Das wäre angesichts der überragenden Bedeutung des anglo-amerikanischen Repertoires insofern ein Druckmittel, als die zentralverteilende Verwertungsgesellschaft bei einer Kündigung des Gegenseitigkeitsvertrages möglicherweise nicht mehr in der Lage wäre, das anglo-amerikanische Repertoire für die Verbreitung von Tonträgern im Verwaltungsgebiet der kündigenden Verwertungsgesellschaft zu lizenzieren. Die mechanischen Rechte am anglo-amerikanischen Repertoire werden bisher in der Regel von den Originalverlagen durch territorial beschränkte Lizenzen mit ausschließlicher Inkassovollmacht an Subverlage vergeben, die ihre Rechte dann der lokalen Verwertungsgesellschaft übertragen[239]. Die zentrallizenzierende Verwertungsgesellschaft kann also bisher Gebühren auf die Verbreitung von Tonträgern mit anglo-amerikanischem Repertoire im Verwaltungsgebiet der lokalen Verwertungsgesellschaft nur auf der Grundlage eines entsprechenden Gegenseitigkeitsvertrages erheben.

Allerdings wäre eine Kündigung des Gegenseitigkeitsvertrages als Gegenmaßnahme gegen die zentrale Verteilung weitgehend wirkungslos, wenn die zentrallizenzierende Verwertungsgesellschaft eine Direktverteilung des Gebührenaufkommens an die Originalverlage vornehmen könnte. Damit ist das Verhältnis zwischen Originalverlag und Subverlag betroffen. Die Subverlage sind aufgrund ihrer Lizenzverträge mit dem Originalverlag in der Regel ausschließlich zum Inkasso der auf Verkäufe in ihrem jeweiligen Gebiet anfallenden Lizenzgebühren ermächtigt. Für eine Direktverteilung an den Originalverlag müßten also die Lizenzverträge mit den Subverlagen gekündigt oder in anderer Weise in Frage gestellt werden[240]. Ob die Originalverlage einen solchen Schritt tun würden, ist zweifelhaft. Wie sich die Praxis im Zusammenhang mit der zentralen Verteilung fortentwickelt, bleibt abzuwarten.

---

239 S. die Darstellung oben D.

240 So wäre in jedem Einzelfall die Wirksamkeit des jeweiligen territorial beschränkten Subverlagsvertrages mit ausschließlicher Inkassovollmacht unter dem Gesichtspunkt des Artikels 85 EGV zu prüfen. Die kartellrechtliche Problematik der Subverlagsverträge wird im Rahmen der vorliegenden Arbeit nicht behandelt. Sie ist anhand der Rechtsprechung des EuGH u.a. in den Entscheidungen Rs 262/81 *Coditel ./. Ciné-Vog Films (= "Coditel II")* Slg 1982, 3381 und Rs 258/78 *L.C. Nungesser KG und Kurt Eisele ./. Kommission* Slg 1982, 2015 zu beurteilen (vgl. auch die Darstellung unten **(4)** B II 1 a, 2 a).

(4) Das europäische Gemeinschaftsrecht nach der Rechtsprechung des EuGH und seine Bedeutung für die internationale Lizenzierungspraxis

Das internationale System der Lizenzierung von Urheberrechten für Tonträger sowie die Regelungen der nationalen Urheberrechtsordnungen, die dieses System und seine territoriale Aufspaltung stützen, waren Gegenstand von Entscheidungen des EuGH. In diesen Entscheidungen wurden bestimmte Praktiken als Verletzung des Gemeinschaftsrechts verworfen, während andere als zulässig bestätigt wurden. Die wesentlichen europarechtlichen Normen sind zum einen die Vorschriften über den Freien Warenverkehr (Artikel 30 ff EGV, dazu unten A) und zum anderen die Wettbewerbsregeln (Artikel 85 ff EGV, dazu unten B).

A. Die Vorschriften über den freien Warenverkehr

Artikel 30 bis 37 EGV dienen der Beseitigung mengenmäßiger Beschränkungen im Handel zwischen den Mitgliedstaaten. Für den Handel mit Tonträgern sind Artikel 30 und 36 EGV von Bedeutung. Artikel 30 EGV verbietet mengenmäßige Einfuhrbeschränkungen sowie alle Maßnahmen gleicher Wirkung. Artikel 36 EGV läßt Ausnahmen von diesem Verbot zu, die zum Schutz des gewerblichen und kommerziellen Eigentums gerechtfertigt sind.

I. Allgemeine Grundsätze für die Anwendung der Artikel 30 und 36 EGV auf die Urheberrechtslizenzierung für Tonträger

Bevor auf einzelne Entscheidungen des EuGH eingegangen wird, sollen kurz Anwendbarkeit und Systematik der Artikel 30, 36 EGV erläutert werden, soweit sie für die Urheberrechtslizenzierung und deren Auswirkungen auf den Tonträgerhandel von Bedeutung sein können:

1. Artikel 30 EGV - Verbot von Maßnahmen gleicher Wirkung wie mengenmäßige Einfuhrbeschränkungen

Nationaler Urheberrechtsschutz (insbesondere das Territorialitätsprinzip) und die Eigenheiten der internationalen Lizenzierungspraxis (insbesondere die territoriale Beschränkung von Lizenzen und die Aufspaltung der Lizenzenbedingungen nach nationalen Verwertungsgebieten) können Hindernisse für den freien Handel mit Tonträgern innerhalb der Gemeinschaft bewirken. Die Einfuhr von Tonträgern von einem Mitgliedstaat in einen anderen kann mit Mitteln des Urheberrechts behindert werden. Artikel 30 EGV regelt Behinderungen dieser Art nach den folgenden Maßgaben:

a) Anwendbarkeit des Artikels 30 EGV auf den Handel mit Tonträgern

Artikel 30 EGV gewährleistet den freien Verkehr von "Waren" innerhalb der Gemeinschaft[241]. Unter Waren sind nach einer älteren Definition des EuGH zu Artikel 9 E(W)GV über die Zollunion "Erzeugnisse zu verstehen, die einen Geldwert haben und deshalb Gegenstand von Handelsgeschäften sein können"[242]. Wie der EuGH ausdrücklich festgestellt hat, sind auch Tonträger Waren im Sinne der Vorschriften über den freien Warenverkehr, auch wenn sie musikalische Werke beinhalten, die durch das Urheberrecht geschützt sind[243].

b) Adressaten des Artikels 30 EGV

Artikel 30 EGV richtet sich mit seinem Verbot von Einfuhrbeschränkungen und Maßnahmen gleicher Wirkung in erster Linie an die Mitgliedstaaten[244]. Maßnahmen eine Mitgliedstaates sind insbesondere Akte der Gesetzgebung und der Gesetzesanwendung[245]. Als verbotene Maßnahmen eines Mitgliedstaates kommen der Erlaß und die Gewährleistung urheberrechtlicher Vorschriften mit nachteiligen Auswirkungen auf den Vertrieb von Tonträgern innerhalb der Gemeinschaft in Betracht.

Ob daneben auch Privatsubjekte wie Urheber, Verwertungsgesellschaften oder Tonträgerhersteller Adressaten des Artikel 30 EGV sind, ist strittig[246]. Das Problem ist jedoch im Zusammenhang mit der Urheberrechtslizenzierung und den daraus resultierenden Beschränkungen des Tonträgerhandels entschärft: Die Beschränkungen des Tonträgerhandels ergeben sich aus der Ausübung staatlich gewährleisteter Schutzrechte. Beschränkungen des freien Warenverkehrs, die auf nationalen Urheberrechtsschutz zurückgehen, sind dem jeweiligen Mitgliedstaat zuzurechnen, da sie der Mitgliedstaat mittels seiner Staatsgewalt ermöglicht[247]. Beruft sich eine Privatperson auf eine Urheberrechtsvorschrift und verfolgt deren Durchsetzung, so wird dadurch die Maßnahme nicht zu einer solchen der Privatperson. Artikel 30 ist deshalb auch dann anwendbar, wenn - wie im Bereich der Urheberrechtslizenzierung für Tonträger - der zugrundeliegende Rechtsstreit nur zwischen Privatpersonen stattfindet.

---

241 Siehe Überschrift zu Titel I des Dritten Teils des EGV, sowie Artikel 3 a und 3 c EGV.

242 Rs 7/68 *Kommission ./. Italien* Slg 1968, 633, 642.

243 Rs 55 und 57/80 *Musikvertrieb membran und K-tel International ./. GEMA* Slg 1981, 147, 161 Rn 8; Rs 402/85 *Basset ./. SACEM* Slg 1987, 1747, 1767 Rn 11.

244 Rs 311/85 *VZW Vereniging van Vlaamse Reisebureaus ./. VZW Sociale Dienst van de Plaatselijke en Gewestelijke Overheidsdiensten* Slg 1987, 3801, 3830, Rn 30; Rs 65/86 *Bayer und Maschinenfabrik Hennecke ./. Süllhöfer* Slg 1988, 5249; *Groeben/Thiesing/Ehlermann - Müller-Graff* Art 30, Rn 120; *Grabitz/Hilf - Matthies* Art 30, Rn 41.

245 *Groeben/Thiesing/Ehlermann - Müller-Graff* Art 30, Rn 122; *Grabitz/Hilf - Matthies* Art 30, Rn 5.

246 Dagegen *Grabitz/Hilf - Matthies* Art 30 Rn 41; *Dauses - Ullrich/Konrad* C. III 2; differenzierend *Groeben/Thiesing/Ehlermann* - Müller-Graff Art 30 Rn 127 m.w.N. zum Streitstand.

247 *Groeben/Thiesing/Ehlermann - Müller-Graff* Art 30 Rn 70, 121, 127; *Grabitz/Hilf - Matthies* Art 30, Rn 6, 41, Art 36 Rn 22; *Dauses - Ullrich/Konrad* C. III 2, 3.

c) "Maßnahmen gleicher Wirkung" - Die Entscheidungen Dassonville und Cassis de Dijon und ihre Bedeutung für das nationale Urheberrecht

Die Frage, ob die Ausübung eines bestimmten Urheberrechts eine von Artikel 30 EGV verbotene Beschränkung des Handels mit Tonträgern ist, hängt vom Begriff der "Maßnahmen gleicher Wirkung" ab. Die maßgebliche Rechtsprechung des EuGH definiert diesen Begriff derart weit, daß letztlich **jede** nationale Urheberrechtsvorschrift unter das Verbot des Artikels 30 fällt, soweit sie die Nutzung von Werken regelt, die auf Tonträgern festgehalten werden können:

aa) Die Dassonville-Definition

In seiner Entscheidung in der Rechtssache 8/74 *Procureur du Roi ./. Dassonville*[248] definierte der EuGH Maßnahmen gleicher Wirkung als "jede Handelsregelung der Mitgliedstaaten, die geeignet ist, den innergemeinschaftlichen Handel unmittelbar oder mittelbar, tatsächlich oder potentiell zu behindern"[249]. Dabei ist der Ausdruck "Handelsregelung" nicht wörtlich im Sinne einer den Handel regulierenden Vorschrift zu verstehen[250]. Er erfaßt vielmehr alle Vorschriften, die eine Auswirkung auf den Handel haben können. Unter die *Dassonville*-Definition fallen somit schlechthin alle Regeln, die in der Lage sind, direkt oder indirekt, tatsächlich oder potentiell den innergemeinschaftlichen Handel zu behindern. Eine Behinderung des Handels ist dabei unabhängig von Art, Zielsetzung oder Vorgehensweise der Maßnahme jede nachteilige Beeinflussung von Handelsströmen durch Verhinderung, Erschwerung oder Verteuerung von Einfuhren[251].
Wendet man die *Dassonville*-Definition auf den innergemeinschaftlichen Handel mit Tonträgern an, so ergibt sich, daß alle nationalen Regeln hinsichtlich des Schutzes von Urheberrechten oder verwandter Schutzrechte den Handel behindern können und deshalb "Maßnahmen gleicher Wirkung" sind: Ausschließliche Rechte des Urhebers im Hinblick auf die Nutzung seines Werkes haben stets eine zumindest mittelbare und potentielle, überwiegend jedoch unmittelbare und tatsächliche Auswirkung auf den Handel mit Tonträgern. Wenn ein Hersteller Tonträger produzieren und auf den Markt bringen will, so muß er sich hierzu um die Erlaubnis des Urhebers bemühen. Die Erlaubnis wird der Urheber möglicherweise gar nicht, in der Regel aber nur gegen Zahlung einer Lizenzgebühr erteilen. Sowohl die Notwendigkeit, Lizenzverträge abzuschließen als auch die Zahlung von Lizenzgebühren schaffen zusätzliche Produktionskosten, die letztlich den Verkaufspreis der Tonträger erhöhen und deren Absetzbarkeit negativ beeinflus-

248 Slg 1974, 837.

249 Slg 1974, 837, 851 Rn 5 - weitere Beispiele der Rechtsprechung bei *Groeben/Thiesing/Ehlermann - Müller-Graff* Art 30 Rn 22 (Fn 46).

250 Z.B. Rs 55 und 57/80 *Musikvertrieb membran und K-tel International ./. GEMA* Slg 1981, 147, 161 Rn 8; *Groeben/Thiesing/Ehlermann - Müller-Graff* Art 30 Rn 26 m.w.N. zur Rechtsprechung; *Grabitz/Hilf - Matthies* Art 30 Rn 14; *Dauses - Bearbeiter* C I 78.

251 Vgl. Artikel 2 Abs. 1 der 5. Richtlinie 70/50/EWG der Kommission vom 22. Dezember 1969 zu Artikel 33 Abs. 7 EWGV, ABl EG Nr. L 13 vom 19.1.1970, S. 29; *Dauses* C I 79; *Groeben/Thiesing/Ehlermann - Müller-Graff* Art 30 Rn 28.

sen. Die Existenz der Urheberrechte behindert damit den freien Handel mit Tonträgern.
Handelsbeschränkungen auf der Grundlage des nationalen Urheberrechts haben auch stets eine zumindest potentiell nachteilige Auswirkung auf den Handel innerhalb der Gemeinschaft: Jeder Tonträger kann Gegenstand eines grenzüberschreitenden Warenaustausches sein. Die Existenz des nationalen Urheberrechts erschwert potentiell die Einfuhr des Tonträgers in den jeweiligen Mitgliedstaat.

bb) Keine Ausnahme für den Urheberrechtsschutz nach der Cassis de Dijon - Rechtsprechung: Urheberrecht kein "zwingendes Erfordernis"

Der EuGH hat in späteren Entscheidungen die extrem weite Formulierung seiner *Dassonville*-Definition eingeschränkt, indem er "zwingende Erfordernisse" anerkannte, deren Durchsetzung seitens nationaler Gesetzgebung nicht in den Anwendungsbereich des Artikels 30 EGV falle. Erstmals in der Entscheidung zur Rechtssache 120/78 *Rewe-Zentral AG ./. Bundesmonopolverwaltung für Branntwein*[252] (*Cassis de Dijon*) stellte das Gericht fest, daß, solange gemeinschaftsweite Vorschriften fehlen, Unterschiede zwischen den nationalen Gesetzen mit nachteiliger Auswirkung auf den freien Warenverkehr insoweit hingenommen werden müßten, als die Gesetze die Herstellung und die Vermarktung von Waren regelten, um zwingenden Erfordernissen zu genügen, und sofern die Gesetze verhältnismäßig und auf heimische und importierte Waren gleichermaßen anwendbar seien[253].
Als zwingende Erfordernisse hat der EuGH insbesondere eine wirksame steuerliche Kontrolle, den Schutz der öffentlichen Gesundheit, die Lauterkeit des Handelsverkehrs und den Verbraucherschutz anerkannt[254]. Diese Aufzählung ist nicht abschließend[255]. Auch andere Erwägungen des Gemeinwohls können berücksichtigt werden[256]. Der EuGH hat jedoch den Schutz des Urheberrechts und verwandter Schutzrechte nie als "zwingendes Erfordernis" im Sinne der *Cassis de Dijon* - Formel in Betracht gezogen.
Die Entscheidung in den Rechtssachen 60 und 61/84 *Cinéthèque u.a. ./. Fédération nationale des cinémas français*[257] bildet hiervon keine Ausnahme. In dieser Entscheidung hat der EuGH befunden, daß ein nationales Verbot, Filmwerke während eines begrenzten Anfangszeitraumes neben der Vorführung in Filmtheatern auch durch die Verbreitung von Videokassetten zu verwerten, nicht von Ar-

---

252 Slg 1979, 649.

253 Rs 120/78 *REWE-Zentral AG ./. Bundesmonopolverwaltung für Branntwein* Slg 1979, 649 , 662 Rn 8 - für spätere Beispiele der *Cassis de Dijon*-Rechtsprechung s. *Groeben/Thiesing/Ehlermann - Müller-Graff* Art 30 Rn 77 (Fn 245).

254 Rs 120/78 *REWE-Zentral AG ./. Bundesmonopolverwaltung für Branntwein* Slg 1979, 649 , 662 Rn 8.

255 *Groeben/Thiesing/Ehlermann - Müller-Graff* Art 30 Rn 88; *Grabitz//Hilf - Matthies* Art 30 Rn 19; *Dauses* C I 94.

256 Z.B. Rs 3, 4, 6/76 *Kramer u.a.* Slg 1976, 1279, 1314 f Rn 56/59, 60 (Erhaltung der Meeresschätze); Rs 302/86 *Kommission ./. Dänemark* Slg 1988, 4607, 4630 Rn 8 f (Umweltschutz); Rs 238/82 *Duphar u.a. ./. Niederländischer Staat* Slg 1984, 523 f, 540 ff Rn 16 ff (Erhaltung des finanziellen Gleichgewichts und der Sozialsysteme).

257 Slg 1985, 2605.

tikel 30 erfaßt werde. Das Gericht erkannte das kulturelle Interesse an der Sicherung der Filmproduktion als Rechtfertigung für die in Frage stehende französische Vorschrift an und wertete dieses Interesse der Sache nach als "zwingendes Erfordernis" im Sinne der *Cassis*-Rechtsprechung. Die betroffene französische Vorschrift war jedoch keine urheberrechtliche. Sie regelte nicht Verwertungsrechte an einem Filmwerk zugunsten des Filmurhebers. Vielmehr schränkte sie gerade dessen Recht auf Nutzung seiner Ausschließlichkeitsrechte ein zugunsten des als höherrangig betrachteten kulturellen Interesses der Allgemeinheit am Fortbestand der Filmindustrie[258]. Es war die Kulturpolitik, die der EuGH (hier zu Lasten der Ausübung der Urheberrechte) als "zwingendes Erfordernis" anerkannte, nicht der Urheberrechtsschutz.

cc) Neuere Tendenzen: Die Keck-Rechtsprechung

Der EuGH hat in dem Bemühen, einer uferlosen Weite des Begriffs der "Maßnahmen gleicher Wirkung" entgegenzuwirken, den Anwendungsbereich des Artikels 30 EGV weiter eingeschränkt. Erstmals in den Rechtssachen 267 und 268/91 *Keck und Mithouard*[259] stellte der EuGH in ausdrücklicher Abweichung von der bisherigen Rechtsprechung fest, nationale Bestimmungen seien dann nicht geeignet, den Handel zwischen den Mitgliedstaaten zu behindern, wenn sie bestimmte Verkaufsmodalitäten beschränken oder verbieten, sofern diese Bestimmungen für alle betroffenen Wirtschaftsteilnehmer gelten, die ihre Tätigkeit im Inland ausüben, und sofern sie den Absatz der inländischen Erzeugnisse und der Erzeugnisse aus anderen Mitgliedstaaten rechtlich wie tatsächlich in der gleichen Weise berühren[260]. Unter "Verkaufsmodalitäten" sind die äußeren Umstände zu verstehen, unter denen der Verkauf von Waren an die Verbraucher[261] und die Absatzförderung[262] auf einem allgemein zugänglichen Markt stattfinden dürfen. Mit dieser Einschränkung will der EuGH verhindern, daß Wirtschaftsteilnehmer jegliche nationale Vorschrift, die zu Beschränkungen der geschäftlichen Freiheit führt, unter Berufung auf Artikel 30 EGV angreifen,

258 So auch die Schlußanträge des Generalanwalts *Sir Gordon Slynn* Rs 60 und 61/84 Slg 1985, 2606, 2613 f und die Argumentation der Kläger des Ausgangsverfahrens, Entscheidungsgründe Slg 1985, 2620, 2624 Rn 14.

259 EuZW 1993, 770; GRUR Int. 1994, 56.

260 Rs 267 und 268/91 *Keck und Mithouard* EuZW 1993, 770, 771 Rn 16; GRUR Int. 1994, 56, 57 Rn 16; ferner Rs 292/92 *Hünermund u.a. ./. Landesapothekenkammer Baden-Württemberg* EuZW 1994, 119, 120 Rn 16; Rs 401 und 402/92 *Strafverfahren gegen Tankstation t'Henkske vof und J.B.E. Boermans* EuZW 1994, 435, 436 Rn 12; Rs 69 *Punto Casa ./. Sindico del Comune di Capena, Comune di Capena* und Rs 258/93 *Promozioni Polivalenti Venete ./. Sindico del Comune die Torri die Quartesolo, Comune di Torri di Quartesolo* EuZW 1994, 434, 435 Rn 12.

261 Rs 69 *Punto Casa ./. Sindico del Comune di Capena, Comune di Capena* und Rs 258/93 *Promozioni Polivalenti Venete ./. Sindico del Comune die Torri die Quartesolo, Comune di Torri di Quartesolo* EuZW 1994, 434, 435 Rn 13; Rs 401 und 402/92 *Strafverfahren gegen Tankstation t'Heukske vof und J.B.E. Boermans* EuZW 1994, 435, 436 Rn 14.

262 Rs 267 und 268/91 *Keck und Mithouard* EuZW 1993, 770, 771 Rn 13; Rs 292/92 *Hünermund u.a. ./. Landesapothekenkammer Baden-Württemberg* EuZW 1994, 119, 120 Rn 20.

selbst wenn die Vorschrift keinen Bezug zum grenzüberschreitenden Handelsverkehr hat[263].

Die neuere Rechtsprechung wäre für die Frage des Verhältnisses von Urheberrechtsschutz und freiem Warenverkehr dann von Bedeutung, wenn im nationalen Urheberrecht eine Regelung von "Verkaufsmodalitäten" für Tonträger gesehen werde könnte. Der Gedanke erscheint nicht ganz abwegig, da es bei Konflikten zwischen Urheberrecht und freiem Warenverkehr oftmals um die Zahlung einer Gebühr für das Inverkehrbringen eines Tonträgers und um die Höhe dieser Gebühr geht.

Das nationale Urheberrecht regelt jedoch mehr als nur Verkaufsmodalitäten: Es verleiht dem Urheber das ausschließliche Recht, sein Werk durch die Herstellung und den Vertrieb von Tonträgern zu verwerten. Die Verwertung eines Werkes mittels Tonträger kann unter Berufung auf dieses Monopol vollständig unterbunden werden. Damit wird nicht lediglich ein generell zugänglicher Markt bestimmten Beschränkungen hinsichtlich der Vertriebsumstände oder der Absatzförderung unterworfen, wie dies in den Entscheidungen der *Keck*-Rechtsprechung der Fall war. Vielmehr bedarf jede Herstellung und Verbreitung von Tonträgern der Erlaubnis des Urhebers. Auch ist beim Urheberrecht nicht gewährleistet, daß seine Regelungen inländische und ausländische Erzeugnisse rechtlich und tatsächlich in der gleichen Weise berühren. Namentlich wegen des Territorialitätsprinzips und wegen der vom nationalen Urheberrecht eröffneten Möglichkeit, territoriale Lizenzen zu unterschiedlichen Bedingungen zu vergeben, können der Absatz von Tonträgern aus dem Ausland und der Absatz von Tonträgern aus dem Inland unterschiedlichen Beschränkungen unterliegen.

Aus der *Keck*-Rechtsprechung ergeben sich daher für das Verhältnis von freiem Warenverkehr und Urheberrechtslizenzierung keine Abweichungen gegenüber der früheren Rechtsprechung. Es bleibt auf der Grundlage der *Dassonville*- und *Cassis de Dijon*-Rechtsprechung dabei, daß alle nationalen Urheberrechtsvorschriften, welche Rechte des Urhebers im Hinblick auf die Nutzung des jeweiligen Werkes begründen, Maßnahmen von gleicher Wirkung wie mengenmäßige Einfuhrbeschränkungen im Sinne des Artikels 30 EGV sind[264]. Die Zulässigkeit nationaler Urheberrechtsvorschriften unter dem Gemeinschaftsrecht hängt damit ausschließlich davon ab, ob diese Vorschriften durch Artikel 36 EGV gerechtfertigt sind.

2. *Artikel 36 EGV - Rechtfertigung nationalen Urheberrechtsschutzes mit nachteiligen Auswirkungen auf den Handel mit Tonträgern*

Artikel 36 EGV sieht vor, daß Beschränkungen oder Verbote der Einfuhr, Ausfuhr oder Durchfuhr von Waren zulässig sind, wenn sie zum Schutz des gewerblichen und kommerziellen Eigentums gerechtfertigt sind. Allerdings dürfen diese

---

263 Rs 267 und 268/91 *Keck und Mithouard* EuZW 1993, 770, 771 Rn 14.

264 Rs 55 und 57/80 *Musikvertrieb membran und K-tel International ./. GEMA* Slg 1981, 147, 161 Rn 8; s.a. Rs 158/86 *Warner Brothers ./. Christiansen* Slg 1988, 2605, 2628 Rn 10.

Verbote oder Beschränkungen weder ein Mittel zur willkürlichen Diskriminierung noch eine verschleierte Beschränkung des Handels zwischen den Mitgliedstaaten darstellen (Artikel 36 S. 2 EGV).

a) Urheberrecht als Bestandteil des "gewerblichen und kommerziellen Eigentums"

Der EuGH hat in einer Reihe von Entscheidungen klargestellt, daß sowohl das Urheberrecht als auch die ihm verwandten Schutzrechte Bestandteil des gewerblichen und kommerziellen Eigentums im Sinne des Artikels 36 EGV sind, insbesondere wenn sie in Form von Lizenzen gewerblich genutzt werden[265]. Der EuGH macht also für die Anwendbarkeit der Artikel 30 ff EGV keinen Unterschied zwischen Urheberrecht und anderen Schutzrechten des gewerblichen und kommerziellen Eigentums (Patentrecht, Gebrauchs- und Geschmacksmusterrecht, Markenrecht, Sortenschutzrecht). Dies gilt jedenfalls, soweit die wirtschaftliche Verwertung des geschützten Werkes betroffen ist. Die Tatsache, daß nationales Urheberrecht neben den Nutzungsrechten auch bestimmte nichtwirtschaftliche Urheberpersönlichkeitsrechte wie das Recht auf Anerkennung der Urheberschaft[266] oder das Recht, eine Entstellung des Werkes zu verbieten[267], gewährt, rechtfertigt nach Ansicht des Gerichts keine unterschiedliche Behandlung des Urheberrechts gegenüber anderen Schutzrechten, solange es um die wirtschaftliche Verwertung des Urheberrechts geht, insbesondere in Form der Vergabe von Lizenzen gegen Zahlung einer Vergütung[268].

Der Zuordnung des Urheberrechts zum Begriff des gewerblichen und kommerziellen Eigentums folgt notwendig aus der weiten Auslegung des Artikels 30 EGV durch den EuGH und aus der Tatsache, daß das Gericht das Urheberrecht nicht als "zwingendes Erfordernis" im Sinne der *Cassis*-Rechtsprechung in Betracht zieht. Könnte nationales Urheberrecht nicht auf der Grundlage des Artikels 36 EGV gerechtfertigt sein, so wäre es nach der weiten *Dassonville*-Formel insgesamt unter Artikel 30 nichtig. Dieses Ergebnis wäre abwegig, da der EGV nicht auf der einen Seite das Urheberrecht abschaffen, dagegen auf der anderen Seite das Patentrecht, Markenrecht etc. aufrechterhalten wollte.

---

265 Rs 55 und 57/80 *Musikvertrieb membran und K-tel International ./. GEMA* Slg 1981, 147, 161 Rn 9; Rs 262/81 *Coditel ./. Ciné-Vog Films* Slg 1982, 3381, 3400 Rn 10; Rs 341/87 *EMI Electrola ./.Patricia Im- und Export* Slg 1989, 79, 95 Rn 7; offengelassen noch in: Rs 78/70 *Deutsche Grammophon ./. Metro-SB-Großmärkte* Slg 1971, 487, 499 Rn 11.

266 § 13 UrhG; sections 77 - 79 brit. Copyright, Designs and Patents Act 1988; Artikel L. 121-1 Frz. Code de la Propriété Intellectuelle.

267 § 14 UrhG; sections 80 - 83 brit. Copyright, Designs and Patents Act 1988; Artikel L. 121-1 Frz. Code de la Propriété Intellectuelle.

268 Rs 55 und 57/80 *Musikvertrieb membran und K-tel International ./. GEMA* Slg 1981, 147, 161 Rn 12; Rs 262/81 *Coditel u.a. ./. Ciné-Vog Films u.a. (Coditel II)* Slg 1982, 3381, 3400 Rn 10; Rs 402/85 *Basset ./. SACEM* Slg 1987, 1747, 1767 Rn 11.

b) Der Umfang des nach Artikel 36 EGV gerechtfertigten Urheberrechtsschutzes: Güterabwägung zwischen Urheberrechtsschutz und freiem Warenverkehr

Die generelle Möglichkeit, daß nationales Urheberrecht mit handelsbehindernden Auswirkungen durch Artikel 36 EGV gerechtfertigt sein kann, läßt noch keinen Schluß zu, in welchem **Umfang** der nationale Gesetzgeber zulässigerweise Urheberrechtsschutz gewähren darf, ohne gegen den freien Warenverkehr zu verstoßen. Zwar ist es laut EuGH in Ermangelung eines einheitlichen europäischen Urheberrechts Sache der Mitgliedstaaten, die Voraussetzungen und Modalitäten des Urheberrechtsschutzes festzulegen[269]. Dies bedeutet aber nicht, daß alle nationalen Regelungen stets unter die Rechtfertigungsnorm des Artikels 36 S. 1 EGV fielen und die Grenze hierfür allein das Willkürverbot in Artikel 36 S. 2 EGV bildete:

Gewerblicher Rechtsschutz und Urheberrecht geben dem Schutzrechtsinhaber die Möglichkeit, den innergemeinschaftlichen Handel gravierend zu beeinträchtigen. Artikel 36 EGV ist daher als Ausnahmevorschrift einschränkend auszulegen[270]. Der EuGH schließt aus einer Gesamtschau der Formulierung "gerechtfertigt" in Satz 1 sowie der Einschränkung in Satz 2 des Artikels 36 EGV, daß den Mitgliedstaaten Grenzen gesetzt sind, innerhalb welcher sie definieren können, welche Befugnisse zum gewerblichen und kommerziellen Eigentum gehören[271]. Artikel 30 und 36 EGV geben also einen gemeinschaftsrechtlichen Rahmen vor, innerhalb welchem sich das nationale Urheberrecht halten muß.

Zugleich ist das Gemeinschaftsrecht aber mangels eines EG-einheitlichen Urheberrechts auf die nationale Gesetzgebung zurückbezogen: Gemeinschaftsrecht kann nur begrenzen, was zunächst durch das nationale Recht an urheberrechtlichen Befugnissen vorgegeben ist. Diese Befugnisse sind den Erfordernissen eines freien Warenverkehrs innerhalb der Gemeinschaft anzupassen.

aa) Die Formel von Bestand und Ausübung des Urheberrechts

Zur Erläuterung des Wechselverhältnisses zwischen nationalem Recht auf dem Gebiet des geistigen Eigentums und dem Gemeinschaftsrecht hat sich der EuGH vor allem in früheren Entscheidungen folgender Formulierung bedient: Der Vertrag über die Europäische Gemeinschaft lasse den **Bestand** nationaler Schutzrechte unberührt. Die **Ausübung** dieser Rechte könne aber durch die Vorschriften des Vertrages beschränkt werden[272].

Die Unterscheidung zwischen Bestand und Ausübung des Urheberrechts ist wenig aussagekräftig. Der Bestand eines bestimmten Rechtes läßt sich von der Aus-

---

269 Rs 341/87 *EMI Electrola ./. Patricia Im- und Export* Slg 1989, 79, 96 Rn 11.

270 *Groeben/Thiesing/Ehlermann - Müller-Graff* Art 36, 61; *Dauses - Ullrich/Konrad* C III 10.

271 Rs 144/81 *Keurkoop ./. Nancy Kean Gifts* Slg 1982, 2853, 2872 Rn 23; Rs 15/74 *Centrafarm und De Peijper ./. Sterling Drug* Slg 1974, 1147, 1163 Rn 6/8; Rs 434/85 *Allen & Hansbury ./. Generics (UK)* Slg 1988, 1245, 1272 f Rn 9, 10.

272 Rs 56 und 58/64 *Ets. Consten & Grundig-Verkauf ./. Kommission* Slg 1966, 321, 394; Rs 24/67 *Parke, Davis & Co. ./. Probel* Slg 1968, 85, 113; Rs 40//70 *Sirena ./. Eda* Slg 1970, 69, 81 f Rn 5; Rs 58/80 *Dansk Supermarked ./. Imerco* Slg 1981, 181, 193 Rn 11.

übung des Rechtes nicht trennen[273]. In tatsächlicher Hinsicht hat ein Recht nur dann Bestand, wenn es auch ausgeübt und vollstreckt werden kann. Auch in rechtlicher Hinsicht lassen sich Bestand und Ausübung nicht trennen: Ist eine bestimmte Form der Ausübung eines Rechtes nach dem Gemeinschaftsrecht unzulässig, so darf die nationale Vorschrift nicht angewandt werden, soweit sie diese Ausübung erlaubt[274]. Wegen des Vorrangs des Gemeinschaftsrechts hat das Recht in diesem Umfang dann letztlich gar keinen Bestand.

bb) Die Formel vom spezifischen Gegenstand

In einer Reihe von Entscheidungen stützt sich der EuGH auf eine weitere These: Artikel 36 EGV erlaube Beschränkungen des freien Warenverkehrs nur, soweit sie zur Wahrung der Rechte gerechtfertigt seien, die den **spezifischen Gegenstand** des gewerblichen und kommerziellen Eigentums ausmachten[275]. Auch dieser Rechtssatz ist zunächst wenig hilfreich. Er ersetzt die eine Frage (Welche Formen des Urheberrechtsschutzes sind nach Artikel 36 EGV gerechtfertigt?) nur durch eine andere (Was ist Bestandteil des spezifischen Gegenstandes des Urheberrechts?).

cc) Güterabwägung

Hinter der Unterscheidung zwischen Bestand und Ausübung und der Formel vom spezifischen Gegenstand verbirgt sich eine Güterabwägung[276], die der EuGH zwischen den Erfordernissen eines freien Warenverkehrs und den Anforderungen eines effektiven Schutzes geistigen Eigentums vornimmt: Das Ergebnis der jeweiligen Abwägung bestimmt, welche Rechte Bestandteil des nach Artikel 36 EGV gerechtfertigten Urheberrechtsschutzes sind.

In einigen Entscheidungen hat der EuGH erkennen lassen, daß er eine Güterabwägung vornimmt: Der Zweck der Artikel 30 und 36 EGV sei es, die Anforderungen des freien Warenverkehrs und die Wahrung der berechtigten Ausübung der ausschließlichen Rechte an urheberrechtlich geschützten Werken miteinander in Einklang zu bringen[277]. Die Erfordernisse des freien Warenverkehrs und die Wahrung der gewerblichen Schutzrechte müßten so aufeinander abgestimmt werden, daß die rechtmäßige Ausübung der durch das Recht eines Mitgliedstaates eingeräumten Rechte geschützt, dieser Schutz hingegen jeder mißbräuchlichen Ausübung der Rechte versagt werde, die geeignet sei, künstliche Abschottungen

---

273 *Groeben/Thiesing/Ehlermann - Matthies* Art 36, 61; *Smit/Herzog* 85.61. (S. 3-180); *Beier* GRUR 1989, 609.

274 Rs 74/76 *Iannelli & Volpi ./. Meroni* Slg 1977, 557, 576 Rn 13; *Groeben/Thiesing/Ehlermann - Müller-Graff* Artikel 30 Rn 137.

275 Rs 58/80 *Dansk Supermarked ./. Imerco* Slg 1981, 181, 193 Rn 11; Rs 78/70 *Deutsche Grammophon ./. Metro-SB-Großmärkte* Slg 1971, 487, 499 f Rn 11; Rs 15/74 *Centrafarm und De Peijper ./. Sterling Drug* Slg 1974, 1147, 1163 Rn 6 - 8.

276 So auch *Groeben/Thiesing/Ehlermann - Matthies* Art 36, 22; *Dauses - Ullrich/Konrad* C III 11.

277 Rs 119/75 *Terrapin ./. Terranova* Slg 1976, 1039, 1062 f Rn 7; Rs 144/81 *Keurkoop ./. Nancy Kean Gifts* Slg 1982, 2853, 2873 Rn 24; Rs 341/87 *EMI Electrola ./. Patricia Im- und Export* Slg 1989, 79, 95 Rn 8; Rs 395/87 *Ministère public ./. Tournier* Slg1989 2521, 2571 Rn 13.

innerhalb des Gemeinsamen Marktes beizubehalten oder zu schaffen[278]. Die Ausübung der durch das nationale Recht eingeräumten gewerblichen Schutzrechte sei so weit einzuschränken, wie die genannte Abstimmung es erfordere[279]. Bei der Untersuchung, ob eine Ausübung von Schutzrechten mißbräuchlich und zur Schaffung künstlicher Abschottungen geeignet ist, prüft der EuGH insbesondere, ob die Ausübung des Rechts daran anknüpft, daß die betroffene Ware importiert worden ist, oder ob sich die Ausübung des Rechts auf den Absatz importierter wie heimischer Waren gleichermaßen nachteilig auswirkt[280].

Die Entscheidungen, in denen der EuGH die Abwägung zwischen freiem Warenverkehr und nationalem Urheberrechtsschutz für den Bereich des Tonträgervertriebs vorgenommen hat, vermitteln ein verhältnismäßig klares Bild davon, welche Formen der Ausübung von Urheberrechten mit nachteiligen Auswirkungen für den Tonträgerhandel nach Artikel 36 EGV gerechtfertigt sind und welche nicht. Wichtigstes Ergebnis der Güterabwägung ist der Grundsatz der gemeinschaftsweiten Erschöpfung des Verbreitungsrechts:

II. Die Güterabwägung zwischen freiem Warenverkehr und Urheberrechtsschutz im Bereich der Urheberrechtslizenzierung für Tonträger: Der Grundsatz der gemeinschaftsweiten Erschöpfung des Verbreitungsrechts

Die zentrale Regel für das Verhältnis zwischen freiem Warenverkehr und nationalem Urheberrechtsschutz ist das Prinzip der gemeinschaftsweiten Erschöpfung des Verbreitungsrechts: Danach kann sich der Eigentümer eines Immaterialgüterrechts auf dieses Recht nicht berufen, um die Einfuhr von Waren zu verhindern oder zu beschränken, die in einem anderen Mitgliedstaat rechtmäßig durch den Eigentümer selbst oder mit seiner Zustimmung in den Verkehr gebracht worden sind. Dieser Grundsatz ist auf das Urheberrecht und ihm verwandte Schutzrechte[281] sowie auf alle anderen Formen des gewerblichen und kommerziellen Eigentums anwendbar[282].

---

278 Rs 341/87 *EMI Electrola ./. Patricia Im- und Export* Slg 1989, 79, 95 Rn 8; Rs 144/81 *Keurkoop ./. Nancy Kean Gifts* Slg 1982, 2853, 2873 Rn 24.

279 Rs 144/81 *Keurkoop ./. Nancy Kean Gifts* Slg 1982, 2853; auch EuG Rs T-69/89 *Radio Telefis Eireann ./. Kommission* Slg 1991, II-485, 518, Rn 67, IIC Vol. 24 No. 1/1993, 83, 92 Rn 67; Rs T-70/89 *British Broadcasting Corporation u.a. ./. Kommission* Slg 1991 II-535, 562 Rn 54, GRUR Int. 1993, 316, 320 f Rn 54; Rs T-76/89 *Independent Television Publications ./. Kommission* Slg 1991, II-575, 600, Rn 52.

280 Rs 78/70 *Deutsche Grammophon ./. Metro-SB-Großmärkte* Slg 1971, 487, 500 Rn 12; Rs 55 und 57/80 *Musikvertrieb membran und K-tel International ./. GEMA* Slg 1981, 147, 163 f Rn 18; Rs 58/80 *Dansk Supermarked ./. Imerco* Slg 1981, 181, 195 Rn 16, 18; Rs 402/85 *Basset ./. SACEM* Slg 1987, 1747, 1767 f Rn 12, 14 - 16.

281 Hierzu die Darstellung im folgenden.

282 Patente: Rs 15/74 *Centrafarm ./. Sterling Drug* Slg 1974, 1147, 1163 f Rn 10 - 12; Rs 19/84 *Pharmon ./. Hoechst* Slg 1985, 2281, 2297 Rn 22, Rs 187/80 *Merck ./. Stephar u.a.* Slg 1981, 2063, 2082 Rn 12; Marken: Rs 16/74 *Centrafarm ./. Winthrop* Slg 1974, 1183, 1195 f Rn 9, 11, 12, Rs 119/75 *Terrapin ./. Terranova* Slg 1976, 1039, 1062 Rn 6; Rs 58/80 *Dansk Supermarked ./. Imerco* Slg 1981, 181, 193 Rn 11; Geschmacksmuster: Rs 16/74 *Keurkoop ./. Nancy Kean*

Die Erschöpfung des Verbreitungsrechts ist in der einen oder anderen Form auch Bestandteil einiger nationaler Urheberrechtsordnungen[283]. Der Zweck des Erschöpfungsgrundsatzes auf der Ebene des nationalen Rechts besteht darin, dem Rechtsinhaber zwar das ausschließliche Recht zu belassen, über das erstmalige Inverkehrbringen von Produkten mit seinem Werk zu entscheiden, gleichzeitig aber zu verhindern, daß der Urheber jede weitere Übertragung des Produktes kontrolliert, wenn das Produkt bereits mit Zustimmung des Urhebers in den rechtsgeschäftlichen Verkehr eingetreten ist. Hierin liegt ein Kompromiß zwischen dem Schutz des Urhebers und dem Interesse der Allgemeinheit an klaren Verhältnissen im Rechtsverkehr sowie an einem ungehinderten Austausch von Gütern[284].
Wegen der territorialen begrenzten Geltung nationalen Rechts erfaßt der Erschöpfungsgrundsatz nach nationalem Recht - sofern er dort anerkannt ist - immer nur die Weiterverbreitung von Tonträgern im jeweiligen nationalen Hoheitsgebiet. Die Weiterverbreitung im Ausland kann vom Urheber auf der Grundlage des ausländischen Urheberrechts verboten werden, wenn das ausländische Urheberrecht die Erschöpfung gar nicht kennt oder nicht in der gleichen Weise regelt wie das inländische Urheberrecht. Auch ist möglich, daß das ausländische Urheberrecht das Inverkehrbringen des Tonträgers in anderen Staaten nicht als ausreichend erachtet, um eine Erschöpfung eintreten zu lassen.
Derselbe Konflikt kann entstehen, wenn nationales Urheberrecht zwar das Inverkehrbringen in anderen Staaten für die Erschöpfung genügen läßt, es dem Urheber aber gestattet, seine Zustimmung zum Inverkehrbringen territorial auf einzelne Staaten zu beschränken. Die Zustimmung zum Inverkehrbringen in Land A und die dortige Verbreitung erschöpfen dann nicht das Verbreitungsrecht in Land B. Auch diese Konstellation ist letztlich Ausfluß des Territorialitätsprinzips, wenn das nationale Recht es ansonsten nicht zuläßt, daß der Urheber seine Zustimmung zum Inverkehrbringen auf Teile des nationalen Staatsgebietes beschränkt[285].
An dem territorial begrenzten Umfang der nationalen Erschöpfungsregeln wird anschaulich, welch fundamentale Bedeutung dem gemeinschaftsrechtlichen Erschöpfungsgrundsatz für den Tonträgerhandel innerhalb der EG zukommt. Im folgenden werden der Grundsatz der gemeinschaftsweiten Erschöpfung und seine Grenzen anhand der zur Urheberrechtslizenzierung ergangenen Rechtsprechung erläutert. Dabei wird gezeigt, welche Bedeutung die jeweiligen Entscheidungen des EuGH für die Lizenzierungspraxis haben.

Gifts Slg 1982, 2853, 2873 Rn 25; Sortenschutzrechte: Rs 258/78 *L.C. Nungesser KG und Kurt Eisele ./. Kommission* Slg 1982, 2015, 2063 Rn 33.

283 § 17 Abs. 2 UrhG; section 18 (2) brit. Copyright, Designs and Patents Act 1988; näher *Dietz* Das Urheberrecht in der Europäischen Gemeinschaft, 1978, S. 134 ff.

284 *Schricker-Loewenheim* § 17, Rn 16; *Fromm/Nordemann - Vinck* § 17, Rn 8.

285 S. die Begründung der Zulässigkeit territorialer Beschränkungen auf die Gebiete ganzer Staaten, dagegen nicht auf Teile eines Staatsgebietes bei *Schricker-Loewenheim* § 17, Rn 10.

1. Geltung des Erschöpfungsgrundsatzes bei der Verbreitung von Tonträgern: Der Fall Deutsche Grammophon

Die erste Entscheidung, in welcher der EuGH den Erschöpfungsgrundsatz auf die Lizenzierung gewerblichen und kommerziellen Eigentums für Tonträger angewandt hat, erging in der Rechtssache 78/70 *Deutsche Grammophon ./. Metro-SB-Großmärkte*[286]. Sie betraf die Lizenzierung von Tonträgerherstellerrechten[287].

a) Sachverhalt

Die Tonträgerherstellerin Deutsche Grammophon GmbH vertrieb europaweit Schallplatten unter der Marke "Polydor". In Deutschland wandte sie hierbei ein Preisbindungssystem[288] an: Einzelhändler, die bei der Deutschen Grammophon oder Dritten Polydor-Schallplatten kauften, waren vertraglich verpflichtet, bestimmte Einzelhandelspreise anzuwenden, die zuvor von der Deutschen Grammophon festgelegt worden waren. Schallplatten durften nur mit Erlaubnis der Deutschen Grammophon importiert werden und nur unter der Bedingung, daß der gebundene Einzelverkaufspreis angewandt werde. Als Gegenleistung für diese Vertriebsbeschränkungen war Deutsche Grammophon gegenüber den Einzelhändlern verpflichtet, nur an solche Händler zu liefern, die an das Preisbindungssystem vertraglich gebunden waren. Ferner mußte Deutsche Grammophon darüber wachen, daß das Preisbindungssystem eingehalten wurde, und gegen Verletzer gerichtlich vorgehen. Das System garantierte damit sowohl den angeschlossenen deutschen Einzelhändlern als auch der Deutschen Grammophon zu Lasten der Verbraucher ein kalkulierbares Einkommen auf dem deutschen Markt.
In Frankreich vermarktete Deutsche Grammophon ihre Schallplatten über ein Tochterunternehmen namens Polydor S.A., Paris. Deutsche Grammophon übertrug Polydor S.A. zu diesem Zweck das territorial beschränkte auschließliche Recht, Schallplatten von Deutsche Grammophon in Frankreich zu verwerten. Hierzu stellte Deutsche Grammophon entweder Matrizen zur Verfügung, die Polydor S.A. zur Pressung weiterer Platten in ihren Fabriken in Paris und Straßburg verwandte, oder übereignete in Deutschland hergestellte Schallplatten an Polydor S.A. für den Vertrieb in Frankreich.
Die territorial beschränkten Vertriebssysteme jeweils in Deutschland und in Frankreich erlaubten es der Deutschen Grammophon, in Deutschland und Frankreich jeweils unterschiedliche Preisstrategien zu verfolgen, insbesondere das Preisbindungssystem in Deutschland aufrechtzuerhalten: Polydor S.A. durfte Polydor-Schallplatten nur in Frankreich verkaufen. Deutsche Einzelhändler durften Polydor-Schallplatten nur mit Erlaubnis aus Frankreich importieren und

---

286 Slg 1971, 487.
287 Zu diesen Leistungsschutzrechten s.o. **(2)** A I 3 Fn 32.
288 Die Preisbindung der zweiten Hand ist in Deutschland seit der 2. Kartellrechtsnovelle von 1973 auch bei Schallplatten verboten (§ 15 GWB). Sie war seit der Entscheidung des BGH vom 30.6.1966 (BGHZ 46, 74, 84) nur unter erschwerten Bedingungen zulässig und dürfte sich bereits vor der 2. Kartellrechtsnovelle mit der Entscheidung des EuGH vom 8.6.1971 zur Rs 78/70 *Deutsche Grammophon* praktisch erledigt haben (hierzu *Gemeinschaftskommentar-Fikentscher/Krauß* § 16 GWB, 91).

nur zu dem gebundenen Einzelverkaufspreis weiterverkaufen. Gerade das unterschiedliche Preisniveau rief aber Importeure auf den Plan, den gebundenen Preis in Deutschland zu unterbieten:
Die Metro-SB-Großmärkte GmbH unternahm es, das Preisbindungssystem durch Reimporte zu unterlaufen. Die streitgegenständlichen Polydor-Schallplatten waren in Deutschland von Deutsche Grammophon hergestellt und an Polydor S.A. für den Vertrieb in Frankreich verkauft worden. Dort erwarb sie zunächst ein schweizerisches Unternehmen, das die Platten ohne Umweg über die Schweiz sogleich an einen deutschen Großhändler in Hamburg exportierte. Von diesem erwarb Metro die Schallplatten und brachte sie zu einem Preis auf den deutschen Markt, der erheblich niedriger war als der von Deutsche Grammophon festgelegte Einzelverkaufspreis (11,95 bzw. 12,95 DM gegenüber 19 DM).
Als Deutsche Grammophon von den Verkäufen durch Metro erfuhr, erwirkte sie eine einstweilige Verfügung beim Landgericht Hamburg, die es Metro untersagte, Polydor-Schallplatten zu verkaufen oder sonst zu verbreiten. Die Verfügung stützte sich auf §§ 85 und 97 UrhG, d.h. auf das vom deutschen Recht dem Tonträgerhersteller gewährte ausschließliche Recht an der Verbreitung seiner Tonträger.
Das Landgericht Hamburg bestätigte seine Verfügung durch Urteil. In der Berufung kam das Hanseatische Oberlandesgericht zu dem Ergebnis, daß das ausschließliche Recht von Deutsche Grammophon hinsichtlich der Verbreitung der Tonträger trotz des im deutschen Recht geltenden Erschöpfungsgrundsatzes nicht erloschen sei, als die Schallplatten in Frankreich mit Zustimmung von Deutsche Grammophon auf den Markt kamen[289]. Das Oberlandesgericht begründete dies mit dem Territorialitätsprinzip[290]. Zugleich erkannte das Gericht aber, daß im Hinblick auf die Ziele des E(W)GV erhebliche Zweifel daran bestanden, ob das Territorialitätsprinzip angewandt werden dürfe. Es setzte daher das Verfahren aus und legte dem EuGH für eine Vorabentscheidung gemäß Artikel 177 EGV im wesentlichen die Frage vor, ob es gegen Gemeinschaftsrecht verstoße, wenn ein Tonträgerhersteller sein ausschließliches Verbreitungsrecht dazu nutzt, den Vertrieb von Tonträgern im Inland zu unterbinden, die zuvor mit seiner Zustimmung in einem anderen Mitgliedstaat in den Verkehr gebracht worden sind.

b) Entscheidung des EuGH

In Abweichung von früheren Entscheidungen[291] untersucht der EuGH in der *Deutsche Grammophon*-Entscheidung Importbeschränkungen der vorliegenden

---

289 OLG Hamburg GRUR Int. 1970, 377, 379 - Das OLG Hamburg begründete die Erschöpfung des Verbreitungsrechts des Tonträgerherstellers durch Inverkehrbringen mit einer entsprechenden Anwendung des § 17 Abs. 2 UrhG (OLG Hamburg GRUR 1970, 377, 378 f) - eine Ansicht, die vom BGH später verworfen wurde: Der BGH sieht den Erschöpfungsgrundsatz als allgemeinen Rechtsgedanken an, der für jede urheberrechtliche Befugnis gelte, s. BGHZ 779, 350, 357 = BGH GRUR 1981, 423; GRUR 1981, 587, 589 = GRUR Int. 1981, 562, 563 = BGHZ 80, 101, 103; GRUR 1985, 924, 925; GRUR 1982, 100, 101 = GRUR Int. 1982, 57.

290 Zur Kritik an dieser Begründung *Schricker-Loewenheim* § 17, Rn 23, 26.

291 Rs 56 und 58/64 *Consten und Grundig ./. Kommission* Slg 1966, 321; Rs 24/67 *Parke, Davis & Co. ./. Probel* Slg 1968, 55; Rs 40/70 *Sirena ./. Eda* Slg 1970, 69.

Art zum ersten Mal anhand der Artikel 30 und 36 EGV und nicht in Verbindung mit den Wettbewerbsregeln:
Das Gericht führt in den Entscheidungsgründen aus, daß der EGV zwar den Bestand der durch die nationale Gesetzgebung eines Mitgliedstaates eingeräumten gewerblichen Schutzrechte nicht berühre, die Ausübung dieser Rechte aber unter die Verbote des Vertrages fallen könne[292]. Nur solche Beschränkungen des freien Warenverkehrs zum Schutz des gewerblichen und kommerziellen Eigentums seien durch Artikel 36 EGV gerechtfertigt, die zur Wahrung der Rechte berechtigt seien, die den spezifischen Gegenstand dieses Eigentums ausmachten[293]. Auf dieser Grundlage gelangt der EuGH zu dem Schluß, es verstoße gegen den freien Warenverkehr, wenn ein Hersteller von Tonträgern sein auschließliches Recht, die Tonträger in den Verkehr zu bringen, dazu nutze, um die Einfuhr der Tonträger in einen Mitgliedstaat zu verhindern, wenn diese Tonträger zuvor rechtmäßig von dem Hersteller selbst oder mit seiner Zustimmung in einem anderen Mitgliedstaat in den Verkehr gebracht worden sind[294].
Das Recht, die ausschließliche Befugnis zur Verbreitung geltend zu machen, ist danach im Gebiet der Europäischen Gemeinschaft erschöpft, wenn die Verbreitung mit Zustimmung des Rechtsinhabers in einem Mitgliedstaat der Gemeinschaft rechtmäßig erfolgt ist. Da Deutsche Grammophon der Vermarktung der streitgegenständlichen Polydor-Schallplatten in Frankreich zugestimmt hatte, erschöpfte sich ihr aussschließliches Verbreitungsrecht in Bezug auf diese Schallplatten für den gesamten Binnenmarkt in dem Moment, als die Schallplatten zustimmungsgemäß in Frankreich in den Verkehr kamen. Die Zustimmung seitens Deutsche Grammophon zur Verbreitung der Platten in Frankreich war kraft Gemeinschaftsrechts der Zustimmung zur weiteren Verbreitung innerhalb der Gemeinschaft gleichzusetzen. Dabei konnte der EuGH es offen lassen, ob das Inverkehrbringen in Frankreich bereits mit der Auslieferung an die konzernabhängige französische Tochtergesellschaft oder erst mit dem Verkauf der Platten durch diese Tochtergesellschaft stattgefunden hatte. Die Zustimmung seitens Deutsche Grammophon zur Verbreitung in Frankreich lag auf jeden Fall vor.
An diesem Punkt ist anzumerken, daß der EuGH das Recht von Deutsche Grammophon unangetastet ließ, darüber zu entscheiden, **wo** das erste Inverkehrbringen der Polydor-Schallplatten stattfinden sollte: Deutsche Grammophon konnte frei entscheiden, ob die Schallplatten zuerst in Deutschland, in Frankreich oder irgendeinem anderen Mitgliedstaat auf den Markt gebracht werden sollten. Zu diesem Zweck hatte Deutsche Grammophon also die Möglichkeit, durch eine auf Frankreich territorial beschränkte Lizenz das erstmalige Inverkehrbringen der Tonträger auf Frankreich zu beschränken. Erst nachdem die Entscheidung über

---

292 Rs 78/70 *Deutsche Grammophon ./. Metro-SB-Großmärkte* Slg 1971, 487, 499 f Rn 11; diese Formel zuvor bereits in Rs 56 und 58/64 *Ets. Consten & Grundig-Verkauf ./. Kommission* Slg 1966, 321, 394; Rs 40/70 *Sirena ./. Eda* Slg 1971, 69, 81 f Rn 5; Rs 24/67 *Parke, Davis ./. Probel u.a.* Slg 1968, 85, 113.

293 Rs 78/70 *Deutsche Grammophon ./. Metro-SB-Großmärkte* Slg 1971, 487, 500 Rn 11.

294 Rs 78/70 *Deutsche Grammophon ./. Metro-SB-Großmärkte* Slg 1971, 487, 500 Rn 12 f.

das erstmalige Inverkehrbringen gefallen war und die Tonträger tatsächlich in Frankreich gemäß der territorialen Beschränkung der Verbreitungslizenz auf den Markt gelangt waren, mußte Deutsche Grammophon die weitere Verbreitung der Tonträger innerhalb der Gemeinschaft hinnehmen: Nur über den **weiteren** Verkehr der Schallplatten war ihr die Kontrolle versagt.

c) Bedeutung der Entscheidung Deutsche Grammophon für die Lizenzierungspraxis - fortgesetzte Handelsbeschränkungen durch Erhebung von Differenzlizenzgebühren bis 1981

Die Entscheidung *Deutsche Grammophon* vollzog den ersten und wichtigsten Schritt in Richtung eines gemeinsamen europäischen Marktes für Tonträger. Da zum Zeitpunkt der Verkündung zu erwarten war, daß der EuGH die Grundsätze der Entscheidung auch auf die Rechte von Urhebern übertragen würde, bedeutete die Entscheidung, daß ein Tonträger, der in einem Mitgliedstaat mit Zustimmung des Urhebers in den Verkehr gebracht worden war, frei innerhalb der Gemeinschaft zirkulieren durfte, ohne daß der Urheber ein nationales Verbreitungsrecht hiergegen geltend machen konnte. Damit war der Aufteilung des europäischen Marktes in nationale Segmente auf der Basis territorial beschränkter Lizenzen insoweit ein Ende bereitet, als es den Handel mit bereits im Verkehr befindlichen Tonträgern betraf. Preisunterschiede zwischen den Mitgliedstaaten, die sich aus unterschiedlichen Kostenniveaus, Kaufkraft- und Nachfrageverhältnissen, Währungsschwankungen etc. ergaben, konnten nun für Exporte von Tonträgern ausgenutzt werden, die sich innerhalb der Gemeinschaft im Verkehr befanden.
Trotzdem erschwerte die Praxis der Verwertungsgesellschaften für weitere zehn Jahre seit der Entscheidung *Deutsche Grammophon* Importe von Tonträgern, die sich im Verkehr befanden: Auf Importe, mit denen die Importeure das unterschiedliche Gebührenniveau bei Urheberrechtslizenzen auszunutzen suchten, erhoben die Verwertungsgesellschaften bis 1981 Differenzlizenzgebühren. Mit dieser Praxis hatte es folgende Bewandnis:

Die Unterschiede im Gebührenniveau zwischen den Mitgliedstaaten können zwei Ursachen haben:

1. Die Gebühren werden als Prozentsatz des Preises eines Tonträgers im Bestimmungsland berechnet (der aktuelle BIEM/IFPI-Normalvertrag verwendet, wie erläutert[295], den Händlerabgabepreis als Berechnungsgrundlage). Wegen der Preisunterschiede in den Mitgliedstaaten aufgrund unterschiedlicher Nachfrage, Kaufkraft, Kosten etc. sind damit auch die anfallenden Gebühren unterschiedlich.

2. Der Lizenzgebührensatz als Prozentzahl kann zwischen den Mitgliedstaaten schwanken. Das ist bis heute der Fall zwischen dem Kontinent und Irland sowie zwischen dem Kontinent und dem Vereinigten Königreich, wo bis

---

295 S.o. **(3)** E II 1 a).

zum Inkrafttreten des Copyright, Designs and Patents Act 1988 aufgrund der gesetzlichen Gebühr und nunmehr wegen der Entscheidung des Copyright Tribunal ein niedrigeres Gebührenniveau herrscht als auf dem Kontinent[296].

Das Lizenzgefälle zwischen zwei Mitgliedstaaten bildet den Anreiz für Importe von Tonträgern aus dem Bestimmungsland mit niedrigem Lizenzniveau in ein anderes Land mit hohem Lizenzniveau. Die importierten Tonträger genießen dort wegen des niedrigeren Gebührenanteils am Preis einen Wettbewerbsvorteil gegenüber den heimischen Tonträgern, die mit der höheren Gebühr belastet sind. Bis 1981 konterkarierten die Verwertungsgesellschaften Importe dieser Art, indem sie auf die importierten Tonträger eine Gebühr erhoben, deren Höhe der Differenz zwischen der Gebühr im Exportstaat (d.h. dem Bestimmungsland für das erstmalige Inverkehrbringen) und der Gebühr im Importstaat entsprach. Diese Praxis konnte sich auf eine Entscheidung der Kommission von 1971 stützen:
In dem bereits erwähnten Verfahren[297] gegen die deutsche Verwertungsgesellschaft GEMA beanstandete die Kommission u.a. die Praxis der GEMA, auf Tonträger, die von Händlern nach Deutschland importiert wurden, eine volle zusätzliche Gebühr zu erheben, obwohl für diese Tonträger bereits eine Gebühr entweder an die GEMA selbst oder an eine ausländische Verwertungsgesellschaft gezahlt worden war. Die Kommission vertrat die Ansicht, dies sei eine gegen Artikel 86 E(W)GV verstoßende Diskriminierung der Händler gegenüber den Tonträgerherstellern, da die Hersteller, die ihre Tonträger nach der Herstellung direkt nach Deutschland importierten, nur eine einmalige Gebühr zahlen müßten.[298]
Die Kommission beließ es der GEMA jedoch, von Importeuren die Differenz zwischen der niedrigeren Lizenzgebühr des Exportlandes (d.h. des Landes des erstmaligen Inverkehrbringens) und der höheren Lizenzgebühr in Deutschland zu verlangen[299]. Verwertungsgesellschaften in Ländern mit hohem Gebührenniveau erhoben daher auf Importe Differenzgebühren. So kam es, daß für fast zehn Jahre nach der Entscheidung *Deutsche Grammophon* die nationalen Märkte insoweit voneinander isoliert blieben, als Händler die Gebührenunterschiede für Parallelimporte von Tonträgern aus Niedriggebührenländern in Hochgebührenländer hätten nutzen können. Denn solche Importe wurden sofort mit der entsprechenden Differenzgebühr belegt. Dies änderte sich erst 1981 mit der Entscheidung *Musik-Vertrieb membran*:

296 S.o. **(1)** E III.

297 Entscheidung der Kommission vom 2. Juni 1971 betreffend ein Verfahren nach Artikel 86 des Vertrages (IV/26.760 - "GEMA") ABl. EG Nr. L 134 vom 20.6.1971, S. 15; CMLR 1971, D 35 - auf diese Kommissionsentscheidung wird ausführlich in Abschnitt **(5)** A I eingegangen.

298 Zur warenverkehrsrechtlichen und kartellrechtlichen Beurteilung dieser Entscheidung s.u. III 1 c cc) und **(5)** A I 2 b).

299 Entscheidung der Kommission vom 2. Juni 1971 unter C.5. letzter Absatz, ABl. EG Nr. L 134 vom 20.6.1971, S. 15, 25, CMLR 1971, D 35, D 54.

2. Keine Erhebung von Differenzlizenzgebühren - Die Rechtssachen 55 und 57/80 Musik-Vertrieb membran und K-tel ./. GEMA

In der Entscheidung *Musik-Vertrieb membran und K-tel ./. GEMA*[300] hatte der EuGH Gelegenheit, den Umfang des Erschöpfungsgrundsatzes zu präzisieren und insbesondere zur Erhebung von Differenzlizenzgebühren Stellung zu nehmen.

a) Sachverhalte

Die Entscheidung betrifft zwei Verfahren, die vom EuGH verbunden wurden. Dabei ging es jeweils um Importe von Tonträgern nach Deutschland:

aa) Rechtssache 55/80

Die deutsche Tonträgerhändlerin Musik-Vertrieb membran GmbH, importierte Schallplatten und Kassetten aus verschiedenen Mitgliedstaaten nach Deutschland, ohne eine Differenzlizenzgebühr zu zahlen. Die Tonträger waren im Land der Herstellung von der dortigen Verwertungsgesellschaft ordnungsgemäß zur Vervielfältigung und Verbreitung lizenziert, die im Bestimmungsland anwendbaren Lizenzgebühren an die Verwertungsgesellschaft bezahlt worden. Ferner waren die Tonträger im jeweiligen Mitgliedstaat ihrer Bestimmung ordnungsgemäß in den Verkehr gebracht worden.
Die GEMA erwirkte beim Landgericht Hamburg ein Urteil, in dem Musik-Vertrieb membran zur Auskunft über alle Importe von Tonträgern seit 1. April 1973 verpflichtet wurde. Die Auskunft sollte der GEMA zur Substantiierung ihrer Schadensersatzforderung gemäß §§ 17, 97 UrhG dienen. Die GEMA machte geltend, Musikvertrieb membran habe durch den Vertrieb der importierten Tonträger in Deutschland die Verbreitungsrechte der von der GEMA vertretenen Urheber verletzt und hafte auf Schadensersatz in Höhe der Differenz zwischen der bereits im Ausland bezahlten Gebühr und der in Deutschland anwendbaren Gebühr.

bb) Rechtssache 57/80

K-tel International GmbH importierte 100.000 Schallplatten, die sie von der britischen Schwestergesellschaft K-tel International Ltd. gekauft hatte, aus dem Vereinigten Königreich nach Deutschland und vertrieb die Schallplatten dort. Hinsichtlich dieser Schallplatten war eine Lizenz für die Vervielfältigung und Verbreitung im Vereinigten Königreich von der britischen Verwertungsgesellschaft MCPS an die Schwestergesellschaft K-tel International Ltd. erteilt worden. Diese hatte die im Vereinigten Königreich anwendbare Lizenzgebühr von 6,25% des durchschnittlichen Endverkaufspreises an die MCPS gezahlt.
Die Gebühr von 6.25% ergab sich aus dem damaligen britischen Urheberrecht, das eine gesetzliche Lizenz für Zweitverwerter vorsah und im Ergebnis eine gesetzliche Festlegung der Gebührenhöhe beinhaltete: Auf der Grundlage von

300 Slg 1981, 147.

section 8 Copyright Act 1958 durfte jeder Tonträgerhersteller ein Werk, das bereits auf Tonträger aufgenommen worden war, zur Herstellung und zum Vertrieb von weiteren Tonträgern nutzen, ohne eine vertragliche Lizenz beim Urheber einholen zu müssen. Der (Zweit-) Tonträgerhersteller war lediglich verpflichtet, dem Urheber seine Herstellungsabsicht anzuzeigen und eine Lizenzgebühr von 6,25% des durchschnittlichen Endverkaufspreises zu zahlen. In der Praxis führten die Vorschriften über die Gebührenhöhe dazu, daß kein Hersteller bereit war, eine höhere Gebühr als 6,25% des Endverkaufspreises zu zahlen, denn er brauchte nur zu warten, bis ein anderer Tonträgerhersteller erstmalig Tonträger mit dem Werk herstellte. Dann konnte jeder Zweit-Tonträgerhersteller auf der Basis der gesetzlichen Lizenz zu einer Gebühr von 6,25% produzieren. Die britischen Vorschriften liefen daher auf eine gesetzliche Festschreibung der Gebührenhöhe auf 6,25% des Endverkaufspreises hinaus. Im Gegensatz hierzu herrschte auf dem Kontinent keine gesetzliche Lizenzgebühr. In allen kontinentaleuropäischen Ländern galt die gemäß BIEM/IFPI-Normalvertrag vereinbarte Gebühr von (damals) 8% des Endverkaufspreises.
Festzuhalten ist, daß trotz der Regelung einer gesetzlichen Lizenz für Zweit-Tonträgerhersteller in section 8 Copyright Act 1956 die streitgegenständlichen Schallplatten, die K-tel International Ltd. herstellen ließ, von einer **vertraglichen** Lizenz seitens der MCPS gedeckt waren. Zwar entsprach die Höhe der vereinbarten Lizenzgebühr mit 6,25% des Endverkaufspreises den Regelungen zur gesetzlichen Lizenz. Die Lizenz selber wurde aber von der MCPS im Namen der betroffenen Urheber auf vertraglicher Basis erteilt. Zur Berechnung der Lizenzgebühr wurde die britische gesetzliche Rate zugrundegelegt, da Bestimmungsland der Tonträger das Vereinigte Königreich war.
Nachdem die MCPS von dem Export der Tonträger nach Deutschland erfuhr, verlangte sie von K-tel International Ltd. die Zahlung einer Summe in Hohe der Differenz zwischen der im Vereinigten Königreich und der in Deutschland gültigen Lizenzgebühr. Da sich K-tel Interntional Ltd. weigerte, informierte die MCPS die deutsche Verwertungsgesellschaft GEMA. Diese verklagte K-tel International GmbH auf Zahlung der Differenzgebühr. Sie machte auf der Grundlage der §§ 17, 97 UrhG geltend, K-tel habe das Verbreitungsrecht der von der GEMA vertretenen Urheber durch den Vertrieb der Tonträger in Deutschland verletzt und schulde deswegen Schadensersatz in Höhe der Differenz zwischen den Gebühren, welche die GEMA in Rechnung stellt, und denen, die im Vereinigten Königreich an die MCPS gezahlt worden waren.

cc) Gang der Gerichtsverfahren, unvollständige Sachverhaltsklärung in der Rechtssache 57/80

In beiden Fällen (Rechtssache 55 und 57/80) gaben die erstinstanzlichen und Berufungsgerichte den Klagen der GEMA statt. Das ausschließliche Verbreitungsrecht in Deutschland sei durch ein mögliches Inverkehrbringen im Ausland nicht erloschen, das Gemeinschaftsrecht verbiete nicht die Geltendmachung von Differenzlizenzgebühren. In beiden Revisionen setzte der Bundesgerichtshof das Verfahren aus und legte dem EuGH gemäß Artikel 177 Abs. 3 EGV die Frage vor,

ob es mit den Vorschriften über den freien Warenverkehr vereinbar sei, wenn ein ausschließliches Verbreitungsrecht ausgeübt wird, um auf die Verbreitung von Tonträgern, die in einem anderen Mitgliedstaat bereits im freien Verkehr waren, die Zahlung einer Differenzgebühr zu verlangen.
Hinsichtlich der Rechtssache 57/80 war der Sachverhalt zu dem Zeitpunkt, als das Verfahren dem EuGH zur Entscheidung vorlag, von den deutschen Gerichten nicht eindeutig geklärt worden. Bekannt war nur, daß die britische K-tel International Ltd. die für das Vereinigte Königreich bestimmten Tonträger an die deutsche K-tel International GmbH verkauft und nach Deutschland hatte liefern lassen. Nicht geklärt war, ob und gegebenfalls wie die streitgegenständlichen Tonträger zuvor im Vereinigten Königreich in den freien Verkehr gelangt waren.
Wegen der unvollständigen Sachverhaltsklärung im zugrundeliegenden Rechtsstreit enthalten die Entscheidungsgründe des EuGH keine Stellungnahme zu der Frage, unter welchen Voraussetzungen ein Tonträger in den Verkehr gelangt (insbesondere bei konzerninternen Lieferungen). Das Gericht setzt es vielmehr als zwischen den Parteien unstreitig voraus, daß die streitgegenständlichen Tonträger vor der Lieferung nach Deutschland im Vereinigten Königreich in den Verkehr gebracht worden seien. Das ergibt sich zum einen aus einem Einleitungssatz in den Entscheidungsgründen[301], zum anderen aus dem Urteilstatbestand, in dem von dem "Inverkehrbringen der Platten in Großbritannien" die Rede ist[302]. Auch der BGH, der den Rechtsstreit dem EuGH zur Vorabentscheidung vorlegte, ging in seiner Vorlagefrage davon aus, daß die Tonträger bereits in den Verkehr gelangt sind[303].

b) Entscheidung des EuGH

Das Gericht wendet den in der Entscheidung *Deutsche Grammophon* entwickelten Erschöpfungsgrundsatz auf das Verbreitungsrecht des Urhebers an: Der Eigentümer eines Urheberrechts könne sich auf nationales Recht, das ihm das ausschließliche Verwertungsrecht an seinem Werk verleihe, nicht berufen, um die Einfuhr von Tonträgern zu behindern, die in einem anderen Mitgliedstaat rechtmäßig durch den Urheber selbst oder mit seiner Zustimmung in den Verkehr gebracht worden seien[304].
Soweit es die Preisunterschiede für Tonträger sowie die Unterschiede im Gebührenniveau zwischen den Mitgliedstaaten betrifft, akzeptiert der EuGH keinen dieser Unterschiede als Rechtfertigung für die Erhebung einer Differenzgebühr: Es könne nicht hingenommen werden, daß in Ermangelung einer Harmonisierung der nationalen Urheberrechte stets das Territorialitätsprinzip Vorrang vor dem freien Warenverkehr habe. Das wesentliche Ziel des EGV, die nationalen Märkte

---

301 Rs 55 und 57/80 *Musikvertrieb membran und K-tel International ./. GEMA* Slg 1981, 147, 159 Rn 2.

302 Rs 55 und 57/80 *Musikvertrieb membran und K-tel International ./. GEMA* Slg 1981, 147, 150 unter I 2.

303 Rs 55 und 57/80 *Musikvertrieb membran und K-tel International ./. GEMA* Slg 1981, 147, 151.

304 Rs 55 und 57/80 *Musikvertrieb membran und K-tel International ./. GEMA* Slg 1981, 147, 161 Rn 10, 163 Rn 15.

zu einem einheitlichen Markt zusammenzuschließen, sei nicht zu erreichen, wenn Privatpersonen aufgrund der verschiedenen Rechtssysteme der Mitgliedstaaten die Möglichkeit hätten, den Markt auftzuteilen und verschleierte Beschränkungen im Handel zwischen den Mitgliedstaaten herbeizuführen[305].
Das Gericht kommt daher zum Schluß, daß keine Vorschrift des nationalen Urheberrechts es einer Verwertungsgesellschaft erlauben dürfe, eine Abgabe auf Produkte zu erheben, die aus einem anderen Mitgliedstaat importiert würden, in dem diese Produkte mit Zustimmung des Urheberrechtsinhabers bereits im freien Verkehr gewesen seien. Die Erhebung einer Differenzgebühr, wie immer diese berechnet sein möge, belaste den Handel mit Tonträgern anläßlich deren Grenzübertritts und verfestige die Isolierung der nationalen Märkte[306].
Der EuGH weist darauf hin, daß die Verwertungsgesellschaft, indem sie eine Differenzgebühr verlange, die Preisunterschiede zu neutralisieren suche, die aufgrund der abweichenden Bedingungen im Vereinigten Königreich bestünden, und dadurch gerade jene Vorteile zu beseitigen suche, die Schallplattenimporteure aufgrund der Einrichtung eines Binnenmarktes hätten. Im Hinblick auf die niedrigere gesetzliche Lizenzgebühr im Vereinigten Königreich stellt das Gericht fest, daß Unterschiede zwischen den nationalen Gesetzen der Mitgliedstaaten, die wettbewerbsverzerrende Wirkung haben könnten, es nicht rechtfertigten, daß Mitgliedstaaten Rechtsschutz für Praktiken gewährten, die mit dem freien Warenverkehr unvereinbar seien[307].
Das Gericht beruft sich in diesem Zusammenhang auf seine Entscheidung im Fall *Centrafarm und De Peijper ./. Sterling Drug*[308]. Dort hat das Gericht erkannt, daß ein Patentinhaber nicht berechtigt sei, seine Rechte im Importland auszuüben, um Preisunterschiede aufzuheben, die durch hoheitliche Preisaufsicht im Ausfuhrstaat entstehen. Der Patentinhaber durfte unter Berufung auf sein Patent nicht verhindern, daß sein Arzneimittel aus dem Vereinigten Königreich, wo es sich mit seiner Zustimmung zu niedrigen Preisen, die durch die hoheitliche Preiskontrolle bedingt waren, im Verkehr befand, in die Niederlande exportiert und dort zu einem wesentlich höheren Preis weiterverkauft wurde. Analog zum Fall *Centrafarm* ist es der GEMA laut EuGH verwehrt, Preisunterschiede zwischen Tonträgern im Vereinigten Königreich und Deutschland, auch soweit sie auf der gesetzlichen Gebühr nach britischem Recht beruhen, zum Anlaß für eine erneute Gebühr zu nehmen.
Der EuGH lehnt damit ein Argument ab, das Generalanwalt *Warner* in seinen Schlußanträgen vorgebracht hatte. *Warner* schlug vor, der GEMA solle es (nur) erlaubt sein, eine Differenzgebühr insoweit zu erheben, als das britische Urheberrecht mit seiner gesetzlichen Gebühr einen wettbewerbsverzerrenden Effekt habe. Danach sollte die GEMA eine Gebühr erheben dürfen, deren Höhe der Differenz

305 Rs 55 und 57/80 *Musikvertrieb membran und K-tel International ./. GEMA* Slg 1981, 147, 162 Rn 14.

306 Rs 55 und 57/80 *Musikvertrieb membran und K-tel International ./. GEMA* Slg 1981, 147, 163 f Rn 17 f.

307 Rs 55 und 57/80 *Musikvertrieb membran und K-tel International ./. GEMA* Slg 1981, 147, 165 Rn 23, 24.

308 Rs 15/74 *Centrafarm und De Peijper ./. Sterling Drug* Slg 1974, 1147.

entspricht, die zwischen der britischen gesetzlichen Gebühr von 6,25% und einer Gebühr besteht, wie sie die MCPS und die Nutzer im Vereinigten Königreich ausgehandelt hätten, wären sie nicht an die gesetzliche Gebühr gebunden. *Warner* sah einen grundlegenden Unterschied zwischen einer bloßen Preiskontrollvorschrift, wie sie in *Centrafarm* vorlag, und einer staatlichen Vorschrift wie der gesetzlichen Gebühr im Vereinigten Königreich. Erstere wirke nur auf die Marktbedingungen ein, letztere beschränke das betroffene Schutzrecht unmittelbar[309].

Der EuGH lehnt diesen Ansatz ab und läßt bei der Anwendung des Erschöpfungsgrundsatzes Preisunterschiede zwischen den Mitgliedstaaten generell unberücksichtigt, selbst wenn sie auf wettbewerbsverzerrenden nationalen Vorschriften beruhen, die das betroffene Urheberrecht einschränken. Der Grund hierfür liegt in der Ansicht des Gerichts, daß innerhalb des Gemeinsamen Marktes der Urheber die **freie Wahl** habe, wo er sein Werk erstmalig in den Verkehr bringe. In den Entscheidungsgründen heißt es hierzu:

> "(D)er Urheber (ist) innerhalb eines durch den freien Waren- und Dienstleistungsverkehr gekennzeichneten gemeinsamen Marktes in der Lage ..., selbst oder über seinen Verleger den Ort, an dem er sein Werk in den Verkehr bringt, in irgendeinem Mitgliedstaat frei zu wählen. Er kann diese Wahl entsprechend seinen Interessen treffen, wobei nicht nur das in dem betreffenden Mitgliedstaat gewährleistete Vergütungsniveau, sondern auch noch andere Faktoren, wie zum Beispiel die Vertriebsmöglichkeiten für sein Werk sowie Absatzerleichterungen eine Rolle spielen, die im übrigen durch den freien Warenverkehr innnerhalb der Gemeinschaft zugenommen haben."[310]

Übertragen auf den Sachverhalt in *Musik-Vertrieb* bedeutet diese Überlegung:

Es war die freie Entscheidung der Urheber (bzw. an deren Stelle der Verwertungsgesellschaft), das erste Inverkehrbringen der Tonträger im Vereinigten Königreich stattfinden zu lassen, obwohl die Vergütung des Urhebers hier wesentlich niedriger war als in anderen Mitgliedstaaten. Andere Faktoren neben dem Gebührenniveau wie Vertriebsmöglichkeiten etc., die für den britischen Markt typisch sind, konnten es für den jeweiligen Urheber interessant machen, sein Werk im Vereinigten Königreich auf den Markt zu bringen trotz des dort herrschenden niedrigeren Gebührenniveaus.

Indem die Urheber sich für das Vereinigte Königreich als Ort des erstmaligen Inverkehrbringens entschieden, mußten sie hinnehmen, daß das Vereinigte Königreich Bestandteil eines durch freien Warenverkehr gekennzeichneten gemeinsamen Marktes ist. Nachdem die Tonträger der Wahl der Urheber gemäß im Vereinigten Königreich in den Verkehr gebracht worden waren (so vom EuGH un-

---

309 Rs 55 und 57/80 *Musikvertrieb membran und K-tel International ./. GEMA* Slg 1981, 147, 178 f.

310 Rs 55 und 57/80 *Musikvertrieb membran und K-tel International ./. GEMA* Slg 1981, 147, 165 Rn 25.

terstellt[311]), durften die Urheber den weiteren Verkehr der Tonträger innerhalb der Gemeinschaft nicht unter Berufung auf das höhere Schutzniveau in anderen Mitgliedstaaten behindern. Wären die Gebührenunterschiede für die Wahl der Urheber allein ausschlaggebend gewesen, so hätte es ihnen freigestanden, die Tonträger ausschließlich in Mitgliedstaaten mit höherem Schutzniveau erstmalig in den Verkehr zu bringen. Da die Urheber, vertreten durch die Verwertungsgesellschaft MCPS, mit der Erteilung einer vertraglichen Lizenz[312] ihr Einverständnis zum erstmaligen Inverkehrbringen der Tonträger im Vereinigten Königreich erklärt hatten, mußten sie nach dem zustimmungsgemäßen Inverkehrbringen den weiteren Vertrieb dieser Tonträger durch Musikvertrieb membran und K'tel innerhalb der Gemeinschaft akzeptieren.

c) Bedeutung der Entscheidung Musik-Vertrieb für die Lizenzierungspraxis: territoriale Beschränkungen von Verbreitungslizenzen und Bestimmungslandprinzip

Die Entscheidung *Musik-Vertrieb* stellt klar, daß auf Importe von Tonträgern, die sich mit Zustimmung des Urhebers in einem Mitgliedstaat der Gemeinschaft im Verkehr befinden, keine Differenzlizenzgebühren oder sonstige Gebühren erhoben werden dürfen. Behinderungen des innergemeinschaftlichen Warenverkehrs von Tonträgern, die in einem Mitgliedstaat im Verkehr sind, lassen sich nicht mit Gebührenunterschieden zwischen den Mitgliedstaaten rechtfertigen. Das gilt sowohl für Gebührenunterschiede, die aufgrund unterschiedlicher Tonträgerpreise bestehen, als auch für Gebührenunterschiede, die sich aus unterschiedlichen Gebührensätzen ergeben (wie etwa heute im Verhältnis zwischen Kontinentaleuropa und dem Vereinigten Königreich aufgrund der Entscheidung des Copyright Tribunal vom 1.11.1991 und Irland aufgrund der dort geltenden Vereinbarungen zwischen MCPS und der irischen Tonträgerindustrie).
Ein Ausgleich dieser Unterschiede durch Differenzlizenzgebühren ist auch dann unzulässig, wenn die Unterschiede auf wettbewerbsverzerrenden gesetzlichen Vorgaben beruhen. Eine Kontrolle des innergemeinschaftlichen Vertriebs von Tonträgern, die in einem Mitgliedstaat mit Zustimmung des Urhebers rechtmäßig in den Verkehr gelangt sind, ist dem Urheber nicht gestattet.
Musik-Vertrieb läßt jedoch die Vertriebskontrolle des Urhebers unangetastet, soweit es das erstmalige Inverkehrbringen betrifft. Diese Vertriebskontrolle darf der Urheber durch die territoriale Beschränkung von Lizenzen ausüben (im folgenden aa). Auch die territoriale Aufspaltung der Lizenzbedingungen durch das Bestimmungslandprinzip verstößt nicht gegen die Vorschriften über den freien Warenverkehr (im folgenden bb):

---

311 S.o. a) cc).

312 Unzutreffend insoweit BGH GRUR 1982, 100, 101, wonach es für den EuGH keinen Unterschied machen soll, ob die Verbreitung aufgrund einer gesetzlichen Lizenz oder einer vertraglichen Zustimmung erfolgt; dies unterstellt für die Entscheidung *Musik-Vertrieb membran* offenbar auch *van Rij* EC Law and the Licensing of Mechanical Rights in: *Lester/Faulder/van Rij* (Hrsg.) Mechanical Rights - Reports presented at the Meeting of the International Association of Entertainment Lawyers MIDEM 1992, S. 35, 37 f, 39.

aa) Zulässigkeit territorialer Beschränkungen von Verbreitungslizenzen

Die Entscheidung des EuGH in *Musik-Vertrieb* verbietet lediglich Behinderungen des Handels mit Tonträgern, die für die Verbreitung in einem Mitgliedstaat lizenziert und dort nach den Bedingungen der Lizenz in den Verkehr gebracht worden sind. Erst wenn die Tonträger dort und zu den vom Urheber anerkannten Bedingungen in den Verkehr gelangt sind, muß der Urheber ihren weiteren Handelsverkehr innerhalb der Gemeinschaft hinnehmen.

Die Entscheidung des Urhebers, in welchem Mitgliedstaat die Tonträger erstmalig in den Verkehr kommen sollen, bleibt nach dem EuGH unberührt. Das ergibt sich aus dem Erschöpfungsgrundsatz selbst, nach welchem für die Erschöpfung des Verbreitungsrechts Voraussetzung ist, daß der Urheber dem Inverkehrbringen des Tonträgers in einem bestimmten Mitgliedstaat zugestimmt hat. Es ergibt sich auch aus der zitierten Erwägung des Gerichts, nach welcher der Urheber in der Lage ist, "den Ort, an dem er sein Werk in den Verkehr bringt, in irgendeinem Mitgliedstaat frei zu wählen"[313]:

Zwar ist nicht ganz deutlich, ob der EuGH mit der Formulierung "Werk" die geistige Schöpfung als solche meint oder den jeweiligen Tonträger als körperlichen Gegenstand. Für letzteres spricht aber, daß der EuGH "Vertriebsmöglichkeiten" für das Werk erwähnt. Auch müssen die Überlegungen des Gerichts zur Wahlmöglichkeit des Urhebers auf dem Hintergrund des Erschöpfungsgrundsatzes gesehen werden: Der Erschöpfungsgrundsatz besagt nicht, daß durch das Inverkehrbringen eines Tonträgers das Verbreitungsrecht des Urhebers am Werk insgesamt erlischt. Die Erschöpfung tritt nur hinsichtlich des jeweiligen Tonträgers ein. Andernfalls würde das Verbreitungsrecht des Urhebers in seiner Gesamtheit gemeinschaftsweit untergehen, wenn nur ein einziger Tonträger in einem Mitgliedstaat mit Zustimmung des Urhebers in den Verkehr gelangte. Das aber war keinesfalls die Absicht des EuGH, als er den Erschöpfungsgrundsatz entwickelte.

Wenn der EuGH also davon spricht, der Urheber könne den Ort, an dem er sein "Werk" in den Verkehr bringt, in irgendeinem Mitgliedstaat frei wählen, so ist damit gemeint, daß der Urheber den Ort des Inverkehrbringens eines Tonträgers mit seinem Werk wählen darf. Der Urheber darf das erstmalige Inverkehrbringen jedes einzelnen Tonträgers auf einen Mitgliedstaat beschränken[314].

Der Urheber kann seine Wahl über das erstmalige Inverkehrbringen nur wirksam treffen, indem er die Lizenz zur Verbreitung von Tonträgern territorial be-

313 Rs 55 und 57/80 *Musikvertrieb membran und K-tel International ./. GEMA* Slg 1981, 147, 165 Rn 25.

314 Selbst wenn man annähme, der EuGH habe mit "Werk" die geistige Schöpfung als solche gemeint, so könnte dies nur bedeuten, daß der Urheber die erstmalige Verbreitung sogar jeglicher Tonträger mit seinem Werk auf einen bestimmten Mitgliedstaat beschränken kann. Denn der EuGH wollte nicht die gemeinschaftsweite Erschöpfung des Verbreitungsrechts am Werk insgesamt für den Fall anordnen, daß ein einziger Tonträger mit dem Werk in den Verkehr gelangt. Wenn der Urheber aber das erstmalige Inverkehrbringen sämtlicher Tonträger mit seinem Werk auf einen Mitgliedstaat beschränken darf, dann kann der Urheber auch die erstmalige Verbreitung bestimmter Tonträger auf einen Mitgliedstaat beschränken.

schränkt. Die auf das Gebiet eines Mitgliedstaates territorial beschränkte Verbreitungslizenz ist somit durch Artikel 36 EGV gerechtfertigt. Hiervon zu trennen ist die kartellrechtliche Beurteilung einer territorialen Beschränkung der Verbreitungslizenz (s.u. B II 2 b und **(5)** C I 2).

bb) Zulässigkeit des Bestimmungslandprinzips

Das vom EuGH dem Urheber zuerkannte Wahlrecht, über den Ort des erstmaligen Inverkehrbringens eines Tonträgers zu bestimmen, ist nicht nur für die Zulässigkeit der territorialen Beschränkung von Verbreitungslizenzen bedeutsam, sondern auch für die Zulässigkeit der territorialen Aufspaltung einer (gegebenenfalls weltweiten) Verbreitungslizenz:
Im Rahmen der internationalen Urheberrechtslizenzierung und der weltweiten Verwertung musikalischer Werke, insbesondere auf der Basis des BIEM/IFPI-Normalvertrages, "wählt" der Urheber zumeist nicht einen bestimmten Ort für das erstmalige Inverkehrbringen in dem Sinne, daß andere Orte ausgeschlossen sein sollen. Dies ist zwar im Einzelfall denkbar. In aller Regel jedoch überträgt ein Urheber seine weltweiten Rechte auf eine Verwertungsgesellschaft mit dem Ziel, die Rechte weltweit verwerten zu lassen. Die Verwertungsgesellschaft ermächtigt zu diesem Zweck ihre Schwestergesellschaften im Ausland durch Gegenseitigkeitsverträge, das Repertoire für die Verbreitung in der ganzen Welt zu lizenzieren. Tatsächlich "wählt" der Urheber damit möglichst viele verschiedene Märkte, die jeweils alle als Ort des erstmaligen Inverkehrbringens von Tonträgern in Betracht kommen. Er wählt **auch** Märkte, auf denen die Vergütung geringer ist, sei es wegen eines niedrigeren Gebührensatzes oder wegen niedrigerer Tonträgerpreise. Den Nachteil der geringeren Vergütung nimmt der Urheber in Kauf, da er andernfalls auf diese Märkte insgesamt verzichten müßte.
Der Rechtsgrundsatz, nach welchem der Urheber über den Ort des erstmaligen Inverkehrbringens entscheidet, hat im Rahmen des BIEM-Systems jedoch Bedeutung für die territoriale Aufspaltung der Lizenzbedingungen: Zwar ist der einzelne Urheber darauf angewiesen, sein Werk einem möglichst großen Kreis von Nutzern zugänglich zu machen. Wenn es aber dem Urheber nach dem EuGH erlaubt ist, das erstmalige Inverkehrbringen von Tonträgern auf einen Mitgliedstaat zu beschränken, das erstmalige Inverkehrbringen also in anderen Mitgliedstaaten **völlig zu unterbinden** (ungeachtet der Tatsache, daß er danach den weiteren Vertrieb der Tonträger nach dem Erschöpfungsgrundsatz nicht mehr steuern kann), dann ist es ihm auch erlaubt, für jeden Mitgliedstaat getrennt die Bedingungen festzulegen, unter denen er bereit ist, das erstmalige Inverkehrbringen in dem jeweiligen Mitgliedstaat zu gestatten. Denn der Urheber könnte das Inverkehrbringen von Tonträgern in dem jeweiligen Mitgliedstaat auch gänzlich untersagen.
Die Bedingungen für das erstmalige Inverkehrbringen darf der Urheber, vertreten durch die Verwertungsgesellschaft, den wirtschaftlichen und rechtlichen Umständen des jeweiligen Mitgliedstaates (Preisniveau etc.) anpassen. Übertragen auf die Vielzahl von Mitgliedstaaten bedeutet dies, daß der Urheber für das erstmalige Inverkehrbringen in den einzelnen Mitgliedstaaten Gebühren in unter-

schiedlicher Höhe je nach den rechtlichen und wirtschaftlichen Bedingungen des betroffenen Mitgliedstaates verlangen kann. Dies entspricht dem Bestimmungslandprinzip, welches Bestandteil des BIEM/IFPI-Normalvertrages ist[315].

d) Der weitere Gang des deutschen Gerichtsverfahrens in der Rechtssache 57/80: Die Frage des erstmaligen Inverkehrbringens bei konzerninternen Warenbewegungen

Im Rahmen des Rechtsstreits, der der Rechtssache 57/80 zugrundelag, stellte sich nach Erlaß der EuGH-Entscheidung die Frage, ob die Tonträger, die K-tel International Ltd. im Vereinigten Königreich hatte herstellen lassen, dort auch tatsächlich in den Verkehr gelangt waren. Dies wäre nach der EuGH-Entscheidung Voraussetzung für die Erschöpfung des Verbreitungsrechts in Deutschland gewesen. Der EuGH hatte es als unstreitig unterstellt, die Tonträger seien im Vereinigten Königreich im freien Verkehr gewesen. Auch der BGH hatte in seiner Vorlagefrage das Inverkehrbringen vorausgesetzt. Wegen der maßgeblichen Bedeutung, die aufgrund der Entscheidung des EuGH dem Inverkehrbringen für die Erschöpfung des Verbreitungsrechts zukam, verwies der BGH nunmehr den Rechtsstreit für die erforderlichen tatsächlichen Feststellungen an das Berufungsgericht zurück[316].
Aufgrund der Beweisaufnahme wurde folgender Sachverhalt festgestellt[317]: Die britische K-tel International Ltd. und die deutsche K-tel International GmbH waren 100%-ige Töchter der US-amerikanischen K-tel International Inc. Die streitgegenständlichen Tonträger waren Bestandteil einer größeren Bestellung von Schallplatten, die K-tel International Ltd. im Wege der Lohnpressung für den britischen Markt herstellen ließ. Nachdem der streitgegenständliche Teil der Schallplatten auf dem britischen Markt angeboten worden war und sich dort als nicht absetzbar erwiesen hatte, wurde er von K-tel International Ltd. an K-tel International GmbH verkauft. Offen ist bis heute, ob die Schallplatten zunächst an den Handel ausgeliefert und von diesem retourniert worden waren oder ob die Schallplatten auf Geheiß von K-tel International Ltd. direkt vom Lohnpresser an die deutsche Schwestergesellschaft K-tel International GmbH ausgeliefert wurden.

aa) Ansicht des BGH zum erstmaligen Inverkehrbringen

In der erneuten Revision kam der BGH auf der Grundlage der in der Berufungsinstanz ermittelten Tatsachen zu dem Ergebnis, die Tonträger seien in Großbritannien in den Verkehr gelangt, indem K-tel International Ltd. die Tonträger an K-tel International GmbH veräußerte. Die Tonträger seien von der britischen Konzerntochter auf dem allgemeinen, für Dritte zugänglichen Markt in Großbritannien angeboten worden. Die deutsche Konzerntochter habe sich dort aus einer autonomen Entscheidung heraus ohne bindende Weisung der Konzernmutter oder

---

315 Siehe die Darstellung unter (3) E II 3.
316 BGH GRUR 1982, 100, 102.
317 S. OLG Frankfurt GRUR Int. 1985, 868; BGH GRUR 1986, 668, 669.

-schwester zu den normalen Marktkonditionen eingedeckt, ohne daß die Konzernzugehörigkeit auf die Bedingungen des Geschäfts Einfluß gehabt habe. Aus diesen Umständen schloß der BGH, es habe sich nicht um eine rein konzerninterne Warenbewegung gehandelt. Die Lieferung an K-tel International GmbH sei nicht als innerbetrieblicher Vorgang außerhalb des freien Verkehrs anzusehen.[318] Die Entscheidung des BGH enthält zwei verschiedene Aussagen: Zum einen wird differenziert zwischen rein konzerninternen Warenbewegungen, die nicht ein Inverkehrbringen darstellen, weil sie ein rein innerbetrieblicher Vorgang sind, und solchen, die von Konzernunternehmen autonom ohne Konzernanweisung zu normalen Marktbedingungen vorgenommen werden und die deshalb mit einem Inverkehrbringen der Tonträger gleichzusetzen sind. Zum anderen besagt die Entscheidung, daß die Veräußerung von Tonträgern an ein Unternehmen mit Sitz in Deutschland als Inverkehrbringen dieser Tonträger in Großbritannien angesehen werden könne. Die Tonträger sollen nach dem BGH in Großbritannien auf den Markt gekommen sein, obwohl Empfänger eine Gesellschaft mit Sitz in Deutschland war und die Tonträger überdies zum weiteren Vertrieb in Deutschland bestimmt waren.

bb) Kritik in der Literatur

Die Entscheidung des BGH ist auf Kritik gestoßen: Zum einen werde die Abgrenzung zwischen rein konzerninternen Warenbewegungen und sonstigen Veräußerungen von der konzerninternen Willensbildung abhängig gemacht, die für Außenstehende nicht transparent sei. Zum anderen sei die Veräußerung an die deutsche Konzernschwester ohnehin ein lizenzwidriger Export nach Deutschland gewesen[319]. Nach dieser Ansicht wären die Tonträger also selbst dann erstmalig in Deutschland in den Verkehr gekommen - und nicht in Großbritannien -, wenn man den Verkauf an die deutsche Konzernschwester als außerbetrieblichen Vorgang wertete.

cc) Stellungnahme

Mit der BGH-Entscheidung und der an ihr geübten Kritik sind zwei Fragen berührt:

α) Nach welchen Kriterien bestimmt sich, wo das Inverkehrbringen eines Tonträgers stattfindet?

β) Kann ein Tonträger dadurch in den Verkehr gelangen, daß er von einem Unternehmen an ein mit diesem verbundenes Konzernunternehmen veräußert wird?

---

318 BGH GRUR 1986, 668, 669 f.

319 *Mestmäcker* Zur Urhebervergütung für Tonträger im europäischen Gemeinschaftsrecht in: *Scheuermann/Strittmatter* (Hrsg.) Urheberrechtliche Probleme der Gegenwart - Festschrift für Ernst Reichardt zum 70. Geburtstag, 1990, S. 141, 158; gleichlautend *Mestmäcker/Schulze* Band 2 Teil III (IntR) 6. Abschnitt § 3 IV.

Beide Fragen sind nach Gemeinschaftsrecht zu beurteilen. Denn es geht um die Anwendung des gemeinschaftsrechtlichen Grundsatzes der Erschöpfung. Die Definition des Inverkehrbringens muß an Sinn und Zweck des Erschöpfungsgrundsatzes ausgerichtet werden, wie er vom EuGH zugrundegelegt wird[320]: Der Erschöpfungsgrundsatz ist Ergebnis einer Güterabwägung zwischen den Erfordernissen des nationalen Urheberrechtsschutzes und des innergemeinschaftlichen freien Warenverkehrs. Dem Urheber soll zur Wahrung seiner wirtschaftlichen Interessen die Kontrolle über das erstmalige Inverkehrbringen von Tonträgern erhalten bleiben. Der Urheber soll bestimmen dürfen, in welchem Mitgliedstaat ein Tonträger erstmalig in den Verkehr gelangt. Die Wahl kann der Urheber frei nach seinen Interessen treffen.

Die Beantwortung der Frage, wo und unter welchen Voraussetzungen ein Tonträger in den Verkehr gelangt, muß sich also stets daran orientieren, unter welchen Bedingungen die freie Wahl des Urhebers über das Inverkehrbringen seinen Interessen gemäß tatsächlich umgesetzt ist. Es muß verhindert werden, daß die Wahl des Urhebers durch eine zu weite Auffassung vom Inverkehrbringen ihre Bedeutung verliert. Anhand der manifesten Interessen, die der Urheber mit der Lizenzerteilung verfolgt, ist von Einzelfall zu Einzelfall zu prüfen, ob ein Veräußerungsvorgang diesen Interessen gerecht wird oder nicht. Maßgeblich sind somit die Bedingungen des Lizenzvertrages und die darin zum Ausdruck kommenden Interessen des Urhebers[321].

Diese Formel mag in ihrer Offenheit unbefriedigend erscheinen. Sie ist jedoch angesichts der Fülle möglicher Konstellationen der einzig praktikable Ansatz, um im Einzelfall zu sachgerechten Lösungen zu kommen. Jede starre formale Definition, wann und wo ein Tonträger erstmalig in den Verkehr kommt, zöge unweigerlich Umgehungen und Mißbräuche nach sich. So müßte eine Anknüpfung für den Ort des erstmaligen Inverkehrbringens an formale Kriterien wie Ort des Vertragsschlusses, Erfüllungsort, Sitz des Käufers oder Verkäufers, Ort des sachenrechtlichen Eigentumsüberganges etc. Lizenznehmer auf den Plan rufen, Umgehungsgeschäfte zu tätigen.

Im Rahmen der internationalen Urheberrechtslizenzierung auf der Grundlage des BIEM/IFPI-Normalvertrages steht hinsichtlich der Urheberinteressen, die für das erstmalige Inverkehrbringen maßgeblich sind, zumeist die Urhebervergütung nach Bestimmungsländern im Mittelpunkt. Die Problematik läßt sich deshalb für die Mehrzahl der Fälle auf diesen Aspekt eingrenzen:

---

320 Entgegen OLG Hamburg vom 22.9.1983 - 3 U 193/82 (*Schulze* RzU OLGZ 263, S. 20 f) ist für die Frage des erstmaligen Inverkehrbringens nicht auf Artikel 10 EGV abzustellen. Diese Vorschrift regelt in Verbindung mit Artikel 9 Abs. 2 EGV nur, auf welche Waren aus Drittländern die Vorschriften über den freien Warenverkehr überhaupt anwendbar sind. Die Voraussetzungen des Erschöpfungsgrundsatzes einschließlich des zustimmungsgemäßen Inverkehrbringens in einem Mitgliedstaat sind erst im Rahmen der durch Artikel 10 EGV eröffneten Anwendung des Artikels 36 EGV zu prüfen.

321 Ähnlich *Ullrich* GRUR Int. 1983, 370, 378.

α) Ort des Inverkehrbringens

Im System der internationalen Urheberrechtslizenzierung stellt sich die Wahl des Urhebers über das Inverkehrbringen in den meisten Fällen als Wahl der Lizenzbedingungen dar, die für den jeweiligen Staat des erstmaligen Inverkehrbringens gelten sollen. An erster Stelle steht hier die Urhebervergütung, die sich nach den rechtlichen Vorgaben des Bestimmungslandes sowie nach den wirtschaftlichen Bedingungen für den Tonträgervertrieb im Bestimmungsland (inbesondere Preis des jeweiligen Tonträgers) richtet. Soweit es die internationale Urheberrechtslizenzierung auf der Grundlage des BIEM/IFPI-Normalvertrages betrifft, ist deswegen als erstmaliges Inverkehrbringen jede Veräußerung des Tonträgers durch den Tonträgerhersteller an einen Dritten anzusehen, die der Tonträgerhersteller wirtschaftlich unter Ausnutzung des Marktes des Bestimmungslandes vornimmt und die zu denselben rechtlichen und wirtschaftlichen Bedingungen stattfindet, wie sie den Lizenzbedingungen, insbesondere der Berechnung der Urhebervergütung zugrundegelegt sind.

Voraussetzung dafür, daß ein Tonträger in einem bestimmten Mitgliedstaat in den Verkehr kommt, ist demnach nicht, daß der Erwerber seinen Sitz in diesem Mitgliedstaat hat[322]. Der Erwerber mit Sitz im Ausland kann auf dem Markt des Mitgliedstaates tätig werden und zu den dortigen Bedingungen Tonträger erwerben. Zu verlangen, daß zunächst ein Unternehmen mit Sitz im Mitgliedstaat die Tonträger erwerben müßte, liefe auf eine Förmelei hinaus, die in der Praxis leicht umgangen werden könnte (Einschalten von Strohmännern, Briefkastenfirmen). Mit dem BGH ist deshalb festzuhalten, daß in der Rechtssache 57/80 dem Grundsatz nach auch die Veräußerung der Tonträger an K-tel International GmbH mit Sitz in Deutschland ein Inverkehrbringen im Vereinigten Königreich sein konnte.

Jedoch muß die Veräußerung unter Ausnutzung des Marktes des Bestimmungslandes unter den dort anwendbaren rechtlichen und wirtschaftlichen Bedingungen stattfinden. Insoweit reicht es entgegen dem BGH nicht aus, daß die Tonträger irgendwann einmal auf dem britischen Markt angeboten worden sind. Nach den Feststellungen des Berufungsgerichts waren die Tonträger auf dem britischen Markt mittlerweile gar nicht mehr absetzbar. Ein "Markt" existierte für die Tonträger im Vereinigten Königreich nicht mehr. Den Lizenzbedingungen, insbesondere der Berechnung der Urhebervergütung nach den rechtlichen und wirtschaftlichen Vorgaben im Vereinigten Königreich war damit die Grundlage entzogen. Wirtschaftlich nutzte die britische K-tel International Ltd. mit der Veräußerung an K-tel International GmbH den deutschen Markt, da nur dort die Tonträger noch einen Wert hatten. Dann mußten aber zur Wahrung der Urheberinteressen die Lizenzbedingungen nach den rechtlichen und wirtschaftlichen Verhältnissen in Deutschland ausgerichtet werden. Da die Veräußerung wirtschaftlich der Ausnutzung des deutschen Marktes diente, nicht der Ausnutzung des - nicht mehr

322 Dies verlangt offenbar *Mestmäcker* Zur Urhebervergütung für Tonträger im europäischen Gemeinschaftsrecht in: *Scheuermann/Strittmatter* (Hrsg.) Urheberrechtliche Probleme der Gegenwart - Festschrift für Ernst Reichardt zum 70. Geburtstag, 1990, S. 141, 158; gleichlautend *Mestmäcker/Schulze* Band 2 Teil III (IntR) 6. Abschnitt § 3 IV.

vorhandenen - britischen Marktes, war die Veräußerung an K-tel International GmbH allenfalls ein Inverkehrbringen in Deutschland, nicht im Vereinigten Königreich.

β) Inverkehrbringen bei Lieferungen zwischen Konzernunternehmen

Soweit Lieferungen zwischen Konzernunternehmen betroffen sind, kommt es für die Beurteilung, ob die Tonträger dadurch in den freien Verkehr gelangen, ebenfalls auf die Wahl des Urhebers und die damit verfolgten Interessen an. Im Rahmen der internationalen Urheberrechtslizenzierung auf der Basis des BIEM/IFPI-Normalvertrages bedeutet dies, daß das Interesse des Urhebers an einer angemessenen Beteiligung an der tatsächlichen wirtschaftlichen Nutzung seines Werkes je nach den wirtschaftlichen und rechtlichen Bedingungen des Bestimmungslandes nicht unterlaufen werden darf. Die Veräußerung von Tonträgern an ein Konzernunternehmen ist nur dann ein Inverkehrbringen der Tonträger, wenn sie wirtschaftlich und rechtlich zu den Bedingungen stattfindet, die dem Lizenzvertrag für die Berechnung der Urhebervergütung zugrundeliegen. Rechtliche Vorgaben im Bestimmungsland zur Höhe der Urhebervergütung dürfen nicht umgangen werden. Der wirtschaftliche Nutzen, den der Tonträgerhersteller aus der Veräußerung des Tonträgers zieht, muß bei dem Verkauf an ein Konzernunternehmen derselbe sein, wie er der Urhebervergütung für den Verkauf an unabhängige Dritte im Bestimmungsland zugrundegelegt worden ist.
Das ist zumeist dann nicht der Fall, wenn die Lieferung eines Konzernunternehmens an ein anderes Konzernunternehmen dazu dient, daß das kaufende Konzernunternehmen die Tonträger in einem anderen Land weitervertreibt, wo es einen gegenüber dem Bestimmungsland gesteigerten Gewinn erzielt. Denn durch den Konzernverbund hat letztlich das verkaufende Konzernunternehmen Anteil an diesem gesteigerten Gewinn. Die Unternehmensgruppe profitiert insgesamt und damit in der Regel auch das veräußernde Konzernunternehmen. Der vom verkaufenden Konzernunternehmen erzielte wirtschaftliche Gewinn ist dann im Ergebnis höher, als er für die Urhebervergütung angesetzt ist.
Im Fall *Musik-Vertrieb membran* war der Verkauf der Tonträger an K-tel International GmbH kein Inverkehrbringen, weil K-tel International Ltd. indirekt über den Konzernverbund von der Absatzchance ihrer Schwestergesellschaft in Deutschland mitprofitierte und damit die Berechnung der Urhebervergütung nach dem tatsächlichen wirtschaftlichen Nutzen des Tonträgerherstellers umgangen wurde. Die Urhebervergütung entsprach nicht der tatsächlichen Nutzung, die K-tel International aus der Veräußerung der Tonträger zog. Das gilt schon deswegen, weil für die Tonträger im Bestimmungsland Großbritannien überhaupt kein Markt mehr bestand: Der Berechnung der Urhebervergütung war damit der Boden entzogen. Aber selbst dann, wenn die Tonträger im Vereinigten Königreich noch absetzbar gewesen wären, hätte die Veräußerung an das deutsche Konzernunternehmen die Tonträger nicht in den Verkehr gebracht: In Deutschland herrschten sowohl höhere Tonträgerpreise als auch ein höherer Urheberrechtsschutz. Über den Konzernverbund hatte K-tel im Vereinigten Königreich Anteil

an dem höheren in Deutschland erzielbaren Gewinn. Die Verbreitung in Deutschland, an der das britische Unternehmen über den Konzernverbund wirtschaftlich beteiligt war, wurde nicht durch eine Urhebervergütung honoriert, die den wirtschaftlichen und rechtlichen Vorgaben in Deutschland entsprach (nämlich den dortigen Tonträgerpreisen und der damaligen BIEM/IFPI-Normalvertragsrate von 8% des Einzelhandelspreises).

Zwar profitiert ein Konzernunternehmen nicht immer vom Gewinn seiner Schwesterunternehmen. Beweispflichtig ist hierfür jedoch das Konzernunternehmen, da es sich bei der konzerninternen Gewinn- und Verlustverteilung und Kapitalbeteiligung um Vorgänge handelt, die der Kenntnis des Urhebers bzw. der Verwertungsgesellschaft entzogen sind. Bei konzerninternen Veräußerungen spricht somit eine widerlegbare tatsächliche Vermutung dafür, daß das veräußernde Konzernunternehmen von der Absatzchance des erwerbenden Konzernunternehmens profitiert. Liefert das erwerbende Konzernunternehmen in ein Land mit höheren Tonträgerpreisen oder höherem Urheberrechtsschutz als im Bestimmungsland, dessen Bedingungen der Urhebervergütung zugrunde gelegt sind, so entspricht die Urhebervergütung nicht mehr der tatsächlichen Nutzung des Werks, wie sie das verkaufende Konzernunternehmen aus dem Verkauf zieht. Sie entspricht auch nicht mehr den rechtlichen Bedingungen, die am Ort der Verbreitung gelten, an der das Konzernunternehmen wirtschaftlich beteiligt ist. Ein Inverkehrbringen findet dann durch die konzerninterne Veräußerung im Zweifel nicht statt.

Das Problem konzerninterner Lieferungen ist im Rahmen der Zentrallizenzverträge im Interesse aller Beteiligten dadurch gelöst, daß vergütungspflichtig erst die Auslieferung eines Tonträgers aus einem der Lager des Konzerns an einen konzernunabhängigen Dritten ist. Damit ist zugleich dem soeben geäußerten Gedanken Rechnung getragen, daß konzerninterne Lieferungen in aller Regel kein Inverkehrbringen des Tonträgers darstellen. Die Urhebervergütung richtet sich bei den Zentrallizenzverträgen nach den wirtschaftlichen und rechtlichen Bedingungen des Bestimmungslandes[323].

III. Grenzen des Erschöpfungsgrundsatzes

In Fällen, die den Grundsatzentscheidungen *Deutsche Grammophon* und *Musik-Vertrieb* folgten, hatte der EuGH Gelegenheit, den Umfang des Erschöpfungsgrundsatzes in wichtigen Aspekten zu präzisieren. Zu diesen Aspekten gehören die folgenden Konstellationen:

1. Tonträger werden außerhalb der Gemeinschaft mit Zustimmung des Urhebers erstmalig in den Verkehr gebracht;

323 Zu den Zentrallizenzverträgen s. näher oben **(3)** H.

2. Wegen unterschiedlicher Schutzdauer ist der Urheberrechtsschutz im Mitgliedstaat des erstmaligen Inverkehrbringens von Tonträgern bereits erloschen, während er im Mitgliedstaat der Einfuhr noch besteht;

3. Das ausschließliche Recht, das den freien Tonträgerverkehr beeinträchtigt, betrifft das wiederholbare Zugänglichmachen des musikalischen Werkes für die Öffentlichkeit, z.B. durch öffentliche Wiedergabe mittels Tonträger durch Vermieten und Verleihen von Tonträgern.

Im einzelnen:

1. Das erstmalige Inverkehrbringen außerhalb der Gemeinschaft - Polydor-Entscheidung

In der Rechtsache 270/80 *Polydor und RSO Records ./. Harlequin Record Shops und Simons Records*[324] hatte der EuGH zu entscheiden, ob der Erschöpfungsgrundsatz anwendbar ist, wenn Tonträger in einem Land mit Zustimmung des Berechtigten erstmalig in den Verkehr gebracht werden, das nicht Mitgliedstaat der Gemeinschaft ist.

a) Sachverhalt

Die Beklagten des Ausgangsverfahrens (Simons Records Ltd. und Harlequin Record Shops Ltd.) importierten Schallplatten aus Portugal, das damals nicht Mitglied der Gemeinschaft war, in das Vereinigte Königreich. Die Schallplatten enthielten Werke, an denen RSO Records Inc. (RSO) die Urheberrechte innehatte. RSO hatte die Vervielfältigungs- und Verbreitungsrechte auf territorialer Basis jeweils ausschließlich an einen Lizenznehmer in Portugal (Phonogram & Polygram Discos) und an einen Lizenznehmer im Vereinigten Königreich (Polydor Ltd.) übertragen. Der Lizenznehmer in Portugal produzierte die im Streit befindlichen Schallplatten und verkaufte sie bestimmungsgemäß an Händler in Portugal. Von diesen erwarb Simons die Schallplatten und importierte sie in das Vereinigte Königreich für den Weiterverkauf durch Harlequin.
RSO und Polydor beantragten im Vereinigten Königreich eine einstweilige Verfügung gegen Simons und Harlequin, um diesen die Einfuhr von RSO-Schallplatten aus Portugal und deren Verkauf im Vereinigten Königreich zu verbieten. Der Antrag gründete sich auf das ausschließliche Verbreitungsrecht von RSO und Polydor nach section 16 (2) des britischen Copyright Act 1956.
Zum Zeitpunkt der Polydor-Entscheidung war Portugal mit der Gemeinschaft durch ein Freihandelsabkommen vom 22. Juli 1972[325] assoziiert. Artikel 14 Abs. 2 und Artikel 23 dieses Abkommens sahen die Abschaffung von Handelshemmnissen zwischen Portugal und der Gemeinschaft nach Grundsätzen vor, die im wesentlichen den Vorschriften der Artikel 30 und 36 EGV entsprachen. Die

---

324 Slg 1982, 329.
325 VO Nr. 2844/772 (Rat) 19.12.1972, ABl. EG Nr. L 301 vom 31.12.1972, S. 164 ff, 167.

Beklagten des Ausgangsverfahrens argumentierten, daß die ausschließlichen Verbreitungsrechte RSO's sich in dem Moment erschöpft hätten, als die Schallplatten in Portugal mit Zustimmung RSO's in den Verkehr gebracht wurden.

b) Entscheidung des EuGH

Der EuGH lehnt es in seinen Entscheidungsgründen ab, den Erschöpfungsgrundsatz auf den gegebenen Sachverhalt anzuwenden. Der Anwendungsbereich der Grundsätze zum freien Warenverkehr müsse an den Zielen der Gemeinschaft ausgerichtet werden, wie sie in Artikel 2 und 3 EGV enthalten seien. Danach sei es Ziel des Vertrages, die nationalen Märkte zu einem einheitlichen Markt zu vereinen, der die Kennzeichen eines Binnenmarktes habe. Dieses Ziel sei nicht Zweck des Abkommens mit Portugal. Deswegen finde der Erschöpfungsgrundsatz, der im Rahmen des EGV entwickelt worden sei, keine Anwendung im Verhältnis zu Portugal. Dies sei um so mehr geboten, als die Instrumente, welche die Gemeinschaft zur Hand habe, um eine einheitliche Anwendung des Gemeinschaftsrechts und die fortschreitende Beseitigung von Rechtsunterschieden innerhalb des gemeinsamen Marktes zu gewährleisten, keine Entsprechung im Verhältnis zwischen der Gemeinschaft und Portugal hätten[326].
Die Argumentation des EuGH macht zum einen deutlich, daß es assymmetrische Auswirkungen gehabt hätte, wären die Rechtsinhaber in der Gemeinschaft wegen der Erschöpfung ihrer Rechte gegen Importe aus Portugal wehrlos gewesen. Da der EuGH keine rechtsprechende Gewalt über Portugal hatte, mit der die Einhaltung des Freihandelsabkommens auch dort hätte gewährleistet werden können, bestand die Gefahr, daß Rechtsinhaber ungehindert ihre Rechte in Portugal gegen Importe aus der Gemeinschaft geltend machten, während umgekehrt Importe in die Gemeinschaft auf der Basis des Erschöpfungsgrundsatzes hätten geduldet werden müssen.
Zum anderen stellt der EuGH eine Verbindung her zwischen der Anwendung der Regeln über den freien Warenverkehr einerseits und der fortschreitenden Harmonisierung des nationalen Urheberrechts innerhalb der Gemeinschaft andererseits: Der Erschöpfungsgrundsatz macht eine Angleichung der Vorschriften notwendig, da es bei Fortbestand der Unterschiede im nationalen Urheberrecht zu wettbewerbsverzerrenden unterschiedlichen Belastungen der beteiligten Tonträgerhersteller und -händler im Hinblick auf einheimische und importierte Tonträger kommen muß. Zugleich sieht aber gerade das Gemeinschaftsrecht Möglichkeiten der Rechtsangleichung vor, so daß insoweit die Anwendung des Erschöpfungsgrundsatzes gerechtfertigt ist. Vergleichbare Instrumentarien zur Rechtsangleichung sah das Freihandelsabkommen der Gemeinschaft mit Portugal dagegen nicht vor.[327]

---

326 Rs 270/80 *Polydor und RSO Records ./. Harlequin Record Shops und Simons Records* Slg 1982, 329, 349 Rn 20.

327 Die Erwägungen des EuGH haben trotz der Entscheidung in der Rechtssache C-207/91 *Eurim Pharm GmbH ./. Bundesgesundheitsamt* EuZW 1993, 515 nach wie vor Bestand. In *Eurim Pharm* ließ es der EuGH offen, ob die Grundsätze zum freien Verkehr von Arzneimitteln, die zu den

c) Bedeutung von Polydor für die Lizenzierungspraxis - Importe aus Ländern, die nicht der Gemeinschaft angehören

Die Bedeutung der *Polydor*-Entscheidung besteht darin, daß der Erschöpfungsgrundsatz dann nicht anwendbar ist, wenn das erste Inverkehrbringen von Tonträgern in einem Land stattfindet, das nicht Mitgliedstaat der Gemeinschaft ist. Das gilt selbst dann, wenn dieses Inverkehrbringen mit Zustimmung des Urhebers erfolgt. Demnach können Importe aus diesen Ländern vom Urheber bzw. den Verwertungsgesellschaften auf der Grundlage des vom jeweiligen nationalen Urheberrecht gewährten ausschließlichen Verbreitungsrechts verboten oder mit Schadensersatz, z.B. in der Form von Lizenzgebühren, belegt werden, sofern das nationale Urheberrecht diese Sanktionen vorsieht.

aa) Gemeinschaftsrechtlich zulässige Erhebung einer vollen Gebühr, sofern vom nationalen Recht vorgesehen

Wird ein Tonträger in Land X außerhalb der EG mit oder ohne Zustimmung des Urhebers auf den Markt gebracht und dann ohne Erlaubnis des Urhebers in einen Mitgliedstaat importiert, so kann der Urheber diesen Import als Verletzung seines Verbreitungsrechts in diesem Mitgliedstaat verfolgen und unter den Bedingungen der anwendbaren nationalen Vorschriften Schadensersatz, d.h. gegebenenfalls die im Mitgliedstaat übliche Lizenzgebühr verlangen. Die Gebühr ist nach dem Gemeinschaftsrecht nicht auf die Differenz zwischen der für die Verbreitung in X gezahlten und der im Mitgliedstaat üblichen Lizenzgebühr beschränkt. Vielmehr kann das Verbreitungsrecht unter den Bedingungen des jeweiligen nationalen Urheberrechts voll geltend gemacht werden, ohne daß dies gegen Artikel 30, 36 EGV verstößt.

Der gemeinschaftsrechtliche Erschöpfungsgrundsatz ist selbst dann nicht anwendbar, wenn der Tonträger im Nicht-EG-Ausland auf der Basis einer territorial **un**beschränkten Verbreitungslizenz in den Verkehr gelangt ist. Das hat praktische Bedeutung, weil die Verbreitungslizenzen, die von den BIEM-Verwertungsgesellschaften auf der Grundlage des BIEM/IFPI-Normalvertrages vergeben werden, territorial nicht beschränkt sind. Nach dem BIEM/IFPI-Normalvertrag lizenzieren Verwertungsgesellschaften das Repertoire zur weltweiten Verbreitung von Tonträgern[328]. Die Einzeichnung, die mit der Einräumung des Verbreitungsrechts gleichzusetzen ist[329], erfolgt zu einem Zeitpunkt, zu dem noch gar nicht feststeht, wo die Tonträger in den Verkehr gebracht werden sollen.

Artikeln 30, 36 EGV entwickelt worden sind, auf die gleichlautenden Vorschriften eines mit Österreich gemäß Verordnung (EWG) Nr. 2836/72 des Rates vom 19.12.1972 (ABl. EG Nr. L 300 vom 31.12.1972, S. 1) geschlossenen Freihandelsabkommens übertragbar seien. Der EuGH kam nur deshalb zum selben Ergebnis wie bei der Anwendung der Artikel 30, 36 EGV, weil er die entsprechenden Artikel 13 und 20 des Abkommens - zwar im Ergebnis wie bei Artikel 30, 36 EGV - jedoch selbständig auslegte.

328 S. hierzu ausführlich unter Ablehnung der in Rechtsprechung und Literatur anzufindenden gegenteiligen Meinung: **(3)** E III 1.

329 S. die Darstellung oben **(3)** E III 1.

Werden Tonträger aufgrund einer Lizenz nach dem BIEM/IFPI-Normalvertrag in einem Staat in den Verkehr gebracht, der nicht zur EG gehört, so kann der Import dieser Tonträger in einen Mitgliedstaat der Gemeinschaft verboten werden bzw. mit vollen Lizenzgebühren als Schadensersatz belegt werden, ohne daß dies gegen die Vorschriften über den freien Warenverkehr verstößt[330]. Allerdings hängt es vom jeweiligen nationalen Urheberrecht ab, ob und in welchem Umfang das jeweilige nationale Verbreitungsrecht trotz des Fehlens einer territorialen Beschränkung der Verbreitungslizenz geltend gemacht werden kann:
Ein Verbot des Imports oder die Erhebung von Gebühren kommen nur in Betracht, wenn das nationale Urheberrecht anordnet, daß sich das Verbreitungsrecht wegen des Territorialitätsprinzips durch ein Inverkehrbringen im Ausland ohne ausdrückliche Ermächtigung zur Verbreitung im Inland nicht erschöpft, selbst wenn das Inverkehrbringen im Ausland von einer territorial nicht beschränkten Lizenz gedeckt sein sollte[331].
Es ist aber möglich, daß das nationale Urheberrecht von der Erschöpfung des Verbreitungsrechts auch im Inland schon dann ausgeht, wenn der Urheber (bzw. die Verwertungsgesellschaft) die Lizenz für das Inverkehrbringen nicht auf einen bestimmten ausländischen Staat territorial beschränkt hat[332]. In diesen Ländern kann der Import eines Tonträgers, der in einem anderen Land aufgrund einer BIEM/IFPI-Normalvertragslizenz ordnungsgemäß in den Verkehr gebracht worden ist, weder verboten werden noch kann auf ihn eine Lizenzgebühr - auch keine Differenzlizenzgebühr - erhoben werden. Dasselbe gilt natürlich erst recht, wenn das nationale Urheberrecht die Erschöpfung des inländischen Verbreitungsrechts bereits für den Fall vorsieht, daß der Tonträger nur mit territorial beschränkter Zustimmung des Urhebers im Ausland in den Verkehr gelangt ist[333].

bb) Ausnahme bei EWR-Staaten

Die soeben erläuterten Grundsätze gelten nicht für europäische Staaten, die dem Abkommen über den Europäischen Wirtschaftsraum (EWR-Abkommen)[334] beigetreten sind[335]. Das Abkommen enthält in Artikel 11 und 13 Vorschriften über den freien Warenverkehr, die wörtlich mit den Artikeln 30 und 36 EGV übereinstimmen. Nach Artikel 2 des Protokolls 28 über geistiges Eigentum, das

---

330 Zur kartellrechtlichen Beurteilung s. unten (5) A I 2 b).

331 So das französische und belgische Recht s. *Davies/Rauscher auf Weeg* Das Recht der Hersteller von Tonträgern, 1983, S. 140 ff Rn 407 ff.

332 So das deutsche Recht: BGH GRUR 1988, 373, 374 (allerdings zu Unrecht davon ausgehend, die Verbreitungslizenz werde nach dem BIEM/IFPI-Normalvertrag territorial beschränkt vergeben); ferner BGH GRUR 1985, 924, 925; GRUR 1982, 100, 101 = GRUR Int. 1982, 57, 58; GRUR 1981, 587, 589 = BGHZ 80, 101, 104 f

333 So das britische Recht section 18 (2) (b) brit. Copyright, Designs and Patents Act 1988; wohl auch das dänische Recht § 23 S. 1 Lov om ophavsretten til litteraere og kunstneriske vaerker (Gesetz über das Urheberrecht an Werken der Literatur und Kunst); s.a. *Davies/Rauscher auf Weeg* Das Recht der Hersteller von Tonträgern, 1983, S. 135 f Rn 392 f.

334 BGBl. 1993 II S. 266; auszugsweiser Abdruck in GRUR Int. 1994, 215.

335 Nach Beitritt Österreichs, Finnlands und Schwedens zur Gemeinschaft verbleiben als EWR-Staaten Island, Liechtenstein und Norwegen.

gemäß Artikel 2 a EWR-Abkommen Bestandteil des Abkommens ist, gilt im Verhältnis zwischen den Unterzeichnerstaaten der Erschöpfungsgrundsatz so, wie er in der Rechtsprechung der Gemeinschaft geregelt ist[336]. Das rechtfertigt sich auf dem Hintergrund der *Polydor*-Entscheidung dadurch, daß gemäß Artikel 1 Abs. 2 des Protokolls die Unterzeichner sich zur Anpassung ihrer Rechtsvorschriften zum Schutz des geistigen Eigentums auf dem Niveau der Gemeinschaft verpflichten. Ferner sind Verfahren vorgesehen, die eine einheitliche Anwendung der Vorschriften des EWR-Abkommens gewährleisten sollen[337]. Für Tonträger, die mit Zustimmung des Urhebers in einem EWR-Staat rechtmäßig in den Verkehr gelangt sind, gilt somit die Gemeinschafts- und EWR-weite Erschöpfung des Verbreitungsrechts[338].

2. Erlöschen des Schutzrechts im Exportland: EMI Electrola - Entscheidung

In der Rechtssache 341/87 *EMI Electrola ./. Patricia Im- und Export u.a.*[339] hatte der EuGH die Frage zu entscheiden, ob das ausschließliche Recht zur Herstellung und Verbreitung von Tonträgern in einem Mitgliedstaat in Anspruch genommen werden darf, um die Einfuhr von Tonträgern aus einem anderen Mitgliedstaat zu verhindern, in dem das entsprechende Recht wegen einer kürzeren Schutzdauer bereits erloschen ist.

a) Sachverhalt

Das britische Unternehmen EMI Records Ltd. hielt in seiner Eigenschaft als Tonträgerhersteller die Vervielfältigungs- und Verbreitungsrechte an Aufnahmen musikalischer Werke des Sängers Cliff Richard. Diese Rechte übertrug es an seine deutsche Tochtergesellschaft EMI Electrola GmbH für die Vervielfältigung und Verbreitung von Tonträgern in Deutschland.
1985 vervielfältigten die deutschen Tonträgerhersteller und Händler Patricia Im- und Export GmbH und Lüne-ton Tonträger Herstellungs GmbH & Co. KG als Lohnpresser[340] Schallplatten mit Aufnahmen Cliff Richards. Diese Aufnahmen waren von EMI erstmals 1958 und 1959 veröffentlicht worden.
Die Herstellung der Schallplatten erfolgte im Lohnauftrag eines dänischen Unternehmens zum Zwecke des späteren Vertriebs in Dänemark. Die Schallplatten wurden im Namen und auf Rechnung des dänischen Unternehmens in Deutschland gepreßt. Verantwortlicher Hersteller der Cliff Richard - Schallplatten war also das dänische Unternehmen.
Patricia und Lüne-ton lieferten die Schallplatten entweder an den dänischen Auftraggeber oder auf dessen Geheiß an Kunden in den Niederlanden. Einige der

336 Artikel 2 des Protokolls über geistiges Eigentum, abgedruckt in GRUR Int. 1994, 216.
337 Artikel 105 ff, 108 ff, 111 EWR-Abkommen.
338 Dagegen gilt für die Schweiz, deren Beitritt zum EWR aufgrund Referendums vom 6.12.1992 scheiterte, daß das Inverkehrbringen von Tonträgern in diesem Land nicht zur gemeinschaftsweiten Erschöpfung der betroffenen Rechte führt.
339 Slg 1989, 79.
340 Zur Lohnpressung s.o. **(3)** E IV.

Schallplatten wurden dann von Patricia und Lüne-ton erworben und nach Deutschland zum Weiterverkauf importiert. Diesen Verkauf in Deutschland suchte EMI auf der Basis ihres Verbreitungsrechts nach deutschem Recht zu verhindern.
Die Rechtslage in Dänemark und Deutschland war zu diesem Zeitpunkt folgende: Sowohl dänisches als auch deutsches Recht gewährten dem Hersteller eines Tonträgers das ausschließliche Recht an der Vervielfältigung und Verbreitung dieses Tonträgers. In Deutschland betrug die Schutzdauer dieses Rechts 25 Jahre nach Ablauf des Jahres, in dem der Tonträger erschienen war. War der Tonträger jedoch vor Inkrafttreten des UrhG am 1. Januar 1966 erschienen, so begann die Schutzfrist erst am 1. Januar 1966 zu laufen (§ 135 a UrhG). Nach deutschem Recht erloschen EMI's Rechte an den Cliff Richard-Aufnahmen demnach erst mit Ablauf des 31.12.1990.
Das dänische Recht[341] dagegen sah zum relevanten Zeitpunkt als Schutzdauer 25 Jahre nach Ablauf des Jahres vor, in dem der Tonträger hergestellt wurde. Dabei spielte keine Rolle, ob die Herstellung vor oder nach dem Inkrafttreten des einschlägigen Urheberrechtsgesetzes erfolgte. EMI's Rechte an den Aufnahmen von 1958 und 1959 waren in Dänemark mit Ablauf der Jahre 1983 bzw. 1984 erloschen.
Wegen des Imports und Vertriebs der Schallplatten in Deutschland erhob EMI Electrola gegen Patricia und Lüne-ton beim Landgericht Hamburg Klage auf Unterlassung und Schadensersatz. Die Klage stützte sich auf EMI's ausschließliches Vervielfältigungs- und Verbreitungsrecht nach deutschem Recht (§§ 85, 97 UrhG).
Die Beklagten argumentierten, die Schallplatten seien von ihrem dänischen Auftraggeber im Wege der Lohnpressung rechtmäßig in Dänemark hergestellt und in den Verkehr gebracht worden, da EMI's Rechte dort bereits erloschen seien. Die Vorschriften des EGV über den freien Warenverkehr ließen keine Beschränkungen der Einfuhr der Schallplatten in Deutschland zu. Das Landgericht setzte das Verfahren aus und legte dem EuGH die Frage vor, ob es mit Artikel 30 ff EGV vereinbar sei, wenn der Tonträgerhersteller seine ausschließlichen Rechte im Mitgliedstaat A dadurch ausübt, daß er den Vertrieb von Tonträgern in Mitgliedstaat A verbietet, die in Mitgliedstaat B hergestellt und in den Verkehr gebracht worden sind, wo die Rechte bereits erloschen sind.

341 § 46 Lov om ophavsretten til litteraere og kunstneriske vaerker (Gesetz über das Urheberrecht an Werken der Literatur und Kunst), Gesetz Nr. 158 vom 31. Mai 1961, Bekanntmachung Nr. 130 vom 15. April 1975, geändert durch Gesetz Nr. 250 vom 12. Juni 1975, Gesetz Nr. 240 vom 8. Juni 1977, Gesetz Nr. 177 vom 28. April 1982, Gesetz Nr. 697 vom 21. Dezember 1982. Die Schutzdauerregelung, wie sie der *EMI Electrola* - Entscheidung zugrundelag, wurde nachfolgend geändert durch Gesetz Nr. 274 vom 6. Juni 1985.

b) Entscheidung des EuGH

Der EuGH bezieht sich in seinen Entscheidungsgründen zunächst auf den Erschöpfungsgrundsatz: Ein Urheberrechtsinhaber dürfe ein ausschließliches Verwertungsrecht nicht dazu nutzen, die Einfuhr von Tonträgern in einen Mitgliedstaat zu behindern, wenn diese Tonträger zuvor rechtmäßig in einem anderen Mitgliedstaat von dem Rechtsinhaber selbst oder mit seiner Zustimmung in den Verkehr gebracht worden sind[342]. Das Gericht stellt sodann fest, daß im gegenwärtigen Fall das rechtmäßige Inverkehrbringen der Tonträger im anderen Mitgliedstaat nicht auf einer Handlung oder der Zustimmung des Urheberrechtsinhabers bzw. seines Lizenznehmers beruhe, sondern darauf, daß im Mitgliedstaat des erstmaligen Inverkehrbringens die dort gewährleisteten Rechte erloschen seien:
Weder EMI Records Ltd. noch EMI Electrola GmbH hätten der Herstellung der Tonträger und ihrem Vertrieb in Dänemark zugestimmt. Die Tonträger seien nur deswegen rechtmäßig auf den dänischen Markt gelangt, weil nach dänischem Recht die aussschließlichen Rechte EMI's nicht mehr bestanden.
Mit diesen Feststellungen des EuGH wäre die Prüfung des Erschöpfungsgrundsatzes genaugenommen beendet: Da es am Tatbestandsmerkmal der Zustimmung des Rechtsinhabers für das Inverkehrbringen fehlte, erschöpfte sich das Verbreitungsrecht nicht. Der EuGH sieht aber das eigentliche Problem des Falles darin, daß die jeweiligen nationalen Urheberrechte sich hinsichtlich der Schutzdauerregelungen unterscheiden. Aus diesem Grunde prüft das Gericht die handelsbehindernde deutsche Schutzdauerregelung auf ihre Rechtfertigung nach Artikel 36 EGV (allerdings ohne daß die diesbezüglichen Überlegungen Eingang in den Urteilstenor gefunden haben):
Das Gericht führt aus, beim gegenwärtigen Stand des Gemeinschaftsrechts ohne Harmonisierung oder Angleichung der Urheberrechtsvorschriften sei es Sache der nationalen Gesetzgebung, die Voraussetzungen und Modalitäten des Urheberrechtsschutzes festzulegen. Beschränkungen des Handels mit Tonträgern, die aus den Unterschieden zwischen den nationalen Rechtsordnungen folgten, seien durch Artikel 36 EGV gerechtfertigt, wenn sie auf unterschiedlichen Schutzfristen beruhten und diese "untrennbar mit dem Bestehen der ausschließlichen Rechte verknüpft" seien[343]. Was genau mit dieser "untrennbaren Verknüpfung" der Schutzdauer mit dem Bestehen des Rechts gemeint ist, führt das Gericht nicht aus. Jedoch läßt sich einer ähnlichen Formulierung in den Schlußanträgen des Generalanwalts *Darmon*[344] entnehmen, daß hiermit auf die Formel vom "spezifischen Gegenstand" zurückgegriffen wird. Die vom nationalen Recht festgelegte Schutzdauer eines Urheberrechts oder verwandten Rechts muß demnach Bestandteil des spezifischen Gegenstandes dieses Rechts sein, um nach Artikel 36 gerechtfertigt zu sein.
Dieser Prüfungsmaßstab überrascht. Die Schutzdauer bestimmt an sich nur den zeitlichen Bestand des Rechts. Was immer zum "spezifischen Gegenstand" des

342 Rs 341/87 *EMI Electrola ./. Patricia Im- und Export* Slg 1989, 79, 88 Rn 9 unter Berufung auf Rs 55 und 57/80 *Musik-Vertrieb membran ./. GEMA* Slg 1981, 147.
343 Rs 341/87 *EMI Electrola ./. Patricia Im- und Export* Slg 1989, 79, 96 Rn 12.
344 Rs 341/87 *EMI Electrola ./. Patricia Im- und Export* Slg 1989, 79, 88 Rn 13.

Urheberrechts gehört, ist der Schutzdauer akzessorisch. Denn nach Ablauf der Frist besteht das Recht nicht mehr oder kann jedenfalls nicht mehr geltend gemacht werden. Die Schutzdauer ist demnach nicht Bestandteil der Befugnisse, die den "spezifischen Gegenstand" des Rechts ausmachen, sondern bestimmt deren zeitlichen Bestand. Mit dem Erfordernis einer "untrennbaren Verknüpfung" der Schutzdauer mit dem Bestehen der ausschließlichen Rechte will der EuGH offenbar solche Schutzfristen von Artikel 36 EGV ausnehmen, die das Recht unverhältnismäßig lange aufrechterhalten. Die Beschränkungen des Handels seien, so der EuGH, durch Artikel 36 EGV dann nicht gerechtfertigt, wenn sie ein Mittel zur willkürlichen Diskriminierung oder eine verschleierte Maßnahme zur Beschränkung des Handels darstellten. Der vorliegende Fall biete aber keine Anhaltspunkte für eine willkürliche Handelsbeschränkung[345].

Maßgeblich für die Feststellung, die deutsche Schutzfrist von 25 Jahren ab Inkrafttreten des UrhG sei nicht willkürlich, dürfte gewesen sein, daß die deutsche Schutzdauerregelung nicht allein Importe von Tonträgern aus anderen Mitgliedstaaten behinderte, sondern gleichermaßen in Deutschland hergestellte Tonträger erfaßte, so daß keine Anhaltspunkte für eine Diskriminierung bestanden. Auch hatte das deutsche Recht zugunsten des Tonträgerherstellers ursprünglich eine sogar wesentlich längere Frist von 50 Jahren nach Tod des ausübenden Künstlers vorgesehen[346].

Der EuGH beantwortet die Vorlagefrage daher insgesamt dahin, daß Artikel 30, 36 EGV der Anwendung nationaler Vorschriften eines Mitgliedstaates nicht entgegenstünden, die es einem Tonträgerhersteller gestatteten, den Vertrieb von Tonträgern im Gebiet dieses Mitgliedstaates zu verbieten, wenn die Tonträger ohne Zustimmung des Rechtsinhabers rechtmäßig in einem anderen Mitgliedstaat in den Verkehr gebracht worden sind und in diesem anderen Mitgliedstaat die Schutzfrist zwar bestanden hat, aber inzwischen abgelaufen ist[347]. EMI Electrola durfte also sein ausschließliches Verbreitungsrecht in Deutschland geltend machen, um die Einfuhr von Schallplatten zu verhindern, die in Dänemark zwar rechtmäßig - weil EMI's Rechte dort bereits erloschen waren - jedoch ohne EMI's Zustimmung in den Verkehr gebracht worden waren.

c) Bedeutung von EMI Electrola für die Lizenzierungspraxis: Schutzdauerabweichungen trotz der Schutzdauerrichtlinie; Wahlrecht des Urhebers; kein gemeinschaftsweiter Minimalschutz

Die Problematik unterschiedlicher Schutzfristen in den Mitgliedstaaten - spätestens durch die *EMI*-Entscheidung deutlich geworden - führte zum Erlaß der

---

345 Rs 341/87 *EMI Electrola ./. Patricia Im- und Export* Slg 1989, 79, 96 f Rn 13.

346 §§ 2 Abs. 2, 12 Abs. 2 Nr. 5, 29 Gesetz betreffend das Urheberrecht an Werken der Literatur und der Tonkunst (LUG) vom 19. Juni 1901, RGBl. S. 227, in der Fassung des Gesetzes zur Ausführung der revidierten Berner Übereinkunft zum Schutze von Werken der Literatur und Kunst vom 22. Mai 1910 und des Gesetzes zur Verlängerung der Schutzfristen im Urheberrecht vom 13. Dezember 1934, RGBl II S. 1395; s.a. *Schricker-Katzenberger* § 135 a Rn 3 und *Schricker-Vogel* § 85 Rn 2.

347 Rs 341/87 *EMI Electrola ./. Patricia Im- und Export* Slg 1989, 79, 97 Rn 14.

Richtlinie 93/98/EWG des Rates vom 29. Oktober 1993 zur Harmonisierung der Schutzdauer des Urheberrechts und bestimmter verwandter Schutzrechte[348]. Die Richtlinie verpflichtet die Mitgliedstaaten der Gemeinschaft, für das ausschließliche Vervielfältigungs- und Verbreitungsrecht der Tonträgerhersteller als Schutzdauer einheitlich 50 Jahre nach der Aufzeichnung bzw. - bei erlaubter Veröffentlichung oder erlaubter öffentlicher Wiedergabe innerhalb dieser Frist - 50 Jahre nach der Veröffentlichung oder öffentlichen Wiedergabe zu gewähren[349]. Rechte der ausübenden Künstler sind bis 50 Jahre nach der Darbietung bzw. 50 Jahre nach einer innerhalb dieser Frist erfolgten Veröffentlichung oder öffentlichen Wiedergabe einer Aufzeichnung der Darbietung zu schützen. Der Schutz des Urhebers umfaßt in allen Mitgliedstaaten das Leben des Urhebers und siebzig Jahre nach dem Tod[350]. Die Richtlinie war bis zum 1.7.1995 von den Mitgliedstaaten umzusetzen[351].

Um eine möglichst sofortige Harmonisierung zu gewährleisten, verpflichtet die Richtlinie die Mitgliedstaaten, alle Werke und Leistungen im Umfang der neuen Schutzfristen zu schützen, die am 1.7.1995 in irgendeinem Mitgliedstaat noch Schutz genossen haben. Das bedeutet, daß der Schutz eines Werkes in Mitgliedstaat A, der vor dem 1.7.1995 dort bereits erloschen war, wieder auflebt, wenn das Werk in Mitgliedstaat B bis zum 1.7.1995 noch geschützt war. Wegen der Gegenseitigkeitserfordernisse (insbesondere Schutzfristenvergleiche) der nationalen Urheberrechte auf der Basis der internationalen urheberrechtlichen Konventionen[352] wären nach der Richtlinie an sich nur Werke und Leistungen reaktiviert worden, deren Ursprungsland ein Mitgliedstaat mit längerer Schutzdauer ist (im Beispielsfall: Mitgliedstaat B als Ursprungsland). Der EuGH hat jedoch in der *Phil-Collins*-Entscheidung[353] festgestellt, daß Gegenseitigkeitserfordernisse, Schutzfristenvergleiche und sonstige nationale Regelungen auf der Grundlage internationaler Urheberrechtskonventionen gegen das Diskriminierungsverbot des Artikels 6 EGV (vormals Artikel 7 EWGV) verstoßen, soweit sie zur Ungleichbehandlung von EG-Bürgern führen: Deshalb leben über die Intention der Richtlinie hinaus alle Rechte an Werken und Leistungen wieder auf, die am 1.7.1995 im Mitgliedstaat mit der längsten Schutzdauer noch in der einen oder anderen

348 ABl. EG Nr. L 290 vom 24.11.1993, S. 9; GRUR Int. 1994, 141 - siehe auch die Erläuterung oben unter **(2)** D.

349 Artikel 3 Abs. 2 Richtlinie 93/98/EWG des Rates vom 29. Oktober 1993 zur Harmonisierung der Schutzdauer des Urheberrechts und bestimmter verwandter Schutzrechte, ABl. EG Nr. L 290 vom 24.11.1993, S. 9; GRUR Int. 1994, 141.

350 Artikel 1 Abs. 1 Richtlinie 93/98/EWG des Rates vom 29. Oktober 1993 zur Harmonisierung der Schutzdauer des Urheberrechts und bestimmter verwandter Schutzrechte, ABl. EG Nr. L 290 vom 24.11.1993, S. 9; GRUR Int. 1994, 141.

351 Artikel 13 Abs. 1 Richtlinie 93/98/EWG des Rates vom 29. Oktober 1993 zur Harmonisierung der Schutzdauer des Urheberrechts und bestimmter verwandter Schutzrechte, ABl. EG Nr. L 290 vom 24.11.1993, S. 9; GRUR Int. 1994, 141.

352 Insbesondere Artikel 7 Abs. 8 RBÜ.

353 Rechtssachen C-92/92 und C-326/92 *Phil Collins ./. Imtrat Handelsgesellschaft mbH und Patricia Im- und Export Verwaltungsgesellschaft mbH ./. EMI Electrola GmbH* GRUR Int. 1994, 53.

Form geschützt waren und die dort von Angehörigen der Gemeinschaft auf der Grundlage der Nichtdiskriminierung hätten geltend gemacht werden können[354]. Trotz der erheblichen Harmonisierungswirkung der genannten Richtlinie bleibt die Entscheidung des Gerichtshofs in *EMI Electrola* auch in Zukunft unter verschiedenen Aspekten von Bedeutung:

aa) Fortbestand unterschiedlicher Schutzfristen in Einzelfällen

Die Richtlinie läßt in bestimmten Konstellationen unterschiedliche Schutzfristen weiterhin zu:
War ein Werk oder eine Leistung in einem Mitgliedstaat am 1.7.1995 mit einer längeren Schutzfrist geschützt als in der Richtlinie vorgesehen, so wird diese längere Schutzfrist durch die Richtlinie nicht verkürzt (Artikel 10 Abs. 1 der Richtlinie). In diesem Fall kann also die Schutzdauer für das betroffene Werk zwischen Mitgliedstaat A und Mitgliedstaat B nach wie vor abweichen. Das dürfte vor allem für die Rechte an posthum veröffentlichten Werken relevant sein[355].
Ferner gilt für Werke und Leistungen von Berechtigten, die nicht Staatsangehörige eines Mitgliedstaates der Gemeinschaft sind, zwar grundsätzlich ein gemeinschaftseinheitlicher Schutzfristenvergleich (Artikel 7 Abs. 1 und 2 der Richtlinie). Jedoch dürfen die Mitgliedstaaten aufgrund ihrer bereits bestehenden internationalen Verpflichtungen eine längere Schutzdauer gewähren, als es der Schutzfristenvergleich zuläßt, bis internationale Abkommen zur Schutzdauer abgeschlossen werden (Artikel 7 Abs. 3 der Richtlinie). Insoweit sind also Abweichungen in der Schutzdauer zwischen Mitgliedstaaten mit entsprechenden internationalen Verpflichtungen und Mitgliedstaaten ohne solche internationale Verpflichtungen möglich[356].
Schließlich unterläßt es die Richtlinie, den Begriff der Miturheberschaft einheitlich zu regeln. Sind an einem Werk mehrere Urheber beteiligt, so können sie in der Rechtsordnung eines Mitgliedstaats als Miturheber angesehen werden, während sie nach dem Recht eines anderen Mitgliedstaates als Urheber verbundener Werke qualifiziert werden. Dies führt zu unterschiedlichen Anknüpfungen für die Schutzdauer, nämlich bei Miturheberschaft für alle Beteiligten ausschließlich an den Tod des längstlebenden Miturhebers, bei Werkverbindung für jeden Beteiligten jeweils individuell an dessen Tod. Es können demnach die Schutzfristen für die Werkbeiträge der frühverstorbenen Beteiligten von Mitgliedstaat zu Mit-

354 S. hierzu näher *Schack* GRUR Int. 1995, 310, 312; *Dietz* GRUR Int. 1995, 670, 681 ff; *Karnell* GRUR Int. 1994, 733, 737 ff.

355 S. näher *Dietz* GRUR Int. 1995, 670, 672 f.

356 Das gilt z.B. für Werke US-amerikanischer Urheber, die in Deutschland auf der Basis des Übereinkommens zwischen dem Deutschen Reich und den Vereinigten Staaten von Amerika über den gegenseitigen Schutz der Urheberrechte vom 15. Januar 1892 Urheberrechtsschutz ohne Schutzfristenvergleich genießen. Die Schutzdauer für diese Werke kann in Deutschland gemäß Artikel 7 Abs. 3 Richtlinie länger sein als in Mitgliedstaaten, die keine entsprechenden Abkommen mit den USA eingegangen sind - s.a. *Schack* GRUR 1995, 310, 313.

gliedstaat abweichen[357]. Solche Abweichungen können auch im Rahmen der internationalen Urheberrechtslizenzierung für Tonträger auf der Grundlage des BIEM/IFPI-Normalvertrages eine Rolle spielen. Zwar ist nach Artikel V Abs. 1 BIEM/IFPI-Normalvertrag jedes Werk vergütungspflichtig, das in seinem Ursprungsland geschützt ist (wobei für die Schutzdauer das Recht des Bestimmungslandes gilt), ohne daß nach Werkbeteiligten differenziert wird. Soweit es die Vergütungspflicht als solche betrifft, ist also stets die Schutzdauer für das Werk des zuletzt verstorbenen Werkbeteiligten maßgeblich. Die Höhe der Vergütung richtet sich jedoch gemäß Artikel V Abs. 15 BIEM/IFPI-Normalvertrag bei einem Auseinanderfallen des Schutzes von Text und Musik nach dem Anteil des jeweils noch geschützten Komponisten, Textdichters oder Bearbeiters, wie er sich aus den Vereinbarungen zwischen den Berechtigten ergibt. Die Unterschiede zwischen den Mitgliedstaaten hinsichtlich der Schutzdauer bei mehreren Werkbeteiligten wirken sich also sowohl auf die Vergütungshöhe als auch auf Verteilung aus[358].

In allen Fällen, in denen unterschiedliche Schutzfristen trotz der Schutzdauerrichtlinie innerhalb der Gemeinschaft möglich sind, gilt nach der Entscheidung *EMI Electrola*, daß das Verbreitungsrecht gegen Importe von Tonträgern in einen Mitgliedstaat geltend gemacht werden darf, wenn die Tonträger ohne Zustimmung des Rechtsinhabers in einem anderen Mitgliedstaat in den Verkehr gebracht worden sind, in dem die Schutzdauer bereits abgelaufen ist. Im Rahmen des BIEM/IFPI-Normalvertrages wird die Zustimmung zur Verbreitung zwar weltweit erteilt[359]. Die Verwertungsgesellschaft darf aber für das erstmalige Inverkehrbringen von Tonträgern in einem Bestimmungsland, in dem die Schutzdauer fortläuft, eine Vergütung verlangen, auch wenn die Schutzdauer in anderen Bestimmungsländern abgelaufen ist.

bb) Die Maßgeblichkeit der freiwilligen Wahl des Urhebers: Fehlen von Schutzrechten, Bestehen von Zwangslizenzen oder gesetzlichen Lizenzen im Exportstaat

Über die Problematik der Schutzdauer hinaus liegt die Bedeutung der *EMI Electrola*-Entscheidung in der Klarstellung, daß die Erschöpfung des Verbreitungsrechts **nur** eingreift, wenn das erstmalige Inverkehrbringen des Tonträgers **mit der Zustimmung** des Urheberrechtsinhabers erfolgt ist. Der Erschöpfungsgrundsatz besagt, daß der Urheberrechtsinhaber auf der einen Seite die Kontrolle über die erstmalige Vermarktung eines Tonträgers mit seinem Werk hat, daß aber auf der anderen Seite diese Kontrolle erlischt, wenn der Tonträger mit Zustimmung des Urheberrechtsinhabers in einem Mitgliedstaat in den Verkehr gelangt ist. Es sind allein die freiwillige Wahl des Urheberrechtsinhabers, sich des Marktes eines bestimmten Mitgliedstaates zu bedienen, und das Inverkehrbringen des Tonträgers in Übereinstimmung mit dieser Wahl, welche zur gemeinschafts-

357 *Dietz* GRUR Int. 1995, 670, 673 f; *Dietz* Das Urheberrecht in der Europäischen Gemeinschaft, 1978, S. 77 ff.

358 Zu eng *Dietz* GRUR Int. 1995, 670, 673.

359 S.o. **(3)** E III 1.

weiten Erschöpfung des Verbreitungsrechts führen. Wenn der Inhaber keine freiwillige Wahl getroffen hat, sondern der Tonträger aufgrund anderer Umstände außerhalb der Kontrolle des Inhabers in einem Mitgliedstaat in den Verkehr gelangt, so erschöpfen sich seine Verbreitungsrechte nicht:
Wenn Tonträger ohne Zustimmung des Urhebers erstmalig in den Verkehr gebracht werden, weil das Urheberrecht in dem betroffenen Mitgliedstaat erloschen ist, kann der Urheber die Einfuhr der Tonträger in Mitgliedstaaten verhindern, in denen das Urheberrecht noch geschützt ist. Hat der Urheber jedoch der Vermarktung der Tonträger im Mitgliedstaat, in dem das Werk gemeinfrei geworden ist, **zugestimmt** und sind die Tonträger dort zustimmungsgemäß in den Verkehr gelangt, so ist das Verbreitungsrecht in Bezug auf diese Tonträger unabhängig von der Gemeinfreiheit gemeinschaftsweit erschöpft.
Diese Grundsätze gelten nicht nur für den Fall des Erlöschens der Schutzdauer von Urheberrechten oder verwandter Rechte. Sie gelten auch, wenn der Rechtsinhaber die Vermarktung von Tonträgern ohne seine Zustimmung hinnehmen muß, weil in dem Mitgliedstaat des erstmaligen Inverkehrbringens die betroffenen Rechte überhaupt nicht existieren oder durch ein System der Zwangslizenz bzw. gesetzlichen Lizenz gebunden sind. Denn in beiden Fällen hat der Inhaber seine Zustimmung zum Inverkehrbringen nicht erteilt. Der Urheberrechtsinhaber kann hier nicht schlechter gestellt werden als in dem Fall des Erlöschens seiner Rechte. Denn das völlige Fehlen eines Rechts in einem Mitgliedstaat oder seine Bindung an eine gesetzliche Lizenz bzw. Zwangslizenz beeinträchtigen die Willensbildung des Urhebers sogar stärker als das Erlöschen der Schutzfrist eines Rechts, über das der Berechtigte zumindest während der Schutzdauer frei verfügen konnte:

α) Fehlen von Schutzrechten im Exportstaat

Wenn z.B. Mitgliedstaat A das betroffene Recht nicht kennt, dieses Recht aber in Mitgliedstaat B existiert, so kann der Inhaber das Recht gegen die Einfuhr von Tonträgern nach B geltend machen, die in A ohne seine Zustimmung auf den Markt gekommen sind. Hat der Berechtigte dagegen der Vermarktung in A freiwillig zugestimmt, obwohl dort das betroffene Recht nicht geschützt ist, so darf er Importe solcher Tonträger in andere Mitgliedstaaten nicht behindern. Diese Konsequenz des Erschöpfungsgrundsatzes hat der EuGH ausdrücklich im Zusammenhang mit Patenten in der Rechtssache 187/80 *Merck ./. Stephar und Exler* bestätigt[360]. Sie gilt auch für das Urheberrecht.

β) Zwangslizenzen oder gesetzliche Lizenzen im Exportstaat

Erfolgt das erstmalige Inverkehrbringen ohne die freiwillige Zustimmung des Rechtsinhabers, weil dies in dem betreffenden Mitgliedstaat aufgrund einer Zwangslizenz oder gesetzlichen Lizenz ohne die freiwillige Zustimmung des Rechtsinhabers gestattet ist, so kann der Rechtsinhaber die Einfuhr in einen anderen Mitgliedstaat verhindern. Hat er dagegen der Vermarktung im Land der

360 Slg 1981, 2063, 2082 Rn 14, 2083.

Zwangslizenz oder gesetzlichen Lizenz freiwillig zugestimmt, so ist sein Verbreitungsrecht gemeinschaftsweit erschöpft.
Dieser Grundsatz ist vom EuGH im Zusammenhang mit Patenten in der Rechtssache 19/84 *Pharmon ./. Hoechst*[361] aufgestellt worden. Zwar ging es in diesem Fall um Produkte, die nach Auffassung der Gerichte des Ausgangsverfahrens noch nicht im Mitgliedstaat der Zwangslizenz erstmalig in den Verkehr gebracht worden waren. Der EuGH entschied im Tenor deshalb nur darüber, daß der Patentinhaber das Inverkehrbringen von Erzeugnissen in einem Mitgliedstaat verbieten darf, wenn diese Erzeugnisse vom Inhaber einer Zwangslizenz in einem anderen Mitgliedstaat hergestellt worden sind[362]. An anderer Stelle der *Pharmon*-Entscheidung sagt der EuGH jedoch ausdrücklich, daß der Patentinhaber sich der Einfuhr und dem Inverkehrbringen der aufgrund einer Zwangslizenz hergestellten und ohne seine Zustimmung erstmals in den Verkehr gebrachten Erzeugnisse widersetzen können muß[363].
Der Grundsatz gilt auch für Zwangslizenzen und gesetzliche Lizenzen auf dem Gebiet des Urheberrechts. Dagegen spricht nicht die Entscheidung des EuGH in *Musik-Vertrieb membran*[364]. Zwar erging diese Entscheidung zu einer Zeit, als im Vereinigten Königreich eine gesetzliche Lizenz nach dem Copyright Act 1956 galt. Wie bereits erläutert[365], hat jedoch der EuGH in *Musik-Vertrieb membran* als unstreitig vorausgesetzt, daß die nach Deutschland importierten Tonträger zuvor im Vereinigten Königreich mit Zustimmung der Urheber in den Verkehr gebracht worden seien - ungeachtet des englischen Systems einer gesetzlichen Lizenz. So erklärt sich auch der Tenor der Entscheidung, der auf die Zustimmung der Urheber für die Erschöpfung des Verbreitungsrechts abstellt. Ferner hat sich der EuGH in der *Merck*-Entscheidung zur Begründung seines Argumentes, dem Rechtsinhaber bleibe die freie Wahl des Ortes für das erstmalige Inverkehrbringen, ausdrücklich auf die Entscheidung in *Musik-Vertrieb membran* berufen[366]. Das belegt, daß der EuGH in *Musik-Vertrieb membran* vorausgesetzt hat, daß die betroffenen Tonträger im Vereinigten Königreich unabhängig vom britischen gesetzlichen Lizenzsystem mit Zustimmung der Urheberrechtsinhaber in den Verkehr gelangt waren.
Maßgeblich für die Erschöpfung sind stets die freiwillige Zustimmung des Rechtsinhabers und das zustimmungsgemäße erstmalige Inverkehrbringen. Den Ort des erstmaligen Inverkehrbringens kann der Rechtsinhaber frei wählen. Wählt er freiwillig einen Mitgliedstaat und kommen dort Tonträger zustimmungsgemäß in den Verkehr, so steht es der Erschöpfung nicht entgegen, wenn die Rechtsordnung des gewählten Mitgliedstaates das jeweilige in Frage

361 Slg 1985, 2281.
362 Rs 19/84 *Pharmon ./. Hoechst* Slg 1985, 2281, 2300.
363 Rs 19/84 *Pharmon ./. Hoechst* Slg 1985, 2281, 2298 Rn 26 - zweifelnd *Dauses - Ullrich/Konrad* C III Rn 27, die den zitierten Erwägungsgrund übersehen.
364 A.A. anscheinend (ohne Begründung) *van Rij* EC Law and the Licensing of Mechanical Rights in: *Lester/Faulder/van Rij* (Hrsg.) Mechanical Rights - Reports presented at the Meeting of the International Association of Entertainment Lawyers MIDEM 1992 S. 35, 39.
365 S.o. II 2 a) bb).
366 Rs 187/80 *Merck ./. Stephar und Exler* Slg 1981, 2063, 2082 Rn 12.

stehende Recht nicht schützt, nicht mehr schützt oder in ein System der gesetzlichen Lizenz oder Zwangslizenz einbindet. Kommt dagegen ein Tonträger - gegebenenfalls aufgrund solcher Regelungen - in einem Mitgliedstaat ohne Zustimmung des Urhebers in den Verkehr, so tritt keine Erschöpfung ein.

cc) Kein gemeinschaftsweiter urheberrechtlicher Minimalschutz

Die Entscheidung des EuGH in *EMI Electrola ./. Patricia Im- und Export* verdeutlicht, daß es nicht Zweck des Erschöpfungsgrundsatzes ist, den Urheberrechtsschutz europaweit auf einen Minimalstandard herunterzufahren. Nach den ersten Entscheidungen zum Erschöpfungsgrundsatz im Urheberrechtsbereich war befürchtet worden, die Rechtsprechung könne dazu führen, daß die urheberrechtlichen Regelungen des Mitgliedstaates mit dem jeweils niedrigsten Schutzniveau auf die gesamte Gemeinschaft ausgeweitet würden[367]. Dies gründete sich auf die Überlegung, Tonträger könnten möglicherweise schlechthin im Mitgliedstaat mit dem niedrigsten Schutzniveau auf den Markt gebracht und dann frei innerhalb der Gemeinschaft vertrieben werden. Damit wäre das höhere Schutzniveau in anderen Staaten unterlaufen worden.
Da sich nach der Entscheidung des EuGH in *EMI Electrola* die Rechte des Urhebers nur dann erschöpfen, wenn dieser der Vermarktung im Mitgliedstaat mit niedrigem Schutz zustimmt, bleibt es in der Hand des Urhebers, darüber zu bestimmen, auf welchem Schutzniveau er die Tonträger erstmalig in den Verkehr bringen will. Der Erschöpfungsgrundsatz reduziert nicht den Schutz des Urhebers oder der sonstigen Berechtigten auf den niedrigsten in der Gemeinschaft erhältlichen Level. Aus der Rechtsprechung ergibt sich keine Nivellierung der nationalen Urheberrechte auf einen gemeinschaftsweiten Minimalschutz. Nur wenn der Urheberrechtsinhaber den Markt eines Mitgliedstaates mit niedrigem Schutzniveau (oder gar keinem Schutz) wählt und der Vermarktung von Tonträgern dort zustimmt, kann er, bezogen auf diese Tonträger, seine Wahl nicht rückgängig machen, indem er in einem anderen Mitgliedstaat dessen höheren Urheberrechtsschutz gegen Einfuhren geltend macht.
In Übereinstimmung mit diesem Aspekt der Rechtsprechung zum Erschöpfungsgrundsatz - und darüber sogar noch hinausgehend - sind die Harmonisierungsbemühungen der Gemeinschaft auf ein hohes Niveau des Urheberrechtsschutzes gerichtet. Hatte die Kommission noch im "Grünbuch über das Urheberrecht und die technologische Herausforderung" von 1988[368] eher die Industriepolitik zu Lasten des Urheberrechtschutzes im Auge, erarbeitete sie im Arbeitsprogramm "Initiativen zum Grünbuch" von 1991[369] einen neuen Ansatz, mit welchem sie nunmehr ein hohes Schutzniveau innerhalb der Gemeinschaft verfolgt. Dieser ur-

---

367 Stellungnahme der Klägerin des Ausgangsverfahrens in Rs 341/87 *EMI Electrola ./. Patricia Im- und Export* Slg 1989, 79, 84; Stellungnahme der belgischen Regierung in den Rs 55 und 57/80 *Musik-Vertrieb membran ./. GEMA* Slg 1981, 147, 157.

368 Kommission der Europäischen Gemeinschaften KOM (88) 172 endg., Brüssel, den 23.8.1988 - s. dazu oben **(2)** D.

369 Kommission der Europäischen Gemeinschaften KOM (90) 584 endg., Brüssel, den 17.1.1991, GRUR Int. 1991, 359 - dazu oben **(2)** D.

heberrechtsfreundliche Ansatz hat Eingang in die Richtlinie 93/98/EWG des Rates vom 29.10.1993 zur Harmonisierung der Schutzdauer des Urheberrechts und bestimmter verwandter Schutzrechte gefunden[370]. Er hat damit als Zielbestimmung des sekundären Gemeinschaftsrechts Außenwirkung erlangt.

3. *Ausschließliche Verwertungsrechte im Hinblick auf das öffentliche Zugänglichmachen eines Werkes mithilfe von Tonträgern - Der Fall Warner Brothers und die SACEM-Entscheidungen in warenverkehrsrechtlicher Hinsicht*

Eine weitere Ausnahme vom Erschöpfungsgrundsatz, die der EuGH anerkannt hat, betrifft Behinderungen des freien Warenverkehrs mit Tonträgern, die sich daraus ergeben, daß Urheber ihre Rechte gegen das öffentliche Zugänglichmachen des Werks durch Abspielen, Vermieten oder Verleihen von Tonträgern geltend machen. Nach nationalem Urheberrecht genießt der Urheber eines musikalischen Werkes neben dem Vervielfältigungs- und Verbreitungsrecht das ausschließliche Recht, sein Werk in unkörperlicher Form öffentlich wiederzugeben[371]. Zur öffentlichen Wiedergabe gehören u.a. das öffentliche Abspielen von Tonträgern mit dem Werk und die Sendung des Werkes, die gegebenenfalls durch Abspielen von Tonträgern erfolgt. Darüber hinaus gewährt nationales Recht - insbesondere nunmehr in allen Mitgliedstaaten der Gemeinschaft[372] - dem Urheber das ausschließliche Recht, Tonträger mit dem Werk des Urhebers zu vermieten und zu verleihen[373]. Auch Tonträgerhersteller und ausübende Künstler genießen Rechte an der öffentlichen Wiedergabe ihrer Leistungen mittels Tonträger und an der Vermietung bzw. dem Verleih von Tonträgern[374].
Die Funktion der genannten Rechte an der öffentlichen Wiedergabe und an Vermietung bzw. Verleih ist es, dem jeweiligen Rechtsinhaber die Kontrolle über die wiederholbare öffentliche Nutzung seines Werkes einzuräumen und ihm einen angemessenen Anteil an der wiederholten kommerziellen Verwertung dieser Form der Nutzung zu sichern. Anders als beim Kauf eines Tonträgers zum Zwecke des privaten Gebrauchs durch den Käufer wird beim öffentlichen Abspielen des Tonträgers, beim Senden mittels Tonträger, beim Vermieten und Verleihen von Tonträgern das Werk stets von neuem wirtschaftlich verwertet.

---

370 Präambel Rn. 9 - 11 Richtlinie 93/98/EWG des Rates vom 29. Oktober 1993 zur Harmonisierung der Schutzdauer des Urheberrechts und bestimmter verwandter Schutzrechte, ABl. EG Nr. L 290 vom 24.11.1993, S. 9-13; GRUR Int. 1994, 141.

371 § 15 Abs. 2 UrhG, Artikel L. 122-1, L. 122-2 frz. Code de la Propriété Intellectuelle; sections 16 (1) (c) (d), 19, 20 brit. Copyright, Designs and Patents Act 1988.

372 Richtlinie 92/100/EWG des Rates vom 19. November 1992 zum Vermietrecht und Verleihrecht sowie zu bestimmten dem Urheberrecht verwandten Schutzrechten im Bereich des geistigen Eigentums, ABl. EG vom 27.11.1992 Nr. L 346, S. 61; GRUR Int. 1993, 144; eine Pflicht der GATT-Mitgliedstaaten zur Gewährung ausschließlicher Vermietrechte an Tonträgern für Urheber dürfte sich aus Artikel 14 Abs. 4 i.V.m. Artikel 11 TRIPS ergeben (allerdings mit der Möglichkeit nach Artikel 14 Abs. 4 S.2 TRIPS, an einem bloßen Vergütungssystem festzuhalten), s. *Katzenberger* GRUR Int. 1995, 447, 465 ff; in Deutschland wird das Vermiet- und Verleihrecht als Bestandteil des Verbreitungsrechts gewährt (§ 17 UrhG) - zum ganzen s.o. **(2)** A I 2.

373 S.o. **(2)** A I 2.

374 S.o. **(2)** A I 3 Fn 32, 33.

Die Vielzahl kommerzieller Verwertungshandlungen rechtfertigt es, dem Rechtsinhaber die Kontrolle jeder einzelnen Verwertungshandlung und einen Anteil hieran zu garantieren.
Wenn der Erschöpfungsgrundsatz die genannten Wiedergabe- Vermiet- und Verleihrechte erfaßte, so würde der Zweck dieser Rechte, dem Urheber einen Anteil an jeder einzelnen Verwertungshandlung zu sichern, unterlaufen: Tonträger könnten ab dem Moment, zu dem sie sich im Verkehr befinden, nicht mehr den (dann erloschenen) Rechten unterworfen werden, selbst wenn sie für die öffentliche Wiedergabe, Vermietgeschäfte etc. genutzt werden. Die Wiedergaberechte wären dann praktisch wertlos.
Die Entscheidungen des EuGH, die sich mit diesem Problembereich befassen, ergingen einmal in der Rechtssache 158/86 *Warner Brothers Inc. und Metronome Video ./. Erik Viuff Christiansen*[375], sodann in drei der insgesamt vier sogenannten *SACEM*-Entscheidungen, nämlich in den Rechtssachen 402/85 *G. Basset ./. SACEM*[376], 270/86 *J. Cholay und Société "Bizon's Club" ./. SACEM*[377] und 395/87 *Ministère Public ./. Tournier*[378].

(1) Warner Brothers-Entscheidung

Der Fall betrifft Rechte eines Filmproduzenten an der Vermietung von Videokassetten. Er ist aber von gleicher Bedeutung für die Frage von Vermietrechten an Tonträgern und der mit ihnen verbundenen mittelbaren Beeinträchtigung des Tonträgerhandels.

a) Sachverhalt

Warner Brothers Inc., Klägerin im Ausgangsverfahren, ist die Produzentin des James-Bond-Films "Never Say Never Again". Sie lizenzierte ihre Rechte, diesen Film mittels Videokassetten zu verwerten, in Dänemark an Metronome Video ApS, die zweite Klägerin im Ausgangsverfahren.
Christiansen, der Beklagte des Ausgangsverfahrens, betrieb einen Videoverleih in Kopenhagen. Er kaufte eine Videokassette mit dem Bond-Film "Never Say Never Again" in London. Dort war die Kassette von Warner Brothers durch Verkauf in den Verkehr gebracht worden. Christiansen brachte die Kassette nach Dänemark und vermietete sie dort an seine Kunden.
Die Rechtslage in Dänemark und im Vereinigten Königreich war wie folgt:
Dänisches Recht[379] gewährte bereits zum Zeitpunkt des Rechtsstreits dem Inhaber des Urheberrechts an einem Filmwerk das ausschließliche Recht, die Vermie-

375 Slg 1988, 2605.
376 Slg 1987, 1747.
377 Slg 1990, 4607.
378 Slg 1989, 2521.
379 §§ 1, 2, 23 Lov om ophavsretten til litteraere og kunstneriske vaerker (Gesetz über das Urheberrecht an Werken der Literatur und Kunst), Gesetz Nr. 158 vom 31. Mai 1961, Bekanntmachung Nr. 130 vom 15. April 1975, geändert durch Gesetz Nr. 250 vom 12. Juni 1975, Gesetz Nr. 240

tung von Kopien des Filmwerks zu erlauben. Der Urheberrechtsinhaber konnte daher das Vermieten einer Videokassette mit seinem Werk verbieten, wenn er diesem Vermieten nicht zugestimmt hatte. Dabei spielte es keine Rolle, ob die Kassette zuvor im Verkehr befindlich und durch Kauf oder auf sonstige Weise erworben worden war. Dänisches Recht untersagte aber nicht die Einfuhr solcher Kassetten noch machte es hinsichtlich des Vermietrechts einen Unterschied zwischen inländischen und eingeführten Kassetten.
Das britische Recht[380] dagegen kannte zur Zeit des Rechtsstreits kein Vermietrecht des Filmproduzenten. Der Käufer einer Videokassette mit dem Filmwerk konnte daher die Kassette ohne die Zustimmung des Rechtsinhabers im Vereinigten Königreich vermieten.
Nachdem Warner Brothers und Metronome von der Vermietung der Videokassette in Kopenhagen erfahren hatten, erwirkten sie beim Byret Kopenhagen (erstinstanzliches Gericht) gegen Christiansen eine Untersagungsverfügung, gestützt auf ihr ausschließliches Vermietrecht nach dänischem Recht. In der zweiten Instanz (Østre Landsret) beantragten die Klägerinnen die Aufrechterhaltung der Verfügung.
Der Beklagte Christiansen argumentierte, Warners Vermietrecht an der Videokassette sei erloschen, als Warner die Kassette zum Verkauf auf den britischen Markt brachte. Der Urheber sei frei, den Mitgliedstaat zu wählen, in dem er sein Werk auf den Markt bringe. Wenn er seine Wahl treffe, müsse er in Betracht ziehen, daß manche Mitgliedstaaten ausschließliche Vermietrechte gewährten, andere nicht. Bringe der Urheber Aufnahmen des Werks dort in den Verkehr, wo solche Rechte nicht bestehen, so sei er an die Wahl gebunden. Seine Rechte erlöschten dann gemeinschaftsweit.
Das Gericht setzte das Verfahren aus und legte dem EuGH den Fall zur Vorabentscheidung vor. Die Frage lautete (zusammengefaßt), ob sich das Vermietrecht, das der Inhaber der ausschließlichen Nutzungsrechte an einer Videokassette in einem Mitgliedstaat ungeachtet der Herkunft der Videokassette genießt, erschöpft, wenn die Kassette mit Zustimmung des Inhabers in einem anderen Mitgliedstaat in den Verkehr gebracht wird, in dem ein solches Vermietrecht nicht geschützt ist.

b) Entscheidung des EuGH

Das Gericht unterscheidet den Fall zunächst von der Konstellation in *Musik-Vertrieb*: Anders als dort behinderten im gegenwärtigen Fall die nationale Urheberrechtsbestimmungen nicht die Einfuhr oder den Weiterverkauf von Tonträgern. Das Vermietrecht des Urhebers nach dänischem Recht, so der EuGH, greife erst ein, nachdem die Einfuhr erfolgt sei[381].

---

vom 8. Juni 1977, Gesetz Nr. 177 vom 28. April 1982, Gesetz Nr. 697 vom 21. Dezember 1982 und Gesetz Nr. 274 vom 6. Juni 1985.

380 Copyright Act 1956.

381 Rs 158/86 *Warner Brothers und Metronome Video ./. Erik Viuff Christiansen* Slg 1988, 2605, 2628 Rn 9.

Dennoch sieht der EuGH in den dänischen Vorschriften eine Beeinträchtigung des innergemeinschaftlichen Handels. Da Videokassetten in erheblichem Umfang durch Vermieten vermarktet würden (nach einer Eingabe der Kommission zu 90% der Videoverwertung), habe das ausschließliche Vemietrecht Auswirkungen auf den Handel mit Kassetten. Nationale Gesetzgebung, die ein Vermietrecht gewähre, sei deshalb in der Lage, indirekt den Handel mit Videokassetten innerhalb der Gemeinschaft zu beeinträchtigen. Sie sei damit ein Maßnahme gleicher Wirkung wie mengenmäßige Einfuhrbeschränkungen und grundsätzlich nach Artikel 30 EGV unzulässig. Diese Feststellung des Gerichts entspricht der weiten Definition von Maßnahmen gleicher Wirkung, wie sie in der Entscheidung *Dassonville*[382] aufgestellt worden ist.

Das Gericht wendet sich dann der Frage zu, ob die dänischen Urheberrechtsvorschriften nach Artikel 36 EGV gerechtfertigt seien:

Es beobachtet zuerst, daß die dänischen Vorschriften gleichförmig auf Videokassetten, die in Dänemark produziert würden, anwendbar seien wie auf solche, die aus anderen Mitgliedstaaten stammten. Das ausschließliche Vermietrecht des Produzenten knüpfe an das Vermieten von Kassetten an, nicht an deren Herkunft. Das dänische Recht stelle daher als solches keine willkürliche Diskriminierung des Handels zwischen den Mitgliedstaaten dar, wie sie durch Artikel 36 S. 2 EGV verboten sei[383].

Zweitens stellt der EuGH fest, daß es zwei grundsätzliche Arten der Verwertung literarischer und künstlerischer Werke gebe: Die öffentliche Aufführung des Werkes einerseits sowie die Vervielfältigung des Werkes auf Träger und deren Vertrieb andererseits. Die Ausschließlichkeitsrechte des Urhebers, die diesen zwei Grundtypen der Verwertung entsprächen, nämlich das ausschließliche Aufführungsrecht und das ausschließliche Vervielfältigungsrecht, bildeten, so das Gericht, wesentliche Bestandteile des Urheberrechts und würden von den Regelungen des EGV nicht in Frage gestellt[384].

Drittens bezieht der EuGH in seine Erwägungen ein, daß sich ein Markt für die Vermietung von Videokassetten herausgebildet habe und mittlerweile den Markt für den Verkauf von Videokassetten weit übertreffe. Würde ein Anspruch auf Vergütung lediglich bei Verkäufen an private Verbraucher oder an Vermieter eingeräumt, so wäre es unmöglich, den Filmherstellern eine Vergütung zu sichern, die der Zahl der tatsächlich erfolgten Vermietungen entspreche, und die den Filmherstellern einen angemessenen Anteil am Vermietungsmarkt sichere[385].

Das Gericht kommt daher zu dem Schluß, daß Urheberrechtsvorschriften wie die

---

382 Rs 8/74 *Procureur du Roi ./. Dassonville* Slg 1974, 837, s. Darstellung oben I 1 c) aa).

383 Rs 158/86 *Warner Brothers und Metronome Video ./. Erik Viuff Christiansen* Slg 1988, 2605, 2628 f Rn 12.

384 Rs 158/86 *Warner Brothers und Metronome Video ./. Erik Viuff Christiansen* Slg 1988, 2605, 2629 Rn 13.

385 Rs 158/86 *Warner Brothers und Metronome Video ./. Erik Viuff Christiansen* Slg 1988, 2605, 2629 Rn. 15.

dänische zum Schutz des gewerblichen und kommerziellen Eigentums nach Artikel 36 EGV gerechtfertigt seien[386].
Schließlich setzt sich der EuGH mit dem Argument Christiansens auseinander, der Urheber habe für das erstmalige Inverkehrbringen die freie Wahl zwischen Mitgliedstaaten mit Vermietrecht und solchen ohne Vermietrecht, er müsse daher die gemeinschaftsweite Erschöpfung des Vermietrechts hinnehmen, wenn er den jeweiligen Filmträger in einem Mitgliedstaat ohne Vermietrecht in den Verkehr bringe. Der EuGH entgegnet hierauf, das vom nationalen Urheberrecht gewährte Vermietrecht würde seiner Substanz beraubt, wenn der Rechtsinhaber die Vermietung nicht kontrollieren könnte. Das Inverkehrbringen durch den Urheber könne daher keine Auswirkungen auf das Vermietrecht haben[387]. Als Substanz des Vermietrechts sieht der EuGH die Möglichkeit des Urhebers, jeden tatsächlichen Vorgang der Vermietung zu kontrollieren und sich hieran eine angemessene Beteiligung zu sichern. Würde das Vermietrecht durch das erstmalige Inverkehrbringen erschöpft, so wäre diese Möglichkeit nicht mehr gegeben.
Der Erschöpfungsgrundsatz war im Fall *Warner Brothers* also nicht anwendbar, da die Art der Verwertung, um die es ging, sich vom Inverkehrbringen zum Verkauf wesentlich unterschied: Für die Nutzung des Werkes durch Vermieten eines Trägers ist im Gegensatz zum Verkauf des Trägers die Vielzahl wiederholbarer Verwertungshandlungen charakteristisch. Sie erfordert es, daß der Urheber einen angemessenen Anteil an jeder einzelnen Transaktion erhält, mit der das Werk wirtschaftlich genutzt wird. Zu diesem Zweck garantiert das ausschließliche Vermietrecht dem Urheber die Kontrolle über jede einzelne Verwertungshandlung und sichert ihm so den Anteil an den Mieteinkünften bei jeder einzelnen Gelegenheit, zu der eine Kopie des Werks vermietet wird. Dieser Zweck des ausschließlichen Vermietrechts würde unterlaufen, das Recht als solches wertlos, wenn es sich bereits dadurch erschöpfte, daß die Kopien mit Zustimmung des Urhebers zum Verkauf in den Verkehr gebracht werden.
Der Erschöpfungsgrundsatz gilt also nur für solche Verwertungshandlungen, die das Werk durch Veräußerung des Trägers nutzen. Andere Handlungen, durch die das Werk in wiederholbarer Weise der Öffentlichkeit zugeführt wird, fallen hierunter nicht und verbleiben unter der Kontrolle des Urhebers. Es spielt für die Rechte des Urhebers im Hinblick auf das Vermieten, Verleihen oder sonstige öffentliche Zugänglichmachen des Werkes mithilfe von Trägern keine Rolle, ob solche Rechte im Mitgliedstaat des erstmaligen Inverkehrbringens existieren. Das erstmalige Inverkehrbringen und der damit eintretende Verbrauch der Möglichkeit, den weiteren Vertrieb zu kontrollieren, beziehen sich auf diese Form der Verwertung nicht.

---

386 Rs 158/86 *Warner Brothers und Metronome Video ./. Erik Viuff Christiansen* Slg 1988, 2605, 2629 Rn. 16.

387 Rs 158/86 *Warner Brothers und Metronome Video ./. Erik Viuff Christiansen* Slg 1988, 2605, 2630 Rn 17 f.

c) Bedeutung von Warner Brothers für die Lizenzierungspraxis: Vermietrechte an Tonträgern; kein gemeinschaftsweiter urheberrechtlicher Minimalschutz

Die Entscheidung in *Warner Brothers* trägt der Tatsache Rechnung, daß Werke nicht nur durch den Verkauf von Produkten mit diesen Werken wirtschaftlich verwertet werden, sondern ebenso durch das wiederholbare Zugänglichmachen des Werkes für die Öffentlichkeit durch Wiedergabe, Senden, Vermieten und Verleihen von Tonträgern oder in anderer Form. Der EuGH erkennt an, daß in diesen Fällen dem Urheber nur dann eine wirksame Kontrolle der Nutzung und angemessene Vergütung für seine geistige Leistung garantiert werden können, wenn er jeden einzelnen Akt der öffentlichen Zugänglichmachung des Werkes untersagen kann. Dieser Grundsatz war vom EuGH bereits in den Rechtssachen *Coditel I* und *II*[388] im Zusammenhang mit dem freien Dienstleistungsverkehr bei Filmvorführungen aufgestellt worden. Nach diesen Entscheidungen wie nach *Warner Brothers* bildet das Recht des Urhebers auf Kontrolle jeder einzelnen Verwertungshandlung, die das Werk der Öffentlichkeit zugänglich macht, einen Bestandteil der urheberrechtlichen Befugnisse, die von den Regelungen in Artikel 30 ff EGV nicht in Frage gestellt werden.

In Übereinstimmung hiermit und in Übereinstimmung mit dem sekundärrechtlichem Ziel eines hohen Niveaus des Urheberrechtsschutzes sind mit der Richtlinie des Rates vom 19. November 1992 zum Vermietrecht und Verleihrecht sowie zu bestimmten dem Urheberrecht verwandten Schutzrechten im Bereich des geistigen Eigentums nunmehr alle Mitgliedstaaten der Gemeinschaft verpflichtet, ausschließliche Vermiet- und Verleihrechte zugunsten von Urhebern, ausübenden Künstlern, Tonträgerherstellern und Filmherstellern zu gewährleisten[389]. Ferner muß jeder Mitgliedstaat vorsehen, daß Urheber und ausübende Künstler, die dieses Recht an einen Tonträgerhersteller abtreten, ein unverzichtbares Recht auf Zahlung einer angemessenen Vergütung für die Vermietung behalten[390]. Der Schutz, den die Richtlinie vorsieht, geht damit weit über das hinaus, was bislang in den Mitgliedstaaten geltendes Recht gewesen ist[391].

Ferner zeigt *Warner Brothers* wie bereits die Entscheidung *EMI Electrola ./. Patricia Im- und Export,* daß der Erschöpfungsgrundsatz nicht dazu herangezogen werden kann, einen gemeinschaftsweiten Minimalschutz im Urheberrecht zu begründen: Bei Anwendung der Kriterien des EuGH bleiben unterschiedliche Schutzniveaus innerhalb der Gemeinschaft im Hinblick auf das öffentliche Zu-

---

388 Rs 62/79 *Compagnie générale pour la diffusion de la télévision, Coditel, u.a. ./. Ciné Vog Films u.a. (Coditel I)* Slg 1980, 881, 902 f Rn 12-14; Rs 262/81 *Coditel, Compagnie générale pour la diffusion de la télévision, u.a. ./. Ciné-Vog Films u.a. (Coditel II)* Slg 1982, 3381, 3400 f Rn 11, 12.

389 Artikel 2 Abs. 1 Richtlinie 92/100/EWG des Rates vom 19. November 1992 zum Vermietrecht und Verleihrecht sowie zu bestimmten dem Urheberrecht verwandten Schutzrechten im Bereich des geistigen Eigentums, ABl. EG Nr. L 346 vom 27.11.1992, S. 61; GRUR Int. 1993, 144.

390 Artikel 4 Abs. 1 und 2 Richtlinie 92/100/EWG des Rates vom 19. November 1992 zum Vermietrecht und Verleihrecht sowie zu bestimmten dem Urheberrecht verwandten Schutzrechten im Bereich des geistigen Eigentums, ABl. EG Nr. L 346 vom 27.11.1992, S. 61; GRUR Int. 1993, 144.

391 Vgl. *Dietz* Das Urheberrecht in der Europäischen Gemeinschaft, 1978, S. 142 ff.

gänglichmachen von Werken gewahrt, die sich möglicherweise aus der Existenz von zwischen den Mitgliedstaaten abweichenden urheberrechtlichen Befugnissen ergeben. Die Veräußerung von Trägern in einem Mitgliedstaat, in dem Rechte an bestimmten Formen des öffentlichen Zugänglichmachens nicht existieren, bedeutet nicht, daß das Werk damit europaweit diesem niedrigen Schutzniveau unterliegt. Das Vermietrecht von Warner Brothers nach dänischem Recht erschöpfte sich nicht dadurch, daß die betroffene Videokassette in einem Land in den Verkehr gebracht wurde, in dem ein solches Vermietrecht nicht geschützt war.
Die Erwägungen des EuGH in der Entscheidung *Warner Brothers* lassen sich ohne weiteres auf die zunehmende Praxis der Tonträgervermietung übertragen. Mit der Entwicklung von Compact Discs Anfang der achtziger Jahre wurde die Lebensdauer von Tonträgern erheblich verlängert und die Abnutzung durch mehrfaches Abspielen verringert. Damit wurde die Grundlage für eine profitable Nutzung von Tonträgern durch deren Vermietung geschaffen. Angesichts der gewachsenen wirtschaftlichen Bedeutung der Tonträgervermietung ist analog zu den Feststellungen des EuGH in *Warner Brothers* festzuhalten, daß auch die Vermiet- und Verleihrechte an Tonträgern indirekt nachteilige Wirkungen auf den innergemeinschaftlichen Handel mit Tonträgern haben können und daher grundsätzlich unter Artikel 30 EGV fallen, daß sie jedoch nach Artikel 36 EGV gerechtfertigt sind. Aus der Entscheidung *Warner Brothers* ergibt sich, daß die genannten Rechte von Urhebern, Tonträgerherstellern und ausübenden Künstlern geltend gemacht werden können, selbst wenn die davon betroffenen Tonträger zuvor mit Zustimmung des Rechtsinhabers in einem Mitgliedstaat in den Verkehr gebracht worden sind. In Übereinstimmung hiermit ordnet Artikel 1 Abs. 4 der Richtlinie zum Vermietrecht und Verleihrecht an, daß sich das Vermiet- und Verleihrecht weder durch die Veräußerung von Vervielfältigungsstücken noch durch andere Verbreitungshandlungen erschöpft.

(2) SACEM-Entscheidungen in warenverkehrsrechtlicher Hinsicht

Die *SACEM*-Entscheidungen[392] betreffen verschiedene Praktiken der französischen Verwertungsgesellschaft SACEM[393] im Zusammenhang mit der Lizenzierung von Urheberrechten für die Wiedergabe musikalischer Werke mittels Tonträger in Diskotheken. Diese Praktiken wurden von Diskothekenbesitzern in Frankreich unter dem Gesichtspunkt des freien Warenverkehrs und der Wettbewerbsregeln angegriffen. Die folgende Darstellung beschränkt sich auf den Aspekt des freien Warenverkehrs. Im Zusammenhang mit den Wettbewerbsregeln werden die *SACEM*-Entscheidungen erneut in Abschnitt B III aufgegriffen.

---

392 Rs 402/85 *Basset ./. SACEM* Slg 1987, 1747; Rs 270/86 *J. Cholay und Société "Bizon's Club" ./. SACEM* Slg 1990, 4607; Rs 395/87 *Ministère Public ./. Tournier* Slg 1989, 2521; Rs 110, 241, 242/88 *Lucazeau ./. SACEM* und *SACEM ./. Debelle & Anor* Slg 1989, 2811.

393 Société des Auteurs, Compositeurs et Éditeurs de Musique vgl.o. **(3)** A.

a) Sachverhalt

In den Ausgangsverfahren der drei hier relevanten *SACEM*-Fälle[394] ging es, jeweils unter verschiedenen prozessualen Konstellationen, um Auseinandersetzungen zwischen den Betreibern von Diskotheken in Frankreich und der französischen Verwertungsgesellschaft SACEM. SACEM ist aufgrund ihrer Gegenseitigkeitsverträge mit ausländischen Verwertungsgesellschaften[395] berechtigt, innerhalb Frankreichs die Aufführungsrechte für das Weltrepertoire zu verwalten. Die Lizenzverträge, die SACEM mit den Diskothekenbesitzern in Frankreich über die Nutzung des Repertoires in der Vergangenheit abschloß, sahen vor, daß SACEM als Lizenzgebühr für das öffentliche Abspielen der Tonträger 8,25 % der Einnahmen der jeweiligen Diskothek erhielt. Diese Gebühr setzte sich aus zwei Komponenten zusammen: 6,6 % Vorführungsgebühr und 1,65 % "zusätzliche Gebühr für die mechanische Vervielfältigung".
Die Geltendmachung einer "zusätzlichen Gebühr für die mechanische Vervielfältigung" ist im französischen Urheberrecht angelegt: Danach hat der Urheber an seinem Werk einerseits das ausschließliche Vorführungsrecht, andererseits das ausschließliche Recht der Vervielfältigung[396]. "Vorführung" (*représentation*) ist jedes Zugänglichmachen des Werkes an die Öffentlichkeit in irgendeinem Verfahren[397]. Hierzu gehört das öffentliche Abspielen von Tonträgern mit dem Werk. Vervielfältigung (*reproduction*) ist dagegen die körperliche Festlegung des Werkes nach allen Verfahren, die eine mittelbare öffentliche Wiedergabe ermöglichen[398]. Nach französischem Recht sind Vorführungsrecht und Vervielfältigungsrecht streng getrennt: Die Lizenzierung des einen Rechts schließt nicht die Lizenzierung des anderen Rechts ein. Die Lizenzerteilung muß schriftlich erfolgen[399]. Sollen beide Rechte übertragen werden, so müssen die Rechte in der Urkunde getrennt aufgeführt werden. Ferner muß für jedes Recht genau angegeben werden, in welchem Umfang und mit welcher Zweckbestimmung es übertragen wird[400].
Die genannten Vorschriften erlauben es dem Urheber, die Vervielfältigung seines Werkes im Hinblick auf einen ganz bestimmten Zweck, dem die Vervielfältigungsstücke dienen sollen, unter Ausschluß anderer Zwecke zu gestatten. In der Praxis lizenziert daher der Urheber das Vervielfältigungsrecht an den Tonträgerhersteller mit der Maßgabe, daß die hergestellten Tonträger nur zum Privatgebrauch des Endabnehmers in den Verkehr gebracht werden[401]. Die Lizenz umfaßt dagegen nicht die Vervielfältigung von Tonträgern zu dem Zweck, diese für die öffentliche Vorführung zu nutzen. Wird ein Tonträger entgegen dieser Einschränkung für die öffentliche Vorführung genutzt, so hat der Urheber nach

---

394 Rs 402/85 *Basset ./. SACEM* Slg 1987, 1747; Rs 270/86 *J. Cholay und Société "Bizon's Club" ./. SACEM* Slg 1990, 4607; Rs 395/87 *Ministère Public ./. Tournier* Slg 1989, 2521.

395 S.o. **(2)** C.

396 Artikel L. 122-1 frz. Code de la Propriété Intellectuelle.

397 Artikel L. 122-2 frz. Code de la Propriété Intellectuelle.

398 Artikel L. 122-3 frz. Code de la Propriété Intellectuelle.

399 Artikel L. 131-2 frz. Code de la Propriété Intellectuelle.

400 Artikel L. 131-3 frz. Code de la Propriété Intellectuelle.

401 Dem entspricht auch der Wortlaut des Artikels II Abs. 1 BIEM/IFPI-Normalvertrag.

französischem Recht gegen den Nutzer einen Anspruch auf eine zusätzliche Gebühr, da die Vervielfältigungslizenz den Zweck der Vorführung nicht deckt und die bisherige Gebühr für die Vervielfältigungslizenz diese Form der Nutzung nicht berücksichtigt.

Die "zusätzliche Gebühr für die mechanische Vervielfältigung" fällt neben der eigentlichen Vorführungsgebühr an. Letztere wird nur für die Vorführung des Werkes als solche erhoben. Dagegen korrespondiert die "zusätzliche Gebühr für die mechanische Vervielfältigung" mit dem zusätzlichen Verwendungszweck, dem die vervielfältigten Tonträger mit der Vorführung zugeführt werden und der von der ursprünglichen Lizenz zur Vervielfältigung zwecks Verkaufs an private Nutzer nicht umfaßt war. Das erklärt, warum Diskothekenbesitzer in Frankreich sowohl eine Vorführungsgebühr (6,6 %) als auch eine zusätzliche Vervielfältigungsgebühr (1,65 %) zahlen müssen.

Das Konzept einer "zusätzlichen Gebühr für die mechanische Vervielfältigung" ist den Urheberrechten der meisten anderen Mitgliedstaaten fremd. Mit der Ausnahme Belgiens kennt die Rechtspraxis in den anderen Mitgliedstaaten nur eine Vervielfältigungsgebühr, die für die Herstellung eines Tonträgers verlangt wird, sowie eine Vorführungsgebühr, die beim öffentlichen Abspielen des Tonträgers anfällt.

In den verschiedenen Ausgangsverfahren vertraten die Diskothekenbetreiber zum einen die Ansicht, es verstoße gegen Gemeinschaftsrecht, wenn nationales Urheberrecht es erlaube, daß auf das Abspielen von Tonträgern, die in einem Mitgliedstaat der Gemeinschaft mit Zustimmung des Urhebers rechtmäßig in den Verkehr gelangt sind, überhaupt eine Gebühr erhoben wird. Zum anderen argumentierten sie, jedenfalls die Erhebung einer zusätzlichen Gebühr für die mechanische Vervielfältigung nach französischem Recht auf Tonträger, die bereits in anderen Mitgliedstaaten in den Verkehr gelangt sind, in denen eine solche Gebühr unbekannt ist, verstoße gegen Gemeinschaftsrecht: Die meisten Tonträger, die von französischen Diskotheken benutzt würden, seien aus dem Ausland importiert. Die zusätzliche Gebühr für die mechanische Vervielfältigung sei eine Importabgabe, die auf Tonträger erhoben würde, die sich bereits im freien Verkehr innerhalb der Gemeinschaft befänden.

Die französischen Gerichte legten dem EuGH zur Vorabentscheidung u.a. die Fragen vor, ob auf dem Hintergrund des Erschöpfungsgrundsatzes zum einen die Erhebung einer Vorführungsgebühr als solcher[402], zum anderen die Erhebung einer zusätzlichen Gebühr für die mechanische Vervielfältigung[403] mit den Vorschriften zum freien Warenverkehr vereinbar seien.

b) Entscheidungen des EuGH

Bei den Ausführungen des EuGH zum freien Warenverkehr, die hier zusammengefaßt dargestellt werden, ist zu unterscheiden zwischen der Beurteilung der Praxis, überhaupt eine Vorführungsgebühr zu erheben, obwohl zur Vorführung

402 Rs 395/87 *Ministère Public ./. Tournier* Slg 1989, 2521, 2527, 2569 - Vorlagefrage 5).

403 Rs 402/85 *Basset ./. SACEM* Slg 1987, 1747, 1750 - Vorlagefrage 1).

Tonträger benutzt werden, die in anderen Mitgliedstaaten bereits im freien Verkehr gewesen sind (dazu unten aa), und der Beurteilung der Praxis, eine zusätzliche Gebühr für die mechanische Vervielfältigung zu erheben (dazu unten bb).

aa) Erhebung einer Vorführungsgebühr

Der EuGH grenzt die Erhebung einer Vorführungsgebühr von der Konstellation in *Musik-Vertrieb membran* ab, bei der es um eine (Differenz-) Verbreitungsgebühr ging. Bei der Aufführung musikalischer Werke stelle sich das Verhältnis zwischen der Beachtung des Urheberrechts und den Erfordernissen des EGV anders dar, als in den Fällen, in denen das Zugänglichmachen des Werkes voll und ganz mit dem Inverkehrbringen des körperlichen Trägers des Werks zusammenfalle. Bei der Aufführung des Werks habe der Inhaber des Urheberrechts ein berechtigtes Interesse daran, die ihm zustehende Vergütung anhand der tatsächlichen oder wahrscheinlichen Zahl der Aufführungen zu berechnen. Bei Tonträgern bestehe die Besonderheit, daß sie einerseits als Waren unter die Bestimmungen der Artikel 30 ff EGV fielen, andererseits jedoch für die öffentliche Aufführung verwendet werden könnten. Die Erfordernisse des freien Waren- und Dienstleistungsverkehrs und des Urheberrechtsschutzes müßten dergestalt in Einklang gebracht werden, daß die Urheber bzw. Verwertungsgesellschaften sich auf ihre ausschließlichen Rechte berufen können, um bei der öffentlichen Wiedergabe von Musikwerken mittels Tonträger die Zahlung von Gebühren zu verlangen[404].
In den Kategorien des Erschöpfungsgrundsatzes bedeutet dies: Das ausschließliche Wiedergaberecht des Urhebers ist nicht erschöpft, auch wenn die zur Wiedergabe verwendeten Tonträger mit der Zustimmung des Urhebers zum Verkauf in einem Mitgliedstaat in den Verkehr gebracht worden sind. Jede öffentliche Wiedergabe des Werks durch Abspielen eines Tonträgers unterliegt der Kontrolle des Urhebers und löst einen Anspruch des Urhebers auf Vergütung aus, unabhängig davon, ob der Tonträger sich bereits im freien Verkehr befand. Dieses Ergebnis stimmt mit den Entscheidungen des EuGH in *Warner Brothers* und *Coditel I* sowie *Coditel II* überein, in denen das Gericht die Kontrolle des Urhebers über das wiederholbare öffentliche Zugänglichmachen des Werks als Bestandteil des nach Artikel 36 EGV gerechtfertigten spezifischen Gegenstandes des Urheberrechts angesehen hat[405].

bb) Erhebung einer zusätzlichen Gebühr für die mechanische Vervielfältigung

Im Hinblick auf die "zusätzliche Gebühr für die mechanische Vervielfältigung" stellt das Gericht zunächst fest, daß die Gebühr nicht anläßlich der Einfuhr oder des Vertriebs von Tonträgern erhoben wird, sondern nur aufgrund der öffentlichen Nutzung von Tonträgern in einer Diskothek, im Rundfunk oder mittels einer Musikbox[406]. Da die Gebühr allerdings zusätzlich zur Vorführungsgebühr anfällt,

---

404 Rs 395/87 *Ministère Public ./. Tournier* Slg 1989, 2521, 2570 f Rn 11 - 13.
405 S.o. (1) c).
406 Rs 402/85 *Basset ./. SACEM* Slg 1987, 1747, 1767 Rn 12.

sieht das Gericht die relevante Frage darin, ob die Erhebung der zusätzlichen Gebühr durch Artikel 30, 36 EGV verboten ist, wenn die betroffenen Tonträger in einem Mitgliedstaat hergestellt und in den Verkehr gebracht worden sind, in denen eine solche zusätzliche Gebühr nicht existiert, in denen also nur eine einzige Vorführungsgebühr erhoben wird[407].

Der EuGH hält fest, daß Vorführungsgebühr und zusätzliche Gebühr in Frankreich gleichermaßen bei allen öffentlichen Abspielungen geltend gemacht werden, und zwar unabhängig davon, ob die abgespielten Tonträger französischen oder ausländischen Ursprungs sind. Das Gericht hebt diesen Punkt offensichtlich wie bereits in der Entscheidung *Warner Brothers* hervor, um vorab aufzuzeigen, daß die zu beurteilende Maßnahme nicht eine willkürliche Diskriminierung von Importen darstelle (Artikel 36 S. 2 EGV). Nach dem Gericht läßt ferner die Tatsache, daß andere Mitgliedstaaten eine zusätzliche Gebühr nicht kennen, nicht den Schluß zu, daß die französischen Gebühren für die Vorführung in ihrer Höhe oder Funktion anders seien als die entsprechenden Gebühren, die für die Vorführung in anderen Mitgliedstaaten erhoben werden[408].

Im entscheidenden Passus[409] qualifiziert der EuGH sodann die "zusätzliche Gebühr für die mechanische Vervielfältigung" trotz ihrer Bezeichnung und dogmatischen Konstruktion im französischen Recht als Teil der Vergütung des Urhebers für die öffentliche **Vorführung** - nicht Vervielfältigung - seines Werkes. Das Gericht sieht sich in dieser Auffassung dadurch bestätigt, daß die Gebühr anhand des Umsatzes der Diskotheken berechnet wird und nicht, wie herkömmliche Vervielfältigungsgebühren, anhand der Anzahl an Tonträgern. Die Erhebung der Gebühr sei als übliche Verwertung eines Urheberrechts anzusehen und weder eine willkürliche Diskriminierung noch eine verschleierte Beschränkung des innergemeinschaftlichen Handels. Artikel 30, 36 EGV stünden daher nicht entgegen, wenn eine Verwertungsgesellschaft für das öffentliche Abspielen von Tonträgern eine zusätzliche Gebühr für die mechanische Vervielfältigung erhebe, selbst wenn eine solche zusätzliche Gebühr in dem Mitgliedstaat, in dem diese Tonträger rechtmäßig in den Verkehr gebracht worden seien, nicht vorgesehen sei[410].

Indem der EuGH die zusätzliche Gebühr für die mechanische Vervielfältigung entgegen ihrer Qualifizierung im französischen Recht gemeinschaftsrechtlich als Form der Vergütung für die öffentliche Vorführung interpretiert, gelangt er zu dem Ergebnis, daß die Erhebung der Gebühr nach Artikel 36 EGV gerechtfertigt ist. Wäre die Gebühr dagegen gemeinschaftsrechtlich als Bestandteil der Vergütung für die Vervielfältigung anzusehen, müßte man ihre Erhebung auf der Grundlage der Entscheidungen in *Musik-Vertrieb membran* und *Deutsche Grammophon* als Maßnahme gleicher Wirkung werten, die auf der Grundlage des Erschöpfungsgrundsatzes nicht durch Artikel 36 EGV gerechtfertigt wäre.

---

407 Rs 402/85 *Basset ./. SACEM* Slg 1987, 1747, 1767 f Rn 12, 13.

408 Rs 402/85 *Basset ./. SACEM* Slg 1987, 1747, 1768 Rn 14.

409 Rs 402/85 *Basset ./. SACEM* Slg 1987, 1747, 1768 Rn 15.

410 Rs 402/85 *Basset ./. SACEM* Slg 1987, 1747, 1768 f Rn 17; auch Rs 270/86 *J. Cholay und Société "Bizon's Club" ./. SACEM* Slg 1990, 4607, 4610.

c) Bedeutung der SACEM-Entscheidungen für die Lizenzierungspraxis

Soweit es den freien Warenverkehr mit Tonträgern betrifft, bestätigen die *SACEM*-Entscheidungen den Grundsatz, der sich bereits im Urteil *Warner Brothers*[411] im Zusammenhang mit Videokassetten abzeichnete: Der Erschöpfungsgrundsatz findet keine Anwendung auf ausschließliche Rechte des Urhebers am Zugänglichmachen des Werkes für die Öffentlichkeit in wiederholbarer Weise. Für die Lizenzierung von Urheberrechten für Tonträger bedeutet das zweierlei:

1. Das lizenzgemäße Inverkehrbringen von Tonträgern in einem Mitgliedstaat erschöpft nicht die Rechte des Urhebers im Hinblick auf das wiederholbare öffentliche Zugänglichmachen des Werkes, z.B. dessen Wiedergabe oder Senden mittels Tonträger oder das Vermieten oder Verleihen von Tonträgern. Diese Rechte können nach wie vor in jedem Mitgliedstaat nach Maßgabe des jeweiligen nationalen Rechts geltend gemacht werden, unabhängig davon, ob das öffentliche Zugänglichmachen im Mitgliedstaat des erstmaligen Inverkehrbringens oder in einem anderen Mitgliedstaat stattfindet.

2. Die - nicht erschöpften - Rechte des Urhebers im Hinblick auf das wiederholbare öffentliche Zugänglichmachen des Werkes können auch dann im jeweiligen Mitgliedstaat des öffentlichen Zugänglichmachens geltend gemacht werden, wenn Rechte dieser Art oder dieses Umfangs im Mitgliedstaat des erstmaligen Inverkehrbringens nicht existieren.

Die *SACEM*-Entscheidungen verdeutlichen wie bereits die Entscheidungen *Warner Brothers* und *EMI Electrola*, daß der Erschöpfungsgrundsatz nicht für eine gemeinschaftsweite Nivellierung des Urheberrechtsschutzes auf niedrigstem Niveau instrumentalisiert werden kann. Unterschiede im Schutzniveau, die sich aus den nationalen Regelungen in Bezug auf die Rechte des Urhebers am öffentlichen Zugänglichmachen seines Werkes ergeben, bleiben auch hinsichtlich solcher Tonträger erhalten, die mit Zustimmung des Urhebers in einem Mitgliedstaat mit niedrigerem Schutzniveau rechtmäßig in den Verkehr gelangen.

IV. Zusammenfassung: Die Vorschriften über den freien Warenverkehr und ihre Bedeutung für die Lizenzierungspraxis

Die Grundsätze, die der EuGH in den erläuterten Entscheidungen zum freien Warenverkehr entwickelt hat, lassen recht deutlich erkennen, wie im Rahmen der Artikel 30, 36 EGV das Ziel eines freien innergemeinschaftlichen Handels mit den Erfordernissen effektiven Urheberrechtschutzes abzustimmen ist:

411 Rs 158/86 *Warner Brothers und Metronome Video ./. Erik Viuff Christiansen* Slg 1988, 2605 - s.o. (1).

Das Gemeinschaftsrecht erkennt an, daß es Aufgabe des Urheberrechtsschutzes ist, dem Urheber mittels ausschließlicher Verwertungsrechte die Kontrolle über die wirtschaftliche Nutzung seines Werkes zu sichern und ihm eine Einkommensquelle zu ermöglichen[412]. Der Urheber darf nach dem EuGH die Kontrolle über die wirtschaftliche Nutzung seines Werkes und sein Recht auf angemessene Beteiligung durch die Vergabe von Lizenzen seines ausschließlichen Verwertungsrechtes ausüben[413]. Der Umfang, zu welchem die Kontrolle im Lichte der Artikel 30, 36 EGV zulässig ist, bestimmt sich nach der jeweiligen Form, in der das Werk genutzt wird:
Wird das Werk auf einen Tonträger aufgenommen und der Tonträger durch Veräußerung in den Verkehr gebracht, so kann der Urheber frei den Ort des erstmaligen Inverkehrbringens wählen. Der Urheber hat das ausschließliche Recht, das erstmalige Inverkehrbringen jedes einzelnen Tonträgers zu gestatten und über den Ort des erstmaligen Inverkehrbringens nach seinen Interessen zu entscheiden. Territoriale Beschränkungen von Verbreitungslizenzen zur Umsetzung der Wahl verstoßen nicht gegen die Vorschriften über den freien Warenverkehr.
Da der Urheber die Wahl über den Mitgliedstaat des erstmaligen Inverkehrbringens hat, er also das erstmalige Inverkehrbringen von Tonträgern in anderen Mitgliedstaaten gänzlich untersagen darf, kann der Urheber auch seine gegebenenfalls territorial unbeschränkte Zustimmung zur Verbreitung davon abhängig machen, daß für jeden Staat getrennt abgerechnet wird und der Tonträgerhersteller für jeden Staat des erstmaligen Inverkehrbringens die Lizenzgebühren nach den jeweiligen rechtlichen und wirtschaftlichen Bedingungen des Bestimmungslandes leistet. Das im BIEM/IFPI-Normalvertrag angelegte Bestimmungslandprinzip verstößt somit nicht gegen die Vorschriften über den freien Warenverkehr.
Die Kontrolle des Urhebers (bzw. der Verwertungsgesellschaft) über den Vertrieb des Tonträgers endet erst, wenn der Urheber die Wahl über den Ort getroffen hat und der Tonträger dieser Wahl entsprechend in einem Mitgliedstaat in den Verkehr gebracht worden ist: Der Urheber darf nicht die Veräußerung eines Tonträgers in einem Mitgliedstaat verhindern oder beschränken, wenn dieser Tonträger zuvor rechtmäßig in einem anderen Mitgliedstaat durch den Urheber selbst oder mit seiner Zustimmung im Wege der Veräußerung in den Verkehr gebracht worden ist (Erschöpfungsgrundsatz)[414].
Ob eine Tonträgerveräußerung als Inverkehrbringen des Tonträgers anzusehen ist, bestimmt sich nach den Interessen des Urhebers, wie sie in den Bedingungen des Lizenzvertrages ihren Ausdruck finden[415]. Im Rahmen der internationalen Urheberrechtslizenzierung auf der Grundlage des BIEM/IFPI-Normalvertrages betrifft dies die Urhebervergütung nach den rechtlichen Bedingungen und wirt-

412 Rs 55 und 57/80 *Musik-Vertrieb membran ./. GEMA* Slg 1981, 147, 162 Rn 12, 13; Rs 158/86 *Warner Brothers und Metronome Video ./. Erik Viuff Christiansen* Slg 1988, 2605, 2629 Rn 13.

413 Rs 55 und 57/80 *Musik-Vertrieb membran ./. GEMA* Slg 1981, 147, 161 Rn 9.

414 Rs 78/70 *Deutsche Grammophon ./. Metro-SB-Großmärkte* Slg 1971, 487, 500 Rn 1; Rs 55 und 57/80 *Musik-Vertrieb membran ./. GEMA* Slg 1981, 147, 161 Rn 10.

415 S.o. II 2 d) cc).

schaftlichen Verhältnissen (Händlerabgabepreis) im Bestimmungsland[416]. Eine Lieferung zwischen Konzernunternehmen bringt einen Tonträger im Zweifel nicht in den Verkehr[417].

Der Erschöpfungsgrundsatz gilt unabhängig davon, ob der Mitgliedstaat des ersten Inverkehrbringens einen hohen Schutz, einen niedrigen Schutz oder überhaupt keinen Schutz des Urhebers gewährt[418]. Maßgeblich ist aber stets die freiwillige Zustimmung des Urhebers zum Inverkehrbringen des Tonträgers in einem Mitgliedstaat mit gegebenenfalls niedrigem Schutzniveau. Eine Reduzierung des Urheberrechtsschutzes der einzelnen Mitgliedstaaten auf das niedrigste Niveau, das innerhalb der Gemeinschaft vorhanden ist, folgt aus dem Erschöpfungsgrundsatz nicht.

Wird das Werk direkt oder indirekt in wiederholbarer Weise mittels Tonträger der Öffentlichkeit zugänglich gemacht (Wiedergabe oder Senden des Werks durch Abspielen von Tonträgern, Vermieten und Verleihen von Tonträgern etc.), so hat der Urheber im Rahmen der jeweiligen mitgliedstaatlichen Gesetzgebung das Recht, jeden einzelnen Akt der Zugänglichmachung zu untersagen bzw. hierfür eine Vergütung zu verlangen[419]. Dieses Recht erlischt nicht durch das Inverkehrbringen eines Tonträgers, und zwar selbst dann nicht, wenn der Mitgliedstaat des erstmaligen Inverkehrbringens das betroffene Recht nicht oder nicht im selben Umfang schützt[420].

B. Die Wettbewerbsregeln

Neben den Vorschriften über den freien Warenverkehr sind die Wettbewerbsregeln (Artikel 85 ff EGV) von maßgeblicher Bedeutung für die Praxis der Urheberrechtslizenzierung. Einschneidende Auswirkungen haben Verfahren der Kommission gehabt (hierzu Kapitel **(5)**). Im Gegensatz zur Kommissionspraxis zeigt die Rechtsprechung des EuGH die Tendenz, das herkömmliche Lizenzierungssystem, insbesondere die territoriale Aufgabenteilung zwischen den nationalen Verwertungsgesellschaften, zu stützen.

Zweck der Wettbewerbsregeln ist es, den von Artikel 2, 7a EGV geforderten Binnenmarkt vor wettbewerbswidrigen Beschränkungen seitens privater Unter-

---

416 S.o. II 2 d) cc) α).

417 S.o. II 2 d) cc) β).

418 Rs 55 und 57/80 *Musikvertrieb membran und K-tel International ./. GEMA* Slg 1981, 147, 165 Rn 24, 25; Rs 187/80 *Merck ./. Stephar und Exler* Slg 1981, 2063, 2082 Rn 14; Rs 341/87 *EMI Electrola ./. Patricia Im- und Export* Slg 1989, 79, 97 Rn 14; Rs 19/84 *Pharmon ./. Hoechst* Slg 1985, 2281, 2298 Rn 26, s. Darstellung oben unter **(3)** A III 2 c) bb).

419 Rs 262/81 *Coditel ./. Ciné-Vog Films* Slg 1982, 3381, 3401 Rn 12; Rs 158/86 *Warner Brothers und Metronome Video ./. Erik Viuff Christiansen* Slg 1988, 2605, 2629 Rn 13, 15, Rs 395/87 *Ministère Public ./. Tournier* Slg 1989, 2521, 2570 f Rn 11 - 13; Rs 402/85 *Basset ./. SACEM* Slg 1987, 1747, 1768 f Rn 17.

420 Rs 158//86 *Warner Brothers und Metronome Video ./. Erik Viuff Christiansen* Slg 1988, 2605, 2630 Rn 17, 18; Rs 402/85 *Basset ./. SACEM* Slg 1987, 1747, 1768, 1769 Rn 17; Rs 270/86 *J. Cholay und Société "Bizon's Club" ./. SACEM* Slg 1990, 4607, 4610; Rs 395/87 *Ministère Public ./. Tournier* Slg 1989, 2521, 2571 Rn 13.

nehmen (und der Mitgliedstaaten) zu schützen. Die Wettbewerbsregeln dienen damit unmittelbar der Errichtung eines Systems, das den Wettbewerb innerhalb des Gemeinsamen Marktes vor Verfälschungen schützt, wie es in Artikel 3 g) EGV vorgesehen ist. Da der Binnenmarkt nach dem Leitbild des EGV durch grenzüberschreitenden Wettbewerb gekennzeichnet sein soll, dienen die Wettbewerbsregeln darüber hinaus zugleich der Errichtung des Binnenmarktes selbst und der Gewährleistung seines ordnungsgemäßen Funktionierens. Damit tragen die Wettbewerbsregeln zur Erreichung der Integrationsziele der Gemeinschaft[421] gemäß Artikel 2 EGV (wirtschaftlicher Zusammenhalt zwischen den Mitgliedstaaten etc.) bei.[422]

Die Besonderheit des Verhältnisses zwischen den Wettbewerbsregeln und dem Schutz geistigen Eigentums besteht in den jeweiligen Funktionen dieser Regelungsbereiche: Das Wettbewerbsrecht dient dem Schutz der Wettbewerbsfreiheit der Marktteilnehmer. Im Gegensatz hierzu beschränkt geistiges Eigentum den Wettbewerb zugunsten des Erfinders oder Urhebers einer Leistung im Hinblick auf die Nutzung dieser Leistung. Die Nutzung bleibt dem Erfinder/Urheber vorbehalten. Damit soll diesem die Kontrolle über die Nutzung und eine Gewinnchance als Vergütung für seine Leistung garantiert werden. Das Urheberrecht ist eine gesetzliche Wettbewerbsbeschränkung zu Lasten potentieller Werknutzer. Es steht damit in einem Spannungsverhältnis zum Wettbewerbsrecht.

Zugleich dient aber das rechtliche Monopol des Schutzrechtsinhabers an der Nutzung seines Werkes dazu, im Bereich der Hervorbringung geistiger Leistungen (Innovationsebene) neuen Wettbewerb zu eröffnen: Die Ausgrenzung anderer Marktteilnehmer, die mit dem Nutzungsmonopol verbunden ist, sowie die Aussicht auf eine eigene monopolistische Gewinnchance bilden Anreize für die anderen Marktteilnehmer, eigene schöpferische Leistungen zu erbringen[423].

Auf dem Hintergrund des vielschichtigen Verhältnisses zwischen den Zielen des Wettbewerbsrechts einerseits und dem Zweck des Urheberrechts andererseits muß die Anwendung der europäischen Wettbewerbsregeln auf die Urheberrechtslizenzierung gesehen werden.

Die für die Urheberrechtslizenzierung hauptsächlich relevanten Vorschriften des europäischen Wettbewerbsrechts sind Artikel 85 und 86 EGV. Artikel 85 EGV erklärt wettbewerbswidrige Vereinbarungen zwischen zwei oder mehr Unternehmen für nichtig, während Artikel 86 EGV den Mißbrauch einer marktbeherrschenden Stellung auf dem Gemeinsamen Markt durch ein oder mehrere Unternehmen untersagt.

---

421 S.o. **(2)** C.

422 Zum Ganzen *Groeben/Thiesing/Ehlermann - Schröter* Vorbem. zu Art 85 - 94 Rn 9 - 15; *Dauses - Emmerich* H I 5, *Grabitz/Hilf - Koch* vor Artikel 85 Rn 1; *Gleiss/Hirsch* Einl A Rn 15 ff.

423 *Groeben/Thiesing/Ehlermann - Sucker* Art 85 Rn 431 ff; *Grabitz/Hilf - Koch* Artikel 85 Rn 197 f; *Joliet* GRUR 1992, 240; *Schricker* GRUR 1992, 242, 245, 246; Kommission der Europäischen Gemeinschaften KOM (90) 584 endg. Mitteilung der Kommission "Initiativen zum Grünbuch - Arbeitsprogramm der Kommission auf dem Gebiet des Urheberrechts und der verwandten Schutzrechte", Brüssel, den 17.1.1991, S. 2 f Ziff. 1.3; Kommission der Europäischen Gemeinschaften KOM (95) 382 endg. "Grünbuch Urheberrecht und verwandte Schutzrechte in der Informationsgesellschaft", Brüssel, den 19.7.1995, S. 11 f Ziff. 16, 17.

Im Zusammenhang mit der Urheberrechtslizenzierung haben vorwiegend die Existenz von Verwertungsgesellschaften mit beherrschender Stellung in ihren jeweiligen Heimatländern sowie die internationale Vernetzung dieser Gesellschaften durch die Gegenseitigkeitsverträge Anlaß zu wettbewerbsrechtlichen Entscheidungen des EuGH gegeben. Die bisher wichtigsten Urteile ergingen im Zusammenhang mit den bereits erwähnten *SACEM*-Fällen. Diese Urteile sind im vorigen Kapitel unter dem Aspekt des freien Warenverkehrs abgehandelt worden und werden nun auf ihre wettbewerbsrechtliche Bedeutung untersucht (unten III). Zuvor werden die allgemeinen Grundsätze dargelegt, die für die Anwendung des europäischen Wettbewerbsrechts auf die Urheberrechtslizenzierung gelten (I). Mit Rücksicht auf die Problematik territorial beschränkter Urheberrechtslizenzen und der territorialen Beschränkung der Gegenseitigkeitsverträge der Verwertungsgesellschaften werden die allgemeinen Grundsätze erläutert, die der EuGH zu territorial beschränkten Lizenzvereinbarungen entwickelt hat (unten II).

I. Allgemeine Grundsätze für die Anwendung der Wettbewerbsregeln auf die Urheberrechtslizenzierung

In einer Reihe von Entscheidungen hat der EuGH Gelegenheit gehabt, zur Anwendung der Artikel 85 ff EGV auf die Lizenzierung von Urheberrechten Stellung zu nehmen[424]. Die Grundsätze, die das Gericht in diesen sowie in vergleichbaren Entscheidungen hinsichtlich anderer Schutzrechte des geistigen Eigentums aufgestellt hat, werden im folgenden erläutert, soweit sie für die Urheberrechtslizenzierung für Tonträger von Bedeutung sind:

1. Unternehmenseigenschaft von Urhebern und Verwertungsgesellschaften

Artikel 85 und 86 EGV richten sich an "Unternehmen" (oder "Unternehmensvereinigungen"). Ein Unternehmen ist nach dem maßgeblichen funktionalen Unternehmensbegriff jede Einheit personeller, materieller und immaterieller Faktoren, die eine wirtschaftliche Tätigkeit ausübt, d.h. auf Dauer einen wirtschaftlichen Zweck verfolgt, und zwar unabhängig von der Rechtsform, Zusammensetzung und Finanzierung der Einheit[425]. Der einzelne Urheber ist ein Unternehmen jedenfalls dann, wenn er seine Werke auf dem Markt verwertet[426].

424 Zuletzt in den Rechtssachen 241 und 242/91 *Radio Telefis Eireann und Independent Television Publications ./. Kommission* Slg 1995 I-743, GRUR Int. 1995, 490.

425 Rs 17 und 20/61 *Klöckner-Werke und Hoesch ./. Hohe Behörde* Slg 1962, 653, 687; Rs 19/61 *Mannesmann ./. Höhe Behörde* Slg 1962, 717, 750; Rs 170/83 *Hydrotherm Gerätebau ./. Compact del Dott. Ing. Mario Andreoli & C.sas* Slg 1984, 2999, 3016 Rn 11; Rs C-41/90 *Höfner und Elser ./. Macrotron* Slg 1991, I-1979, 2016 Rn 21, EuZW 1991, 349, 350 Rn 21; *Groeben/Thiesing/Ehlermann - Schröter* Vorbem. zu Art 85 - 89 Rn 11; *Dauses - Emmerich* H I 62; *Grabitz/Hilf - Koch* Artikel 85 Rn 7.

426 *Dauses - Emmerich* H I 62; *Grabitz/Hilf - Koch* Art 85 Rn 7; für ausübende Künstler s. 8. Bericht über die Wettbewerbspolitik (1978) S. 108 Ziff. 129; s.a. für einen Erfinder: Entscheidung der Kommission vom 2. Dezember 1975 betreffend ein Verfahren nach Artikel 85 des EWG-Vertrages (IV/26.949 AOIP/Beyrard) ABl. EG Nr. L 6 vom 13.1.1976, S. 8, 12.

Auch die Verwertungsgesellschaften sind Unternehmen[427], und zwar selbst dann, wenn sie im Einzelfall öffentlich-rechtlich organisiert sein sollten[428], da der kartellrechtliche Unternehmensbegriff auch öffentliche Unternehmen erfaßt[429]. Aus dem weiten Unternehmensbegriff des europäischen Kartellrechts ergibt sich, daß alle an der Urheberrechtslizenzierung Beteiligten den Wettbewerbsregeln unterliegen.

2. Zwischenstaatlichkeitsklausel

Artikel 85 und 86 EGV setzen jeweils voraus, daß das untersagte wettbewerbswidrige Verhalten geeignet ist, den Handel zwischen Mitgliedstaaten zu beeinträchtigen. Dieses Tatbestandsmerkmal (sog. Zwischenstaatlichkeitsklausel) dient dazu, den Anwendungsbereich des europäischen Kartellrechts von demjenigen der nationalen Kartellrechte abzugrenzen[430].

a) "Handel"

Soweit ein Verhalten im Zusammenhang mit der Lizenzierung von Urheberrechten geeignet ist, den Handel mit Tonträgern zwischen den Mitgliedstaaten zu beeinträchtigen, ist der Anwendungsbereich der Artikel 85, 86 EGV eröffnet. Darüber hinaus sind trotz der Wortwahl "Handel" in Artikel 85 und 86 EGV die Wettbewerbsregeln auch auf Wettbewerbsbeschränkungen im Dienstleistungsbereich anwendbar[431]. Zu den Dienstleistungen, die von den Artikeln 85 ff EGV erfaßt werden, gehören die Lizenzierung von Urheberrechten oder Leistungsschutzrechten und alle sonstigen Aktivitäten im Zusammenhang mit der Verwertung dieser Rechte[432].

Demnach sind der Abschluß von Lizenzverträgen und andere Maßnahmen der Urheberrechtsverwertung seitens der Urheber und der Verwertungsgesellschaften sowie Maßnahmen der Tonträgerhersteller ausnahmslos den Wettbewerbsregeln

---

427 Rs 22/79 *Greenwich Film Production ./. SACEM und Société des Éditions Labrador* Slg 1979, 3275, 3288 Rn 10; *Grabitz/Hilf - Koch* Art 85 Rn 7.

428 Die Verwertungsgesellschaften der gegenwärtigen Gemeinschaft sind nicht als öffentlich-rechtliche Unternehmen organisiert, s. *Karnell* GRUR Int. 1991, 583.

429 *Groeben/Thiesing/Ehlermann - Schröter* Vorbem zu Art 85 - 89 Rn 14; *Grabitz/Hilf - Koch* Art 85 Rn 8; *Dauses - Emmerich* H I 63; *Gleiss/Hirsch* Art 85 Rn 32.

430 Rs 56 und 58/64 *Grundig ./. Consten* Slg 1966, 321, 389; Rs 6 und 7/73 *Istituto Chemioterapico Italiano und Commercial Solvents ./. Kommission* Slg 1974, 223, 253 Rn 31; Rs 22/78 *Hugin Kassaregister und Hugin Cash Register ./. Kommission* Slg 1979, 1869, 1899 Rn 17; *Groeben/Thiesing/Ehlermann - Schröter* Art 85 Rn 139; *Dauses - Emmerich* H I 22; *Grabitz/Hilf - Koch* Art 85 Rn 88, 89; *Gleiss/Hirsch* Art 85 Rn 230.

431 Rs 172/80 *Züchner ./. Bayerische Vereinsbank* Slg 1981, 2021, 2032 Rn 18; Rs 22/79 *Greenwich Film Production ./. SACEM* Slg 1979, 3275, 3288 Rn 11; *Grabitz/Hilf - Koch* Art 85, Rn 90; *Gleiss/Hirsch* Art 85, 231; *Groeben/Thiesing/Ehlermann - Schröter* Art 85 Rn 140.

432 Rs 127/73 *BRT ./. SABAM* Slg 1974, 313, 316 Rn 8; Rs 22/79 *Greenwich Film Production ./. SACEM* Slg 1979, 3275, 3288 Rn 11; Rs 262/81 *Coditel ./. Ciné-Vog Films (= "Coditel II")* Slg 1982, 3381, 3401 Rn 14; Rs 7/82 *GVL ./. Kommission* Slg 1983, 483, 505 Rn 38; Rs 110, 241, 242/88 *Lucazeau u.a. ./. SACEM u.a.* Slg 1989, 2811, 2831 Rn 25; Rs 395/87 *Ministère Public ./. Tournier* Slg 1989, 2521, 2577 Rn 38.

unterworfen. Erforderlich ist nur, daß die Maßnahmen geeignet sind, den zwischenstaatlichen Tonträgerhandel oder zwischenstaatliche Dienstleistungen bei der Urheberrechtsverwertung zu beeinträchtigen:

b) Eignung zur Beeinträchtigung des Handels zwischen den Mitgliedstaaten

Nach der Rechtsprechung des EuGH ist ein wettbewerbsbeschränkendes Verhalten im Sinne der Artikel 85, 86 EGV geeignet, den Handel zwischen den Mitgliedstaaten zu beeinträchtigen, wenn anhand einer Gesamtheit objektiver rechtlicher oder tatsächlicher Umstände mit hinreichender Wahrscheinlichkeit vorauszusehen ist, daß das Verhalten umittelbar oder mittelbar, tatsächlich oder der Möglichkeit nach den Wirtschaftsverkehr zwischen den Mitgliedstaaten beeinträchtigen kann[433]. Diese weite Definition eröffnet einen umfassenden Anwendungsbereich für das europäische Wettbewerbsrecht. Wettbewerbsbeschränkungen, die sich aus dem System internationaler Urheberrechtslizenzierung mit seiner territorialen Zuständigkeitsaufteilung zwischen den nationalen Verwertungsgesellschaften und seiner territorialen Aufspaltung der Lizenzbedingungen (Bestimmungslandprinzip) ergeben können, erfüllen stets die Zwischenstaatlichkeitsklausel:

Soweit Wettbewerbsbeschränkungen sich aus einer Vereinbarung zwischen Unternehmen mit Sitz in verschiedenen Mitgliedstaaten ergeben, folgt die Möglichkeit der Beeinträchtigung des innergemeinschaftlichen Handels bereits daraus, daß die Vereinbarung Auswirkung auf die Möglichkeit der beteiligten Unternehmen hat, jeweils bestimmte Tätigkeiten im anderen Mitgliedstaat aufzunehmen[434]. Damit sind ohne weiteres die verschiedenen Formen der Kooperation der Verwertungsgesellschaften untereinander (insbesondere Gegenseitigkeitsverträge) mit ihrer territorialen Arbeitsteilung im vollen Umfang dem europäischen Wettbewerbsrecht unterworfen.

Aber auch soweit Lizenzvereinbarungen zwischen Unternehmen mit Sitz und Tätigkeitsbereich im selben Mitgliedstaat betroffen sind, z.B. zwischen einer deutschen Verwertungsgesellschaft und einem ausschließlich in Deutschland produzierenden Tonträgerhersteller, unterfallen sie der Zwischenstaatlichkeitsklausel: Nach dem EuGH ist ausreichend, daß die Vereinbarung nur mittelbar und nur potentiell den Wirtschaftsverkehr zwischen den Mitgliedstaaten beeinträchtigen kann, z.B. durch Rückwirkungen auf Importe oder Exporte[435]. Lizenz-

---

433 Ständige Rechtsprechung Rs 56/65 *Société minière technique ./. Maschinenbau Ulm* Slg 1966, 281, 303; Rechtssachen 241 und 242/91 *Radio Telefis Eireann und Independent Television Publications ./. Kommission* Slg 1995 I-743, 828 Rn 69; GRUR Int. 1995, 490, 494 Rn 69; Rs 27/87 *Erauw-Jacquery ./. La Hesbignonne* Slg 1988, 1919, 1939 f Rn 14; *Dauses - Emmerich* H I 23 m.w.N.; *Groeben/Thiesing/Ehlermann - Schröter* Art 85 Rn 142; *Grabitz/Hilf - Koch* Art 85 Rn 91 f; *Gleiss/Hirsch* Art 85 Rn 233.

434 Rs 161/84 *Pronuptia de Paris ./. Pronuptia de Paris Irmgard Schillgalis* Slg 1986, 353, 384 Rn 26; Rs 42/84 *Remia ./. Kommission* Slg 1985, 2545, 2572, Rn 22; *Groeben/Thiesing/Ehlermann - Schröter* Art 85 Rn 145.

435 Rs 126/80 *Salonia ./. Poidomani und Giglio* Slg 1981, 1563, 1578 f Rn 14 f; Rs 246/86 *Belasco u.a. ./. Kommission* Slg 1989, 2181, 2190 f Rn 33 ff; Rs 240/82 *Stichting Sigaretten Industrie u.a. ./. Kommission* Slg 1985, 3831, 3874 Rn 49 f; Rs 71/74 *FRUBO* Slg 1975, 563, 584 Rn 37/38; Rs

vereinbarungen zwischen einer Verwertungsgesellschaft und einem Tonträgerhersteller nehmen stets in der einen oder anderen Form mittelbar oder unmittelbar Einfluß auf die Vertriebsbedingungen für Tonträger. Da Tonträger immer Gegenstand eines grenzüberschreitenden Warenaustausches sein können, wirken sich die Lizenzvereinbarungen stets potentiell auf den innergemeinschaftlichen Handel aus.

3. *Verhältnis von Urheberrecht und Wettbewerbsregeln: Anerkennung des Urheber-Monopols*

Nationales Urheberrecht gewährt dem Urheber ausschließliche Rechte im Hinblick auf die wirtschaftliche Nutzung seines Werkes. Dem Urheberrechtsinhaber wird damit von Rechts wegen ein wettbewerblicher Vorsprung - ein Monopol - vor anderen Marktteilnehmern eingeräumt. Dieser Vorsprung beeinträchtigt zwangsläufig den Wettbewerb auf dem Markt für die Verwertung des betroffenen Werkes, da die Nutzung des Werkes dem Urheberrechtsinhaber bzw. seinen Lizenznehmern vorbehalten ist.
Trotz dieser unbestreitbar wettbewerbsbeschränkenden Wirkung des Urheberrechts sind weder der Erwerb oder die Inhaberschaft ausschließlicher Urheberrechte noch die bloße Ausübung dieser Befugnisse als solche eine Verletzung der Wettbewerbsregeln[436]. Das europäische Gemeinschaftsrecht verfolgt nicht den Zweck, die urheberrechtlichen Befugnisse, welche nationales Recht gewährt, durch Anwendung der Wettbewerbsregeln faktisch auszuhebeln. Das ergibt sich aus den Artikeln 36, 222 EGV, die auch im Rahmen der Wettbewerbsregeln zu berücksichtigen sind. Nach dem EuGH enthält Artikel 36 EGV einen allgemeinen Rechtsgedanken, der nicht nur im Bereich des Rechts des freien Warenverkehrs anzuwenden ist, sondern generell im Gemeinschaftsrecht Geltung beansprucht[437].

42/84 *Remia ./. Kommission* Slg 1985, 2545, 2572, Rn 23; *Groeben/Thiesing/Ehlermann - Schröter* Art 85 Rn 146.

436 Rs 78/70 *Deutsche Grammophon ./. Metro-SB-Großmärkte* Slg 1971, 487, 501 Rn 16; Rs 402/85 *Basset ./. SACEM* Slg 1987, 1747, 1769, Rn 18; Rs C-241/91 P und C-242/91 P *Radio Telefis Eireann und Independent Television Publications ./. Kommission*, Slg 1995 I-743, 822 f Rn 46, 48-50, GRUR Int. 1995, 490, 492 f Rn 46, 48 - 50; für das Patent: Rs 24/67 *Parke, Davis ./. Probel u.a.* Slg 1968, 85, 113; für das Warenzeichen: Rs 51/76 *EMI ./.CBS United Kingdom* Slg 1976, 811, 850 f Rn 25/29, 36, 37; Rs 86/75 *EMI Records ./. CBS Grammofon* Slg 1976, 871, 908 f Rn 22/26, 33, 34; Rs 40/70 *Sirena ./. Eda* Slg 1971, 69, 83 Rn 9; für das Geschmacksmuster: Rs 144/81 *Keurkoop ./. Nancy Kean Gifts* Slg 1982, 2853, 2873 Rn 27; Rs 238/87 *Volvo ./. Veng* Slg 1988, 6211, 6235 Rn 8, 9; Rs 53/87 *Consorzio italiano della componentistica di ricambio per autoveicoli und Maxicar ./. Régie nationale des usines Renault* Slg 1988, 6039, 6072 Rn 15; für das Sortenschutzrecht: Rs 258/78 *L.C. Nungesser KG und Kurt Eisele ./. Kommission* Slg 1982, 2015, 2061 Rn 28.

437 Rs 40/70 *Sirena ./. Eda* Slg 1971, 69, 81f Rn 5; Rs 24/67 *Parke, Davis ./. Probel u.a.* Slg 1968, 85, 111, 112f; Rs 402/85 *Basset ./. SACEM* Slg 1987, 1747, 1769 Rn 18; s.a. EuG Rs T-69/89 *Radio Telefis Eireann ./. Kommission* Slg 1991 II-485, 518 Rn 67, IIC 1993, 83, 91 Rn 67; Rs T-70/89 *British Broadcasting Corporation u.a. ./. Kommission* Slg 1991 II-535, 562 Rn 54, GRUR Int 1993, 316, 320 Rn 54, EuZW 1993, 190, 192 Rn 54; Rs T-76/89 *Independent Television Publications ./. Kommission* Slg 1991, II-575, 600, Rn 52; *Dauses - Ullrich/Konrad* C III 42; *Groeben/Thiesing/Ehlermann - Sucker* Art 85 - Fallgruppen Rn 431 ff; anders noch Rs 56 und 58/64 *Consten und Grundig ./. Kommission* Slg 1966, 321, 394.

Die Wettbewerbsregeln sollen demnach nicht im Interesse gemeinschaftsweiter Wettbewerbsfreiheit zur faktischen Beseitigung urheberrechtlicher Befugnisse führen, nur weil die Existenz und Ausübung dieser Rechte (notwendigerweise) wettbewerbswidrige Auswirkungen haben. Denn das würde der Abschaffung des Urheberrechts gleichkommen. Stattdessen erkennt das Gemeinschaftsrecht das ausschließliche Recht, d.h. das Monopol des Urhebers an der Verwertung seines Werkes an. Dies hat der EuGH in mehreren Entscheidungen ausdrücklich festgehalten[438].

Das Wettbewerbsrecht gewährleistet die Freiheit der Marktteilnehmer nur gegenüber einer Ausübung urheberrechtlicher Befugnisse, die aufgrund besonderer Umstände als mißbräuchlich erscheint, weil sie über die legitimen Zwecke hinausgeht, die das Urheberrecht durch die Verleihung dieser Befugnisse anerkennt. Das Wettbewerbsrecht setzt dem Urheberrecht Schranken dort, wo das Monopolrecht zu einer Beschränkung des Wettbewerbs genutzt wird, die mit dem Zweck des Urheberrechts nicht mehr zu rechtfertigen ist.

Der Umstand, daß die Wettbewerbsregeln die urheberrechtlichen Ausschließlichkeitsrechte grundsätzlich anerkennen, hat folgende Auswirkungen auf die Anwendung der Artikel 85 und 86 EGV im Bereich der Urheberrechtslizenzierung:

a) Artikel 85 EGV: Lizenzvereinbarungen als schlichte Ausübung des Urheberrechts nicht kartellrechtswidrig

Ein Lizenzvertrag, durch den ein Urheberrechtsinhaber einem Lizenznehmer das Recht auf Nutzung des Werkes einräumt, stellt für sich genommen noch keine Vereinbarung zur Verhinderung, Einschränkung oder Verfälschung des Wettbewerbs im Sinne des Artikels 85 EGV dar, etwa weil durch die Lizenz dem Lizenznehmer gegenüber anderen Marktteilnehmern ein wettbewerblicher Vorsprung eingeräumt wird. Die Lizenzvergabe selbst ist zunächst eine Form der schlichten Ausübung des durch nationale Gesetzgebung gewährten Ausschließlichkeitsrechts[439]. Das gilt auch dann, wenn der Lizenzvertrag auf Urheberseite durch eine Verwertungsgesellschaft mit beherrschender Stellung abgeschlossen wird, denn nach dem EuGH verfolgen die Verwertungsgesellschaften ein recht-

---

438 Rs C-241/91 P und C 242/91 P *Radio Telefis Eireann und Independent Television Publications ./. Kommission* Slg 1995 I-743, 823 Rn 49, GRUR Int. 1995, 490, 493 Rn 49; Rs 341/87 *EMI Electrola ./. Patricia Im- und Export* Slg 1989, 79, 95 Rn 7; Rs 158/86 *Warner Brothers und Metronome Video ./. Erik Viuff Christiansen* Slg 1988, 2605, 2629 Rn 13; Rs 78/70 *Deutsche Grammophon ./. Metro-SB-Großmärkte* Slg 1971, 487, 501 Rn 16; für Urheberrecht, Patent, Geschmacksmuster und Warenzeichen zusammenfassend: Rs 144/81 *Keurkoop ./. Nancy Kean Gifts* Slg 1982, 2853, 2870 Rn 14; ferner für das Geschmacksmuster Rs 238/87 *Volvo ./. Veng* Slg 1988, 6211, 6235 Rn 8; Rs 53/87 *Consorzio italiano della componentistica di ricambio per autoveicoli und Maxicar ./. Régie nationale des usines Renault* Slg 1988, 6039, 6071 Rn 11; für das Urheberrecht s.a. EuG Rs T-70/89 *British Broadcasting Corporation u.a. ./. Kommission* Slg 1991 II-535, 563 Rn 58, GRUR Int 1993, 316, 321 Rn 58, EuZW 1993, 190, 192 Rn 58; Rs T-69/89 *Radio Telefis Eireann ./. Kommission* Slg 1991 II-485, 519 Rn 70; Rs T-76/89 *Independent Television Publications ./. Kommission* Slg 1991, II-575, 601 Rn 55

439 Rs 55 und 57/80 *Musik-Vertrieb membran und K-tel International ./. GEMA* Slg 1981, 147, 161 Rn 9; Rs 395/87 *Ministère Public ./. Tournier* Slg 1989, 2521, 2575 Rn 31; für das Patentrecht: Rs 15/74 *Centrafarm ./.Sterling Drug* Slg 1974, 1147, 1163 Rn 9.

mäßiges Ziel, wenn sie die Rechte und Interessen der Urheber gegenüber Nutzern urheberrechtlich geschützter Werke wahrnehmen[440].

Artikel 85 EGV ist erst dann einschlägig, wenn der Lizenzvertrag **Gegenstand, Mittel oder Folge einer Kartellabsprache** ist[441]. Es müssen also qualifizierende Umstände zu der bloßen Einräumung eines Nutzungsrechtes treten, aufgrund welcher die Lizenzerteilung als Element einer Verhinderung, Einschränkung oder Verfälschung des Wettbewerbs innerhalb des Gemeinsamen Marktes erscheint. Das kann namentlich der Fall sein, wenn die Lizenzbedingungen so ausgestaltet sind, daß hierdurch eine gebietsmäßige Marktaufteilung zwischen Unternehmen arrangiert wird: Ein Lizenzvertrag kann sowohl Mittel als auch Folge einer wettbewerbswidrigen Kartellabsprache sein, wenn die Lizenz Beschränkungen der Handlungsfreiheit von Lizenzgeber, Lizenznehmer oder von anderen Lizenznehmern enthält, mittels welcher eine territoriale Marktaufteilung zwischen Lizenzgeber und Lizenznehmer oder zwischen mehreren Lizenznehmern bewirkt wird.

Im Zusammenhang mit der Urheberrechtslizenzierung kommen für eine solche Marktaufteilung die Gegenseitigkeitsverträge zwischen den Verwertungsgesellschaften in Betracht[442]. Wie erläutert[443] sind die Gegenseitigkeitsverträge über das mechanische Recht im Hinblick auf die Vergabe des Vervielfältigungsrechts territorial beschränkt. Diese territoriale Beschränkung verfestigt die territoriale Aufteilung der Zuständigkeiten der Verwertungsgesellschaften für ihre jeweiligen Verwaltungsgebiete. Jede Verwertungsgesellschaft kann die Vervielfältigung des Weltrepertoires vorbehaltlich der Lohnpressung nur in ihrem jeweiligen Verwaltungsgebiet gestatten. Das Weltrepertoire kann im Ergebnis nur an Tonträgerhersteller mit Sitz im jeweiligen Verwaltungsgebiet vergeben werden.

Bei der Beurteilung, ob ein urheberrechtlicher Vertrag Gegenstand, Mittel oder Folge einer Kartellabsprache ist, muß allerdings stets berücksichtigt werden, daß nach dem EuGH eine Wettbewerbsbeschränkung erst dann angenommen werden kann, wenn die Bedingungen des Vertrages die Grenzen desjenigen überschreiten, was zur Erreichung des rechtmäßigen Zwecks der Wahrnehmung der Rechte und Interessen der Urheber unerläßlich ist. Nur wenn die Bedingungen durch andere ersetzt werden könnten, die gewährleisten, daß die Rechte und Interessen der Urheber in gleicher Weise voll gewahrt bleiben, kommt eine unzulässige

440 Rs 395/87 *Ministère Public ./. Tournier* Slg 1989, 2521, 2575 Rn 31; Rs 402/85 *Basset ./. SACEM* Slg 1987, 1747, 1769 Rn 18; Rs 127/73 *Belgische Radio en Televisie und Société Belge des Auteurs, Compositeurs et Editeurs ./. SABAM* Slg 1974, 313, 317 Rn 9/11.

441 Rs 78/70 *Deutsche Grammophon ./. Metro-SB-Großmärkte* Slg 1971, 487, 499 Rn 6; Rs 262/81 *Coditel ./. Ciné-Vog Films (= "Coditel II")* Slg 1982, 3381, 3401 Rn 14, 15; für das Patent: Rs 15/74 *Centrafarm und De Peijper ./. Sterling Drug* Slg 1974, 1147, 1167 f Rn 39/40; für das Geschmacksmuster: Rs 144/81 *Keurkoop ./. Nancy Kean Gifts* Slg 1982, 2853, 2873 Rn 27; für das Warenzeichen: Rs 40/70 *Sirena ./.Eda* Slg 1971, 69, 82 Rn 9; Rs 119/75 *Terrapin ./. Terranova* Slg 1976, 1039, 1062 Rn 6; Rs 51/76 *EMI ./.CBS United Kingdom* Slg 1976, 811, 850 Rn 25/29; Rs 86/75 *EMI Records ./. CBS Grammofon* Slg 1976, 871, 908 Rn 22/26; für das Sortenschutzrecht: Rs 258/78 *L.C. Nungesser KG und Kurt Eisele ./. Kommission* Slg 1982, 2015, 2061 Rn 28.

442 Dazu ausführlich unter III 2 a) 3 a) und IV.

443 S.o. **(3)** C I 1.

Wettbewerbsbeschränkung in Betracht[444]. Wenn die durch territoriale Beschränkungen bewirkte Marktaufteilung also unerläßlich ist, um die Rechte und Interessen der Urheber zu wahren, sind die sie stützenden Verträge nicht wettbewerbswidrig. Im Zusammenhang mit den Gegenseitigkeitsverträgen ist von Bedeutung, daß das Gemeinschaftsrecht das Monopol des Urhebers an der Verwertung seines Werkes respektiert. Die Zuständigkeitsaufteilung zwischen den Verwertungsgesellschaften nach nationalen Verwaltungsgebieten gewährleistet, daß die Urheberrechte am Weltrepertoire gegenüber potentiellen Nutzern stets in einer einzigen Hand verbleiben. Dies ist bei der kartellrechtlichen Prüfung der Gegenseitigkeitsverträge zu berücksichtigen (s. unten II 2 b cc, III 2 a und 3 a und IV).

b) Artikel 86 EGV - Ausübung urheberrechtlicher Befugnisse keine mißbräuchliche Ausnutzung einer beherrschenden Stellung

Der Grundsatz, nach welchem die vom Urheberrecht eingeräumten Monopolrechte und ihre Ausübung als solche nicht gegen die Wettbewerbsregeln verstoßen, gilt auch im Rahmen des Artikels 86 EGV:

aa) Die Inhaberschaft und Ausübung eines Urheberrechts verleiht als solche keine beherrschende Stellung

Nach der Rechtsprechung des EuGH hat ein Unternehmen eine beherrschende Stellung, wenn es über eine wirtschaftliche Machtstellung verfügt, die das Unternehmen in die Lage versetzt, die Aufrechterhaltung eines wirksamen Wettbewerbs auf dem relevanten Markt zu verhindern, indem sie ihm die Möglichkeit verschafft, sich seinen Wettbewerbern, seinen Abnehmern und schließlich den Verbrauchern gegenüber in einem nennenswerten Umfang unabhängig zu verhalten[445]. Der Inhaber eines Urheberrechts oder verwandten Schutzrechts hat nicht schon allein wegen dieser Rechtsposition oder aufgrund der Ausübung dieser Rechtsposition eine beherrschende Stellung auf dem Gemeinsamen Markt im Sinne des Artikels 86 EGV[446].
Das Monopol an der Nutzung eines bestimmten Werkes ist wirtschaftlich nicht immer mit einer marktbeherrschenden Stellung gleichzusetzen. Der Inhaber muß aufgrund seines Rechts sowie gegebenenfalls anderer Faktoren in der Lage sein, einen wirksamen Wettbewerb auf einem bedeutenden Teil des in Betracht kom-

---

444 Rs 395/87 *Ministère Public ./. Tournier* Slg 1989, 2521, 2575 Rn 31.

445 Rs 27/76 *United Brands Company und United Brands Continentaal ./. Kommission* Slg 1978, 207, 286 Rn 63/66; Rs 85/76 *Hoffmann-La Roche ./. Kommission* Slg 1979, 461, 520 Rn 38; Rs 31/80 *L'Oréal ./. PVBA "De Nieuwe Amck"* Slg 1980, 3775, 3793 Rn 26; Rs 322/81 *Nederlandsche Banden-Industrie Michelin ./. Kommission* Slg 1983, 3461, 3503 Rn 30, 3505 Rn 37; Rs 311/84 *Centre belge d'études de marché Télémarketing (CBEM) ./. Compagnie luxembourgeoise de télédiffusion (CLT) und SA Information publicité Benelux (IPB)* Slg 1985, 3261, 3275 Rn 16; Rs 30/87 *Bodson ./. Pompe funèbres des régions libérées* Slg 1988, 2507, 2514 Rn 26.

446 Rs 78/70 *Deutsche Grammophon ./. Metro-SB-Großmärkte* Slg 1971, 487, 501 Rn 16; Rs C-241/91 P und C-242/91 P *Radio Telefis Eireann und Independent Television Publications ./. Kommission* Slg 1995 I-743, 822 Rn 46, GRUR Int. 1995, 490, 492 Rn 46; für das Patentrecht: Rs 24/67 *Parke Davis ./. Proebel* Slg 1968, 85, 112; *Bellamy-Child* 8-028.

menden Marktes zu verhindern[447]. Das ist dann nicht der Fall, wenn potentielle Nutzer in der Lage sind, auf andere Anbieter auszuweichen[448].
Eine solche Substitution ist denkbar im Verhältnis zwischen einzelnen Urhebern und Tonträgerherstellern. Anderes gilt für das Verhältnis zwischen Tonträgerherstellern und Verwertungsgesellschaften[449].

bb) Ausübung eines Urheberrechts nicht ohne weiteres Mißbrauch einer beherrschenden Stellung gemäß Artikel 86 EGV

Auch wenn eine beherrschende Stellung des Urheberrechtsinhabers besteht, ist die Ausübung des Urheberrechts seitens dieses Marktbeherrschers nicht ohne weiteres eine mißbräuchliche Ausnutzung der beherrschenden Stellung nach Artikel 86 EGV[450]. Es bedarf des Nachweises mißbräuchlicher Praktiken, die über die reine Ausübung der urheberrechtlichen Befugnisse und das zur Wahrnehmung dieser Befugnisse Erforderliche hinausgehen. Solche Praktiken können die Erzwingung unangemessener Bedingungen in Lizenzverträgen, die Inanspruchnahme übermäßiger Lizenzgebühren, sachlich nicht gerechtfertigte Koppelungen in Lizenzverträgen oder sonstige unangemessene Behinderungen sein[451].
Auch im Hinblick auf die gänzliche Verweigerung einer Lizenz durch ein Unternehmen mit beherrschender Stellung hat der EuGH festgestellt, daß diese Weigerung grundsätzlich eine zulässige Form ist, das gesetzlich gewährleistete urheberrechtliche Monopol auszuüben[452]. Das ausschließliche Recht beinhalte gerade die Möglichkeit, eine Lizenz - auch gegen angemessene Vergütung - zu verweigern[453]. Nur unter "außergewöhnlichen Umständen" könne die Weigerung eine mißbräuchliche Ausübung der beherrschenden Stellung sein[454]. Im einschlägigen Fall betraf dies die vollständige Verhinderung des Absatzes eines neuen Erzeug-

447 Rs 78/70 *Deutsche Grammophon ./. Metro-SB-Großmärkte* Slg 1971, 487, 501 Rn 17; Rs C-241/91 P und C-242/91 P *Radio Telefis Eireann und Independent Television Publications ./. Kommission* Slg 1995 I-743, 823 Rn 47, GRUR Int. 1995, 490, 493 Rn 47; für das Patentrecht: Rs 24/67 *Parke Davis ./. Proebel* Slg 1968, 85, 113.

448 Rs 78/70 *Deutsche Grammophon ./. Metro-SB-Großmärkte* Slg 1971, 487, 501 Rn 17, 18.

449 Dazu sogleich unter 4 b).

450 Rs 402/85 *Basset ./. SACEM* Slg 1987, 1747, 1769, Rn 18; Rs C-241/91 P und C-242/91 P *Radio Telefis Eireann und Independent Television Publications ./. Kommission* Slg 1995 I-743, 823 Rn 49, GRUR Int. 1995, 490, 493 Rn 49; für das Geschmacksmuster: Rs 238/87 *Volvo ./. Veng* Slg 1988, 6211, 6235 Rn 8.

451 Rs 402/85 *Basset ./. SACEM* Slg 1987, 1747, 1769, Rn 18, 19; Rs 78/70 *Deutsche Grammophon ./. Metro-SB-Großmärkte* Slg 1971, 487, 501 Rn 19; für das Geschmacksmuster: Rs 238/87 *Volvo ./. Veng* Slg 1988, 6211, 6235 Rn 9; Rs 53/87 *Consorzio italiano della componentistica di ricambio per autoveicoli und Maxicar ./. Régie nationale des usines Renault* Slg 1988, 6039, 6073 Rn 16.

452 Rs C-241/91 P und C-242/91 P *Radio Telefis Eireann und Independent Television Publications ./. Kommission* Slg 1995 I-743, 823 Rn 49, GRUR Int. 1995, 490, 493 Rn 49.

453 Rs C-241/91 P und C-242/91 P *Radio Telefis Eireann und Independent Television Publications ./. Kommission* Slg 1995 I-743, 823 Rn 49, GRUR Int. 1995, 490, 493 Rn 49; für das Geschmacksmuster: Rs 238/87 *Volvo ./. Veng* Slg 1988, 6211, 6235 Rn 8.

454 Rs C-241/91 P und C-242/91 P *Radio Telefis Eireann und Independent Television Publications ./. Kommission* Slg 1995 I-743, 823 Rn 49, GRUR Int. 1995, 490, 493 Rn 50.

nisses, für das ein allgemeines Bedürfnis bei den Verbrauchern bestand (Artikel 86 Abs. 2 b EGV)[455].

Andererseits verstoßen Praktiken der Urheber und Verwertungsgesellschaften nach dem EuGH nicht gegen Artikel 86 EGV, wenn sie unerläßlich sind, um das rechtmäßige Ziel, die Rechte und Interessen der Urheber gegenüber den Werknutzern voll zu wahren[456]. Nur wenn auch mildere Maßnahmen gewährleisten, daß die Rechte und Interessen der Urheber voll gewahrt werden, kommt ein Mißbrauch in Betracht[457].

4. Kartellrechtliche Beurteilung der Verwertungsgesellschaften

In einer Reihe von Entscheidungen hatte der EuGH Gelegenheit, zur Rolle der Verwertungsgesellschaften und zu deren kartellrechtlicher Bewertung Stellung zu nehmen:

a) Anerkennung der Funktion der Verwertungsgesellschaften

Nach dem EuGH nehmen die Verwertungsgesellschaften eine rechtmäßige Aufgabe wahr, wenn sie die Rechte und Interessen der Urheber vertreten[458]. Verwertungsgesellschaften sind also nicht nach Artikel 85 EGV verbotene Kartelle, etwa in ihrer Eigenschaft als Vereinigungen der Urheber. Der EuGH erkennt an, daß für den einzelnen Urheber im Musikbereich ein praktisches Bedürfnis, wenn nicht sogar eine Notwendigkeit, besteht, sich einer Verwertungsgesellschaft anzuschließen[459]. Wegen dieser Abhängigkeit unterliegt das vertragliche Verhältnis zwischen Urheber und Verwertungsgesellschaft einer sorgfältigen kartellrechtlichen Kontrolle. Die Verwertungsgesellschaft muß aber laut EuGH nach außen hin über eine Stellung, verfügen, die ihr gegenüber bedeutenden Nutzern wie den Tonträgerherstellern das nötige Volumen und Gewicht verleiht, damit die Rechte und Interessen der Urheber gegenüber diesen Nutzern wirkungsvoll wahrgenommen werden können[460].

Die Verwertungsgesellschaften dürfen die Rechte ihrer Urheber-Mitglieder im vollen Umfang wahrnehmen, wie dies auch jeder einzelne Urheber hinsichtlich seiner individuellen Rechte darf[461]. Von dem Recht zur Ausübung der Urheberrechte sind keine Abstriche zu machen, weil die Verwertungsgesellschaften, an-

---

455 Rs C-241/91 P und C-242/91 P *Radio Telefis Eireann und Independent Television Publications ./. Kommission* Slg 1995 I-743, 823 Rn 51 - 57; GRUR Int. 1995, 490, 493 Rn 51 - 57.

456 Rs 395/87 *Ministère Public ./. Tournier* Slg 1989, 2521, 2575 Rn 31; Rs 402/85 *Basset ./. SACEM* Slg 1987, 1747, 1769 Rn 18.

457 Rs 395/87 *Ministère Public ./. Tournier* Slg 1989, 2521, 2579 Rn 45 in Verbindung mit Rn 31.

458 Rs 395/87 *Ministère Public ./. Tournier* Slg 1989, 2521, 2575 Rn 31; Rs 402/85 *Basset ./. SACEM* Slg 1987, 1747, 1769 Rn 18; Rs 127/73 *Belgische Radio en Televisie und Société Belge des Auteurs, Compositeurs et Editeurs ./. SABAM* Slg 1974, 313, 317 Rn 9/11.

459 Rs 127/73 *Belgische Radio en Televisie und Société Belge des Auteurs, Compositeurs et Editeurs ./. SABAM* Slg 1974, 313, 316 f Rn 6/8.

460 Rs 127/73 *Belgische Radio en Televisie und Société Belge des Auteurs, Compositeurs et Editeurs ./. SABAM* Slg 1974, 313, 317 Rn 9/11.

461 Rs 395/87 *Ministère Public ./. Tournier* Slg 1989, 2521, 2575 Rn 31.

ders als der einzelne Urheber, über eine gestärkte Marktstellung verfügen. Daß das ausschließliche Recht (Monopol) des Urhebers an der Nutzung seines Werkes vom Gemeinschaftsrecht anerkannt ist, muß daher auch berücksichtigt werden, wenn die Tätigkeit der Verwertungsgesellschaften und ihre Kooperation durch Gegenseitigkeitsverträge zu bewerten ist.

b) Verwertungsgesellschaften als Unternehmen mit beherrschender Stellung auf einem wesentlichen Teil des Gemeinsamen Marktes im Sinne des Artikels 86 EGV

Die Verwertungsgesellschaften für Urheberrechte an musikalischen Werken haben in dem jeweiligen Mitgliedstaat ihrer "Zuständigkeit" und für den von ihnen verwalteten Typ von Nutzungsrechten herkömmlicherweise ein zumeist faktisches Monopol[462]. Die Rechte aller Urheber sind mittels der Gegenseitigkeitsverträge in der Hand einer Verwertungsgesellschaft mit nationaler Monopolstellung vereint. Potentielle Nutzer haben herkömmlicherweise keine praktikable Möglichkeit, auf andere Verwertungsgesellschaften als die im Mitgliedstaat ihres Sitzes zuzugehen, wenn sie Lizenzen erhalten wollen. Dies gilt überwiegend auch heute noch, jedenfalls soweit es mittlere und kleine Tonträgerhersteller betrifft, da Verwertungsgesellschaften gegenüber diesen Tonträgerherstellern die Lizenzvergabe in aller Regel verweigern, wenn sie ihren Sitz nicht im Verwaltungsgebiet der Verwertungsgesellschaft haben. Die Monopolstellung von Verwertungsgesellschaften ist daher zum gegenwärtigen Zeitpunkt trotz des sich abzeichnenden Wettbewerbs noch zu bejahen.
Aus der Monopolstellung ergibt sich nach der Rechtsprechung des EuGH ohne weiteres, daß jede Verwertungsgesellschaft eine beherrschende Stellung auf dem Markt der Verwertung von Urheberrechten in ihrem jeweiligen Mitgliedstaat einnimmt[463]. An die weitere Voraussetzung nach Artikel 86 EGV, daß diese beherrschende Stellung sich auf den Gemeinsamen Markt oder einen wesentlichen Teil desselben bezieht, sind keine hohen Anforderungen zu stellen[464]. Der EuGH hat als wesentlichen Bestandteil des Gemeinsamen Marktes bereits den verhältnismäßig kleinen Mitgliedstaat Belgien angesehen und gelangte damit zur beherrschenden Stellung der belgischen Verwertungsgesellschaft SABAM[465]. Daraus ergibt sich, daß sämtliche Verwertungsgesellschaften in der Gemeinschaft im

---

462 S. Darstellung oben unter **(3)** A.

463 Vgl. Rs 127/73 *BRT ./. SABAM* Slg 1974, 51, 313, 316 Rn 5; Rs 7/82 *GVL ./. Kommission* Slg 1983, 483, 506 f Rn 44 f; Rs 402/85 *Basset ./. SACEM*, Slg 1987, 1747, 1769 Rn 19; Rs 395/87 *Ministère Public ./. Tournier* Slg 1989, 2521, 2568 ff Rn 6, 38; Rs 110, 241, 242/88 *Lucazeau ./. SACEM* und *SACEM ./. Debelle & Anor* Slg 1989, 2811, 2831 Rn 25; für sonstige Unternehmen mit Monopolstellung: Rs 155/73 *Strafverfahren gegen Sacchi* Slg 1974, 409, 430 f Rn 14 ff; Rs 26/75 *General Motors Continental ./. Kommission* Slg 1975, 1367, 1379 Rn 7/9; Rs 22/78 *Hugin Kassaregister und Hugin Cash Register ./. Kommission* Slg 1979, 1869, 1899 Rn 9, 10; Rs 226/84 *British Leyland ./. Kommission* Slg 1986, 3263, 3300 Rn 9; s.a. *Groeben/Thiesing/Ehlermann - Schröter* Artikel 86 Rn 55.

464 Vgl. *Groeben/Thiesing/Ehlermann - Schröter* Artikel 86 Rn 125 ff; *Grabitz/Hilf - Koch* Artikel 86 Rn 41.

465 Société Belge des Auteurs, Compositeurs et Editeurs, Brüssel - Rs 127/73 *BRT ./. SABAM* Slg 1974, 51, 313, 316 Rn 5.

Hinblick auf ihre Tätigkeiten im Zusammenhang mit der Verwertung von Urheberrechten der uneingeschränkten Mißbrauchskontrolle nach Artikel 86 EGV unterliegen.

c) Artikel 90 Abs. 2 EGV nicht anwendbar auf Verwertungsgesellschaften

Artikel 90 Abs. 2 EGV ordnet für Unternehmen, die mit Dienstleistungen von allgemeinem wirtschaftlichem Interesse betraut sind, die grundsätzliche Anwendung der Wettbewerbsregeln an, erlaubt aber Ausnahmen, soweit die Wettbewerbsregeln dem jeweiligen Unternehmen die Erfüllung der übertragenen Aufgaben unmöglich machen. Der EuGH legt diese Vorschrift restriktiv[466] aus und lehnt es insbesondere ab, sie auf Verwertungsgesellschaften anzuwenden:
Im Zusammenhang mit der belgischen Verwertungsgesellschaft SABAM[467] und der deutschen GVL[468] verneinte das Gericht eine Privilegierung nach Artikel 90 Abs. 2 EGV aus zwei unterschiedlichen Gründen: Hinsichtlich der GVL erkannte das Gericht, diese sei nicht durch Hoheitsakt "betraut". Die Tatsache, daß eine Gesellschaft wie die GVL nach dem nationalen Urheberrechtswahrnehmungsrecht staatlich zugelassen werden muß, einer Kontrolle durch das Patentamt unterliegt und gesetzlich verpflichtet ist, Wahrnehmungsverträge abzuschließen[469], reiche für eine hoheitliche "Betrauung" nicht aus[470].
Hinsichtlich der belgischen SABAM hielt der EuGH fest - und dies dürfte das weitergehende Argument sein -, daß die Verwertungsgesellschaft nicht mit Dienstleistungen von allgemeinem wirtschaftlichen Interesse betraut sei, sondern private Interessen wahrnehme, nämlich die Verwertung geistiger Eigentumsrechte, auch wenn diese gesetzlich geschützt seien[471]. In späteren Entscheidungen nach *BRT ./. SABAM* und *GVL ./. Kommission*, in denen es um Wettbewerbsverletzungen durch Verwertungsgesellschaften ging, hat der EuGH die Frage des Artikels 90 Abs. 2 EGV nicht mehr angesprochen. Er hat Artikel 90 Abs 2 EGV demnach nicht für einschlägig befunden.
Selbst dann, wenn im Einzelfall eine hoheitliche Betrauung einer Verwertungsgesellschaft gegeben sein sollte[472], dürfte es stets an einer Dienstleistung von "allgemeinem" (d.h. öffentlichem) wirtschaftlichen Interesse fehlen, da die Verwertungsgesellschaften private Rechte wahrnehmen. Die Verwertungsgesellschaften kommen damit nicht für eine Privilegierung als Dienstleistungsunternehmen im Sinne des Artikels 90 Abs. 2 EGV in Betracht.

---

466 Ausdrücklich Rs 127/73 *BRT ./. SABAM* Slg 1974, 51, 313, 318 Rn 19/20; s. ferner *Groeben/Thiesing/Ehlermann - Hochbaum* Artikel 90 Rn 44; *Grabitz/Hilf - Pernice* Artikel 90 Rn 53.

467 Société Belge des Auteurs, Compositeurs et Editeurs, Brüssel.

468 Gesellschaft zur Verwertung von Leistungsschutzrechten mbH (diese Verwertungsgesellschaft nimmt u.a. Rechte von ausübenden Künstlern und Tonträgerherstellern wahr).

469 S. §§ 1 ff, 6, 18 ff UrhWG.

470 Rs 7/82 *GVL ./. Kommission* Slg 1983, 483, 504 Rn 31, 32.

471 Rs 127/73 *BRT ./. SABAM* Slg 1974, 51, 313, 318 Rn 23.

472 Etwa im Falle der italienischen SIAE gemäß Artikel 180 - 184 Legge 22 aprile 1941, n. 633. Protezione del diritto d'autore e di altri diritti connessi al suo esercizio und Artikel 57 - 63 Regolamento per l'esecuzione della legge 22 aprile 1941, n. 623, per la protezione del diritto d'autore e di altri diritti connessi al suo esercizio.

II. Grundsätze zu territorial beschränkten Lizenzvereinbarungen

Wie dargestellt ist die Vergabe von Lizenzen grundsätzlich eine Form der schlichten Ausübung des ausschließlichen Urheberrechts. Wettbewerbswidrig ist eine Lizenzvereinbarung erst dann, wenn sie Gegenstand, Mittel oder Folge einer Kartellabsprache ist[473]. Eine solche Kartellabsprache kann die territoriale Aufteilung der nationalen Märkte der Gemeinschaft unter verschiedenen Unternehmen zum Gegenstand haben. Im Zusammenhang mit der internationalen Urheberrechtslizenzierung auf der Grundlage des BIEM kommt dabei vor allem die Aufteilung nationaler Zuständigkeiten zwischen den Verwertungsgesellschaften mittels der Gegenseitigkeitsverträge in Betracht. Auch sind im Einzelfall territoriale Beschränkungen von Lizenzen denkbar, wenn Verwertungsstrategien verfolgt oder Maßnahmen zum Schutz der Urheberinteressen ergriffen werden sollen[474].

Zur kartellrechtlichen Beurteilung der Gegenseitigkeitsverträge hat sich der EuGH in den *SACEM*-Entscheidungen geäußert, auf die unter III ausführlich eingegangen wird. An dieser Stelle sollen die allgemeinen Grundsätze dargestellt werden, die für territorial beschränkte Lizenzvereinbarungen und ihre Beurteilung nach dem Gemeinschaftsrecht gelten:

Lizenzbedingungen, die eine Marktaufteilung durch Behinderungen von Lizenzgeber oder Lizenznehmern bewirken können, sind in erster Linie territoriale Beschränkungen und Ausschließlichkeitsbindungen: Territoriale Beschränkungen einer Lizenz hindern den Lizenznehmer daran, außerhalb des von der Lizenz gedeckten Gebietes durch Herstellung und/oder Vertrieb tätig zu werden. Die Gebiete außerhalb des Lizenzgebietes bleiben dem Lizenzgeber und anderen potentiellen Lizenznehmern vorbehalten. Ausschließlichkeitsbindungen bewirken, daß dem Lizenznehmer ein Lizenzgebiet unter Ausschluß des Lizenzgebers und anderer potentieller Lizenznehmer zugeteilt wird. Sie privilegieren den Lizenznehmer in "seinem" Gebiet, indem sie verhindern, daß der Lizenzgeber oder andere Lizenznehmer im Gebiet des Lizenznehmers tätig werden. Territoriale Beschränkungen behindern somit den jeweiligen Lizenznehmer, Ausschließlichkeitsbindungen behindern den Lizenzgeber und andere Lizenznehmer.

In der Praxis wirken die beiden Formen der Lizenzbeschränkungen im Rahmen eines Systems nationaler Marktaufteilung zusammen: Die territoriale Beschränkung der Lizenz bestimmt das Tätigkeitsgebiet jedes Lizenznehmers. Der Grad der Abschottung der jeweiligen Lizenzgebiete voneinander wird durch die Form der Ausschließlichkeit bestimmt.

Im folgenden werden die verschiedenen Varianten territorial beschränkter Lizenzen erläutert (unten 1). Anschließend wird auf die wettbewerbsrechtliche Beurteilung dieser Varianten eingegangen (unten 2).

---

473 S.o. I 3 a).

474 S.o. **(2)** B I 1, 2.

1. Formen territorial beschränkter Lizenzen: ausschließliche und nicht-ausschließliche Lizenzen

Die möglichen Varianten territorial beschränkter Lizenzen mit unterschiedlichen Ausschließlichkeitsgraden lassen sich grob in folgende Gruppen einteilen: Abzugrenzen ist zunächst die ausschließliche Lizenz (auch "Alleinlizenz" oder "Exklusivlizenz") von der nicht-ausschließlichen Lizenz (auch "einfache" Lizenz): Bei der ausschließlichen Lizenz wird dem Lizenznehmer das Recht zur Nutzung eines Werkes (bzw. einer Erfindung etc.) allein, d.h. unter Aussschluß des Lizenzgebers selbst und anderer potentieller Lizenznehmer, übertragen. Nur der Lizenznehmer darf in dem betroffenen Gebiet das Werk nutzen. Bei der einfachen Lizenz dagegen behält der Lizenzgeber das Recht, selber in dem Gebiet tätig zu werden oder weitere Lizenzen an andere Lizenznehmer für das Gebiet zu vergeben.

a) Ausschließliche Lizenz: geschlossene und offene Variante

Die ausschließliche Lizenz läßt sich in zwei Gruppen unterteilen: Die geschlossene ausschließliche Lizenz und die offene ausschließliche Lizenz. Die geschlossene ausschließliche Lizenz gewährt dem Lizenznehmer absoluten Gebietsschutz: Der Lizenzgeber verpflichtet sich, alle Maßnahmen zu ergreifen, um Importe in das Gebiet des Lizenznehmers durch den Lizenzgeber selbst oder durch Lizenznehmer anderer Gebiete oder durch Dritte zu unterbinden. Der Lizenznehmer ist damit nicht nur vor der Produktion und dem Vertrieb in seinem Gebiet durch andere Lizenznehmer geschützt, sondern auch vor der Konkurrenz durch Produkte, die im Ausland hergestellt und dort vertrieben wurden.
Dagegen bleibt bei der offenen ausschließlichen Lizenz die Möglichkeit bestehen, daß Produkte, die in anderen Lizenzgebieten hergestellt und dort vertrieben wurden, in das geschützte Lizenzgebiet importiert werden. Vor dem Wettbewerb Dritter durch Parallelimporte ist der Lizenznehmer also nicht geschutzt.

b) Nicht-ausschließliche Lizenz

Bei der nicht-ausschließlichen (einfachen) Lizenz bestehen keinerlei Ausschließlichkeitsbindungen, die den Lizenznehmer privilegieren könnten. Der Lizenzgeber und andere potentielle Lizenznehmer können im Lizenzgebiet neben dem Lizenznehmer mit der Herstellung bzw. dem Vertrieb von Erzeugnissen tätig werden. Der Lizenznehmer selbst ist allerdings durch die nach wie vor bestehende territoriale Beschränkung in seiner Handlungsfreiheit eingeschränkt: Die territorial beschränkte nicht-ausschließliche Lizenz gestattet ihm Herstellung bzw. Vertrieb von Produkten nur in seinem Lizenzgebiet. Die Herstellung in anderen Lizenzgebieten oder der Direktexport von Produkten in diese Gebiete ohne vorheriges Inverkehrbringen im Lizenzgebiet wäre eine Verletzung der territorialen Beschränkung der Lizenz. Stellt man sich eine Vielzahl von Lizenznehmern in verschiedenen Mitgliedstaaten vor, die jeweils mit nicht-ausschließlichen, aber territorial beschränkten Lizenzen ausgestattet sind, so wird ersichtlich, daß auch die nicht-ausschließliche territorial beschränkte Lizenz eine Marktaufteilung insoweit bewirken kann, als Herstellungsaktivitäten außerhalb der jeweiligen Lizenzgebiete und Direktexporte aus den jeweiligen Lizenzgebieten betroffen sind. Zwischen den genannten Formen territorial beschränkter Lizenzen (geschlossene ausschließliche, offene ausschließliche, nicht-ausschließliche) bestehen je nach vertraglicher Regelung fließende Übergänge. Insbesondere läßt sich die Intensität des Gebietsschutzes nach dem Verbot aktiver oder passiver Importe differenzieren[475]. Auf diese Feinabstufungen kommt es für Zwecke dieser Arbeit nicht an. Die verschiedenen Formen territorial beschränkter Lizenzen bewirken unterschiedlich intensive Wettbewerbsbeschränkungen. Die Unterscheidung ist daher von Bedeutung für die Frage, ob ein Lizenzvertrag Gegenstand, Mittel oder Folge einer Kartellabsprache ist:

2. Wettbewerbsrechtliche Beurteilung der verschiedenen Formen territorial beschränkter Lizenzen

Der EuGH hat sich zu den zwei Stufen territorial beschränkter ausschließlicher Lizenzen in der *Nungesser*-Entscheidung[476] geäußert. Ferner hat das Gericht in der *Coditel II* - Entscheidung[477] zu einer offenen ausschließlichen Urheberrechtslizenz für öffentliche Filmaufführungen Stellung genommen. Die *Nungesser*-Entscheidung betrifft zwar Sortenschutzrechte. Der EuGH hat in dieser Entscheidung aber betont, daß das Sortenschutzrecht ein gewerbliches Schutzrecht sei, das in Bezug auf die Wettbewerbsregeln keine andere Behandlung als die übrigen Schutzrechte verlange[478]. Allerdings räumte der EuGH ein, bei der Anwendung der Wettbewerbsregeln sei die spezifische Natur der betroffenen landwirtschaftlichen Erzeugnisse zu berücksichtigen. Wie die *Nungesser*-Entscheidung zeigt[479], bezieht sich dieser Hinweis auf die Frage, ob die offene ausschließliche Lizenz angesichts der Besonderheiten der Herstellung des betroffenen landwirtschaftlichen Erzeugnisses zulässig ist. Das stimmt mit der Methode überein, die der EuGH bezüglich offener ausschließlicher Lizenzen im Bereich des Urheberrechts in der *Coditel II* - Entscheidung angewandt hat. Auch dort untersuchte das Gericht die offene ausschließliche Urheberrechtslizenz anhand der Besonderheiten der betroffenen Branche (Filmherstellung). Die

---

475 Vgl. Präambel Ziff. (11), (15), Artikel 1 Abs. 1 Nr. 5, 6, Artikel 7 Nr. 2 Verordnung (EG) Nr. 240/96 der Kommission vom 31. Januar 1996 zur Anwendung von Artikel 85 Absatz 3 des Vertrages auf Gruppen von Technologietransfer-Vereinbarungen, ABl. EG Nr. L 31 vom 9.2.1996, S. 2, GRUR Int. 1996, 642; s.a. noch Präambel Ziff. (12), (13), Artikel 1 Abs. 1 Nr. 5, 6 Verordnung (EWG) Nr. 2349/84 der Kommission vom 23. Juli 1984 über die Anwendung von Artikel 85 Absatz 3 des Vertrages auf Gruppen von Patentlizenzvereinbarungen, ABl. EG vom 16.8.1984 Nr. L 219/15, GRUR Int. 1984, 606 und Berichtigung Abl. EG 1985 Nr. L 113, 35, GRUR Int. 1985, 746; Präambel Ziff. (7), Artikel 1 Abs. 1 Nr. 5, 6 Verordnung (EWG) Nr. 556/89 der Kommission vom 30. November 1988 zur Anwendung von Artikel 85 Absatz 3 des Vertrages auf Gruppen von Know-how-Vereinbarungen, GRUR Int. 1989, 298.

476 Rs 258/78 *L.C. Nungesser KG und Kurt Eisele ./. Kommission* Slg 1982, 2015 - *"Maissaatgut"*.

477 Rs 262/81 *Coditel ./. Ciné-Vog Films (– "Coditel II")* Slg 1982, 3381.

478 Rs 258/78 *L.C. Nungesser KG und Kurt Eisele ./. Kommission* Slg 1982, 2015, 2065 Rn 43.

479 Rs 258/78 *L.C. Nungesser KG und Kurt Eisele ./. Kommission* Slg 1982, 2015, 2069 Rn 56 - 58.

grundsätzlichen Erwägungen, die in der *Nungesser*-Entscheidung zur kartellrechtlichen Bewertung territorial beschränkter Lizenzen enthalten sind, können somit auch beim Urheberrecht berücksichtigt werden.

a) Generelle Unzulässigkeit der geschlossenen ausschließlichen Lizenz; bedingte Zulässigkeit der offenen ausschließlichen Lizenz

Nach dem EuGH ist die geschlossene ausschließliche Lizenz wegen der mit ihr verbundenen vollständigen Abschottung eines Gebiets vom innergemeinschaftlichen Wettbewerb mit Artikel 85 EGV unvereinbar[480]. Weder einem Lizenznehmer noch dem Lizenzgeber darf ein absoluter Gebietsschutz gewährt werden, durch welchen Dritte daran gehindert werden, Produkte, die sich innerhalb der Gemeinschaft im Verkehr befinden, in das Lizenzgebiet zu importieren.
Dagegen ist die offene ausschließliche Lizenz nicht ohne weiteres kartellrechtswidrig: Wird einem einzigen Lizenznehmer in einem bestimmten Gebiet (z.B. dem Gebiet eines Mitgliedstaates) eine ausschließliche Lizenz gewährt, so läßt das trotz des damit verbundenen Ausschlusses anderer Lizenznehmer von der Herstellung und dem Vertrieb im Lizenzgebiet nicht ohne weiteres den Schluß zu, daß dieser Vertrag Gegenstand, Mittel oder Folge einer verbotenen Kartellabsprache ist[481]. Vielmehr prüft der EuGH, ob die Ausschließlichkeit angesichts der jeweiligen besonderen Bedingungen auf dem betroffenen Markt eine Verhinderung oder Verfälschung des Wettbewerbs bewirkt. Dabei berücksichtigt das Gericht, ob die Ausschließlichkeit der Lizenz Voraussetzung dafür ist, daß der Lizenznehmer bereit ist, das Risiko der mit der Nutzung des Schutzrechts verbundenden Investitionen einzugehen. Maßgeblich ist in den bisherigen Entscheidungen gewesen, ob das neue Erzeugnis erst auf der Basis einer ausschließlichen (offenen) Lizenz auf den Markt kommen und den Wettbewerb mit alten Erzeugnissen eröffnen kann[482]. Diese Methode des EuGH, wettbewerbsfördernde Auswirkungen einer offenen ausschließlichen Lizenz gegen ihre wettbewerbsbeschränkenden Auswirkungen abzuwägen, ist in der Literatur in Anlehnung an das US-amerikanische Kartellrecht als *rule of reason* charakterisiert worden[483].

b) Bewertung der nicht-ausschließlichen territorial beschränkten Lizenz

Zur Frage der kartellrechtlichen Bewertung einer nicht-ausschließlichen territorial beschränkten Lizenz hat sich der EuGH bislang nicht ausdrücklich geäußert.

---

480 Rs 258/78 L.C. *Nungesser KG und Kurt Eisele ./. Kommission* Slg 1982, 2035, 2070 Rn 61; auch schon Rs 56 und 58/64 *Consten und Grundig ./. Kommission* Slg 1966, 321, 391; Rs 28/77 *Tepea ./. Kommission* Slg 1978, 1391, 1415 Rn 40/45, 1416 f Rn 52/56.

481 *Rs* 262/81 *Coditel ./. Ciné-Vog Films (– "Coditel II")* Slg 1982, 3381, 3401 Rn 15.

482 Rs 258/78 *L.C. Nungesser KG und Kurt Eisele ./. Kommission* Slg 1982, 2015, 2069 Rn 55 - 58; auch *Rs* 262/81 *Coditel ./. Ciné-Vog Films (– "Coditel II")* Slg 1982, 3381, 3401 Rn 16, vgl. schriftliche Erklärungen der Beklagten des Ausgangsverfahrens S. 3391 und Schlußanträge des Generalanwalts *Reischl* S. 3412, auf die der EuGH sich offenbar stützt.

483 *Groeben/Thiesing/Ehlermann - Sucker* Artikel 85 - Fallgruppen Rn 482; *Grabitz/Hilf - Koch* Artikel 85 Rn 254; *Dauses - Emmerich* H I 91; *Bellamy/Child* 2-062 f, 2-087.

Die wettbewerbsbeschränkende Wirkung der territorialen Beschränkung besteht wie erläutert darin, daß der Lizenznehmer Herstellung bzw. Vertrieb nur in seinem Lizenzgebiet vornehmen darf. Herstellung in anderen Gebieten und Direktexporte in andere Gebiete sind ihm verwehrt.
Die Frage, ob nicht-ausschließliche territorial beschränkte Lizenzen kartellrechtlich zulässig sind, ist für die Urheberrechtslizenzierung wesentlich, da die im Rahmen des Lizenzierungssystems vergebenen Lizenzen zumeist nicht-ausschließliche Lizenzen sind. Diese Lizenzen können im Einzelfall territorial beschränkt sein. Auf der Basis des BIEM/IFPI-Normalvertrages werden an die Tonträgerindustrie nicht-ausschließliche Lizenzen vergeben. Diese sind hinsichtlich der Verbreitung von Tonträgern zwar territorial unbeschränkt, die Abrechnung der Lizenzgebühren erfolgt allerdings nach Bestimmungsländern territorial aufgespalten. Die nicht-ausschließlichen Ermächtigungen zur Vergabe der Vervielfältigungslizenz in den Gegenseitigkeitsverträgen sind territorial auf das Verwaltungsgebiet der jeweiligen ermächtigten Verwertungsgesellschaft beschränkt. Zwar handelt es sich bei den Ermächtigungen der Gegenseitigkeitsverträge nicht um Lizenzen im engeren Sinne, da nicht urheberrechtliche Nutzungsrechte eingeräumt werden[484]. Jedoch wirken sich die Ermächtigungen der Gegenseitigkeitsverträge wirtschaftlich wie Lizenzen aus, da die Ausübung der Urheberrechte von einem Unternehmen auf ein anderes übertragen wird.
Es stellt sich die Frage, ob die territoriale Beschränkung der Gegenseitigkeitsverträge gegen Artikel 85 EGV verstößt, weil sie es jeder Verwertungsgesellschaft unmöglich macht, die Vervielfältigung des Weltrepertoires an Tonträgerhersteller in anderen Mitgliedstaaten außerhalb ihres Verwaltungsgebietes zu lizenzieren, und weil damit die "Zuständigkeit" der Verwertungsgesellschaften für ihre jeweiligen nationalen Verwaltungsgebiete verfestigt wird. Weiter ist zu fragen, ob die hieraus resultierende territoriale Beschränkung der Vervielfältigungslizenz an den Tonträgerhersteller gegen Artikel 85 EGV verstößt. Zwar kann der Tonträgerhersteller im Wege der Lohnpressung Preßwerke außerhalb des Verwaltungsgebietes der Verwertungsgesellschaft nutzen. Er kann aber von der jeweiligen Verwertungsgesellschaft Lizenzen nur erhalten, wenn er seinen Sitz in deren Verwaltungsgebiet hat. Schließlich stellt sich im Hinblick auf das Bestimmungslandprinzip und auf - im Einzelfall denkbare - territoriale Beschränkungen von Verbreitungslizenzen die Frage, ob diese gegen Artikel 85 EGV verstoßen, weil sie gegebenfalls dem Lizenznehmer Direktimporte von Tonträgern in andere Gebiete erschweren oder untersagen.
Eine ausdrückliche Stellungnahme des EuGH zu territorialen Beschränkungen in nicht-ausschließlichen Lizenzen, insbesondere Verbreitungslizenzen, steht noch aus. In der Rechtssache 27/87 *Erauw-Jacquery ./. La Hesbignonne*[485] hat der EuGH lediglich entschieden, daß die Verpflichtung der Lizenznehmerin eines Sortenschutzrechtes, Basissaatgut, das die Lizenzgeberin der Lizenznehmerin zur

484 Die Verwertungsgesellschaften übertragen sich gegenseitig nur die "Wahrnehmung" der Rechte. Es handelt sich nach deutschem Rechtsverständnis um Dienstverträge, die eine Geschäftsbesorgung zum Gegenstand haben und eine gegenseitige Bevollmächtigung enthalten, s.o. **(3)** C.
485 Slg 1988, 1919.

Vermehrung überläßt, nicht zu verkaufen oder auszuführen, nicht gegen Artikel 85 EGV verstoße. Der EuGH begründet dies mit den finanziellen Opfern, die der Sortenschutzrechtsinhaber für die Züchtung der schutzfähigen Basissaatgutsorten habe. Um sich gegen unsachgemäße Behandlung dieser Sorten schützen zu können, müsse der Sortenschutzrechtsinhaber berechtigt sein, die Vermehrung von Saatgut mithilfe des Basissaatguts ausgewählten Händlern/Erzeugern vorzubehalten[486]. Diese Erwägungen des EuGH beinhalten aber keine Stellungnahme zur kartellrechtlichen Beurteilung territorialer Lizenzbeschränkungen. Das Verkaufs- und Exportverbot für Basissaatgut läßt sich nicht als territoriale Beschränkung der Sortenschutzrechtslizenz auffassen: Mit der Lieferung des Basissaatgutes schafft der Lizenzgeber nur die tatsächlichen Voraussetzungen dafür, daß der Lizenznehmer seine Lizenz zur Vermehrung und zur Verbreitung des durch die Vermehrung hergestellten Saatgutes ausüben kann. Über eine Klausel, nach welcher die Lizenznehmerin im Fall *Erauw-Jacquery ./. La Hesbignonne* Saatgut nicht exportieren durfte, hatte der EuGH nicht zu entscheiden[487].

In der Rs C-9/93 *IHT und Danziger ./. Ideal-Standard und Wabco Standard*[488] hat der EuGH hinsichtlich von Warenzeichen und mit Rücksicht auf deren Besonderheiten anerkannt, daß diese Schutzrechte stets territorial beschränkt übertragen und lizenziert werden[489]. Welche Konsequenzen hieraus für Direktimporte von Lizenznehmern in die Gebiete anderer Lizenznehmer zu ziehen sind, beantwortet der EuGH jedoch in dieser Entscheidung nicht. Der Hinweis des EuGH, die Artikel 30 und 36 EGV stünden der Anwendung nationaler Rechtsvorschriften entgegen, die es dem Lizenzgeber oder Lizenznehmer erlaubten, den freien Verkehr eines Erzeugnisses zu verhindern, das von einem anderen Lizenznehmer hergestellt und mit dem Warenzeichen versehen worden sei, bezieht sich auf den Erschöpfungsgrundsatz. Gemeint sind Erzeugnisse, die im Lizenzgebiet des anderen Lizenznehmers bereits erstmalig in den Verkehr gelangt sind[490]: Mit der Formulierung "freier Verkehr" spricht der EuGH daher lediglich Parallelimporte von Waren an, die im Lizenzgebiet ordnungsgemäß erstmalig in den Verkehr gebracht worden sind. Über Direktimporte von Lizenznehmern gibt die Entscheidung *IHT ./. Ideal Standard* keine Auskunft.

Es muß somit anhand der Grundsätze, die der EuGH in seinen bisherigen Entscheidungen, insbesondere in *Nungesser* und *Coditel II*, zu territorial beschränkten ausschließlichen Lizenzen entwickelt hat, geprüft werden, welche Rückschlüsse diese Entscheidungen für die kartellrechtliche Beurteilung territorialer Beschränkungen in nicht-ausschließlichen Lizenzen zulassen:

---

486 Rs 27/87 *Erauw-Jacquery ./. La Hesbignonne* Slg 1988, 1919, 1938 f Rn 10 - 11.

487 Rs 27/87 *Erauw-Jacquery ./. La Hesbignonne* Slg 1988, 1919, 1937 Rn 3, 1940 Rn 16 - der EuGH zieht diese Klausel nur heran, um zu begründen, daß der Handel zwischen den Mitgliedstaaten betroffen ist (Zwischenstaatlichkeitsklausel).

488 Slg 1994, I-2789.

489 Rs C-9/93 *IHT und Danziger ./. Ideal-Standard und Wabco Standard* Slg 1994, I-2789, 2852 Rn 51.

490 Rs C-9/93 *IHT und Danziger ./. Ideal-Standard und Wabco Standard* Slg 1994, I-2789, 2847 f Rn 34, 35.

aa) Generelle Unzulässigkeit der territorialen Beschränkung einer nicht-ausschließlichen Lizenz?

Nach einer Ansicht, die insbesondere von der Kommission vertreten wird, sind territoriale Beschränkungen in nicht-ausschließlichen Lizenzen grundsätzlich wegen Verstoßes gegen Artikel 85 Abs. 1 EGV verboten. Das soll sowohl für Vervielfältigungs- als auch für Verbreitungslizenzen gelten. Diese Ansicht vertritt die Kommission für alle Schutzrechte des geistigen Eigentums[491]. Die Ansicht liegt auch (im Umkehrschluß) der Gruppenfreistellungsverordnung für Technologietransfer-Vereinbarungen[492] und deren Vorgängern, den Gruppenfreistellungsverordnungen für Patentlizenz[493]- und Know-how-Vereinbarungen[494], zugrunde. Nach diesen Vorschriften sind territoriale Beschränkungen von Vervielfältigungs- und Verbreitungslizenzen unter bestimmten Voraussetzungen gemäß Artikel 85 Abs. 3 EGV freigestellt[495].

---

491 Entscheidung der Kommission vom 12. Juli 1985 betreffend ein Verfahren nach Artikel 85 des EWG-Vertrages (IV/4.204 - Velcro/Aplix) ABl. EG Nr. L 233 vom 30.8.1985, S. 22 ff, 27, 28, 29, 30; Entscheidung der Kommission vom 9. Juni 1972 über ein Verfahren nach Artikel 85 des EWG-Vertrages (IV/26.813 - Raymond-Nagoya) ABl. EG Nr. L 143 vom 23.6.1972, S. 39, 41; Entscheidung der Kommission vom 9. Juni 1972 über ein Verfahren nach Artikel 85 des EWG-Vertrages (IV/17.545, 6.964, 26.858, 26.890, 18.673, 17.448 - Davidson Rubber Co.) ABl. EG Nr. L 143 vom 23.6.1972, S. 31, 37; Entscheidung der Kommission vom 2. Dezember 1975 betreffend ein Verfahren nach Artikel 85 des EWG-Vertrages (IV/26.949 AOIP/Beyrard) ABl. EG Nr. L 6 vom 13.1.1976, S. 8, 12, 13, 14, 15; 4. Bericht über die Wettbewerbspolitik (1974) S. 21 ff Ziff. 19 ff, S. 23 f Ziff. 22 ff; 5. Bericht über die Wettbewerbspolitik (1975) S. 24 f Ziff. 11; 6. Bericht über die Wettbewerbspolitik (1976) S. 95 f Ziff. 159 ff, 161; 6. Bericht über die Wettbewerbspolitik (1976) S. 96 f Ziff. 163; 6. Bericht über die Wettbewerbspolitik (1976) S. 97 f Ziff. 164; 8. Bericht über die Wettbewerbspolitik (1978) S. 103 ff Ziff. 123; 9. Bericht über die Wettbewerbspolitik (1979) S. 83 f Ziff. 110; 9. Bericht über die Wettbewerbspolitik (1979) S. 87 f Ziff. 119; 9. Bericht über die Wettbewerbspolitik (1979) S. 88 f Ziff. 120; 11. Bericht über die Wettbewerbspolitik (1981) S. 74 Ziff. 98 = CMLR 1982, 494; 13. Bericht über die Wettbewerbspolitik (1983) S. 94 f Ziff. 147 ff = CMLR 1984, 308 f; 15. Bericht über die Wettbewerbspolitik (1985) S. 88 ff Ziff. 81 = CMLR 1985, 1 ff; auch *Smit/Herzog* 85.66. (S. 3-214 f); ferner die Darstellung bei *Bellamy/Child* 8-023, 8-053, 8-068, 8-078, 8-084, 8-089, 8-090.

492 Verordnung (EG) Nr. 240/96 der Kommission vom 31. Januar 1996 zur Anwendung von Artikel 85 Absatz 3 des Vertrages auf Gruppen von Technologietransfer-Vereinbarungen, ABl. EG Nr. L 31 vom 9.2.1996, S. 2, GRUR Int. 1996, 642.

493 Verordnung (EWG) Nr. 2349/84 der Kommission vom 23. Juli 1984 über die Anwendung von Artikel 85 Absatz 3 des Vertrages auf Gruppen von Patentlizenzvereinbarungen, ABl. EG vom 16.8.1984 Nr. L 219/15, GRUR Int. 1984, 606 und Berichtigung Abl. EG 1985 Nr. L 113, 35, GRUR Int. 1985, 746.

494 Verordnung (EWG) Nr. 556/89 der Kommission vom 30. November 1988 zur Anwendung von Artikel 85 Absatz 3 des Vertrages auf Gruppen von Know-how-Vereinbarungen, GRUR Int. 1989, 298.

495 Artikel 1 Abs. 1 Nr. 5, 6, Artikel 1 Abs. 2, Abs. 3, Artikel 7 Nr. 2 Verordnung (EG) Nr. 240/96 der Kommission vom 31. Januar 1996 zur Anwendung von Artikel 85 Absatz 3 des Vertrages auf Gruppen von Technologietransfer-Vereinbarungen, ABl. EG Nr. L 31 vom 9.2.1996, S. 2, GRUR Int. 1996, 642; ferner für Vereinbarungen, vor dem 1.4.1996 geschlossen worden sind: Artikel 1 Abs. 1 Nr. 5, 6 Verordnung (EWG) Nr. 2349/84 der Kommission vom 23. Juli 1984 über die Anwendung von Artikel 85 Absatz 3 des Vertrages auf Gruppen von Patentlizenzvereinbarungen, ABl. EG vom 16.8.1984 Nr. L 219/15, GRUR Int. 1984, 606 und Berichtigung Abl. EG 1985 Nr. L 113, 35, GRUR Int. 1985, 746; Artikel 1 Abs. 1 Nr. 5, 6 Verordnung (EWG) Nr. 556/89 der Kommission vom 30. November 1988 zur Anwendung von Artikel 85 Absatz 3 des Vertrages auf Gruppen von Know-how-Vereinbarungen, GRUR Int. 1989, 298.

Die Praxis der Kommission zu territorialen Beschränkungen von nicht-ausschließlichen Urheberrechtslizenzen im Tonträgerbereich wird ausführlich unter **(5)** dargestellt und einer Prüfung anhand der Rechtsprechung des EuGH zum freien Warenverkehr und zu den Wettbewerbsregeln unterzogen. An dieser Stelle soll zunächst nur untersucht werden, ob die allgemeinen Grundsätze, die der EuGH zu Lizenzvereinbarungen aufgestellt hat, die von der Kommission vertretene generelle Unzulässigkeit territorialer Beschränkungen nicht-ausschließlicher Lizenzen rechtfertigt:

α) Territoriale Beschränkung der nicht-ausschließlichen Vervielfältigungslizenz

In der *Nungesser*-Entscheidung hat der EuGH die offene ausschließliche Vervielfältigungs- (und Verbreitungs-) Lizenz insoweit als zulässig angesehen, als mit ihr ausschließlich dem Lizenznehmer die Erzeugung (und der Verkauf) im Lizenzgebiet vorbehalten wurde. Die Verpflichtung anderer Lizenznehmer, nicht in dem vorbehaltenen Lizenzgebiet selbst zu erzeugen (noch dort selbst zu verkaufen), verstößt nach Ansicht des EuGH nicht gegen Artikel 85 Abs. 1 EGV. Die territoriale Beschränkung der Lizenzen anderer Lizenznehmer hinsichtlich der Herstellung ist - jedenfalls unter den Bedingungen der *Nungesser*-Entscheidung - kartellrechtlich zulässig. Die Ansicht der Kommission, eine Vervielfältigungslizenz dürfe generell nicht territorial beschränkt sein, läßt sich mit der EuGH-Rechtsprechung also nicht vereinen. Territoriale Beschränkungen von einfachen nicht-ausschließlichen Vervielfältigungslizenzen sind entgegen der Kommissionsansicht nicht generell unzulässig.
Das wird durch folgende Überlegung bestätigt: Ein System der Marktaufteilung, das auf ausschließlichen territorial beschränkten Lizenzen beruht, beschränkt wesentlich stärker den Wettbewerb als ein entsprechendes System, das auf einfachen territorial beschränkten Lizenzen beruht. Wenn nach der Entscheidung des EuGH in *Nungesser* und in *Coditel II* Marktaufteilungen mittels territorial beschränkter ausschließlicher offener Lizenzen gerechtfertigt sein können, so ist das entgegen der Kommission erst recht bei Marktaufteilungen mittels territorial beschränkter nicht-ausschließlicher Lizenzen der Fall. Territoriale Beschränkungen einfacher Vervielfältigungslizenzen verstoßen im Gegensatz zur Kommissionsansicht jedenfalls nicht generell gegen Artikel 85 EGV.

β) Territoriale Beschränkung der nicht-ausschließlichen Verbreitungslizenz

Soweit es territoriale Beschränkungen von **Verbreitungs**lizenzen betrifft, wird das soeben dargestellte Ergebnis der EuGH-Rechtsprechung, nach welchem territoriale Beschränkungen von Lizenzen nicht generell unzulässig sind, zum Teil in der Literatur in Frage gestellt: Nach einer Ansicht[496] läßt sich die Entscheidung des EuGH in *Nungesser* dahin interpretieren, daß ausschließliche Lizenzen, mit denen ein Lizenznehmer privilegiert wird, insoweit Artikel 85 EGV verletzten, als sie Direktimporte von Lizenznehmern anderer Gebiete in das geschützte Gebiet untersagen. Das soll nach der Literaturansicht bedeuten, daß es den Lizenz-

496 *Groeben/Thiesing/Ehlermann - Sucker* Artikel 85 - Fallgruppen Rn 489, 480.

nehmern anderer Gebiete nicht mittels territorialer Beschränkungen in Verbreitungslizenzen verboten werden darf, Direktimporte in Gebiete außerhalb ihres jeweiligen Lizenzgebietes vorzunehmen. Die Ansicht stützt sich auf eine Formulierung des EuGH in den Entscheidungsgründen zu *Nungesser*, unzulässig sei eine ausschließliche Lizenz mit absolutem Gebietsschutz, bei der die Vertragsparteien die Absicht verfolgten, für die betreffenden Erzeugnisse und das fragliche Gebiet jeden Wettbewerb Dritter, etwa von Parallelimporteuren "oder Lizenznehmern für andere Gebiete", auszuschalten[497]. Diese Formulierung wird von der genannten Literaturansicht dahin verstanden, daß ein - nach dem EuGH unzulässiger - absoluter Gebietsschutz nicht nur vorliege, wenn Importe seitens unbeteiligter Dritter von bereits im Verkehr befindlichen Erzeugnissen verhindert werden, sondern auch dann, wenn den Lizenznehmern anderer Gebiete untersagt wird, von ihnen hergestellte Erzeugnisse unmittelbar in das betroffene Gebiet zu importieren.

Bei einem solchen Verständnis müßte es Lizenznehmern anderer Gebiete trotz der territorialen Beschränkung ihrer Lizenzen stets erlaubt werden, Direktimporte in nicht lizenzierte Gebiete vorzunehmen. Da auf dem Hintergrund des Erschöpfungsgrundsatzes die territoriale Beschränkung einer Verbreitungslizenz sich ohnehin nur noch durch das Verbot von Direktimporten auswirken kann, wäre nach dieser Betrachtung die territoriale Beschränkung einer Verbreitungslizenz generell unwirksam und zwar auch bei nicht-ausschließlichen einfachen Lizenzen.

Indessen kann entgegen der Literaturansicht die *Nungesser*-Entscheidung nicht in dem Sinne verstanden werden, daß der EuGH es als Bestandteil eines unzulässigen absoluten Gebietsschutzes ansieht, wenn Lizenznehmern anderer Gebiete durch territoriale Beschränkungen ihrer Lizenzen untersagt wird, direkt in das geschützte Gebiet zu importieren. Sowohl Tenor als auch Begründung der Entscheidung zeigen, daß der EuGH die offene ausschließliche Lizenz auch insofern für zulässig hält, als sie zur Folge hat, daß Lizenznehmer anderer Gebiete ihre Erzeugnisse nicht direkt in das betroffene Lizenzgebiet einführen dürfen:

Nach Ansicht des Gerichts rechtfertigt sich die (offene) Ausschließlichkeit der Lizenz dadurch, daß der Lizenznehmer das Risiko sowohl des Anbaus als auch des **Vertriebs** nur dann zu übernehmen bereit ist, wenn er sich auf der Basis der Ausschließlichkeit sicher sein kann, daß ihm weder der Rechtsinhaber selbst noch andere Lizenznehmer in seinem Gebiet Konkurrenz machen[498]. Nach dem EuGH wird der Lizenznehmer durch die ausschließliche territorial beschränkte Lizenz also nicht nur vor der Produktion, sondern auch vor dem Vertrieb, d.h. dem Inverkehrbringen seitens anderer Lizenznehmer geschützt. Dazu gehört auch der direkte Import von noch nicht im Verkehr befindlichen Erzeugnissen durch andere Lizenznehmer in das geschützte Lizenzgebiet des Lizenznehmers. Die Risikobereitschaft des Lizenznehmers stützt sich auf sein Vorrecht der Produktion und des erstmaligen Inverkehrbringens im Lizenzgebiet. Wären Direktimporte von außen zulässig, so wäre das Vorrecht derartig entwertet, daß der

---

497 Rs 258/78 *L.C. Nungesser KG und Kurt Eisele ./. Kommission* Slg 1982, 2015, 2068 Rn 53.

498 Rs 258/78 *L.C. Nungesser KG und Kurt Eisele ./. Kommission* Slg 1982, 2015, 2069 Rn 57.

Lizenznehmer das Risiko der Herstellung und des Vertriebs nicht übernehmen würde.
In Übereinstimmung mit dieser Erwägung hat der EuGH in *Nungesser* den Teil der angefochtenen Kommissionsentscheidung aufgehoben, nach welchem die strittige Lizenz gegen Artikel 85 EGV verstieß, weil sie den Lizenzgeber verpflichtete, Erzeugnisse selbst oder durch andere Lizenznehmer weder zu erzeugen noch zu **verkaufen**[499]. Hätte der EuGH Direktimporte für zulässig erachtet, die territoriale Beschränkung der Verbreitungslizenz also für wettbewerbswidrig gehalten, so hätte der Tenor der Entscheidung sich nicht auf das Verkaufsverbot erstrecken dürfen.
Die Feststellung des EuGH, eine unzulässige geschlossene ausschließliche Lizenz mit absolutem Gebietsschutz ziele darauf ab, jeden Wettbewerb Dritter einschließlich von Lizenznehmern anderer Gebiete auszuschalten, kann somit entgegen der genannten Literaturansicht nicht dahin verstanden werden, das Verbot von Direktimporten durch Lizenznehmer anderer Gebiete sei wettbewerbswidrig. Das Gericht meint mit seinem Hinweis auf den Wettbewerb von Lizenznehmern anderer Gebiete lediglich die Pflicht, Importe Dritter in das geschützte Lizenzgebiet zu verhindern. Die Handlungsfreiheit der Lizenznehmer anderer Gebiete wäre durch eine solche Pflicht insoweit eingeschränkt, als nicht an Händler verkauft werden dürfte, die bezwecken, die Erzeugnisse in das geschützte Lizenzgebiet einzuführen. Soweit dagegen eine offene ausschließliche Lizenz eines Lizenznehmers die Lizenznehmer anderer Gebiete daran hindert, in das geschützte Gebiet direkt zu importieren, ist sie vom EuGH in der *Nungesser*-Entscheidung als zulässig angesehen worden. Entsprechend hat das Gericht auch in *Coditel II* für zulässig erachtet, daß der ausschließliche Lizenznehmer in Belgien die Verbreitung des Filmwerks mittels Aufführung durch Dritte verbieten konnte[500]. Das bedeutete, daß das Verbreitungsrecht potentieller anderer Lizenznehmer ohne Verstoß gegen Artikel 85 Abs. 1 EGV auf Gebiete außerhalb Belgiens beschränkt werden durfte.
Entgegen der genannten Literaturansicht läßt sich also der *Nungesser*-Entscheidung kein generelles kartellrechtliches Verbot territorialer Beschränkungen von Verbreitungslizenzen und der damit verbundenen Verhinderung von Direktimporten entnehmen. Stattdessen folgt - wie schon hinsichtlich der Vervielfältigungslizenz - so auch für die Verbreitungslizenz aus der Beurteilung der territorial beschränkten offenen ausschließlichen Lizenz durch den EuGH in *Nungesser* und *Coditel II*, daß territoriale Beschränkungen von Lizenzen nicht ohne weiteres gegen Artikel 85 EGV verstoßen:
Der EuGH sieht ausschließliche Verbreitungslizenzen auch insoweit als zulässig an, als mit ihr die Verbreitung im Lizenzgebiet ausschließlich dem Lizenznehmer vorbehalten wird. Die Verpflichtung anderer Lizenznehmer, nicht in dem vorbehaltenen Lizenzgebiet zu verbreiten, d.h. direkt dorthin zu exportieren, verstößt nach Ansicht des EuGH nicht gegen Artikel 85 EGV. Die territoriale

499 Rs 258/78 *L.C. Nungesser KG und Kurt Eisele ./. Kommission* Slg 1982, 2015, 2071 Rn 67, 2077.
500 Rs 262/81 *Coditel ./. Ciné-Vog Films (= "Coditel II")* Slg 1982, 3381, 3401 Rn 15.

Beschränkung der Verbreitungslizenzen anderer Lizenznehmer ist - jedenfalls unter bestimmten Bedingungen - kartellrechtlich zulässig. Territoriale Beschränkungen von einfachen nicht-ausschließlichen Verbreitungslizenzen sind somit jedenfalls nicht generell unzulässig.
Dieses Ergebnis wird wiederum dadurch belegt, daß eine Marktaufteilung, welche auf ausschließlichen territorial beschränkten Verbreitungslizenzen beruht, wesentlich stärker in den Wettbewerb eingreift als eine Marktaufteilung, die auf nicht-ausschließlichen territorial beschränkten Verbreitungslizenzen beruht. Wenn nach der Entscheidung des EuGH in *Nungesser* und in *Coditel II* Marktaufteilungen mittels territorial beschränkter ausschließlicher offener Verbreitungslizenzen gerechtfertigt sein können, so ist das erst recht bei Marktaufteilungen mittels territorial beschränkter nicht-ausschließlicher Verbreitungslizenzen der Fall. Territoriale Beschränkungen nicht-ausschließlicher Verbreitungslizenzen verstoßen nicht ohne weiteres gegen Artikel 85 EGV.

bb) Generelle Zulässigkeit der territorialen Beschränkung der nicht-ausschließlichen Lizenz?

Wie soeben dargelegt ist der EuGH-Rechtsprechung zu entnehmen, daß die territoriale Beschränkung einer einfachen Lizenz nicht generell wettbewerbswidrig ist. Damit ist aber noch nicht geklärt, ob überhaupt und gegebenenfalls unter welchen Bedingungen eine einfache territorial beschränkte Lizenz gegen Artikel 85 EGV verstoßen kann. Zum Teil wird vertreten[501], die territorial beschränkte einfache Lizenz verstoße niemals gegen Artikel 85 EGV. Diese Ansicht kann sich auf folgende Argumente stützen:
Nach dem EuGH ist die Vergabe von Lizenzen Bestandteil der nach Artikel 36 EGV geschützten schlichten Ausübung des Urheberrechts. Eine schwächere Form der Lizenzvergabe als die Gewährung einer einfachen Lizenz ist nicht denkbar. Die territoriale Beschränkung der einfachen Lizenz ergibt sich dabei bereits aus der Territorialität der jeweils vom nationalen Recht gewährten Schutzrechte[502]. Darunter liegt nur noch das völlige Unterlassen einer Lizenzierung. Gänzlich ohne Lizenz wäre jedoch ein Wettbewerb, der beschränkbar wäre, überhaupt nicht eröffnet. Allein der Schutzrechtsinhaber wäre zur Nutzung des Werkes berechtigt. Eine einfache Lizenz, selbst wenn sie territorial beschränkt ist, begründet eine Situation, in welcher ein Wettbewerb herrscht, den es ohne die Lizenz gar nicht geben würde (nämlich Wettbewerb zwischen Lizenznehmer und Lizenzgeber sowie weiteren potentiellen Lizenznehmern). Bei diesem Ansatz wird die Wettbewerbssituation, die bei Zugrundelegung der einfachen territorial beschränkten Lizenz herrscht, mit derjenigen verglichen, die bei Abwesenheit der einfachen territorial beschränkten Lizenz bestünde. Auf dieser Grundlage läßt

501 *Grabitz/Hilf - Koch* Artikel 85 Rn 227, 230; *Jeaume* WuW 1972, 775, 795.

502 Vgl. Rs C-9/93 *IHT und Danziger ./. Ideal-Standard und Wabco Standard* Slg 1994, I-2789, 2852 Rn 51; *Groeben/Thiesing/Ehlermann - Sucker* Artikel 85 - Fallgruppen Rn 486; *Grabitz-Koch* Artikel 85 Rn 213, 267.

sich argumentieren, daß eine einfache territorial beschränkte Lizenz niemals wettbewerbsbeschränkend sein kann[503].

Der methodische Ansatz zu fragen, ob ohne die territorial beschränkte Lizenz mehr Wettbewerb herrschen würde, ist auf dem Hintergrund der Funktion des europäischen Wettbewerbsrechts allerdings problematisch: Die Wettbewerbsregeln sollen einen möglichst weitgehenden gemeinschaftsweiten Wettbewerb gewährleisten, um so die Integration der nationalen Märkte zu fördern[504]. Auf dem Hintergrund dieses Integrationszweckes ist es sachgerechter, zu prüfen, ob ohne die territoriale Beschränkung der einfachen Lizenz mehr Wettbewerb herrschen würde. Hinwegzudenken ist die territoriale Beschränkung der Lizenz, nicht die territorial beschränkte Lizenz[505]. Daß bei dieser Prüfung die Territorialität der nationalen Schutzrechte zunächst unbeachtet bleibt, ist nicht außergewöhnlich: Wie der Erschöpfungsgrundsatz zeigt, setzt sich das Gemeinschaftsrecht auch in anderen Zusammenhängen über die Territorialität gewerblicher Schutzrechte hinweg.

Der Ansicht, nach welcher territorial beschränkte Lizenzen generell nicht gegen Artikel 85 EGV verstoßen, ist somit nicht zu folgen. Das bedeutet jedoch nur, daß die einfache territorial beschränkte Lizenz in den Anwendungsbereich des Artikels 85 EGV fällt, d.h. nicht a priori wettbewerbsneutral ist. Ob die territorial beschränkte einfache Lizenz gegen Artikel 85 EGV verstößt, läßt sich nur durch eine individuelle Prüfung jedes Einzelfalles feststellen:

cc) Bedingte Zulässigkeit der territorialen Beschränkung der nicht-ausschließlichen Lizenz - Einzelfallprüfung und Berücksichtigung legitimer Urheberinteressen

Wie dargestellt ist weder der Ansicht zu folgen, nach welcher die territoriale Beschränkung von einfachen Lizenzen generell wettbewerbswidrig ist, noch der Ansicht, die territorial beschränkte einfache Lizenz sei generell nach den Wettbewerbsregeln unbedenklich. Stattdessen ist je nach Einzelfall unter Berücksichtigung der jeweiligen besonderen Umstände zu prüfen, ob die territoriale Beschränkung einer Lizenz gegen Artikel 85 EGV verstößt[506]. Wettbewerbswidrig kann die territoriale Beschränkung einer einfachen Lizenz auf der Grundlage der Rechtsprechung des EuGH nur dann sein, wenn sie Gegenstand, Mittel oder Folge einer Kartellvereinbarung ist, welche über die vom Gemeinschaftsrecht nicht in Frage gestellten urheberrechtlichen Ausschließlichkeitsbefugnisse hinausgeht.

---

503 S.a. die Darstellung dieses Ansatzes bei *Bellamy/Child* 8-078.

504 S.o. B am Anfang.

505 Im Zusammenhang mit Ausschließlichkeitsbindungen ähnlich: *Groeben/Thiesing/Ehlermann - Sucker* Art 85 - Fallgruppen Rn 478; auch Stellungnahme der Kommission in Rs 258/78 *L.C. Nungesser KG und Kurt Eisele ./. Kommission* Slg 1982, 2015, 2036; *Ullrich* GRUR Int. 1984, 89, 95.

506 So für territorial beschränkte Warenzeichenübertragungen auch Rs C-9/93 *IHT und Danziger ./. Ideal-Standard und Wabco Standard* Slg 1994, I-2789, 2855 Rn 59; ferner *Mestmäcker* Europäisches Wettbewerbsrecht, 1974, § 38 I.

Ein solcher Verstoß gegen Artikel 85 EGV ist nicht ohne weiteres anzunehmen. Legitime, von Artikel 36 EGV anerkannte Interessen des Urhebers können es nämlich erforderlich machen, daß die Vervielfältigung bzw. Verbreitung von Tonträgern mit dem betroffenen Werk territorial beschränkt lizenziert wird. Hierzu gehören z.B. Vermarktungsstrategien, ferner Schutzmaßnahmen, die zur Sicherung der Urhebervergütung erforderlich sein können[507]. Auch Maßnahmen zur Wahrung des vom Gemeinschaftsrecht anerkannten urheberrechtlichen Monopols gehören hierzu. Aus den im folgenden Abschnitt kommentierten *SACEM*-Entscheidungen ergibt sich, daß nach dem EuGH insbesondere die territoriale Beschränkung der Ermächtigungen in den Gegenseitigkeitsverträgen, welche die territoriale Aufteilung der Zuständigkeiten zwischen den Verwertungsgesellschaften begründet, nicht gegen Artikel 85 EGV verstößt.

III. Die SACEM-Entscheidungen in wettbewerbsrechtlicher Hinsicht

Der EuGH hat zu wesentlichen kartellrechtlichen Fragen im Zusammenhang mit der Lizenzierungspraxis Stellung genommen, die in vier Konfliktsfällen zwischen französischen Diskothekenbesitzern und der französischen Verwertungsgesellschaft *SACEM* auftraten. Es handelt sich um die bereits im Zusammenhang mit Artikel 30, 36 EGV erwähnten Entscheidungen Rs 402/85 *G. Basset ./. SACEM*[508], Rs 270/86 *J. Cholay und Société "Bizon's Club" ./. SACEM*[509] und Rs 395/87 *Ministère Public ./. Tournier*[510]. Die vierte Entscheidung betrifft die verbundenen Rechtssachen 110, 241, 242/88 *Lucazeau ./. SACEM* und *SACEM ./. Debelle & Anor*[511]. Die genannten Urteile beziehen sich zwar im wesentlichen auf die Lizenzierung von Aufführungsrechten für die Nutzung musikalischer Werke durch öffentliches Abspielen von Tonträgern. Sie enthalten jedoch grundsätzliche Aussagen, die auch für die gemeinschaftsrechtliche Beurteilung der internationalen Lizenzierungspraxis für die Herstellung und den Vertrieb von Tonträgern von allgemeiner Bedeutung sind. Es handelt sich dabei um die folgenden Problembereiche:

- Gegenseitigkeitsverträge zwischen Verwertungsgesellschaften;
- Gebietsaufteilung durch Verweigerung des Zugangs zu ausländischen Verwertungsgesellschaften;
- Zwang zur Abnahme einer Gesamtlizenz;
- Gebührenhöhe.

---

507 S.o. (2) C I.
508 Slg 1987, 1747.
509 Slg 1990, 4607.
510 Slg 1989, 2521.
511 Slg 1989, 2811.

Darüber hinaus lassen die *SACEM*-Entscheidungen wichtige Schlüsse über die kartellrechtliche Zulässigkeit der territorialen Beschränkungen der Gegenseitigkeitsverträge und, damit zusammenhängend, der Urheberrechtslizenzen zu.

1. Sachverhalte

Unter jeweils unterschiedlichen prozessualen Konstellationen in den Ausgangsverfahren wandten sich Diskothekenbesitzer in Frankreich gegen die Bedingungen, zu denen sie Lizenzverträge mit SACEM über die öffentliche Vorführung musikalischer Werke durch das Abspielen von Tonträgern in ihren Diskotheken abzuschließen hatten. Das Verhältnis zwischen SACEM und den Diskothekenbesitzern wird durch einen Standardvertrag (*contrat général de représentation*) geregelt. Dieser Vertrag gibt den Diskothekenbesitzern das Recht, für einen bestimmten Zeitraum das gesamte gegenwärtige und künftige Repertoire der SACEM an musikalischen Werken durch das Abspielen von Tonträgern zu nutzen. Dieses Repertoire umfaßt SACEM's eigenes Repertoire sowie dasjenige der ausländischen Verwertungsgesellschaften, welche der SACEM durch Gegenseitigkeitsverträge für das Aufführungs- und Senderecht[512] Vollmacht erteilt haben, sie in Frankreich zu vertreten[513].
SACEM bietet ihr Repertoire nur als Gesamtheit an ("Gesamtlizenz" oder "Globallizenz"). Die Diskothekenbesitzer können sich daraus nicht die beim Publikum besonders beliebten anglo-amerikanischen Titel auswählen. Wer diese Titel nutzen will, muß das gesamte Repertoire der SACEM erwerben.
Als Gegenleistung für die Gesamtlizenz verlangt SACEM von jedem Diskothekenbesitzer eine Lizenzgebühr, die als Prozentsatz der Gesamteinkünfte der Diskothek berechnet wird. Die Standardrate betrug bis zum 1. Januar 1990 8,25 % des Gesamtumsatzes, bestehend aus 6,6% Vorführungsgebühr und 1,65% "zusätzliche Gebühr für die mechanische Vervielfältigung"[514]. Die Verwertungsgesellschaften anderer Mitgliedstaaten berechnen die Gebühr für entsprechende Vorführungslizenzen in ihren Verwaltungsgebieten auf anderer Basis: nach der Zahl der vorhandenen Plätze, der Fläche in Quadratmetern, dem durchschnittlichen Eintrittspreis, dem Preis von Speisen und Getränken oder nach den ermittelten Eintrittszahlen.
Die französischen Diskothekenbesitzer sahen sich durch die Bedingungen des Standardvertrages der SACEM ohne sachlichen Grund benachteiligt:
Die Diskothekenbesitzer machten geltend, die Lizenzgebühr enthalte unzulässigerweise eine zusätzliche Gebühr für die mechanische Vervielfältigung, die in anderen Mitgliedstaaten unbekannt sei. Die Lizenzgebühr sei unangemessen hoch. Sie liege um ein Vielfaches über den Gebühren, die in anderen Mitgliedstaaten von Verwertungsgesellschaften gefordert würden. SACEM suchte sich

512 S. Mustervertrag im EG-Bereich für das Aufführungs- und Senderecht gemäß CISAC-Standardvertrag, abgedruckt in GEMA-Jahrbuch 1995/96 D II 6 (S. 203 ff).

513 S.a. die Darstellung oben unter **(3)** C.

514 Zur "zusätzlichen Gebühr für die mechanische Vervielfältigung" s. die Darstellung oben unter **(4)** A 3 (2) a).

gegen diesen Vorwurf mit der Begründung zu verteidigen, die Bemessungsgrundlage für die Lizenzgebühr von Mitgliedstaat zu Mitgliedstaat sei unterschiedlich, die Raten könnten also nicht verglichen werden. SACEM behauptete, wenn diese Unterschiede durch eine Untersuchung auf einheitlicher Grundlage ausgeglichen würden, dann zeigte sich, daß die französischen Gebühren nicht wesentlich von denen in anderen Mitgliedstaaten abwichen.
Im Gegensatz hierzu standen die Ergebnisse einer Untersuchung der Kommission. Diese hatte in einer Umfrage alle Verwertungsgesellschaften innerhalb der Gemeinschaft aufgefordert, anzugeben, welche Gebühren sie bei einer Standarddiskothek erheben, die hinsichtlich der Platzzahl, Fläche, Öffnungszeiten, Eintrittspreise, Preise des beliebtesten Getränks und der jährlichen Einnahmen einschließlich Steuern genau umschrieben wurde. Das Ergebnis dieser Untersuchung war, daß SACEM Lizenzgebühren forderte, die um ein Vielfaches höher waren als solche in den meisten anderen Mitgliedstaaten (nur die italienische Verwertungsgesellschaft kam in die Nähe des Gebührenniveaus der SACEM)[515]. Die Vergleichsmethode der Kommission berücksichtigte allerdings nicht solche Unterschiede, die zwischen den Mitgliedstaaten hinsichtlich der wirtschaftlichen Bedeutung von Diskotheken bestehen, weil möglicherweise herkömmliches Besucherverhalten, klimatische Verhältnisse, soziale Gepflogenheiten und historische Traditionen zwischen den Mitgliedstaaten unterschiedlich sind.
Die Diskothekenbesitzer machten weiter geltend, der Zwang zum Erwerb einer Gesamtlizenz sei unzulässig. Den Diskothekenbesitzern müsse ermöglicht werden, aus dem Gesamtrepertoire nur anglo-amerikanische Werke auszuwählen, da diese die große Mehrheit (90%) der Titel bilde, die von Diskothekenbesuchern gewünscht würden.
Der Versuch der französischen Diskothekenbesitzer, bei ausländischen Verwertungsgesellschaften Vorführungslizenzen zu erhalten, um dadurch den ungünstigen Standardvertrag der SACEM zu umgehen, war gescheitert. Diese Verwertungsgesellschaften hatten sich geweigert, den französischen Diskotheken direkten Zugang zu ihrem Repertoire zu gewähren, und verwiesen die Diskothekenbesitzer auf die SACEM, die gemäß der Gegenseitigkeitsverträge für Frankreich zuständig sei. Diese Weigerung der ausländischen Verwertungsgesellschaften, Direktlizenzen in Frankreich zu vergeben, hatte folgenden Hintergrund:
Die Gegenseitigkeitsverträge für Aufführungs- und Senderechte, auf welche sich die ausländischen Verwertungsgesellschaften beriefen, enthalten ebenso wie die entsprechenden Gegenseitigkeitsverträge für mechanische Rechte[516] an sich keine Ausschließlichkeitsklausel. Die Ermächtigung, welche die ausländischen Verwertungsgesellschaften der SACEM erteilen, das ausländische Repertoire für die Vorführung in Frankreich zu lizenzieren ist nicht ausschließlich in dem

515 Eine später von der Kommission vorgenommene wesentlich genauere Untersuchung, bei der fünf unterschiedliche Durchschnittsdiskotheken berücksichtigt wurden, bestätigte das Ergebnis der ersten Untersuchung. Die Tarife der SACEM liegen danach um das 3,24- bis 5,53-fache höher als der Durchschnitt der übrigen europäischen Tarife. Die bei Untersuchung ermittelten Zahlen sind abgedruckt in der Stellungnahme Nr. 93-A05 des Conseil de la concurrence vom 20. April 1993 GRUR Int. 1994, 339, 343 ff.

516 S. Darstellung oben unter **(3)** C.

Sinne, daß die ausländischen Verwertungsgesellschaften gehindert wären, selbst direkt Lizenzen in Frankreich zu erteilen. Die ursprünglich in den Gegenseitigkeitsverträgen enthaltene Ausschließlichkeit der Berechtigung jeder Verwertungsgesellschaft, das ausländische Repertoire in "ihrem" Land zu vertreten, wurde Anfang der siebziger Jahre abgeschafft[517]. Seither hindern die Gegenseitigkeitsverträge die Verwertungsgesellschaften nicht daran, ihr eigenes heimisches Repertoire direkt in anderen Mitgliedstaaten zu lizenzieren.
Dennoch hat sich an der Praxis der Gesellschaften, Direktlizenzen im Ausland zu verweigern, nichts geändert. Das hat v.a. zwei Gründe:

1. Die gegenseitigen Ermächtigungen sind - zwar nicht ausschließlich - jedoch nach wie vor **territorial begrenzt**: Jede ausländische Verwertungsgesellschaft ermächtigt SACEM zur Lizenzierung des ausländischen Repertoires nur für das Gebiet Frankreichs. Daneben kann die ausländische Verwertungsgesellschaft ihr Repertoire direkt in Frankreich lizenzieren. SACEM kann das Repertoire der ausländischen Verwertungsgesellschaft dagegen nicht in deren Land oder sonst außerhalb Frankreichs vertreten, da die Ermächtigung sich nur auf Frankreich erstreckt. Dasselbe gilt umgekehrt für das französische Repertoire: SACEM ermächtigt jede ausländische Verwertungsgesellschaft dazu, das französische Repertoire (nur) in ihrem jeweiligen ausländischen Gebiet zu lizenzieren. Daneben könnte SACEM mit ihrem Repertoire direkt im Ausland aktiv werden, die jeweilige ausländische Verwertungsgesellschaft aber nicht in Frankreich. Im Ergebnis kann damit jede Verwertungsgesellschaft Direktlizenzen von Aufführungsrechten im Ausland nur über ihr eigenes (in der Regel heimisches) Repertoire vergeben. Wegen dieser inhaltlichen Beschränkung sind Direktlizenzen für Nutzer unattraktiv. Für die französischen Diskothekenbesitzer wäre allenfalls eine Direktlizenz über anglo-amerikanisches Repertoire seitens der amerikanischen Verwertungsgesellschaften ASCAP[518], BMI[519] oder SESAC[520] bzw. seitens der anglo-amerikanischen Subverlage in Frankreich, die mit der Wahrnehmung der entsprechenden Aufführungsrechte betraut sind, interessant gewesen. Zur Vergabe dieser Rechte für die Nutzung in Frankreich wäre aber wegen der territorialen Beschränkung der Gegenseitigkeitsverträge bzw. der Subverlagsverträge keine der europäischen Verwertungsgesellschaften außer der SACEM in der Lage gewesen.

2. Die Vergabe direkter Lizenzen im Ausland ist für Verwertungsgesellschaften nicht praktikabel. Sie würde es erforderlich machen, daß die

517 Dazu bereits oben **(3)** C III, ferner unten **(5)** A II.
518 American Society of Composers, Authors and Publishers, New York.
519 Broadcast Music Inc., New York.
520 SESAC Inc., New York.

Gesellschaft in dem jeweiligen ausländischen Staat ihr eigenes Kontroll- und Inkassosystem einrichten müßte. Um die Einhaltung der Lizenzvereinbarungen zu überwachen, Verstöße zu verfolgen und die Lizenzgebühren einzuziehen, müßte die Verwertungsgesellschaft in jedem ausländischen Staat, in dem sie direkt lizenziert, eine eigene Verwaltungsorganisation errichten. Das wiederum würde zu zusätzlichen Verwaltungskosten führen, die auf die Lizenzgebühr durchschlagen müßten. Deshalb erscheint die Direktlizenzierung - so sie angesichts ihrer inhaltlichen Beschränkung auf heimisches Repertoire überhaupt in Betracht kommt - auch für den Nutzer unrentabel.

Die Diskothekenbesitzer machten geltend, der SACEM-Standardvertrag, die Gegenseitigkeitsverträge und das Verhalten der Verwertungsgesellschaften verletzten das Gemeinschaftsrecht, insbesondere die Wettbewerbsregeln. Die Fragen, die in diesem Zusammenhang von den jeweiligen Gerichten der Ausgangsverfahren dem EuGH für eine Vorabentscheidung vorgelegt wurden, waren - zusammengefaßt[521] - folgende:

a) Ist das System der Gegenseitigkeitsverträge zwischen Verwertungsgesellschaften eine wettbewerbswidrige Kartellvereinbarung unter Verstoß gegen Artikel 85 EGV?

b) Ist die gemeinsame Praxis der Verwertungsgesellschaften, Nutzern in anderen Mitgliedstaaten den direkten Zugang zu ihrem jeweiligen Repertoire zu verweigern, eine aufeinander abgestimmte Verhaltensweise im Sinne von Artikel 85 EGV?

c) Ist die Weigerung einer Verwertungsgesellschaft, Nutzern den Zugang nur zum ausländischen Teil ihres Repertoires zu gestatten, d.h. die Abnahme einer Gesamtlizenz zu verlangen, ein Verhalten, das eine Verhinderung, Einschränkung oder Verfälschung des Wettbewerbs im Sinne des Artikels 85 EGV bezweckt oder bewirkt? Handelt es sich möglicherweise um eine unangemessene Bedingung im Sinne von Artikel 86 Abs. 2 d) EGV?

d) Ist die Forderung einer "zusätzlichen Gebühr für die mechanische Vervielfältigung", die in anderen Mitgliedstaaten nicht existiert, ein Mißbrauch einer beherrschenden Stellung nach Artikel 86 EGV?

e) Stellt es den Mißbrauch einer beherrschenden Stellung nach Artikel 86 EGV dar, wenn eine Verwertungsgesellschaft Lizenzgebühren verlangt, die um ein Mehrfaches höher sind als die entsprechenden Ge-

---

521 Die Fragen wurden von der Cour d'Appel Paris, der Cour d'Appel Versailles, der Cour d'Appel Aix-en-Provence und dem Tribunal de Grande Instance Poitiers vorgelegt. Sie sind hier umformuliert und in eine neue Reihenfolge gebracht.

bühren, die von allen Gesellschaften der anderen Mitgliedstaaten verlangt werden, ohne daß für die Differenz ein objektiv rechtfertigender Grund besteht?

2. Entscheidungen des EuGH

Die Entscheidungsgründe des EuGH in den verschiedenen Rechtssachen werden im folgenden thematisch zusammengefaßt:

a) Das System der Gegenseitigkeitsverträge

In den Abschnitten der *SACEM*-Entscheidungen, die wohl die größte Bedeutung für die europarechtliche Bewertung der internationalen Urheberrechtslizenzierung haben, beschäftigt sich der EuGH mit der kartellrechtlichen Zulässigkeit der Gegenseitigkeitsverträge zwischen den Verwertungsgesellschaften. Ansatzpunkt für die kartellrechtliche Überprüfung der Gegenseitigkeitsverträge ist die Tatsache, daß die französischen Diskothekenbesitzer faktisch nicht in der Lage waren, Aufführungslizenzen von einer anderen Verwertungsgesellschaft zu erhalten als von der französischen SACEM. Diese Tatsache begründete die Monopolstellung der SACEM gegenüber den Diskothekenbesitzern in Frankreich. Die Diskothekenbesitzer machten geltend, die faktische Ausschließlichkeit der Ermächtigung der SACEM sei u.a. Ergebnis der Gegenseitigkeitsverträge, weswegen diese kartellrechtlich unzulässig seien.

aa) Erwägungen des EuGH

In seinen Entscheidungsgründen erkennt der EuGH - ausdrücklich - zwei Ziele an, denen die Gegenseitigkeitsverträge dienten: Erstens gewährleisteten sie, daß alle urheberrechtlich geschützten Werke ungeachtet ihrer Herkunft in jedem Mitgliedstaat gleichermaßen zu den jeweils dort anwendbaren Bedingungen verwertet würden. Dadurch werde die Inländerbehandlung ausländischer Urheber garantiert, wie sie durch internationale Urheberrechtsübereinkommen vorgeschrieben sei. Zweitens ermöglichten die Gegenseitigkeitsverträge es, daß jede Verwertungsgesellschaft sich zum Schutze ihres Repertoires im Ausland auf die Organisation der dort etablierten Schwestergesellschaften stützen könne. Sie müsse daher nicht im Ausland eigene Vertragsbindungen eingehen und Kontrollen durchführen[522].
Aus diesen Funktionen der Gegenseitigkeitsverträge schließt der EuGH, daß die Verträge "für sich allein den Wettbewerb nicht in einer Weise beschränken, die sie unter das Verbot von Artikel 85 Absatz 1 EWG-Vertrag fallen ließen"[523]. Das Gericht räumt ein, die Dinge "könnten anders liegen", wenn die Verträge eine Ausschließlichkeit in dem Sinne schüfen, daß die Verwertungsgesellschaften kei-

522 Rs 395/87 *Ministère Public ./. Tournier* Slg 1989, 2521, 2573 Rn 19; Rs 110, 241 und 242/88 *Lucazeau und andere ./. SACEM* Slg 1989, 2811, 2828 Rn 13.

523 Rs 395/87 *Ministère Public ./. Tournier* Slg 1989, 2521, 2573 Rn 20; Rs 110, 241 und 242/88 *Lucazeau und andere ./. SACEM* Slg 1989, 2811, 2828 Rn 14.

nen direkten Zugang zu ihren Beständen im Ausland gewähren dürften. Da die Ausschließlichkeitsklauseln aus den Gegenseitigkeitsverträgen auf Einschreiten der Kommission im Jahre 1971 entfernt wurden, untersucht der EuGH diese Frage nicht näher. Vielmehr läßt es das Gericht offen, ob bei einer ausschließlichen Ermächtigung die Gegenseitigkeitsverträge gegen Artikel 85 EGV verstoßen würden[524].

Soweit sich die Ausschließlichkeit faktisch fortsetzt, weil die Verwertungsgesellschaften nach wie vor den direkten Zugang zu ihrem Repertoire im Ausland verweigern, betrifft dies, so der EuGH, nicht die kartellrechtliche Zulässigkeit der Gegenseitigkeitsverträge, sondern wirft die Frage nach einer aufeinander abgestimmten Verhaltensweise der Verwertungsgesellschaften auf, mit welcher die Ausschließlichkeit aufrechterhalten wird[525].

bb) Inzidente Hinnahme der territorialen Beschränkung der Ermächtigungen in den Gegenseitigkeitsverträgen durch den EuGH

Indem der EuGH die Gegenseitigkeitsverträge für zulässig erachtet, billigt er inzident auch die territoriale Beschränkung, die in den gegenseitigen Ermächtigungen enthalten ist:

Wie erläutert, lassen es die nicht-ausschließlichen Gegenseitigkeitsverträge für das Aufführungs- und Senderecht (ebenso wie diejenigen für das mechanische Recht), an sich zu, daß die Verwertungsgesellschaften jeweils mit ihren ausländischen Schwestergesellschaften konkurrieren, indem sie im Ausland Direktlizenzen vergeben. Dieser Wettbewerb bezieht sich aber nur auf das jeweilige eigene (heimische) Repertoire der konkurrierenden Gesellschaft. Denn soweit diese Gesellschaft noch über weiteres Repertoire, nämlich idealerweise das gesamte Weltrepertoire, verfügt, ist sie zur Verwertung dieses Repertoires aufgrund der territorialen Beschränkung der Gegenseitigkeitsverträge nur für das Gebiet "ihres" Mitgliedstaates ermächtigt. Wettbewerb hinsichtlich der Vergabe des Weltrepertoires wäre zwischen den Verwertungsgesellschaften nur möglich, wenn die Gesellschaften sich gegenseitig ermächtigten, ihr jeweiliges Repertoire für die Nutzung in jedem beliebigen Mitgliedstaat zu lizenzieren. Dies bedeutete eine doppelte Erweiterung gegenüber den üblichen Gegenseitigkeitsverträgen: Jede Verwertungsgesellschaft dürfte das Repertoire jeder mit ihr verbundenen Schwestergesellschaft auch für Aufführungen in deren Gebiet lizenzieren und darüber hinaus in jedem anderen Mitgliedstaat.

Der EuGH geht in seinen Entscheidungsgründen nicht ausdrücklich auf die Frage der territorialen Beschränkung der Ermächtigungen ein, die Bestandteil der Gegenseitigkeitsverträge sind. Die kartellrechtliche Untersuchung knüpft lediglich

---

524 Allerdings läßt die negative Bewertung einer möglichen abgestimmten Verhaltensweise der Verwertungsgesellschaften, sytematisch direkten Zugang zu verweigern (dazu unten b), erkennen, daß eine ausschließliche Bevollmächtigung nach Ansicht des Gerichts wettbewerbswidrig wäre. Denn eine ausschließliche gegenseitige Ermächtigung hätte dieselbe wettbewerbliche Auswirkung wie eine - vom EuGH verworfene - systematische Weigerung des direkten Zugangs zu ausländischen Verwertungsgesellschaften.

525 Dazu sogleich unter b.

an die Frage der Ausschließlichkeit der Ermächtigungen und die anerkannten Zwecke der Gegenseitigkeitsverträge an. Aus den *SACEM*-Entscheidungen geht aber an verschiedenen Stellen hervor, daß der EuGH sich der territorialen Beschränkung der Gegenseitigkeitsverträge und der Auswirkung der territorialen Beschränkung auf die Monopolstellung jeder Verwertungsgesellschaft in ihrem Gebiet für die Vergabe des Weltrepertoires bewußt war:
In den jeweiligen Sitzungsberichten des Berichterstatters *Koopmans*[526] wird festgehalten, daß SACEM zur Vertretung des ausländischen Repertoires nur in Frankreich bevollmächtigt ist. Zum Teil definiert *Koopmanns* die Gegenseitigkeitsverträge dahin, daß sie jede vertragschließende Partei verpflichten, "auf ihrem Territorium" die Rechte der anderen Gesellschaft zu wahrzunehmen. Die territoriale Beschränkung wird ferner in den Urteilsgründen bei der Definition der Gegenseitigkeitsverträge festgehalten: Die Gesellschaften, so wörtlich in den Entscheidungsgründen, gewährten durch die Verträge einander das Recht, "in dem räumlichen Gebiet, in dem sie jeweils tätig sind" das Repertoire der anderen zu vertreten[527]. Schließlich geht Generalanwalt *Jacobs* in seinen Schlußanträgen ausdrücklich auf die territoriale Beschränkung der Gegenseitigkeitsverträge ein und stellt fest, daß jede Verwertungsgesellschaft im Falle einer Direktlizenzierung im Ausland nur ihr eigenes Repertoire vergeben könnte. Er weist darauf hin, daß diese inhaltliche Beschränkung die Direktlizenzierung für Nutzer und Verwertungsgesellschaften uninteressant macht und deshalb die SACEM für die Vergabe von Lizenzen faktische Ausschließlichkeit in Frankreich genießt[528].
Obwohl dem EuGH die territoriale Beschränkung der gegenseitigen Bevollmächtigungen in den Gegenseitigkeitsverträgen also bekannt ist, sieht das Gericht in den Verträgen insoweit keinen Verstoß gegen Artikel 85 EGV. Für einen Verstoß gegen Artikel 85 EGV zieht das Gericht nur eine mögliche Ausschließlichkeit der Ermächtigungen in Betracht. Anlaß zu Überlegungen hinsichtlich der territorialen Beschränkung bestand, da es, wie Generalanwalt *Jacobs* ausdrücklich feststellte, u.a. die territoriale Beschränkung der Gegenseitigkeitsverträge ist, die eine Direktlizenzierung im Ausland unattraktiv macht und die damit mittelbar die Stellung jeder einzelnen Verwertungsgesellschaft auf ihrem nationalen Markt stärkt und die Marktaufteilung zwischen den Verwertungsgesellschaften verfestigt.

cc) Rechtfertigung der territorialen Beschränkung der Gegenseitigkeitsverträge

Es stellt sich die Frage, welche Schlußfolgerungen für die kartellrechtliche Bewertung der territorialen Beschränkung der Ermächtigungen in den Gegenseitigkeitsverträgen daraus zu ziehen sind, daß der EuGH die territoriale Beschränkung

526 Rs 402/85 *Basset ./. SACEM* Slg 1987, 1747, 1748; Rs 395/87 *Ministère Public ./. Tournier* Slg 1989, 2521, 2524; Rs 110, 241 und 242/88 *Lucazeau und andere ./. SACEM* Slg 1989, 2811, 2813 f.

527 Rs 395/87 *Ministère Public ./. Tournier* Slg 1989, 2521, 2572 Rn 17; Rs 110, 241 und 242/88 *Lucazeau und andere ./. SACEM* Slg 1989, 2811, 2828 Rn 11.

528 Rs 395/87 *Ministère Public ./. Tournier* Slg 1989, 2521, 2546; gleichlautend Rs 110, 241 und 242/88 *Lucazeau und andere ./. SACEM* Slg 1989, 2811, 2822.

nicht ausdrücklich problematisiert. Wie die *SACEM*-Entscheidungen ausdrücklich besagen, sind nach Ansicht des Gerichts die Gegenseitigkeitsverträge nicht wettbewerbswidrig, jedenfalls solange die in ihnen enthaltenen Ermächtigungen nicht ausschließlich sind. Ferner verfolgen nach Ansicht des Gerichts die Gegenseitigkeitsverträge mit der Gewährleistung der Inländerbehandlung und der gegenseitigen Nutzung vorhandener nationaler Organisationsstrukturen legitime Ziele. Das Gericht stellt die territoriale Beschränkung der Gegenseitigkeitsverträge nicht als mögliche Form einer Wettbewerbsbeschränkung in Frage, obwohl das Gericht die territoriale Beschränkung kennt und von ihren Auswirkungen für die Monopolstellung der SACEM weiß. Das kann zweierlei bedeuten:

1. Möglicherweise sieht das Gericht in der territorial beschränkten nicht-ausschließlichen Ermächtigung überhaupt keine wettbewerbsbeschränkende Vereinbarung, weil die Vergabe nicht-ausschließlicher territorial beschränkter Lizenzen Ausdruck der durch Artikel 36 EGV gerechtfertigten schlichten Ausübung des Urheberrechts ist. Dies würde dem Ansatz entsprechen, wonach einfache territorial beschränkte Lizenzen generell nach Artikel 85 EGV zulässig sind[529].

2. Denkbar ist auch, daß der EuGH zwar wettbewerbsbeschränkende Auswirkungen der nicht-ausschließlichen territorial beschränkten Ermächtigungen der Gegenseitigkeitsverträge erkennt, diese aber als durch die legitimen Funktionen der Gegenseitigkeitsverträge gerechtfertigt ansieht. Das Gericht würde dann trotz der wettbewerbswidrigen Auswirkungen der Gegenseitigkeitsverträge den Zielen, die mit diesen Verträgen erreicht werden sollen, Vorrang einräumen. Dies entspräche einem "rule of reason"-Ansatz, wie ihn der EuGH in der *Nungesser*- und der *Coditel II*-Entscheidung angewandt hat.

Wie erläutert[530], hat sich der EuGH bislang nicht ausdrücklich zur Zulässigkeit territorial beschränkter einfacher Lizenzen geäußert. Deshalb läßt sich nicht sicher sagen, auf welcher dogmatischen Grundlage der EuGH zur Zulässigkeit der territorialen Beschränkungen der Gegenseitigkeitsverträge gelangt. Gegen eine generelle Zulässigkeit der territorialen Beschränkung spricht aber wie dargestellt die Integrationsfunktion der Wettbewerbsregeln. Vorzugswürdig ist eine Einzelfallprüfung, wie sie der EuGH bei offenen ausschließlichen Lizenzen vornimmt. Die territoriale Beschränkung der Ermächtigungen in den Gegenseitigkeitsverträgen verstößt danach nur dann gegen Artikel 85 EGV, wenn sie unter Berücksichtigung der Erfordernisse der Urheberrechtslizenzierung Gegenstand, Mittel oder Folge einer verbotenen Kartellabsprache ist, die nicht mit der vollen Wahrung der Urheberinteressen zu rechtfertigen ist.
Nach dem EuGH ist legitimer Zweck der Gegenseitigkeitsverträge unter anderem, jeder Verwertungsgesellschaft zu ermöglichen, sich zur effektiven Wahrnehmung

529 S. oben II 2 b) bb).
530 S.o. II 2 b).

ihres Repertoires auf die im jeweiligen ausländischen Staat etablierte Schwestergesellschaft zu stützen. Die territoriale Beschränkung der Ermächtigung gewährleistet, daß zur Wahrnehmung im jeweiligen Staat nur die dort ansässige Verwertungsgesellschaft tätig werden kann. Erteilte z.B. die deutsche GEMA eine territorial nicht beschränkte Ermächtigung der französischen SACEM, so bestünde die Möglichkeit, daß SACEM die Aufführung des GEMA-Repertoires nicht nur in Frankreich, sondern auch anderswo, z.B. im Vereinigten Königreich, lizenzierte, wo die SACEM nicht über die erforderlichen Verwaltungsstrukturen verfügt, um eine ausreichende Kontrolle zu gewährleisten. Das der GEMA anvertraute Repertoire soll im Vereinigten Königreich jedoch im Interesse der Urheber nur von der britischen PRS[531] wahrgenommen werden, die über die erforderlichen organisatorischen Mittel für eine effektive Wahrnehmung der Urheberrechte im Vereinigten Königreich verfügt. Die territoriale Beschränkung ist somit Bestandteil der vom EuGH als legitim anerkannten Funktion der Gegenseitigkeitsverträge, eine wirksame Wahrnehmung der Urheberinteressen dadurch zu gewährleisten, daß jede Verwertungsgesellschaft sich auf die im jeweiligen ausländischen Staat ansässige Schwestergesellschaft stützen kann. Auf dieser Grundlage ist die territoriale Beschränkung nicht Gegenstand, Mittel oder Folge einer verbotenen Kartellabsprache und verstößt nicht gegen Artikel 85 EGV.
Ein weiteres - vom EuGH in den *SACEM*-Entscheidungen nicht berücksichtigtes - Argument für die Zulässigkeit der territorialen Beschränkung der Gegenseitigkeitsverträge ist, daß nur durch die territorialen Beschränkungen gewährleistet werden kann, daß die Urheberrechte gemäß ihrem durch Artikel 36 EGV anerkannten gesetzlichen Leitbild als Monopolrechte in einer Hand verbleiben: Mittels der territorialen Beschränkungen der Gegenseitigkeitsverträge kann die Nutzung des Weltrepertoires in einem Mitgliedstaat nur von der dort ansässigen Verwertungsgesellschaft gestattet werden. Wären die Ermächtigungen der Gegenseitigkeitsverträge nicht territorial beschränkt, so könnte jedes Urheberrecht des Weltrepertoires in jedem Mitgliedstaat von allen europäischen Verwertungsgesellschaften wahrgenommen werden. Das Urheberrecht wäre damit entgegen seinem gesetzlichen und gemeinschaftsrechtlichen Leitbild nicht mehr ein ausschließliches Monopolrecht, sondern faktisch zur Wahrnehmung auf mehrere Hände verteilt. Die territorialen Beschränkungen der Gegenseitigkeitsverträge gewährleisten, daß trotz der Einschaltung von Verwertungsgesellschaften in die Urheberrechtsverwertung das Urheberrecht als ausschließliches Recht erhalten bleibt.

b) Die Weigerung, Direktlizenzen im Ausland zu gewähren

Verstoßen die Gegenseitigkeitsverträge - jedenfalls in der nicht-ausschließlichen Form - nicht gegen Artikel 85 EGV, so bleibt die Frage, ob die übereinstimmende Weigerung ausländischer Verwertungsgesellschaften, ihr eigenes Repertoire direkt an Nutzer in Frankreich zu lizenzieren, eine nach Artikel 85 EGV verbotene abgestimmte Verhaltensweise zwischen den Verwertungsgesellschaften darstellt.

---

531 The Performing Right Society Ltd., London.

Durch eine solche abgestimmte Verhaltensweise erhalten die Gesellschaften möglicherweise die Ausschließlichkeit der gegenseitigen Ermächtigung faktisch aufrecht.

aa) Erwägungen des EuGH

Der EuGH bezieht sich zur Beantwortung dieser Frage zunächst auf die Stellungnahmen von Kommission und SACEM, nach denen die Verwertungsgesellschaften kein Interesse daran hätten, ihr Repertoire anders zu lizenzieren als durch Bevollmächtigung der jeweiligen heimischen Gesellschaft, da es zu kostspielig wäre, in dem jeweiligen Land ein eigenes System der Gebührenerhebung einzurichten. Die französischen Diskothekenbesitzer bestritten dies zwar nicht, sahen aber in der Weigerung dennoch eine aufeinander abgestimmte Verhaltensweise und beriefen sich hierzu auf die im wesentlichen gleichlautenden Schreiben der Verwertungsgesellschaften an die Diskothekenbesitzer.
Das Gericht stellt zu diesem Problem den Grundsatz auf, daß eine Abstimmung zwischen Verwertungsgesellschaften, die es bewirke, daß ausländischen Benutzern systematisch der direkte Zugang zu den jeweiligen eigenen Beständen der Gesellschaften verweigert werde, als Ursache einer den Wettbewerb einschränkenden abgestimmten Verhaltensweise anzusehen sei, die geeignet sei, den Handel zwischen den Mitgliedstaaten zu beeinträchtigen[532]. Der EuGH erklärt damit allerdings nur die systematische abgestimmte Verweigerung des direkten Zugangs zum **eigenen**, d.h. heimischen Repertoire, der jeweiligen ausländischen Verwertungsgesellschaft für unzulässig. Es geht nicht um die Vergabe des Weltrepertoires. Eine Weigerung z.B. der SACEM, an Nutzer in England deutsches Repertoire zu lizenzieren wäre notwendige Konsequenz der territorialen Beschränkung der im Gegenseitigkeitsvertrag von der GEMA für das deutsche Repertoire der SACEM erteilten Ermächtigung. Diese territoriale Beschränkung ist nach dem EuGH nicht zu beanstanden.
Dem Gericht erscheint es hinsichtlich der Möglichkeit einer abgestimmten Verhaltensweise nicht eindeutig, daß im vorliegenden Fall eine Abstimmung zwischen den Verwertungsgesellschaften stattgefunden habe, auch wenn die verschiedenen Gesellschaften in der mehr oder weniger selben Weise Direktlizenzen verweigert hätten. Ein Parallelverhalten wie dieses könne zwar unter Umständen ein wichtiges Indiz für eine Abstimmung geben, wenn das Parallelverhalten zu Wettbewerbsbedingungen führe, die nicht den normalen Marktbedingungen entsprächen[533]. Allerdings könne eine abgestimmte Verhaltensweise nicht vermutet werden, wenn das Parallelverhalten sich durch andere Gründe als das Vorliegen einer Abstimmung erklären ließe. Im vorliegenden Fall könne ein solcher anderer Grund darin bestehen, daß die Verwertungsgesellschaften bei der Vergabe von

532 Rs 395/87 *Ministère Public ./. Tournier* Slg 1989, 2521, 2573 f Rn 23; Rs 110, 241 und 242/88 *Lucazeau und andere ./. SACEM* Slg 1989, 2811, 2829 Rn 17.

533 Rs 395/87 *Ministère Public ./. Tournier* Slg 1989, 2521, 2574 Rn 24; s.a. Rs 48/69 *Imperial Chemical Industries ./. Kommission* Slg 1972, 619, 658 Rn 64/67; Rs 49/69 *BASF ./. Kommission* Slg 1972, 713, 735 Rn 22.

Direktlizenzen im Ausland dort ein eigenes Verwertungs- und Kontrollsystem aufbauen müßten[534].

Das Gericht gelangt auf dieser Grundlage zu dem Schluß, daß die Frage, ob eine abgestimmte Verhaltensweise vorliegt, nur aufgrund "der Beurteilung bestimmter Vermutungen und der Bewertung bestimmter Unterlagen und anderer Beweismittel" beantwortet werden könne. Diese Aufgabe komme den innerstaatlichen Gerichten zu[535].

bb) Rechtfertigung der Weigerung, Direktlizenzen im Ausland zu gewähren

Der EuGH definiert die entscheidende Frage, ob die übereinstimmende Weigerung der Verwertungsgesellschaften, Direktlizenzen über Eigenrepertoire zu vergeben, eine abgestimmte Verhaltensweise sei, als Problem der Beweiswürdigung und überläßt die Antwort den nationalen Gerichten. Es ist jedoch nicht zu übersehen, daß der EuGH mit seinen Ausführungen den nationalen Gerichten Richtlinien an die Hand gibt, die es diesen nahelegen müssen, eine abgestimmte Verhaltensweise in jedem Einzelfall zu **verneinen**:

Ein Parallelverhalten der Verwertungsgesellschaften läßt nach dem EuGH keine Vermutung einer abgestimmten Verhaltensweise zu, wenn es sich durch andere Gründe als eine Abstimmung erklären läßt. Der EuGH selber nennt dazu das Erfordernis, eigene Verwertungs- und Kontrollsysteme im Ausland zu errichten. Daß dieses Erfordernis bei einer Direktlizenzierung bestünde, wurde in den Ausgangsverfahren der SACEM-Entscheidungen nicht bestritten und dürfte auch in anderen Fällen leicht darzulegen sein. Wenn dann aber das bloße Parallelverhalten keinen Schluß auf eine Abstimmung zwischen den Verwertungsgesellschaften zuläßt, ist es Sache des Prozeßgegners, eine Abstimmung zu beweisen. Das dürfte dem jeweiligen Prozeßbeteiligten, der sich gegen die Praxis der Verwertungsgesellschaften zu wehren sucht, nicht gelingen. So ist denn auch der französische Conseil de la concurrence in einer Stellungnahme vom 20.4.1993 zu Praktiken der SACEM zu dem Ergebnis gekommen, daß eine abgestimmte Verhaltensweise zwischen SACEM und den ausländischen Verwertungsgesellschaften hinsichtlich der Verweigerung von Direktlizenzen nicht nachzuweisen sei[536].

Im Ergebnis hat der EuGH somit die Antwort auf die Frage einer abgestimmten Verhaltensweise den nationalen Gerichten in dem Sinne vorgegeben, daß die übereinstimmende Weigerung der Verwertungsgesellschaften, im Ausland Direktlizenzen über ihre eigenen Bestände zu gewähren, nicht eine nach Artikel 85 EGV verbotene abgestimmte Verhaltensweise ist.

---

534 Rs 395/87 *Ministère Public ./. Tournier* Slg 1989, 2521, 2574 Rn 24; Rs 110, 241 und 242/88 *Lucazeau und andere ./. SACEM* Slg 1989, 2811, 2829 f Rn 18.

535 Rs 395/87 *Ministère Public ./. Tournier* Slg 1989, 2521, 2574 Rn 25; Rs 110, 241 und 242/88 *Lucazeau u.a. ./. SACEM u.a.* Slg 1989, 2811, 2830 Rn 19.

536 Stellungnahme Nr. 93-A05 des Conseil de la concurrence vom 20. April 1993 GRUR Int. 1994, 339, 341; s.a. schon Cour d'Appel, Douai, Urteil vom 24.10.1979, *Schulze* RzU Ausl. Frankr. 33, S. 7 ff, 8.

c) Die Weigerung, auf ausländisches Repertoire beschränkte Lizenzen zu vergeben (Zwang zur Abnahme einer Gesamtlizenz)

Die Diskothekenbesitzer suchten Zugang zum ausländischen Repertoire der SACEM, insbesondere zu anglo-amerikanischer Tanzmusik, ohne die sonstigen Titel in SACEM's Repertoire abnehmen zu müssen. Sie behaupteten, die Lizenzgebühr wäre niedriger, wenn das eigene Repertoire der SACEM nicht mitlizenziert würde. SACEM verweigerte jedoch den beschränkten Zugang zu bestimmten Titeln und bot nur eine Lizenz an, die das gesamte Repertoire umfaßte.

aa) Erwägungen des EuGH

Der EuGH untersucht die Praxis der Gesamtlizenzierung zunächst unter dem Gesichtspunkt des Artikels 85 EGV: Das Gericht prüft, ob die Verträge, die SACEM mit den Diskothekenbesitzern abschließt, deswegen wettbewerbsbeschränkend sind, weil sie nur eine Gesamtlizenz vorsehen. Dieser Ansatz überrascht. Es hätte näher gelegen, zunächst zu prüfen, ob die Ablehnung der Verwertungsgesellschaft, beschränkten Zugang zu ihrem Repertoire zu gewähren, ein mißbräuchliches Verhalten im Sinne des Artikels 86 EGV darstellt (diesen Weg geht auch Generalanwalt *Jacobs* in seinen Schlußanträgen[537]). Der EuGH wendet vermutlich zunächst Artikel 85 EGV an, weil das vorlegende Gericht die Frage zur Vorabentscheidung unter diese Vorschrift subsumiert hat[538]. Ferner gilt nach der Rechtsprechung des EuGH, daß wettbewerbsbeschränkende Vereinbarungen zwischen Unternehmen auf verschiedenen Wirtschaftsstufen in den Anwendungsbereich des Artikels 85 EGV fallen können und nicht nur nach Artikel 86 EGV zu beurteilen sind[539]. Artikel 85 EGV ist im übrigen auch dann anwendbar, wenn die Vereinbarung von einem marktbeherrschenden Vertragspartner dem anderen aufgezwungen wurde[540].

Das Gericht beobachtet als erstes, daß nach den Stellungnahmen der französischen Regierung und der Kommission eine Aufteilung des Repertoires einer Verwertungsgesellschaft in verschiedene Werkkategorien, wie von den Diskothekenbesitzer gefordert, praktische Schwierigkeiten aufwerfen würde. Nutzer bestimmter Fragmente wären nicht berechtigt, daß gesamte Repertoire zu nutzen und sich hieraus jedes gewünschte Werk herauszusuchen. Die Folge wäre, daß die Verwertungsgesellschaft zu prüfen hätte, ob sich der Nutzer an die Beschränkungen der Lizenz hält. Dazu müßte die Gesellschaft einen höheren

---

537 Rs 395/87 *Ministère Public ./. Tournier* Slg 1989, 2521, 2549 ff; gleichlautend Rs 110, 241 und 242/88 *Lucazeau und andere ./. SACEM* Slg 1989, 2811, 2822

538 Rs 395/87 *Ministère Public ./. Tournier* Slg 1989, 2521, 2569 Ziff. 4)

539 Rs 56 und 58/64 *Consten und Grundig ./. Kommission* Slg 1966, 321, 387; Rs 13/61 *De Geus ./. Bosch und Maatschappij* Slg 1962, 97; Rs 56/65 *Société Technique Minière ./. Maschinenbau Ulm* Slg 1966, 281, 302 f; Rs 32/65 *Italien ./. Rat und Kommission* Slg 1966, 457, 485

540 Rs 66/86 *Ahmed Saeed Flugreisen und Silver Line Reisebüro ./. Zentrale zur Bekämpfung unlauteren Wettbewerbs* Slg 1989, 803, 849 Rn 37; s.a. *Groeben/Thiesing/Ehlermann - Schröter* Artikel 85 Rn 47. Das Gericht prüft die Gesamtlizenz anhand des Artikels 86 EGV später im Zusammenhang mit der Frage der Gebührenhöhe, verwendet dabei aber die gleichen Kriterien wie zu Artikel 85 EGV (s. unten e).

Aufwand an Kontrolle betreiben, der letzlich höhere Kosten der Lizenz auch zu Lasten des Nutzers verursachen würde[541].
Der EuGH stellt dann im entscheidenden Abschnitt fest, daß die Verwertungsgesellschaften ein rechtmäßiges Ziel verfolgten, wenn sie die Rechte und Interessen der Urheber gegenüber den Nutzern musikalischer Werke wahrnehmen. Deshalb könnten die Lizenzverträge, die zu diesem Zweck von den Gesellschaften mit den Nutzern abgeschlossen werden, nicht als wettbewerbsbeschränkend im Sinne von Artikel 85 EGV angesehen werden, es sei denn, die Bedingungen dieser Verträge überschritten die Grenzen desjenigen, was unerläßlich sei, um dieses Ziel (die Verfolgung der Rechte und Interessen der Urheber) zu erreichen. Die Grenzen, die durch das Ziel gesetzt seien, könnten dann überschritten sein, wenn kein Zugang zu Untergruppen des Repertoires gewährt werde, obwohl auch durch die Lizenzierung von Teilen des Repertoires die Interessen der Urheber "voll gewahrt werden könnten, ohne daß sich deswegen die für die Verwaltung der Verträge und die Überwachung der Nutzung der geschützten Musikwerke entstehenden Kosten erhöhten"[542].
Nach Ansicht des Gerichts kann die Antwort auf die Frage, ob die Lizenzierung nur eines Teils des Repertoires die Interessen der Urheber voll wahrt, ohne die Kosten der Verwaltung und Überwachung zu erhöhen, von Mitgliedstaat zu Mitgliedstaat unterschiedlich ausfallen. Die hierzu in jedem Einzelfall erforderlichen tatsächlichen Feststellungen seien von den innerstaatlichen Gerichten zu treffen.

bb) Anerkennung der Gesamtlizenz durch den EuGH

Der EuGH überläßt die endgültige Entscheidung über die Zulässigkeit der Gesamtlizenz den nationalen Gerichten, die in jedem Einzelfall aufgrund der jeweiligen Beweislage zu urteilen haben. Jedoch ergibt sich aus den Vorgaben, die der EuGH für die Prüfung seitens nationaler Gerichte aufstellt, daß die Praxis der Verwertungsgesellschaften, Gesamtlizenzen zu erzwingen, unter Berufung auf die Wettbewerbsregeln letztlich nicht angefochten werden kann:
Die Grundannahme des EuGH ist, daß die Lizenzverträge der Verwertungsgesellschaften zur Wahrung der Rechte und Interessen der Urheber gerechtfertigt sind. Die Praxis der Verwertungsgesellschaften wird nur dann unter dem Gesichtspunkt des Artikel 85 EGV in Frage gestellt, wenn sich zeigt, daß diese Praxis die Grenzen dessen überschreitet, was zur Wahrung dieser Interessen unerläßlich ist. Dazu bedarf es im Zusammenhang mit dem Zwang zur Abnahme einer Gesamtlizenz des Beweises, daß auch bei teilweiser Lizenzierung die Interessen der Urheber voll gewahrt sind, ohne daß es zu höheren Verwaltungs- und Kontrollkosten kommt.
Bei derartigen Kriterien läßt sich der Zwang zur Abnahme einer Gesamtlizenz ohne größere Schwierigkeiten rechtfertigen: Selbst wenn das jeweilige nationale Gericht die Beweislast für die Unersetzlichkeit der Gesamtlizenz der Verwer-

---

541 Rs 395/87 *Ministère Public ./. Tournier* Slg 1989, 2521, 2575 Rn 29.
542 Rs 395/87 *Ministère Public ./. Tournier* Slg 1989, 2521, 2575 Rn 31.

tungsgesellschaft auferlegen sollte, könnte die betroffene Gesellschaft ohne größere Schwierigkeiten darlegen, daß die Lizenzierung nur eines Teilrepertoires sowohl zu höheren Verwaltungs- und Kontrollkosten als auch zu einem geringeren Schutz der Urheberinteressen führen müßte:
Allein bereits die Aufteilung des Repertoires in Gruppen würde sowohl Anfangs- als auch Folgekosten hervorrufen, da alle bereits vorhandenen und neu aufgenommenen Werke kategorisiert werden müßten. Zwar existieren Werkkategorien für die Zwecke der Verteilung des Gebührenaufkommens aus dem Aufführungs- und Senderecht an die Urheber[543]. Für Nutzer, die bestimmte Repertoireteile erwerben möchten, müßten aber andere Einteilungen des Repertoires vorgenommen werden. So müßte z.B. im Falle der französischen Diskothekenbesitzer eine Abgrenzung anglo-amerikanischen Repertoires von sonstigem Repertoire erfolgen.
Bei Nutzern, die Lizenzen für lediglich einen Teil des Repertoires hätten, bestünde stets die Gefahr, daß sie die Lizenzbedingungen verletzen, indem sie Titel nutzen, die nicht von der Lizenz gedeckt sind. Urheberrechtsverletzungen dieser Art könnten nur mit einem erheblichen zusätzlichen Aufwand an Überwachungsmaßnahmen kontrolliert werden. Maßnahmen dieser Art sind bei einer Gesamtlizenz nicht erforderlich, da jeder Nutzer ohnehin das gesamte Repertoire benutzen darf und somit Verletzungen dieser Art nicht begehen kann. Der zusätzliche Verwaltungsaufwand bei Teillizenzen in Gestalt individuell formulierter Lizenzverträge, der Registrierung der jeweiligen Repertoirefragmente unter Zuordnung zu den einzelnen Nutzern, der Überwachung und Verfolgung von Lizenzverstößen würde erhebliche zusätzliche Kosten verursachen. Nach dem EuGH reicht allein dies aus, um den Zwang zur Gesamtlizenz zu rechtfertigen.
Darüber hinaus könnten die zusätzlichen Kontrollmaßnahmen unter keinen Umständen die Möglichkeit von Verletzungen völlig ausschließen. So ist es nicht vorstellbar, daß in jeder Diskothek sich zu jedem Zeitpunkt ein Agent der Verwertungsgesellschaft aufhält, um Verstöße gegen die Lizenzbedingungen zu überwachen. Die Rechte der Urheber könnten daher selbst bei Leistung zusätzlichen Verwaltungsaufwandes nicht "voll gewahrt werden", schon gar nicht ohne diesen zusätzlichen Aufwand. Im Ergebnis läßt der EuGH daher mit seiner Entscheidung die Praxis der Verwertungsgesellschaften, Gesamtlizenzen zu erzwingen, unbeanstandet.

d) Zusätzliche Gebühr für die mechanische Vervielfältigung

Im Hinblick auf die Frage, ob die Forderung einer zusätzlichen Gebühr für die mechanische Vervielfältigung einen Mißbrauch im Sinne des Artikels 86 EGV darstellt, bezieht sich das Gericht auf seine im Zusammenhang mit Artikel 36 EGV getroffene Feststellung, daß die französische Regelung, die für diese Ge-

543 S. z.B. Ausführungsbestimmungen zum Verteilungsplan der GEMA für das Aufführungs- und Senderecht Abschnitte X - XIII, abgedruckt in GEMA-Jahrbuch 1995/96 D IV 1 (S. 252, 262 ff), sowie EDV-Verrechnungsschlüssel der Punktbewertung für Abschnitte X-XIII, abgedruckt in GEMA-Jahrbuch 1995/96 D IV 1 (S. 288 ff).

bühr die urheberrechtliche Grundlage bildet, nicht gegen den freien Warenverkehr verstoße[544]. Daraus ergebe sich, daß es für sich genommen keinen Mißbrauch im Sinne des Artikel 86 EGV darstelle, wenn eine Verwertungsgesellschaft die ihr nach nationalem Urheberrecht gegebenen Möglichkeiten, nämlich das Recht zur Erhebung der zusätzlichen Gebühr, nutze[545].
Diese Ansicht des EuGH stimmt mit dem Grundsatz überein, nach welchem die bloße Ausübung von Ausschließlichkeitsrechten des nationalen Urheberrechts keinen Verstoß gegen die Wettbewerbsregeln begründet[546]. Erst wenn zusätzliches wettbewerbswidriges Verhalten neben die Ausübung des Urheberrechts tritt, kommt einer Anwendung der Wettbewerbsregeln in Betracht. Diese Frage kann etwa die Forderung überhöhter Lizenzgebühren sein.
Deshalb führt das Gericht weiter aus, von der schlichten Ausübung des Urheberrechts als solcher sei die Frage zu unterscheiden, ob die Höhe der geforderten Gebühr mißbräuchlich oder diskriminierend sei. Diese Frage sei selbständig anhand des Artikels 86 EGV zu beantworten[547] (hierzu sogleich e).

e) Die Höhe der Gebühren

Die letzte Vorlagefrage betrifft die von SACEM geforderten Lizenzgebühren. Die Diskothekenbesitzer machten geltend, die Raten betrügen ein Vielfaches der in anderen Mitgliedstaaten üblichen Gebühren, seien übermäßig hoch und stellten eine unangemessene Geschäftsbedingung dar (dazu im folgenden aa). Sie verstießen auch deswegen gegen Artikel 86 EGV, weil sie die Gesamtlizenz zur Grundlage hätten und nicht den Bruchteil des Repertoires, der von den Diskothekenbesitzern tatsächlich genutzt werde, nämlich Tanzmusik vorwiegend angloamerikanischen Ursprungs (dazu im folgenden bb).

aa) Unangemessen hohe Gebühr

Im Zusammenhang mit der Höhe der von SACEM geforderten Gebühren bezieht sich der EuGH auf die Stellungnahme der Kommission, deren Umfrage bei den europäischen Verwertungsgesellschaften ergeben hatte, daß die französischen Tarife bei einer Standarddiskothek um ein Mehrfaches über dem Durchschnitt der von den übrigen europäischen Verwertungsgesellschaften geforderten Tarife lagen. Der EuGH stellt hierzu fest, ein Vergleich mit der Lage in anderen Mitgliedstaaten gebe nützliche Hinweise auf einen Mißbrauch der beherrschenden Stellung einer Verwertungsgesellschaft[548]. Es sei als Indiz für den Mißbrauch einer beherrschenden Stellung zu werten, wenn ein Unternehmen mit beherrschen-

---

544 Rs 402/85 *Basset ./. SACEM* Slg 1987, 1747, 1767 f Rn 12 - 17; Rs 395/87 *Ministère Public ./. Tournier* Slg 1989, 2521, 2571 Rn 13- 15 bezüglich der Erhebung einer Vorführungsgebühr als solcher; siehe die Darstellung oben unter A III 3 (2) b) bb).

545 Rs 402/85 *Basset ./. SACEM* Slg 1987, 1747, 1769 Rn 18.

546 S. Darstellung oben unter I 3 m.w.N.

547 Rs 395/87 *Ministère Public ./. Tournier* Slg 1989, 2521, 2571 Rn 14; Rs 402/85 *Basset ./. SACEM* Slg 1987, 1747, 1769 Rn 19.

548 Rs 395/87 *Ministère Public ./. Tournier* Slg 1989, 2521, 2578 Rn 43; Rs 110, 241 und 242/88 *Lucazeau und andere ./. SACEM* Slg 1989, 2811, 2832 f Rn 30.

der Stellung für seine Dienstleistungen Tarife fordere, die nach einem auf einheitlicher Grundlage vorgenommenen Vergleich erheblich höher seien als die in den übrigen Mitgliedstaaten angewandten Tarife. In einem solchen Falle obliege es dem Unternehmen, die Differenz unter Hinweis auf objektive Unterschiede zwischen den Verhältnissen in dem betroffenen Mitgliedstaat und denen in allen übrigen Mitgliedstaaten zu rechtfertigen[549]. Nach dem EuGH ist also das Vergleichsmarktkonzept[550] zur Ermittlung unangemessener Geschäftsbedingungen, mit welchem Preise in anderen Mitgliedstaaten berücksichtigt werden können, im Bereich der Urheberrechtsverwertung ebenso anwendbar wie bei sonstigen Mißbrauchsfällen.

Das Gericht wendet sich dann den Argumenten zu, die SACEM vorbrachte, um die "objektiven Unterschiede" darzulegen, welche die höheren französischen Gebühren rechtfertigen sollten: SACEM berief sich auf die hohen Preise französischer Diskotheken, das traditionell hohe Niveau des Urheberrechtsschutzes in Frankreich und die Besonderheit des französischen Rechts, neben der Vorführungsgebühr die Erhebung einer zusätzlichen Gebühr für die mechanische Vervielfältigung zuzulassen. Ferner behauptete SACEM, die Gepflogenheiten der Gebührenerhebung seien in Frankreich anders als in anderen Mitgliedstaaten. In Frankreich bestünden die Urheber auf die Einziehung von Gebühren auch bei kleinen, über das Land verstreuten Nutzern, während in anderen Ländern hierauf oft verzichtet werde. Mit diesem Vortrag wollte SACEM offenbar erklären, warum sie höhere Verwaltungskosten hätte als andere Verwertungsgesellschaften und warum zur Deckung dieser Kosten die Lizenzgebühren entsprechend höher ausfallen müßten.

Der EuGH erkennt keinen dieser Gründe als Erklärung für das erheblich höhere Gebührenniveau der SACEM an. Die hohen Preise französischer Diskotheken erklärten nicht die Gebühren, sondern umgekehrt könnten die Preise auf die höheren Gebühren zurückzuführen sein. Zum angeblich stärkeren Urheberrechtsschutz in Frankreich stellt das Gericht fest, daß nationales Urheberrecht im allgemeinen ein Aufführungs- und ein Vervielfältigungsrecht des Urhebers gewähre. Die Existenz einer "zusätzlichen Gebühr für die mechanische Vervielfältigung" bedeute nicht, daß das Schutzniveau höher sei. Vielmehr sei diese Gebühr trotz der Regelungen des französischen Rechts als Teil der Vergütung des Urhebers für die öffentliche Vorführung anzusehen. Die zusätzliche Gebühr erfülle - wie zu ergänzen ist: zusammen mit der französischen Vorführungsgebühr - die gleiche Funktion wie die in den anderen Mitgliedstaaten erhobene Vorführungsgebühr[551].

549 Rs 395/87 *Ministère Public ./. Tournier* Slg 1989, 2521, 2577 Rn 38; Rs 110, 241 und 242/88 *Lucazeau und andere ./. SACEM* Slg 1989, 2811, 2831 Rn 25.

550 Rs 78/70 *Deutsche Grammophon ./. Metro-SB-Großmärkte* Slg 1971, 487, 501 Rn 19; Rs 24/67 *Parke, Davis ./. Probel u.a.* Slg 1968, 85, 113; Rs 40/70 *Sirena ./. Eda* Slg 1971, 69, 84; Rs 27/76 *United Brands Company und United Brands Continentaal ./. Kommission* Slg 1978, 207, 302 f Rn 242/247, 306 f Rn 258/260 ff.

551 Rs 110, 241 und 242/88 *Lucazeau und andere ./. SACEM* Slg 1989, 2811, 2832 Rn 27; Rs 395/87 *Ministère Public ./. Tournier* Slg 1989, 2521, 2578 Rn 40; für die Vorschriften zum freien Wa-

Im Hinblick auf die Verwaltungskosten der SACEM läßt das Gericht deren Hinweis auf die angeblichen französischen Gepflogenheiten bei der Gebührenerhebung nicht gelten. Die Verwaltungskosten - die einen Teil des Gebührenaufkommens ausmachten, der an die Urheber nicht ausgezahlt werde - stellten einen der wesentlichsten Gesichtspunkte für Unterschiede zwischen den Verwertungsgesellschaften dar. Habe eine Verwertungsgesellschaft, wie die Akten bezüglich SACEM zeigten, wesentlich mehr Personal und behalte einen wesentlich höheren Prozentsatz der eingezogenen Gebühren als Verwaltungspauschale für sich, so sei nicht auszuschließen, "daß sich die Schwerfälligkeit des Verwaltungsapparats und damit der höhere Gebührensatz gerade durch den Mangel an Wettbewerb auf dem Markt erklären lassen"[552].

bb) Berechnung der Lizenzgebühr auf der Grundlage der Gesamtlizenz

Das Gericht geht nur kurz auf die Praxis der SACEM ein, die Lizenzgebühr auf der Basis des Gesamtrepertoires zu berechnen, anstatt tatsächlich genutztes Teilrepertoire zur Grundlage zu nehmen. Hier seien, so der EuGH, dieselben Kriterien anzuwenden wie im Zusammenhang mit der Beurteilung der Gesamtlizenz unter Artikel 85 EGV: Die Gesamtlizenzgebühr könne nur dann gegen Artikel 86 EGV verstoßen, wenn auch andere Methoden der Berechnung geeignet wären, das legitime Ziel des Schutzes der Urheberinteressen zu verwirklichen, ohne daß dies zur Erhöhung der Kosten von Verwaltung und Überwachung führe[553].
Im Ergebnis bedeutet dies, daß die Gesamtlizenz und die aus ihr resultierende Gesamtgebühr wie schon nach Artikel 85 EGV so auch nach Artikel 86 EGV nicht zu beanstanden ist. Denn jede Aufsplitterung des Repertoires in Fragmente und jede getrennte Gebührenberechnung müssen, wie oben dargelegt[554], zu zusätzlichem Verwaltungsaufwand und damit zu höheren Kosten führen.

3. Die Bedeutung der SACEM Entscheidungen für die Lizenzierung von Urheberrechten für die Herstellung und den Vertrieb von Tonträgern

Obwohl die *SACEM*-Entscheidungen unmittelbar nur die Lizenzierung von Urheberrechten für die öffentliche Vorführung betreffen, sind sie von erheblicher Bedeutung auch für die Lizenzierungspraxis im Bereich der Vervielfältigung und Verbreitung von Tonträgern, da sie Elemente des Lizenzierungssystems betreffen, die beiden Bereichen gemeinsam sind. Dabei zeigt sich, daß der EuGH das herkömmliche System internationaler Urheberrechtslizenzierung im wesentlichen unangetastet läßt:

---

renverkehr bereits Rs 402/85 *Basset ./. SACEM* Slg 1987, 1747, 1768 Rn 14 f, s.o. A III 3 (2) b) bb).

552 Rs 395/87 *Ministère Public ./. Tournier* Slg 1989, 2521, 2578 Rn 42; Rs 110, 241 und 242/88 *Lucazeau und andere ./. SACEM* Slg 1989, 2811, 2832 f Rn 29.

553 Rs 395/87 *Ministère Public ./. Tournier* Slg 1989, 2521, 2579 Rn 45 in Verbindung mit Rn 31.

554 2 c) bb).

a) Rechtmäßigkeit der Gegenseitigkeitsverträge, insbesondere der territorialen Beschränkung der Ermächtigungen - Artikel 85 EGV

Das wichtigste Ergebnis der *SACEM*-Entscheidungen für das System der internationalen Urheberrechtslizenzierung ist die Anerkennung der Gegenseitigkeitsverträge als eines rechtmäßigen Mittels zur grenzüberschreitenden Vernetzung der Verwertungsgesellschaften. Die Gegenseitigkeitsverträge über die Vergabe von Vervielfältigungs- und Verbreitungsrechten sind nach Inhalt und Zweck mit den Gegenseitigkeitsverträgen über die Vergabe von Aufführungsrechten vergleichbar. Auch sie dienen dazu, eine faktische Gleichbehandlung aller Urheber ungeachtet ihrer Herkunft in jedem Land zu garantieren und zwischen den Verwertungsgesellschaften die gegenseitige Nutzung der Organisationsstrukturen der jeweiligen Schwestergesellschaft zu gewährleisten: Damit die jeweilige Verwertungsgesellschaft einen effektiven Schutz der Rechte der Urheber auch im Bereich mechanischer Rechte sichern kann, muß sie den Zugang zum Tonträgerhersteller zur Durchführung von Kontrollen sowie notfalls den vollstreckungsrechtlichen Zugriff auf das Vermögen des Tonträgerherstellers haben. Vergäbe die Verwertungsgesellschaft Lizenzen an Tonträgerhersteller mit Sitz im Ausland, so müßte sie hierzu eine Organisationsstruktur im Ausland einrichten, um dort Kontrollen und Zugriff zu gewährleisten. Die Beauftragung der bereits im Ausland ansässigen Schwestergesellschaft ist der kostengünstigere Weg. Die Grundsätze der SACEM-Entscheidungen zur Rechtfertigung der Gegenseitigkeitsverträge können daher auf die Lizenzierung mechanischer Rechte für Tonträger übertragen werden[555]. Die Gegenseitigkeitsverträge für das mechanische Recht verstoßen nicht gegen Artikel 85 EGV.

Indem der EuGH die Gegenseitigkeitsverträge für zulässig erklärt, akzeptiert er auch, daß diese Verträge eine zwar nicht-ausschließliche, jedoch, wie dem Gericht bei der Entscheidung bewußt war, territorial beschränkte gegenseitige Ermächtigung enthalten, mit denen die Verwertungsgesellschaften sich gegenseitig in die Lage versetzen, das Repertoire der jeweils anderen Gesellschaft in ihren Verwaltungsgebieten (und nur dort) zu lizenzieren. Demnach ist aus Sicht des EuGH die territoriale Beschränkung der Ermächtigungen kartellrechtlich unbedenklich: Die Gesellschaften vertreten das ausländische Repertoire jeweils nur in "ihren" Mitgliedstaaten. Im Ausland können sie mit ihren Schwestergesellschaften nur insoweit in den Wettbewerb treten, als ihr eigenes heimisches Repertoire betroffen ist. Selbst dieser Wettbewerb findet jedoch praktisch nicht statt, da die Verwertungsgesellschaften die Direktlizenz im Ergebnis auf der Basis der Kriterien des EuGH verweigern dürfen[556].

Wie erläutert[557] enthalten die Ermächtigungen, die in den Gegenseitigkeitsverträgen für das mechanische Recht enthalten sind, eine territoriale Beschränkung hinsichtlich der Vergabe der Vervielfältigungslizenz. Dies entspricht der territo-

---

555 A.A. (allerdings ohne Begründung) *van Rij* EC Law and the Licensing of Mechanical Rights in: *Lester/Faulder/van Rij* (Hrsg.) Mechanical Rights - Reports presented at the Meeting of the International Association of Entertainment Lawyers MIDEM 1992, S. 35, 42.

556 S.o. 2 b) bb).

557 S.o (3) C I 1.

rialen Beschränkung, welche Bestandteil der Ermächtigungen in den Gegenseitigkeitsverträgen für das Aufführungs- und Senderecht ist. Aus den Entscheidungen des EuGH zu den *SACEM*-Fällen ist herzuleiten, daß auch die territoriale Beschränkung der Ermächtigungen, die in den Gegenseitigkeitsverträgen für das mechanische Recht hinsichtlich der Vergabe der Vervielfältigungslizenz enthalten ist, nicht gegen die Wettbewerbsregeln verstößt:
Die territoriale Beschränkung der Gegenseitigkeitsverträge gewährleistet wie beim Aufführungsrecht auch im Bereich des mechanischen Rechts, daß die Nutzung des von den Schwestergesellschaften übertragenen Repertoires nur von derjenigen Verwertungsgesellschaft gestattet werden kann, die jeweils am effektivsten die Kontrolle der Nutzung und die Vollstreckung gegenüber dem verantwortlichen Nutzer gewährleisten kann. Der für die Vervielfältigung verantwortliche Tonträgerhersteller kann die Lizenz nur von der Verwertungsgesellschaft erhalten, in deren Verwaltungsgebiet der Tonträgerhersteller seinen Sitz hat. Damit ist für die Lizenzierung stets diejenige Verwertungsgesellschaft zuständig, die vor Ort über die organisatorischen Strukturen verfügt, um eine wirksame Wahrnehmung der Urheberrechte durch Kontrollen und Vollstreckung beim Tonträgerhersteller zu gewährleisten.
Die deutsche GEMA z.B. ermächtigt die französische SDRM zur Lizenzierung des GEMA-Repertoires für die Vervielfältigung in Frankreich, d.h. wegen der Möglichkeit der Lohnpressung im Ergebnis zur Lizenzierung des GEMA-Repertoires an Tonträgerhersteller mit Sitz in Frankreich. An Tonträgerhersteller mit Sitz im Vereinigten Königreich kann die SDRM das GEMA-Repertoire nicht vergeben. Hierzu ist nur die britische MCPS aufgrund ihres Gegenseitigkeitsvertrages mit der GEMA ermächtigt. Dadurch ist gewährleistet, daß das GEMA-Repertoire von derjenigen Verwertungsgesellschaft wahrgenommen wird, die vor Ort die wirksamsten Kontroll- und Zugriffsmöglichkeiten auf den Tonträgerhersteller hat. Übertragen auf das gesamte internationale Netz der Gegenseitigkeitsverträge bedeutet das: Das Weltrepertoire kann ein Tonträgerhersteller nur von der Verwertungsgesellschaft im Mitgliedstaat seines Sitzes erhalten. Das rechtfertigt sich durch den vom EuGH anerkannten Zweck der Gegenseitigkeitsverträge, eine gegenseitige Nutzung der in den nationalen Verwaltungsgebiet vorhandenen organisatorischen Strukturen zu gewährleisten.
Eine weitere Rechtfertigung der territorialen Beschränkung der Gegenseitigkeitsverträge über das mechanische Recht besteht in der Wahrung des urheberrechtlichen Monopols: Wäre die Ermächtigung der Gegenseitigkeitsverträge für das mechanische Recht territorial nicht beschränkt, so könnte jede Verwertungsgesellschaft jegliches Repertoire an Nutzer in jedem Mitgliedstaat lizenzieren. Das als ausschließliches Monopolrecht angelegte und vom Gemeinschaftsrecht so respektierte Urheberrecht wäre damit für das Gebiet der Gemeinschaft "vervielfacht" und auf die bestehenden Verwertungsgesellschaften aufgeteilt. Das Monopol des Urhebers wäre dann beseitigt.

b) Rechtmäßigkeit der Weigerung, direkt im Ausland zu lizenzieren - Artikel 85 EGV

In engem Zusammenhang mit den Gegenseitigkeitsverträgen steht die Weigerung der Verwertungsgesellschaften, Tonträgerherstellern mit Sitz im Ausland Lizenzen zu erteilen. Diese Weigerung stützt sich auf die Schwierigkeiten, die für eine Verwertungsgesellschaft mit der Kontrolle und Vollstreckung im Ausland verbunden sind. Weiter könnte jede Verwertungsgesellschaft wegen der territorialen Beschränkung der Ermächtigungen in den Gegenseitigkeitsverträgen hinsichtlich der Vergabe des Vervielfältigungsrechts an Tonträgerhersteller mit Sitz außerhalb ihres Verwaltungsgebietes ohnehin nur ihr eigenes heimisches Repertoire vergeben, nicht das Weltrepertoire. Die Frage einer abgestimmten Verhaltensweise stellt sich auf der Grundlage der EuGH-Rechtsprechung wie beim Aufführungsrecht so auch beim mechanischen Recht nur im Hinblick auf die Direktlizenzierung des jeweils eigenen heimischen Repertoires einer Verwertungsgesellschaft.
Aus den *SACEM*-Entscheidungen ergibt sich, daß eine systematische Weigerung der Verwertungsgesellschaften, ausländischen Nutzern ihr jeweils eigenes heimisches Repertoire zu lizenzieren, als abgestimmte Verhaltensweise unzulässig wäre. Illegal unter Artikel 85 EGV wäre damit auch im Bereich des mechanischen Rechts jeder Versuch der Verwertungsgesellschaften, den Markt für die Lizenzierung von Tonträgern durch eine abgestimmte Verhaltensweise unter sich aufzuteilen, nach welcher die Gesellschaften sich systematisch weigerten, ihr jeweils eigenes heimisches Repertoire an Tonträgerhersteller zu vergeben, die im Ausland tätig sind.
Jedoch kann die bloße übereinstimmende Ablehnung seitens der Gesellschaften, Zugang zu ihrem Repertoire im Ausland zu gewähren, nicht als Indiz dienen, daß eine abgestimmte Verhaltensweise besteht. Denn ebenso wie bei den Aufführungsrechten, um die es in den SACEM-Fällen ging, gilt auch für die Vervielfältigungs- und Verbreitungsrechte, daß Gründe bestehen, welche die Weigerung rechtfertigen, ohne daß eine abgestimmten Verhaltensweise vorliegen muß:
Die direkte Lizenzierung im Ausland würde es erforderlich machen, daß die Verwertungsgesellschaft dort ihren eigenen Verwaltungs- und Kontrollapparat aufbauen müßte, weswegen die Direktlizenzierung nicht praktikabel ist. So kann z.B. einem Tonträgerhersteller mit Sitz in Deutschland, der von der britischen Verwertungsgesellschaft MCPS eine Lizenz begehrt, diese Lizenz verweigert werden, ohne daß dies ein Indiz für eine abgestimmte Verhaltensweise zwischen MCPS und GEMA wäre. Denn MCPS kann sich auf die Schwierigkeiten berufen, die für sie mit der Verwaltung und Kontrolle des Lizenzvertrages sowie der Vollstreckung in Deutschland verbunden wären.
Das Recht jeder Verwertungsgesellschaft, Direktlizenzen über ihr Repertoire an ausländische Nutzer wegen fehlender Kontroll- und Zugriffsmöglichkeiten zu verweigern, bildet zugleich eine Rechtfertigung für die territoriale Beschränkung der Gegenseitigkeitsverträge: Wenn die Verwertungsgesellschaft schon nicht gezwungen werden kann, selbst Direktlizenzen im Ausland zu vergeben, dann darf sie auch mittels einer territorialen Beschränkung der Ermächtigungen in den Gegenseitigkeitsverträgen sicherstellen, daß die jeweils ermächtigte Schwesterge-

sellschaft das übertragene Repertoire nur in ihrem Verwaltungsgebiet lizenzieren kann, d.h. dort, wo diese Verwertungsgesellschaft über die organisatorischen Mittel für eine wirksame Rechtswahrnehmung verfügt.

c) Rechtmäßigkeit der Gesamtlizenz - Artikel 85, 86 EGV

Die Frage, ob die Weigerung der Verwertungsgesellschaften, Zugang zu Teilen ihres Repertoires zu gewähren, gegen die Artikel 85, 86 EGV verstößt, kann sich auch im Zusammenhang mit der Lizenzierung mechanischer Rechte für Tonträger stellen. Vervielfältigungs- und Verbreitungslizenzen werden auf der Basis des BIEM/IFPI-Normalvertrages nur in der Form vergeben, daß der Tonträgerhersteller das gesamte Repertoire der Verwertungsgesellschaft erwerben kann, nicht aber Fragmente des Repertoires auswählen darf[558]. Die Gesamtlizenz entspricht in der Regel den Interessen nicht nur der Verwertungsgesellschaften sondern auch der Tonträgerhersteller. Die Tonträgerhersteller beabsichtigen zumeist umfangreiche Produktionen unterschiedlichster Repertoireteile, so daß das Weltrepertoire benötigt wird. Dennoch kann die Problematik der Gesamtlizenz insbesondere bei kleineren Tonträgerherstellern aktuell werden, die nur Interesse an einem bestimmten Teil des Weltrepertoires haben[559]. Diese könnten geltend machen, die Bindung an die Gesamtlizenz sei eine unangessene Geschäftsbedingung nach Artikel 86 EGV, der Lizenzvertrag verstoße gegen Artikel 85 EGV.

Zunächst ist es in diesem Zusammenhang kaum vorstellbar, wie der Zugang nur zu einem Teil des Repertoires zu einer niedrigeren Lizenzgebühr führen könnte. Denn die Lizenzgebühr wird als Prozentsatz des Händlerabgabepreises für jeden vermarkteten Tonträger berechnet, spiegelt also den wirtschaftlichen Wert des jeweils genutzten Werkes für den jeweiligen Tonträger wider. Es ist daher nicht ersichtlich, warum die Lizenzierung einer bestimmten Auswahl von Werken billiger sein sollte als die Lizenzierung des Gesamtrepertoires[560]. Bereits aus dieser Überlegung folgt, daß die Gesamtlizenz als solche nicht unangemessen sein kann. Hiervon zu trennen ist die Frage, ob eine auf die Gesamtlizenz oder Teillizenz erhobene Gebühr in ihrer prozentualen Höhe übersteigert ist.

Selbst wenn aber Anhaltspunkte bestünden, daß die Lizenzierung des Weltrepertoires sich als gegenüber der Lizenzierung von Fragmenten gebührenerhöhend erweisen könnte, ergäbe sich aus den Kriterien, die der EuGH in den *SACEM*-Entscheidungen aufgestellt hat, daß die Gesamtlizenz auch im Bereich des Ton-

558 Artikel I Abs. 1, II Abs. 1 BIEM/IFPI-Normalvertrag, s.o. **(3)** E I 2.

559 Die Verwertungsgesellschaften bieten hierzu einen - allerdings kostenaufwendigen - Werk-für-Werk-Lizenzvertrag an.

560 Diese Überlegung könnte man auch auf die französischen Vorführungsgebühren anwenden, um die es in den *SACEM*-Fällen ging. Hier wurde die Lizenzgebühr als Prozentsatz des Umsatzes der Diskothek berechnet, war also unmittelbar an den wirtschaftlichen Erfolg der Diskothek geknüpft. Dieser Erfolg ist zum Teil zurückzuführen auf den Gebrauch der abgespielten, jeweils populären Musiktitel. Die Beziehung zwischen Lizenzgebühr und Erfolg des Werkes ist allerdings wesentlich weniger deutlich als beim Tonträgervertrieb. Wohl wegen dieser Unsicherheit behaupteten die Diskothekenbesitzer, die absolute prozentuale Rate der Lizenzgebühr wäre niedriger ausgefallen, hätte man ihnen die Nutzung eines Teilrepertoires erlaubt.

trägervertriebs keine unangemessene Vertragsbedingung ist: Auch für das mechanische Recht gilt, daß die Lizenzverträge, soweit sie der vollen Wahrung der Rechte und Interessen der Urheber dienen, im Rahmen des Artikels 85 EGV grundsätzlich zulässig sind, es sei denn, die Bedingungen dieser Verträge überschritten die Grenzen desjenigen, was unerläßlich ist, um dieses Ziel (die Verfolgung der Rechte und Interessen der Urheber) zu erreichen. Die Grenzen sind aber im Zusammenhang mit der Gesamtlizenz nur dann überschritten, wenn auch bei der Lizenzierung von Teilen des Repertoires die Interessen der Urheber "voll gewahrt werden könnten, ohne daß sich deswegen die für die Verwaltung der Verträge und die Überwachung der Nutzung der geschützten Musikwerke entstehenden Kosten erhöhten"[561].
Die volle Wahrung der Urheberinteressen ohne Kostenerhöhung wäre bei einer Teillizenzierung des mechanischen Rechts ähnlich wie im Zusammenhang mit der Vergabe von Aufführungslizenzen[562] nicht gewährleistet: Die Aufteilung des Repertoires in Fragmente, das Aushandeln individueller Teillizenzverträge mit jedem Tonträgerhersteller und das erforderliche Abgleichen der Ausgangsaufstellungen mit den individuellen Teillizenzverträgen müßten zwangsläufig zu höheren Kosten der Verwaltung und Überwachung führen. Deswegen ist die Gesamtlizenz auch im Tonträgerbereich ein legitimes Mittel zur Wahrung der Urheberinteressen. Der Zwang zum Erwerb einer Gesamtlizenz ist für den Bereich der Lizenzierung von Vervielfältigungs- und Verbreitungsrechten für Tonträger zulässig.

d) Ausübung jeweiliger nationaler urheberrechtlicher Befugnisse kein Mißbrauch im Sinne von Artikel 86 EGV - Zulässigkeit des Bestimmungslandprinzips, soweit es an rechtliche Unterschiede zwischen den Mitgliedstaaten anknüpft

Nach den *SACEM*-Entscheidungen stellt es keinen Verstoß gegen die Wettbewerbsregeln dar, daß die französische Verwertungsgesellschaft in Übereinstimmung mit französischem Recht eine zusätzliche Gebühr für die mechanische Vervielfältigung auf solche Tonträger erhebt, die zur öffentlichen Vorführung verwendet werden, selbst wenn die Tonträger bereits innerhalb der Gemeinschaft in den freien Verkehr gelangt sind. Zur Begründung führt der EuGH an, die Gebühr sei Bestandteil einer Vorführungsgebühr, die zum spezifischen Gegenstand des Urheberrechts nach Artikel 30, 36 EGV gehöre und deren Geltendmachung sich nicht durch das Inverkehrbringen eines Tonträgers in einem anderen Mitgliedstaat erschöpfe, auch wenn die Gebühr in dieser Form dort nicht existiere[563]. Das geht einher mit dem Grundsatz, daß die schlichte Ausübung eines Urheberrechts keinen Mißbrauch einer beherrschenden Stellung darstellt, auch wenn sie von einer Verwertungsgesellschaft mit Monopolmacht vorgenommen wird[564].

561 Rs 395/87 *Ministère Public ./. Tournier* Slg 1989, 2521, 2575 Rn 31.
562 S.o. 2 c) bb).
563 Rs 402/85 *Basset ./. SACEM* Slg 1987, 1747, 1768 Rn 17.
564 Dazu bereits I 3 b) bb).

Zugleich macht die Entscheidung deutlich, daß die Berechnung von Gebühren sich ohne Verstoß gegen die Wettbewerbsregeln nach den rechtlichen Bedingungen richten darf, die im jeweiligen Mitgliedstaat, in dem die Nutzung stattfindet, gelten. Eine Verwertungsgesellschaft, die diese rechtlichen Bedingungen zur Grundlage der Gebührenerhebung macht, begeht keinen Mißbrauch ihrer beherrschenden Stellung, nur weil die rechtlichen Bedingungen von denjenigen abweichen, die in anderen Mitgliedstaaten gelten.
Für die Lizenzierung von Vervielfältigungs- und Verbreitungsrechten für die Herstellung und den Vertrieb von Tonträgern bedeutet dies, daß es keine unangemessene Geschäftsbedingung darstellt, wenn Verwertungsgesellschaften für die Vergabe von Lizenzen an die Tonträgerindustrie Gebühren fordern, deren Berechnung sich nach den jeweiligen rechtlichen Bedingungen des Mitgliedstaates der maßgeblichen Nutzungshandlung richtet, selbst wenn in anderen Mitgliedstaaten aufgrund anderer rechtlicher Vorgaben eine andere Berechnung vorzunehmen wäre.
Nach dem BIEM/IFPI-Normalvertrag ist maßgebliche vergütungspflichtige Nutzungshandlung die erstmalige Verbreitung des Tonträgers. Dies entspricht dem vom Gemeinschaftsrecht anerkannten Zweck des Urheberrechts, dem Urheber eine Beteiligung an dem tatsächlichen wirtschaftlichen Erfolg des Tonträgers (Tonträgerpreis) zu garantieren. Die Berechnung der Gebühr nach den jeweiligen rechtlichen Bedingungen im Mitgliedstaat der erstmaligen Verbreitung ist durch das Bestimmungslandprinzip gewährleistet: Der BIEM/IFPI-Normalvertrag sieht grundsätzlich vor, daß die Verwertungsgesellschaft für die Gebührenberechnung die rechtlichen Bedingungen des Landes des erstmaligen Inverkehrbringens ansetzt. Das entspricht der vom EuGH für zulässig erklärten Praxis im Bereich des Aufführungsrechts, die Modalitäten der Gebührenerhöhung nach den rechtlichen Bedingungen des Mitgliedstaates der Nutzung (hier: Aufführung) auszurichten, selbst wenn diese Bedingungen von den Bedingungen in anderen Mitgliedstaaten abweichen. Das Bestimmungslandprinzip ist damit, jedenfalls soweit es an rechtliche Bedingungen im jeweiligen Bestimmungsland anknüpft, nach Artikel 86 EGV zulässig.

e) Verbot übermäßiger Lizenzgebühren und der Vergleich zwischen den Mitgliedstaaten - Artikel 86 EGV

Die Höhe der Lizenzgebühr kann sich als kartellrechtliches Problem auch bei der Lizenzierung mechanischer Rechte für den Tonträgervertrieb stellen: Die Gebührenhöhe ist stets von neuem Gegenstand von Auseinandersetzungen zwischen der Tonträgerindustrie und den Verwertungsgesellschaften. Sie ist gegenwärtig ein wesentlicher Streitpunkt bei den Neuverhandlungen zur Fortsetzung des BIEM/IFPI-Normalvertrages. Die Tonträgerindustrie, die auf die Lizenzen angewiesen ist, macht dabei auch geltend, die Lizenzgebühren seien überhöht und stellten einen Mißbrauch der beherrschenden Stellung der Verwertungsgesellschaften dar. Anhaltspunkt für eine solche Argumentation könnte gegenwärtig das Gefälle in den Gebührensätzen zwischen dem Vereinigten Königreich (sowie Irland) und Kontinentaleuropa sein. Es stellt sich die Frage, ob dieser Unterschied einen Hinweis auf eine mißbräuchliche Höhe des BIEM/IFPI-Standardsatzes gibt (dazu im folgenden aa).

Die Frage einer Überhöhung stellt sich ferner in abgewandelter Form im Zusammenhang mit dem Bestimmungslandprinzip: Wegen der Unterschiede zwischen den Mitgliedstaaten im Preisniveau können die fälligen Gebühren hinsichtlich eines bestimmten Tonträgers bei der Verbreitung in einem Mitgliedstaat wesentlich höher ausfallen als bei der Verbreitung in einem anderen Mitgliedstaat. Es ließe sich denken, daß die Erhebung einer hohen Gebühr für ein Bestimmungsland deswegen willkürlich erscheint, weil für andere Bestimmungsländer niedrigere Gebühren gefordert werden (dazu im folgenden bb).

Für die europarechtliche Bewertung der Gebührenhöhe ist gemäß den SACEM-Entscheidungen maßgeblich, daß ein Gebührenvergleich zwischen den Mitgliedstaaten auf einheitlicher Grundlage Anhaltspunkte für einen Mißbrauch geben kann. Dabei stellt sich im Zusammenhang mit dem mechanischen Recht das Problem der einheitlichen Vergleichsgrundlage nicht: Die Lizenzgebühren werden bei der Herstellung und dem Vertrieb von Tonträgern europaweit als Prozentsatz des jeweils anwendbaren Händlerabgabepreises berechnet. Es müssen daher zur Durchführung des Vergleichs nicht erst einheitliche Kriterien aufgestellt werden, wie dies in den SACEM-Fällen erforderlich war.

Unterschiede zwischen den Mitgliedstaaten im Gebührenniveau bei der Tonträgerlizenzierung können auf zwei unterschiedlichen Faktoren beruhen: Auf der absoluten Höhe des Prozentsatzes oder auf dem jeweils anwendbaren Händlerabgabepreis. Nach den SACEM-Entscheidungen ist es ein Indiz für den Mißbrauch einer beherrschenden Stellung, wenn sich bei einem Vergleich herausstellt, daß die Gebühren, die eine Verwertungsgesellschaft fordert, "erheblich höher" sind als diejenigen, die sonst in der Gemeinschaft üblich sind. Nicht jeder, sondern nur ein bedeutender Unterschied in der Höhe ist ein Mißbrauchsindiz. Die *SACEM*-Entscheidungen verlangen nicht ein europaweit einheitliches Gebührenniveau. Läßt sich ein erheblicher Unterschied feststellen, so ist es Aufgabe der Verwertungsgesellschaft, die Differenz unter Hinweis auf objektive und relevante Unterschiede bei der Wahrnehmung der Urheberrechte in dem betroffenen Mitgliedstaat und in den übrigen Mitgliedstaaten zu rechtfertigen.

aa) Schwankungen des Gebührensatzes: Gebührengefälle zwischen Kontinent und Vereinigtem Königreich (sowie Irland)

Unterschiede in der Höhe des Prozentsatzes bestehen innerhalb der Gemeinschaft momentan zwischen dem Vereinigten Königreich mit 8,5 % des PPD aufgrund der Entscheidung des Copyright Tribunal (sowie Irland mit momentan 8,1% des PPD gemäß bestehender Vereinbarung zwischen der MCPS und der Irish Federation of Phonographic Industries) und dem Kontinent, auf dem die gegenwärtige Rate des BIEM/IFPI-Normalvertrages von effektiv 9,306 % des PPD angewandt wird. Der Unterschied dürfte trotz seiner großen wirtschaftlichen Bedeutung nominell nicht als "erheblich" im Sinne der *SACEM*-Entscheidungen anzusehen sein. In diesen Fällen überstieg die französische Gebühr den sonstigen europäischen Durchschnitt um ein Vielfaches. Auch die Mindestgebühren, die

von den kontinentaleuropäischen Verwertungsgesellschaften, dagegen nicht von der MCPS erhoben werden, begründen wohl keinen derart erheblichen Unterschied, wie er in den *SACEM*-Entscheidungen gegeben war.
Jedenfalls sind aber die Verhältnisse, die dem Gebührenvergleich zwischen Vereinigtem Königreich und Kontinent zugrunde liegen, denen in den *SACEM*-Fällen entgegengesetzt: Dort wurden die sehr hohen Gebühren einer Verwertungsgesellschaft zu den erheblich niedrigeren (fast) aller anderen Verwertungsgesellschaften in Bezug gesetzt. Hier werden die höheren Gebühren fast aller Gesellschaften mit der niedrigeren einer einzigen Verwertungsgesellschaft (der MCPS) verglichen. Selbst bei Erheblichkeit der Differenz bestünde daher bei derartigen Mehrheitsverhältnissen kein Indiz für einen Mißbrauch seitens der in der Mehrheit befindlichen kontinentaleuropäischen Verwertungsgesellschaften. Hinzu kommt, daß die britische Gebühr Ergebnis einer richterlichen, also staatlichen Festsetzung ist, während die BIEM/IFPI-Gebühr aus Vertragsverhandlungen hervorgegangen ist, an denen die Tonträgerindustrie selbst durch ihren Dachverband beteiligt war. Auch die niedrige irische Gebühr ist letztlich Ausfluß der durch die Zwangslizenz gemäß section 13 irischer Copyright Act 1963 staatlich vorgegebenen Marktverhältnisse. Die momentan herrschenden Unterschiede zwischen Vereinigtem Königreich bzw. Irland und Kontinentaleuropa bieten somit keine Anhaltspunkte für eine mißbräuchliche Höhe der BIEM/IFPI-Normalvertragsrate.

bb) Schwankungen der effektiven Lizenzgebühr nach Bestimmungsländern wegen unterschiedlicher Tonträgerpreise

Denkbar wäre es, in den Gebührenschwankungen, die sich aus dem Bestimmungslandprinzip ergeben, ein Mißbrauchsindiz zu sehen: Der für die Berechnung der Gebühr maßgebliche Händlerabgabepreis kann von Mitgliedstaat zu Mitgliedstaat erheblich abweichen. Ein und derselbe Tonträger kann aufgrund verschiedener wirtschaftlicher Rahmenbedingungen wie Publikumsgeschmack, Kaufkraft, Kosten etc. von Mitgliedstaat zu Mitgliedstaat sehr unterschiedlich teuer sein. Entsprechend unterschiedlich fallen bei Anwendung des Bestimmungslandprinzips die vom Tonträgerhersteller abzuführenden Lizenzgebühren aus.
Nun ist zunächst fraglich, ob Unterschiede dieser Art unter das Vergleichsmarktkonzept der SACEM-Entscheidungen fallen können. Die Anbindung der Gebühr an den Preis des Tonträgers im jeweiligen Bestimmungsland dient dem Interesse des Urhebers sowie des Tonträgerherstellers daran, daß die Urhebervergütung dem tatsächlichen wirtschaftlichen Erfolg des Werkes entspricht. Dieser Zweck der Gebührenberechnung ist durch nationales Urheberrecht gedeckt, das teilweise sogar ausdrücklich anordnet, daß Lizenzgebühren - soweit möglich - als proportionale Beteiligung an den Einnahmen aus der Verwertung zu berechnen sind[565]. Die angemessene Beteiligung des Urhebers als Funktion des Urheberrechts ist

565 Z.B. im deutschen Urheberrecht: § 13 Abs 3 S. 1 Gesetz über die Wahrnehmung von Urheberrechten und verwandten Schutzrechten vom 9. September 1965 (UrhWG); im französischen Urheberrecht: Art. L. 131-4 frz. Code de la Propriété Intellectuelle - s.a. oben **(2)** A I 1 b).

nach der Rechtsprechung des EuGH durch Artikel 36 EGV gerechtfertigt[566]. Die Berechnung von Gebühren auf der Grundlage des Händlerabgabepreises kann daher als solche kein Mißbrauch im Sinne des Artikels 86 EGV sein, auch wenn sie wegen der Schwankung der Preise zu unterschiedlichen Gebührenbelastungen je nach Bestimmungsland führt. Schwankungen dieser Art sind vielmehr zwingende Folge der angemessenen Beteiligung des Urhebers an der Verwertung seines Werkes.

Auch in den SACEM-Fällen wurde die Erhebung der Vorführungsgebühr anhand des Umsatzes der Diskothek als solche nicht gerügt. In diesem Zusammenhang war es selbstverständlich, daß das Gebührenaufkommen bei einer Diskothek mit geringem Umsatz entsprechend geringer ausfällt als bei einer Diskothek mit hohem Umsatz, ohne daß hieraus auf ein mißbräuchliches Vehalten der Verwertungsgesellschaft gegenüber der größeren Diskothek zu schließen wäre.

Selbst wenn man aber die Vergleichsmethode der SACEM-Entscheidungen für anwendbar hielte, so könnten Differenzen zwischen den Mitgliedstaaten im Gebührenniveau wegen unterschiedlich hoher Händlerabgabepreise unter Hinweis auf "objektive und relevante Unterschiede" im Sinne der SACEM-Rechtsprechung gerechtfertigt werden. Denn jedenfalls bildet der erzielbare Kaufpreis eines Tonträgers in einem Mitgliedstaat ein objektives und für die Urheberrechtsverwertung relevantes Kriterium für Gebührenunterschiede. Der Preis eines Tonträgers spiegelt die Beliebtheit und den wirtschaftlichen Erfolg eines musikalischen Werkes im jeweiligen Mitgliedstaat wider und bildet damit die sicherste Grundlage für die Beurteilung der Angemessenheit der Vergütung des Urhebers. Er darf als objektives Kriterium bei der Gebührengestaltung berücksichtigt werden. Unterschiede in der Gebührenhöhe zwischen den verschiedenen Bestimmungsländern, die auf den unterschiedlichen Händlerabgabepreisen beruhen, sind deshalb selbst dann nicht auf einen Mißbrauch nach Artikel 86 EGV zurückzuführen, wenn sie erheblich sind.

IV. *Zusammenfassung: Die Wettbewerbsregeln und ihre Bedeutung für die Lizenzierungspraxis*

Das Monopol des Urhebers an der Nutzung seines Werkes wird durch die Wettbewerbsregeln grundsätzlich nicht in Frage gestellt[567]. Der Abschluß von Li-

---

566 Rs 55 und 57/80 *Musikvertrieb membran und K-tel International ./. GEMA* Slg 1981, 147, 162 Rn 13; Rs 158/86 *Warner Brothers und Metronome Video ./. Erik Viuff Christiansen* Slg 1988, 2605, 2629 Rn 13, 15; Rs 402/85 *Basset ./. SACEM* Slg 1987, 1747, 1767 Rn 11, 1768 Rn 16; Rs 395/87 *Ministère Public ./. Tournier* Slg 1989, 2521, 2571 Rn 12.

567 Rs C-241/91 P und C 242/91 P *Radio Telefis Eireann und Independent Television Publications ./. Kommission* Slg 1995 I-743, 823 Rn 49, GRUR Int. 1995, 490, 493 Rn 49; Rs 341/87 *EMI Electrola ./. Patricia Im- und Export* Slg 1989, 79, 95 Rn 7; Rs 158/86 *Warner Brothers und Metronome Video ./. Erik Viuff Christiansen* Slg 1988, 2605, 2629 Rn 13; Rs 78/70 *Deutsche Grammophon ./. Metro-SB-Großmärkte* Slg 1971, 487, 501 Rn 16; für Urheberrecht, Patent, Geschmacksmuster und Warenzeichen zusammenfassend: Rs 144/81 *Keurkoop ./. Nancy Kean Gifts* Slg 1982, 2853, 2870 Rn 14; ferner für das Geschmacksmuster Rs 238/87 *Volvo ./. Veng* Slg 1988, 6211, 6235 Rn 8; Rs 53/87 *Consorzio italiano della componentistica di ricambio per auto-*

zenzverträgen zum Zwecke der Sicherung einer angemessenen Beteiligung des Urhebers an der Nutzung seines Werkes ist Bestandteil der schlichten Ausübung des Urheberrechts, die als solche wettbewerbsrechtlich unbedenklich ist[568]. Verwertungsgesellschaften verfolgen nach dem EuGH ein rechtmäßiges Ziel, wenn sie die Rechte und Interessen der Urheber im vollen Umfang wahrnehmen[569]. Daher dienen die Lizenzverträge, die von Verwertungsgesellschaften im Namen der Urheber abgeschlossen werden, einem unter den Wettbewerbsregeln rechtmäßigen Ziel, wenn sie die Rechte und Interessen der Urheber voll zu wahren suchen. Zur Wahrung dieser Rechte und Interessen gehört eine möglichst wirksame Kontrolle bei möglichst geringen Verwaltungskosten[570].

Einschränkungen der geschäftlichen Freiheit der Tonträgerhersteller, die sich aus der Wahrung der Urheberinteressen ergeben, können nur dann wettbewerbswidrig sein, wenn gelockerte Vertragsbedingungen ohne zusätzliche Kosten die Urheberinteressen in gleicher Weise sichern könnten[571]. Der Zwang zur Abnahme einer Gesamtlizenz ist auch im Bereich des mechanischen Rechts zulässig, da jede Aufteilung des Weltrepertoires in Fragmente die Verwaltungskosten erhöhen müßte[572].

Territoriale Beschränkungen in Verbreitungslizenzen oder in Vervielfältigungslizenzen sind nicht ohne weiteres unzulässig, selbst wenn sie marktaufteilende Wirkung haben[573]. Sie verstoßen nur dann gegen die Wettbewerbsregeln, wenn sie Gegenstand, Mittel oder Folge einer verbotenen Kartellvereinbarung sind, die mit der vollen Wahrung der Urheberinteressen nicht zu rechtfertigen ist[574]. Zu einer solchen Feststellung bedarf es einer Einzelfallprüfung[575]. Legitime Urheberinteressen können territoriale Beschränkungen von Lizenzen rechtfertigen[576]. Dazu gehören z.B. Vermarktungsstrategien[577]. Auch kann der Schutz der Urheberinteressen vor unzureichendem Urheberrechtsschutz in einem Mitgliedstaat oder gegebenenfalls vor mangelhafter Wahrung der Urheberrechte durch die dort

---

veicoli und Maxicar ./. Régie nationale des usines Renault Slg 1988, 6039, 6071 Rn 11; für das Urheberrecht s.a. EuG Rs T-70/89 *British Broadcasting Corporation u.a. ./. Kommission* Slg 1991 II-535, 563 Rn 58, GRUR Int 1993, 316, 321 Rn 58, EuZW 1993, 190, 192 Rn 58; Rs T-69/89 *Radio Telefis Eireann ./. Kommission* Slg 1991 II-485, 519 Rn 70; Rs T-76/89 *Independent Television Publications ./. Kommission* Slg 1991, II-575, 601 Rn 55 - s.o. I 3.

568 Rs 55 und 57/80 *Musik-Vertrieb membran und K-tel International ./. GEMA* Slg 1981, 147, 161 Rn 9; Rs 395/87 *Ministère Public ./. Tournier* Slg 1989, 2521, 2575 Rn 31; für das Patentrecht: Rs 15/74 *Centrafarm ./.Sterling Drug* Slg 1974, 1147, 1163 Rn 9 - s.o. I 3 a).

569 Rs 395/87 *Ministère Public ./. Tournier* Slg 1989, 2521, 2575 Rn 31; Rs 402/85 *Basset ./. SACEM* Slg 1987, 1747, 1769 Rn 18; Rs 127/73 *Belgische Radio en Televisie und Société Belge des Auteurs, Compositeurs et Editeurs ./. SABAM* Slg 1974, 313, 317 Rn 9/11 - s.o. I 3 a), b) bb), 4 a), III 2 c) aa).

570 Rs 395/87 *Ministère Public ./. Tournier* Slg 1989, 2521, 2575 Rn 31, 45; Rs 402/85 *Basset ./. SACEM* Slg 1987, 1747, 1769 Rn 18 - s.o. I 3 b) bb), III 2 c) aa), 3 c).

571 S.o. I 3 b) bb) und Rs 395/87 *Ministère Public ./. Tournier* Slg 1989, 2521, 2575 Rn 31, 45.

572 S.o. III 3 c) und III 2 c) bb).

573 S.o. II 2 b) cc).

574 S.o. II 2 b) cc) und I 3 a).

575 S.o. II 2 b) aa) - cc).

576 S.o. II 2 b) cc).

577 S.o. II 2 b) cc) und (2) B I 1.

ansässige Verwertungsgesellschaft die territoriale Beschränkung von Lizenzen erforderlich machen[578].

Es verstößt nicht gegen Artikel 86 EGV, wenn Verwertungsgesellschaften bei der Erhebung von Lizenzgebühren die jeweiligen rechtlichen Vorgaben des Landes der erstmaligen Verbreitung der betroffenen Tonträger berücksichtigen[579]. Ein Vergleich zwischen den im Vereinigten Königreich und in Irland praktizierten Gebührensätzen mit der momentanen BIEM/IFPI-Normalvertragsrate ergibt kein Indiz dafür, daß letztere mißbräuchlich wäre. Soweit Preisunterschiede zwischen den Mitgliedstaaten zu Schwankungen zwischen den Urhebervergütungen für das Inverkehrbringen von Tonträgern in verschiedenen Mitgliedstaaten führen, sind diese Gebührenunterschiede selbst dann nicht Ausdruck eines Mißbrauchs im Sinne des Artikels 86 EGV, wenn sie erheblich sind[580].

Die territorialen Beschränkungen, die in den Ermächtigungen der Gegenseitigkeitsverträge für das mechanische Recht hinsichtlich der Vergabe des Vervielfältigungsrechts enthalten sind, und die damit verbundene Aufteilung des Tätigkeitsbereichs der Verwertungsgesellschaften verstoßen auf der Grundlage der Rechtsprechung des EuGH nicht gegen die Wettbewerbsregeln[581]. Sie sind durch den Zweck der Gegenseitigkeitsverträge gerechtfertigt, die Wahrnehmung des jeweiligen Repertoires (in seiner Gesamtheit: des Weltrepertoires) derjenigen Verwertungsgesellschaft zu übertragen, die in dem Mitgliedstaat, in dem der jeweilige Tonträgerhersteller seinen Sitz hat, über die erforderlichen organisatorischen Mittel zur wirksamen Wahrnehmung der Urheberinteressen verfügt[582]. Die ermächtigte Verwertungsgesellschaft soll Lizenzen über das ihr anvertraute Repertoire nur vergeben dürfen, soweit sie zu einer wirksamen Kontrolle des Tonträgerherstellers und zu einer wirksamen Durchsetzung der Urheberrechte am anvertrauten Repertoire in der Lage ist[583]. Die territoriale Beschränkung der Gegenseitigkeitsverträge ist ferner dadurch gerechtfertigt, daß durch sie das vom Gemeinschaftsrecht anerkannte Monopol des Urhebers gewahrt bleibt, obwohl in die Urheberrechtsverwertung mehrere Verwertungsgesellschaften eingeschaltet sind[584].

Die Weigerung einer Verwertungsgesellschaft, Direktlizenzen an Tonträgerhersteller mit Sitz im Ausland zu erteilen, ist zulässig, da sie durch die fehlenden Kontroll- und Vollstreckungsmöglichkeiten der Verwertungsgesellschaft im Ausland gerechtfertigt werden kann[585]. Eine Direktlizenz könnte ferner wegen der - zulässigen - territorialen Beschränkung der Ermächtigungen in den Gegenseitigkeitsverträgen nur das heimische Repertoire der jeweiligen Verwertungsgesellschaft erfassen[586].

---

578 S.o. II 2 b) cc) und **(2)** B I 2.

579 S.o. III 2 d), 3 d).

580 S.o. III 2 e) aa) , 3 e) bb).

581 S.o. III 3 a), 2 a) bb), cc).

582 S.o. III 3 a), 2 a) cc).

583 S.o. III 3 a), 2 a) cc) und **(3)** C I 1, III 2.

584 S.o. **(2)** B I 3, **(4)** B I 3 a), II 2 b) cc), III 2 a) und 3 a).

585 S.o. III 2 b), 3 b); s.a. **(3)** C III 2.

586 S.o. **(3)** C I 1, III 1, **(4)** III 1, 2 a), b), 3) a), b).

Das Recht zur Weigerung von Direktlizenzen stützt auch die territoriale Beschränkung der Ermächtigungen in den Gegenseitigkeitsverträgen: Wenn eine Verwertungsgesellschaft die eigene Vergabe von Lizenzen über ihr Repertoire im Ausland verweigern darf, dann darf sie auch mittels einer territorialen Beschränkung der Ermächtigungen, die sie ihren Schwestergesellschaften im Ausland erteilt, sicherstellen, daß jede Schwestergesellschaft das Repertoire der Verwertungsgesellschaft jeweils nur an Tonträgerhersteller in ihrem Verwaltungsgebiet lizenziert - dort nämlich, wo die jeweilige Schwestergesellschaft über die Möglichkeit einer wirksamen Rechtswahrnehmung verfügt[587].

587 S.o. III 3 b).

(5) Die Praxis der Kommission zur Lizenzierung von Urheberrechten für die Herstellung und den Vertrieb von Tonträgern

Die Kommission hat wiederholt Verfahren gegen Verwertungsgesellschaften angestrengt, mit denen sie Praktiken dieser Gesellschaften bei der Lizenzierung von Urheberrechten angegriffen hat. Die Verfahren stützten sich auf Artikel 89, 87 EGV in Verbindung mit der Verordnung Nr. 17 vom 6. Februar 1962[588]. Aufgrund dieser Vorschriften ist die Kommission ermächtigt, die Wettbewerbsregeln, insbesondere Artikel 85 und 86 EGV, durchzusetzen. Der Sache nach ist die Kommission jedoch über den Anwendungsbereich der Artikel 85, 86 EGV hinausgegangen und hat ihre eigenes Verständnis der Artikel 30, 36 EGV, insbesondere des Erschöpfungsgrundsatzes, zur Geltung gebracht. Von besonderer Bedeutung für die Urheberrechtslizenzierung ist, daß die Kommission gegen das Bestimmungslandprinzip und territoriale Beschränkungen von Lizenzen und Gegenseitigkeitsverträgen vorgegangen ist. Diese Gesichtspunkte bilden bei der folgenden Darstellung den Schwerpunkt.

A. Verfahren der Kommission mit Bedeutung für die internationale Lizenzierungspraxis

Im folgenden werden die Verfahren der Kommission und ihre Bedeutung für die Urheberrechtslizenzierung dargestellt. Im Anschluß (Teil B) werden die Konsequenzen dargestellt, welche die Ansicht der Kommission zu territorialen Beschränkungen und zum Bestimmungslandprinzip für den Urheberrechtsschutz in der Gemeinschaft hat. In Teil C wird die Ansicht der Kommission auf ihre Vereinbarkeit mit dem Gemeinschaftsrecht geprüft.

I. GEMA-Entscheidung vom 2. Juni 1971

In ihrem ersten Verfahren überhaupt gegen eine Verwertungsgesellschaft, nämlich gegen die deutsche GEMA[589], erhob die Kommission im Jahre 1971 zahlreiche Einwände gegen Praktiken der GEMA und gegen Vorschriften in der Satzung der GEMA. Grundlage des Verfahrens war, daß diese Vorschriften nach Ansicht

---

588 ABl. EG Nr. 13 vom 21.2.1962, S. 204, geändert durch Verordnung Nr. 59 des Rates vom 3.7.1962 ABl. EG Nr. 58 vom 10.7.1962, S. 1655; Verordnung Nr. 118/63 des Rates vom 5.11.1963 ABl. EG Nr. 162 vom 7.11.1963, S. 2696; Verordnung Nr. 2822/71 des Rates vom 20.12.1971 ABl. EG Nr. L 285 vom 29.12.1971, S. 49; Beitrittsakte 1972 vom 22.1.1972 ABl. EG Nr. L 73 vom 27.3.1972, S. 14, 92; Beitrittsakte 1979 vom 24.5.1979 ABl. EG Nr. L 291 vom 19.11.1979, S. 17, 93; Beitrittsakte 1985 vom 12.6.1985 ABl. EG Nr. L 302 vom 15.11.1985, S. 23, 165; Beitrittsakte 1994 vom 24.6.1994 ABl. EG Nr. C 241 vom 29.8.1994, S. 21, 57.

589 Entscheidung der Kommission vom 2. Juni 1971, ABl. EG Nr. L 134 vom 20.6.1971, S. 15; CMLR 1971 (R.P. Supplement) Nr. 3 D 35; zusammenfassende Darstellung in: 1. Bericht über die Wettbewerbspolitik (1971) S. 82 ff Ziff. 82 ff.

der Kommission einen Verstoß gegen Artikel 86 EGV bildeten. Der größere Teil der angegriffenen Praktiken betraf das Verhältnis der Verwertungsgesellschaft zu Urhebern, die Mitglieder der GEMA waren oder es werden wollten. Ein weiterer Teil der Entscheidung richtete sich gegen Praktiken der GEMA gegenüber Nutzern, insbesondere Schallplattenimporteuren.

1. Praktiken der GEMA gegenüber Urhebern

Ein Anliegen der Kommission war es, den Urhebern eine größere Wahlfreiheit bei der Entscheidung zu ermöglichen, von welcher Verwertungsgesellschaft innerhalb der Gemeinschaft sie sich vertreten lassen wollen. In diesem Zusammenhang verfügte die Kommission, daß die GEMA Satzungsregelungen zu streichen habe, die sich gegenüber ausländischen Urhebern, die Mitglied der GEMA werden wollten, diskriminierend auswirkten. So erlaubte es die Satzung nur Urhebern deutscher Staatsangehörigkeit oder Urhebern mit steuerlichem Wohnsitz in Deutschland, ordentliches Mitglied der GEMA zu werden (mit dazugehörigen Privilegien wie Wahl- und Stimmrechten, Leistungen aus der Sozialkasse)[590]. Weiter lag der Kommission daran, den Urhebern die Wahlmöglichkeit zu geben, ihre Rechte nach Inhalt und Territorium auf verschiedene Verwertungsgesellschaften aufzuteilen. Die GEMA zwang Urheber, die sich von der GEMA vertreten lassen wollten, durch Bestimmungen in Satzung und Berechtigungsvertrag dazu, alle ihre gegenwärtigen und zukünftigen Rechte für die ganze Welt ausschließlich der GEMA zu übertragen[591], wobei eine Laufzeit von mindestens sechs Jahren vorgesehen war[592]. Ein Wechsel nach dieser Zeit zu einer anderen Verwertungsgesellschaft war mit erheblichen wirtschaftlichen Nachteilen verbunden (z.B. Verlust der Leistungen aus der Sozialkasse). Die GEMA machte sich mittels dieser Regelungen zur ausschließlichen Inhaberin der Rechte ihrer Mitglieder in dreifacher Hinsicht: Sie hielt die Rechte des jeweiligen Urhebers an sämtlichen Werken, hinsichtlich jeder Nutzungsart (Aufführung, Sendung, Vervielfältigung etc.) und in der gesamten Welt.

a) Entscheidung der Kommission

Die Kommission sah in den GEMA-Regelungen einen Mißbrauch der beherrschenden Stellung der GEMA, da sie ihre Mitglieder in einer Weise binde, die

590 § 6 a) der Satzung in der Fassung vom 9. und 10. Juni 1970 i.V.m. den jeweiligen Vorschriften des Verteilungsplans, der Geschäftsordnung für das Wertungsverfahren der Satzung der GEMA-Sozialkasse, Entscheidung der Kommission vom 2. Juni 1971 ABl. EG Nr. L 134 vom 20.6.1971, S. 15 ff; CMLR 1971 (R.P. Supplement) Nr. 3 D 35, D37 ff.

591 § 3 Ziffer 1 a) der Satzung in der Fassung vom 9. und 10. Juni 1970 und § 1 des Berechtigungsvertrages in der Fassung vom 19. und 20. Juni 1968, Entscheidung der Kommission vom 2. Juni 1971 ABl. EG Nr. L 134 vom 20.6.1971, S. 15, 17; CMLR 1971 (R.P. Supplement) Nr. 3 D 35, D 36, D 40 f.

592 § 3 Ziffer 1 a) der Satzung in der Fassung vom 9. und 10. Juni 1970 und § 10 des Berechtigungsvertrages in der Fassung vom 19. und 20. Juni 1968, Entscheidung der Kommission vom 2. Juni 1971 ABl. EG Nr. L 134 vom 20.6.1971, S. 15, 18; CMLR 1971 (R.P. Supplement) Nr. 3 D 35, D 36, D 41.

objektiv nicht gerechtfertigt sei und die einen Wechsel der Mitglieder zu einer anderen Verwertungsgesellschaft unbillig erschwere[593]. Die Kommission verfügte daher, daß die GEMA die Regelungen derart ändern müsse, daß die Urheber ihre Rechte für Länder, in denen die GEMA nicht unmittelbar tätig ist, ganz oder teilweise der GEMA oder einer anderen Verwertungsgesellschaft übertragen können, ferner daß die Urheber ihre Rechte für Länder, in denen die GEMA unmittelbar tätig ist, insgesamt auf die GEMA übertragen oder nach Sparten (d.h. verschiedenen Arten von Nutzungsrechten wie Vervielfältigungsrechten, Aufführungsrechten, Senderechten) auf mehrere Gesellschaften aufteilen können[594]. Ein Urheber sollte also in territorialer Hinsicht wählen dürfen, ob er die Gesamtheit seiner Rechte, die ihm in den Ländern der Welt zustehen, einer einzigen Verwertungsgesellschaft überträgt, oder ob er seine Rechte nach Ländern aufgeteilt verschiedenen Verwertungsgesellschaften überträgt. Weiter sollte jeder Urheber im Hinblick auf die verschiedenen Nutzungsarten die Möglichkeit haben, einer Verwertungsgesellschaft nur eine bestimmte Sparte von Rechten zu übertragen.
Die Kommission beließ der GEMA allerdings ausdrücklich das Recht, für ihren unmittelbaren Tätigkeitsbereich in den Sparten, die ihr zur Verwertung übertragen werden (Aufführungsrecht, mechanisches Recht etc.), zu verlangen, daß der jeweilige Urheber alle seine Werke einschließlich der künftigen Werke ausschließlich der GEMA übertrage. Damit, so die Kommission, bleibe gewährleistet, daß die GEMA nach wie vor in ihrem unmittelbaren Tätigkeitsbereich für die jeweilige Sparte das gesamte Weltrepertoire vertreten könne, nämlich zum einen aufgrund der direkten Übertragung von Rechten auf die GEMA und zum anderen infolge der Lizenzierung durch andere Verwertungsgesellschaften[595].
Zwingend war diese Einschränkung der Kommissionsentscheidung nicht: An sich ist nämlich aufgrund der Gegenseitigkeitsverträge jede Verwertungsgesellschaft stets in der Lage, das Weltrepertoire zu lizenzieren. Das gilt auch dann, wenn ein Urheber einen Teil seiner Werke auf die eine Verwertungsgesellschaft, einen anderen Teil seiner Werke auf eine andere Verwertungsgesellschaft überträgt. Räumt z.B. ein Urheber seine deutschen Vervielfältigungsrechte an Komposition A und B der GEMA ein, die deutschen Vervielfältigungsrechte an Komposition C und D dagegen der SDRM, so kann die GEMA wegen des Gegenseitigkeitsvertrags mit der SDRM neben ihren eigenen Rechten an Komposition A und B auch die Vervielfältigungsrechte für die Kompositionen C und D in Deutschland lizenzieren. Die GEMA verwaltet also das gesamte Repertoire, obwohl der Urheber die Wahrnehmung nach Werken aufgeteilt hat.

593 Entscheidung der Kommission vom 2. Juni 1971 ABl. EG Nr. L 134 vom 20.6.1971, S. 15, 22 ff unter II C 2; CMLR 1971 (R.P. Supplement) Nr. 3 D 35, D 48 ff unter II C 2.

594 Entscheidung der Kommission vom 2. Juni 1971 ABl. EG Nr. L 134 vom 20.6.1971, S. 15, 28 Artikel 1 Nr. 7; CMLR 1971 (R.P. Supplement) Nr. 3 D 35, D 59 1. (7).

595 Entscheidung der Kommission vom 2. Juni 1971 ABl. EG vom 20.6.1971, L 134 S. 15, 22 f unter II C 2. a) a.E., S. 28 Artikel 1 Nr. 7; CMLR 1971 (R.P. Supplement) Nr. 3 D 35, D 49 f unter II C 2 a), D 59 1. (7).

b) Folge der Kommissionsentscheidung: Freizügigkeit der Urheber ohne nennenswerten Wettbewerb der Verwertungsgesellschaften um Urheber

Durch die Kommissionsentscheidung sind Urheber in die Lage versetzt worden, zwischen verschiedenen Verwertungsgesellschaften innerhalb der Gemeinschaft für die Übertragung ihrer Rechte zu wählen. Von dieser Möglichkeit machen einige Urheber mittlerweile Gebrauch - wenn auch bisher in nur beschränktem Umfang. Die Möglichkeit der Urheber, Verwertungsgesellschaften im Ausland zu wählen und gegebenenfalls verschiedene Sparten von Rechten auf unterschiedliche Gesellschaften aufzuspalten, erleichtert es dem einzelnen Urheber, seine Werke je nach seinen Interessen der Verwertung zuzuführen.
Jedoch ist mit dieser Freizügigkeit der Urheber kein Wettbewerb der Verwertungsgesellschaften um die Anwerbung von Urhebern verbunden. Denn über das Repertoire jedes Urhebers verfügt jede Verwertungsgesellschaft ohnehin, sei es aufgrund eines Berechtigungsvertrages mit diesem Urheber oder aufgrund des Gegenseitigkeitsvertrags, den die Verwertungsgesellschaft mit ihrer Schwestergesellschaft geschlossen hat, bei welcher der Urheber Mitglied ist. Verwertungsgesellschaften brauchen nicht miteinander in den Wettbewerb zu treten, um Urheber als Mitglieder anzuwerben. Das gesamte Repertoire aller Urheber steht jeder Gesellschaft zur Lizenzierung an Nutzer zur Verfügung.
Auch ist mit einer höheren Zahl von Urheber-Mitgliedern kein zusätzliches Aufkommen der Verwertungsgesellschaft an Kommissionsabzügen verbunden, so daß sich auch insoweit kein Anreiz für die Anwerbung von Urhebern ergibt. Die Verwaltungspauschale wird im gegenwärtigen Lizenzierungssystem nur von der Verwertungsgesellschaft erhoben, die das Gebührenaufkommen beim Tonträgerhersteller einzieht. Nach Überweisung der abgerechneten Beträge an die jeweilige Verwertungsgesellschaft, deren Repertoire verwertet worden ist, werden die Beträge ohne weiteren Kommissionsabzug an die betroffenen Urheber-Mitglieder ausgezahlt[596]. Der Verwertungsgesellschaft entstehen durch eine höhere Zahl an Urheber-Mitgliedern also genaugenommen höhere Verwaltungskosten, wenn man einmal von einem möglichen Zinsertrag absieht, der für die Zeit nach Überweisung durch die einziehende Schwestergesellschaft und vor Auszahlung an die Urheber entsteht.

2. Praktiken der GEMA gegenüber Nutzern - Erhebung einer vollen Gebühr auf Importe seitens unabhängiger Händler

Die Kommission rügte in ihrer Entscheidung vom 2.6.1971 die Praxis der GEMA, zusätzliche volle Lizenzgebühren auf Tonträger zu erheben, die von unabhängigen Händlern importiert wurden, obwohl für diese Tonträger bereits eine Lizenzgebühr entweder an die GEMA oder an eine andere Verwertungsgesell-

596 S.o. **(3)** C I 3, G.

schaft bezahlt worden war[597]. Es handelte sich bei diesen Tonträgern um solche, die im Ausland oder in Deutschland hergestellt und im Ausland erstmalig in den Verkehr gebracht worden waren. Je nachdem, ob die Herstellung in Deutschland oder im Ausland stattgefunden hatte, war eine Lizenzgebühr vom Hersteller entweder an die GEMA oder an die jeweilige ausländische Verwertungsgesellschaft gezahlt worden, wobei für die Gebührenhöhe jeweils das Bestimmungsland maßgeblich war. Die Tonträger wurden beim Import nach Deutschland zum zweiten Mal mit einer Lizenzgebühr belastet. Dagegen fielen auf die Tonträger, die von Tonträgerherstellern im Ausland hergestellt und dann erstmalig, d.h. ohne vorheriges Inverkehrbringen im Ausland, in Deutschland in den Verkehr gebracht wurden, nur eine Lizenzgebühr an.
Die Praxis der GEMA, auf Importe von Tonträgern, die bereits im Ausland in den Verkehr gebracht worden waren, volle Gebühren zu erheben, stützte sich auf eine Auffassung vom Territorialitätsprinzip, wie sie noch das OLG Hamburg 1970 vertreten hatte[598]: Das Verbreitungsrecht in Deutschland blieb nach dieser Auffassung von dem zustimmungsgemäßen Inverkehrbringen in einem ausländischen Staat gänzlich unberührt, unabhängig davon, ob die Zustimmung auf den ausländischen Staat territorial beschränkt war oder nicht. Gelangte der Tonträger nach Deutschland, so konnte nach dieser Betrachtungsweise das in Deutschland fortbestehende Verbreitungsrecht stets voll geltend gemacht werden. Wie bereits erläutert[599], entspricht diese veraltete Auffassung vom Territorialitätsprinzip weder der Rechtsprechung des BGH[600] noch der überwiegenden Ansicht in der Literatur[601]. Vielmehr erschöpft sich danach das Verbreitungsrecht auch durch das Inverkehrbringen im Ausland, sofern das Verbreitungsrecht ohne territoriale Beschränkung auf das Ausland eingeräumt worden ist.

a) Der Kommissionsstandpunkt: Diskriminierung der Tonträgerimporteure

Die Kommission sah in der erneuten Belastung der Tonträger mit einer Lizenzgebühr anläßlich der Verbreitung in Deutschland eine gegen Artikel 86 EGV verstoßende Diskriminierung der Händler gegenüber den Herstellern. Die Tonträgerhersteller nämlich, welche Tonträger im Ausland vervielfältigten und direkt nach Deutschland importierten, hätten die Lizenzgebühr nur einmal zu zahlen.
Zur Frage der Erschöpfung nahm die Kommission nicht Stellung, sondern stützte sich allein auf die kartellrechtliche Argumentation, daß die GEMA in diskriminierender Weise Importe von Händlern wirtschaftlich anders behandele als Importe von Herstellern, obwohl seitens der GEMA die "gleichwertige Leistung"

597 Entscheidung der Kommission vom 2. Juni 1971 ABl. 1971, L 134 S. 15, 19 unter B 2, S. 25 unter C 5, S. 29 Artikel 2 Nr. 2; CMLR 1971 (R.P. Supplement) Nr. 3 D 35, D 43 f unter B 2, D 54 unter C 5, D 60 f 2. (2).

598 OLG Hamburg GRUR 1970, 377, 379 mit Anmerkung *Ulmer*.

599 S.o. **(4)** A III 1 c) aa).

600 BGH GRUR 1988, 373, 374; GRUR 1985, 924, 925; GRUR 1982, 100, 101 = GRUR Int. 1981, 587, 589 = BGHZ 80, 101, 104 f.

601 *Schricker-Loewenheim* § 17 Rn 26 m.w.N.

(Vergabe der Lizenz) erbracht worden sei[602]. Die Kommission gestattete es der GEMA jedoch, von Importeuren die Differenz zwischen der im Herkunftsland niedrigeren Lizenzgebühr und der in Deutschland üblichen höheren Gebühr zu verlangen.

b) Beurteilung anhand der Rechtsprechung des EuGH

Die Kommissionsentscheidung bedarf teils aufgrund der Entscheidungen des EuGH in den Rechssachen 78/70 *Deutsche Grammophon* und 55, 57/80 *Musik-Vertrieb membran* zum freien Warenverkehr, teils in kartellrechtlicher Hinsicht der Überprüfung:

aa) Keine Differenzlizenzgebühr bei Tonträgern, die zuvor innerhalb der Gemeinschaft oder des EWR in den Verkehr gebracht worden sind

Zunächst ergibt sich aus der Rechtsprechung des EuGH zum Erschöpfungsgrundsatz, daß auf die Einfuhr in einen Mitgliedstaat von Tonträgern, die in einem anderen Mitgliedstaat mit Zustimmung des Urhebers rechtmäßig in den Verkehr gebracht worden sind, keinerlei Lizenzgebühren aufgrund urheberrechtlicher Vorschriften erhoben werden dürfen. Das gilt auch für die Erhebung einer Differenzgebühr[603]. Insofern ist die Rechtslage abweichend von der Kommissionsentscheidung dahin zu beurteilen, daß Importeure auf die Einfuhr von Tonträgern, die sich bereits innerhalb der Gemeinschaft (oder des EWR) im Verkehr befinden, weder eine volle Gebühr noch eine Differenzgebühr zu zahlen brauchen[604].
Eine Differenzlizenzgebühr darf nur dann erhoben werden, wenn Tonträger noch **nicht** in den Verkehr gebracht worden sind, wenn weiter für diese Tonträger eine niedrige Lizenzgebühr zum Zwecke der Verbreitung in einem Staat mit niedrigem Gebührenniveau bezahlt worden ist und wenn die Tonträger entgegen ihrer Bestimmung direkt in einem anderen Staat verbreitet werden, in dem ein höheres Gebührenniveau herrscht. Die Erhebung einer Differenzgebühr kommt damit nur gegenüber Tonträgerherstellern in Betracht, nicht gegenüber unabhängigen Importeuren. Die Kommissionsentscheidung vom 2. Juni 1971 ist folglich hinfällig, soweit Importe von Tonträgern betroffen sind, die in einem Mitgliedstaat der Gemeinschaft in den Verkehr gelangt sind.

bb) Volle Gebühr bei Importen von Tonträgern, die außerhalb der Gemeinschaft oder des EWR in den Verkehr gebracht worden sind (sofern nach nationalem Recht zulässig)

Die Kommissionsentscheidung ist trotz der Rechtsprechung des EuGH zur gemeinschaftsweiten Erschöpfung noch insofern von Bedeutung, als sich aus ihr ergibt, es sei eine Diskriminierung von Tonträgerimporteuren gegenüber Tonträ-

602 Entscheidung der Kommission vom 2. Juni 1971 ABl. 1971, L 134 S. 15, 25 unter II C 5; CMLR 1971 (R.P. Supplement) Nr. 3 D 35, D 54 unter II C 5.

603 Rs 55 und 57/80 *Musikvertrieb membran und K-tel International ./. GEMA* Slg 1981, 147, 166 Rn 27.

604 S.o. **(4)** A III 1 c) aa).

gerherstellern, wenn auf Importe aus **nicht** der Gemeinschaft angehörenden Ländern eine volle Lizenzgebühr erhoben wird. Beschränkungen von Importen aus Ländern, die nicht der Gemeinschaft angehören, können unter die Wettbewerbsregeln fallen, wenn sie geeignet sind, den Handel innerhalb der Gemeinschaft nachteilig zu beeinflussen[605]. Insoweit ist zu prüfen, ob die Kommissionsentscheidung haltbar ist:
Bringt ein Tonträgerhersteller Tonträger, die er im außergemeinschaftlichen Ausland hergestellt hat, ohne vorheriges Inverkehrbringen erstmalig in einem Mitgliedstaat der Gemeinschaft auf den Markt, so schuldet er auf der Grundlage des BIEM/IFPI-Normalvertrages die einmalige Zahlung einer Lizenzgebühr, deren Höhe sich nach den Bedingungen dieses Mitgliedstaates richtet. Führt ein Importeur in einen Mitgliedstaat Tonträger ein, die im nichtgemeinschaftlichen Ausland in den Verkehr gebracht worden sind und für die vom Tonträgerhersteller bereits eine Lizenzgebühr gezahlt wurde, so kann dieser Importeur gegebenenfalls nach nationalem Recht wegen der Einfuhr der Tonträger auf Zahlung weiterer Gebühren in Anspruch genommen werden. Aus der Kommissionsentscheidung ergibt sich nun an sich, daß der Importeur Gleichbehandlung genießen müsse, d.h. allenfalls eine Differenzgebühr zu zahlen hätte. Dieser Konsequenz der Kommissionsentscheidung steht aber die Rechtsprechung des EuGH zum freien Warenverkehr und zu den Wettbewerbsregeln entgegen:

α) Rechtslage nach den Vorschriften zum freien Warenverkehr

In der Entscheidung zur Rechtssache 270/80 *Polydor ./. Harlequin* ist der EuGH zu dem Ergebnis gekommen, daß der Erschöpfungsgrundsatz im Verhältnis zu Staaten, die nicht Mitglied der Gemeinschaft sind, nicht gilt. Das bedeutet im Zusammenhang mit dem Recht des freien Warenverkehrs, daß nach Maßgabe des jeweiligen nationalen Rechts urheberrechtliche Befugnisse gegenüber Importen aus dem nichtgemeinschaftlichen Ausland selbst dann voll wahrgenommen werden können, wenn die Tonträger mit Zustimmung des Urhebers in diesem Ausland in den Verkehr gebracht worden sind. Sofern das nationale Urheberrecht vorsieht, daß das Verbreitungsrecht im jeweiligen Mitgliedstaat durch dieses Inverkehrbringen nicht erlischt, kann es im vollen Umfang geltend gemacht werden. Das bedeutet, daß auf die Verbreitung im Mitgliedstaat eine volle Lizenzgebühr erhoben werden kann, vorausgesetzt, daß das jeweilige nationale Recht dies gestattet (was allerdings - wie erläutert - nicht notwendig der Fall ist[606]).

---

605 Rs 51/75 *EMI Records ./. CBS United Kingdom* Slg 1976, 811, 850 Rn 25/29; Rs 86/75 *EMI Records ./. CBS Grammofon* Slg 1976, 871, 908 Rn 22/26; Rs 22/79 *Greenwich Film Production ./. SACEM und Société des Éditions Labrador* Slg 1979, 3275, 3288 Rn 11.

606 S. die Darstellung oben **(4)** A III 1 c) aa). Erlischt nach dem nationalen Recht das inländische Verbreitungsrecht generell mit dem rechtmäßigen Inverkehrbringen im Ausland oder zumindest dann, wenn das Inverkehrbringen auf einer nicht auf das Ausland territorial beschränkten Lizenz beruht, so kann keine Lizenzgebühr, auch keine Differenzlizenzgebühr, erhoben werden. Da z.B. nach deutschem Recht das Verbreitungsrecht auch dann erlischt, wenn der Tonträger mit einer territorial nicht beschränkten Zustimmung des Urhebers im Ausland in den Verkehr kommt, und die BIEM/IFPI-Normalvertragslizenz hinsichtlich der Verbreitung territorial nicht beschränkt ist,

β) Kartellrechtliche Beurteilung

Auf dem Hintergrund der erläuterten warenverkehrsrechtlichen Lage ist die Frage neu zu beurteilen, ob es eine Diskriminierung nach Artikel 86 EGV darstellt, wenn Importeure auf Tonträger, die nach Zahlung einer Gebühr außerhalb der Gemeinschaft im freien Verkehr sind, eine volle weitere Lizenzgebühr zahlen müssen, während Tonträgerhersteller, die direkt von außerhalb der Gemeinschaft ohne vorheriges Inverkehrbringen Tonträger in einem Mitgliedstaat in den Verkehr bringen, nur eine einzige Lizenzgebühr schulden:
Die Verbreitung der Tonträger durch den Importeur stellt nach nationalem Recht eine in gleicher Weise urheberrechtlich relevante Verwertungshandlung dar wie das erstmalige Inverkehrbringen durch den Hersteller. Daß die Tonträger des Importeurs faktisch mit zwei Lizenzgebühren belastet werden (von denen der Importeur unmittelbar nur eine zahlt), ergibt sich aus der Tatsache, daß auf der Basis des Territorialitätsprinzips mit dem erstmaligen Inverkehrbringen im Exportstaat und der Verbreitung durch den Importeur im Importstaat zwei separate urheberrechtliche Verwertungshandlungen vorgenommen werden. Demgegenüber nimmt der Hersteller, der seine Tonträger direkt in dem Mitgliedstaat in den Verkehr bringt, erstmalig eine urheberrechtlich relevante Verbreitung vor.
Die schlichte Ausübung des nationalen Urheberrechts ist nach der Rechtsprechung des EuGH als solche nicht wettbewerbswidrig[607]. Auch verstoßen die Verwertungsgesellschaften nicht gegen die Wettbewerbsregeln, wenn sie die Rechte und Interessen der Urheber voll wahrnehmen, es sei denn die Maßnahmen gingen über das zur Wahrung der Urheberinteressen Notwendige hinaus[608]. Vorausgesetzt, daß das jeweilige nationale Urheberrecht die Geltendmachung des Verbreitungsrechts gegenüber Tonträgern, die außerhalb der Gemeinschaft im freien Verkehr waren, im vollen Umfang erlaubt (dies darf das nationale Recht ohne Verstoß gegen Artikel 30, 36 EGV), so ist es nicht mißbräuchlich, wenn dieses Recht von Verwertungsgesellschaften geltend gemacht wird. Daß damit Tonträger, die außerhalb der Gemeinschaft im Verkehr waren, zum zweiten Mal durch

---

dürfen nach deutschem Recht auf Importe solcher Tonträger gar keine Lizenzgebühren erhoben werden, auch keine Differenzlizenzgebühren.

607 Rs 78/70 *Deutsche Grammophon ./. Metro-SB-Großmärkte* Slg 1971, 487, 501 Rn 16; Rs 402/85 *Basset ./. SACEM* Slg 1987, 1747, 1769, Rn 18; Rs C-241/91 P und C-242/91 P *Radio Telefis Eireann und Independent Television Publications ./. Kommission*, Slg 1995 I-743, 822 f Rn 46, 48-50, GRUR Int. 1995, 490, 492 f Rn 46, 48 - 50; für das Patent: Rs 24/67 *Parke, Davis ./. Probel u.a.* Slg 1968, 85, 113; für das Warenzeichen: Rs 51/76 *EMI ./.CBS United Kingdom* Slg 1976, 811, 850 f Rn 25/29, 36, 37; Rs 86/75 *EMI Records ./. CBS Grammofon* Slg 1976, 871, 908 f Rn 22/26, 33, 34; Rs 40/70 *Sirena ./. Eda* Slg 1971, 69, 83 Rn 9; für das Geschmacksmuster: Rs 144/81 *Keurkoop ./. Nancy Kean Gifts* Slg 1982, 2853, 2873 Rn 27 Rs 238/87 *Volvo ./. Veng* Slg 1988, 6211, 6235 Rn 8, 9; Rs 53/87 *Consorzio italiano della componentistica di ricambio per autoveicoli und Maxicar ./. Régie nationale des usines Renault* Slg 1988, 6039, 6072 Rn 15; für das Sortenschutzrecht: Rs 258/78 *L.C. Nungesser KG und Kurt Eisele ./. Kommission* Slg 1982, 2015, 2061 Rn 28 - siehe oben unter **(4)** B I 3.

608 Rs 395/87 *Ministère Public ./. Tournier* Slg 1989, 2521, 2575 Rn 31, 45; Rs 402/85 *Basset ./. SACEM* Slg 1987, 1747, 1769 Rn 18 - siehe oben unter **(4)** B I 3 b), 4

eine Lizenzgebühr belastet werden, ist nicht Ausdruck einer ungerechtfertigten Diskriminierung der Importeure, sondern nur Folge daraus, daß die Tonträger im Importstaat erstmalig in urheberrechtlich relevanter Weise verbreitet werden.
Entgegen der Kommissionsentscheidung können somit Tonträgerimporteure, die Tonträger erstmalig in einem Mitgliedstaat der Gemeinschaft verbreiten, auf Zahlung einer vollen Lizenzgebühr - nicht nur einer Differenzgebühr - in Anspruch genommen werden, wenn das jeweilige nationale Urheberrecht dies gestattet, und zwar selbst dann, wenn die betroffenen Tonträger zuvor mit Zustimmung des Urhebers rechtmäßig außerhalb der Gemeinschaft (bzw. des EWR) in den Verkehr gebracht worden sind. Dabei ist allerdings im Rahmen des BIEM/IFPI-Normalvertrages zu berücksichtigen, daß auf der Grundlage dieses Vertrages die Verbreitungslizenz ohne territoriale Beschränkung erteilt wird[609]. Wenn nationales Recht, wie z.B. das deutsche Recht, bei der Verbreitung von Tonträgern aufgrund einer territorial nicht beschränkten Lizenz vorsieht, daß sich das Verbreitungsrecht ungeachtet des Ortes der Verbreitung erschöpft, dann ist selbstverständlich für die Erhebung einer vollen Gebühr oder einer Differenzgebühr kein Raum[610].

II. Verfahren im Jahre 1971 gegen die Verwertungsgesellschaften der Gemeinschaft: Aufhebung der Ausschließlichkeitsklauseln in den Gegenseitigkeitsverträgen

Parallel zu dem erläuterten Verfahren gegen die GEMA ging die Kommission im Jahre 1971 in mehreren nicht veröffentlichten Verfahren[611] nach Artikel 85 E(W)GV gegen die Verwertungsgesellschaften der damaligen Gemeinschaft vor, um zu veranlassen, daß die ausschließlichen Ermächtigungen in den Gegenseitigkeitsverträgen in nicht-ausschließliche umgewandelt werden. Mit dieser Maßnahme wollte die Kommission dazu beitragen, daß die Komponisten, Textdichter und Verleger die Dienste verschiedener Verwertungsgesellschaften in Anspruch nehmen können. Hierzu müsse durch Öffnung der nationalen Märkte für die in anderen Ländern des Gemeinsamen Marktes ansässigen Verwertungsgesellschaften ein gewisser Wettbewerb zwischen den einzelnen Gesellschaften eingeführt werden[612].
Zwingend war dieser Schritt nicht. Denn die Frage, welcher Verwertungsgesellschaft ein Urheber seine Rechte überträgt, die er in einem bestimmten Land ge-

---

609 S. ausführlich oben **(3)** E III 1

610 S. die Darstellung oben **(4)** A III 1 c aa)

611 Die Verfahren sind erwähnt im 1. Bericht zur Wettbewerbspolitik (1971) S. 84 Ziff. 85 Fn (1) a.E. und in der Antwort vom 9. Dezember 1971 auf die schriftliche Anfrage Nr. 349/71 des Abgeordneten Vredeling an die Kommission der Europäischen Gemeinschaften vom 12. Oktober 1971 ABl. EG Nr. C 125 vom 18.12.1971, S. 8 f. S.a. Sitzungsbericht und Entscheidungsgründe sowie der Schlußantrag des Generalanwalts *Jacobs* in Rs 395/87 *Ministère Public ./. Tournier* Slg 1989, 2521, 2533, 2573 Rn 20, 2546; ferner *Karnell* GRUR Int. 1991, 583, 589 (der allerdings die Aufhebung der Ausschließlichkeitsklauseln unzutreffend auf die GEMA-Entscheidung vom 2.6.1971 zurückführt).

612 1. Bericht zur Wettbewerbspolitik (1971) S. 84 Ziff. 85.

nießt, hat nichts mit der Frage zu tun, wie die Verwertungsgesellschaft die Rechte in diesem Land ausübt - ob durch direktes eigenes Tätigwerden in diesem Land oder durch Bevollmächtigung einer dort bereits ansässigen Verwertungsgesellschaft, sei die Bevollmächtigung nun ausschließlich oder nicht-ausschließlich. Zum Beispiel ist es denkbar, daß ein Urheber das Aufführungsrecht, das er in Deutschland genießt, der GEMA überträgt, daß er dagegen das Vervielfältigungsrecht, das er in Deutschland genießt, der französischen SDRM überträgt. Der Urheber hat dann seine Rechte in Deutschland nach Sparten getrennt zwei verschiedenen Verwertungsgesellschaften übertragen. Davon zu unterscheiden ist die Frage, wie die SDRM das Vervielfältigungsrecht für Vervielfältigungen in Deutschland verwertet. Sie kann dies theoretisch durch direkte Aktivitäten in Deutschland tun oder, indem sie die GEMA per Gegenseitigkeitsvertrag mit der Wahrnehmung beauftragt. Enthält der Gegenseitigkeitsvertrag eine ausschließliche Bevollmächtigung, so kann die SDRM nicht neben der GEMA in Deutschland tätig werden. Die Rechte als solche hat aber auch in diesem Fall die SDRM inne. Die freie Wahl des Urhebers zwischen verschiedenen Verwertungsgesellschaften für die Übertragung seiner Urheberrechte wird also durch die Ausschließlichkeit der Ermächtigungen in den Gegenseitigkeitsverträgen nicht berührt.

Der Kommission kam es aber offenbar darauf an, den Urhebern nicht nur zu ermöglichen, zwischen verschiedenen Verwertungsgesellschaften zur Übertragung ihrer Rechte zu wählen, sondern zugleich zu beanspruchen, daß die gewählte Verwertungsgesellschaft ihre Dienste bei der Verwertung der Rechte in jedem Mitgliedstaat unmittelbar selbst ausübt. Wie bereits erläutert[613], hat sich jedoch aufgrund der Abschaffung der Ausschließlichkeitsklauseln in den Gegenseitigkeitsverträgen nichts an der Praxis der Verwertungsgesellschaften geändert, keine Verwaltungstätigkeit außerhalb ihres jeweiligen unmittelbaren Tätigkeitsbereichs auszuüben. Auf der Nutzerseite wirkt sich das in der Weise aus, daß Nutzer in der Regel keine Direktlizenzen ausländischer Verwertungsgesellschaften erhalten können. Die Aufteilung des Marktes für die Urheberrechtslizenzierung in nationale Segmente bestand also trotz der Entscheidung der Kommission vom 2. Juni 1971 fort, wie die Kommission anläßlich der *SACEM*-Entscheidungen selbst festgestellt hat[614]. Der Grund für die Fortsetzung der Marktaufteilung besteht einmal darin, daß die Gesellschaften den Aufwand zusätzlicher Kosten scheuen, der mit dem Aufbau einer eigenen Verwaltung im Ausland verbunden wäre. Zum anderen kann eine Direktlizenz wegen der territorialen Beschränkung der Gegenseitigkeitsverträge an sich stets nur das eigene, von Mitgliedern der jeweiligen Verwertungsgesellschaft stammende Repertoire umfassen, nicht das sonstige Weltrepertoire. Denn zur Vertretung dieses Repertoires ist die Gesellschaft aufgrund der Gegenseitigkeitsverträge nur in ihrem "eigenen" Gebiet ermächtigt. Zumeist sind Nutzer aber an mehr Titeln interessiert, als sie das heimische Repertoire einer einzigen Verwertungsgesellschaft umfaßt.

---

613 S.o. **(3)** C III.

614 Schriftliche Erklärung der Kommission in Rs 395/87 *Ministère Public ./. Tournier* Slg 1989, 2521, 2533.

Die Kommission beschäftigte sich Anfang der 80er Jahre erneut mit der Lizenzierungspraxis, nachdem sie durch die Entscheidung des EuGH in *Musik-Vertrieb membran* darauf aufmerksam geworden war. In einem Verfahren gegen die holländische Verwertungsgesellschaft STEMRA[615] schritt die Kommission gegen ein vertragliches Ausfuhrverbot ein:
STEMRA hatte mit dem holländischen Unternehmen Viditone einen Lizenzvertrag geschlossen, in dem Viditone das Überspielen urheberrechtlich geschützter Werke gestattet wurde, die als Hintergrundmusik dienten. Der Vertrag sah vor, daß Viditone Kassetten oder Tonbandaufnahmen in andere Mitgliedstaaten nur ausführen durfte, wenn die Verwertungsgesellschaft des jeweiligen Bestimmungslandes dem zustimmte. Hintergrund dieser Regelung war offenbar, daß die Tonträger für die öffentliche Aufführung der Hintergrundmusik verwendet werden sollten und den ausländischen Verwertungsgesellschaften die Kontrolle über diese Form der Nutzung ermöglicht werden sollte.
Die Kommission untersagte die Anwendung der Klausel, nach welcher die Ausfuhr nur mit Zustimmung der jeweiligen Verwertungsgesellschaft zulässig sein sollte. Vertragliche Ausfuhrverbote könnten nicht mit dem Schutz des Urheberrechts gerechtfertigt werden, da sie künstliche Handelsschranken errichteten, die durch die Wettbewerbsregeln verboten seien. Sie ließen sich auch nicht damit rechtfertigen, daß im Ausfuhrland und im Bestimmungsland unterschiedlich hohe Urheberrechtsgebühren erhoben werden. Zur Stützung dieser Ansicht berief sich die Kommission auf die Entscheidung des EuGH in *Musik-Vertrieb membran*[616].
Die Entscheidung *Musik-Vertrieb membran* betraf jedoch Einfuhrbehinderungen von Tonträgern, die bereits mit Zustimmung des Urhebers in den Verkehr gelangt waren. Diese Tonträger durften nicht mehr in ihrem freien Fluß innerhalb der Gemeinschaft behindert werden, auch nicht unter Berufung auf unterschiedliche Lizenzgebühren in den einzelnen Mitgliedstaaten. Der EuGH beließ ausdrücklich dem Urheber (bzw. der Verwertungsgesellschaft) die Entscheidung darüber, wo die Tonträger erstmals in den Verkehr gebracht werden sollten. Diese Entscheidung war im *STEMRA*-Fall zugunsten der Niederlande ergangen. Der direkte Export der betroffenen Tonträger, d.h. die Ausfuhr in ein anderes Land ohne vorheriges Inverkehrbringen der Tonträger in Holland gemäß der Zustimmung des Urhebers, konnte daher auf der Grundlage der *Musik-Vertrieb membran*-Entscheidung ohne Verstoß gegen die Vorschriften über den freien Warenverkehr von der Verwertungsgesellschaft verboten bzw. von der Zustimmung der ausländischen Verwertungsgesellschaft abhängig gemacht werden. Das Verbreitungsrecht war vor dem erstmaligen Inverkehrbringen in Holland noch nicht erschöpft.
Die Kommission nahm mit dem Verfahren gegen die STEMRA zum ersten Mal eine folgenreiche Erweiterung der Rechtsprechung des EuGH zum Erschöp-

---

615 11. Bericht über die Wettbewerbspolitik Band (1981) S. 74 Ziff. 98.
616 Rs 55 und 57/80 *Musikvertrieb membran und K-tel International ./. GEMA* Slg 1981, 147.

fungsgrundsatz vor: Nicht nur Tonträger, die mit Zustimmung des Urhebers in einem Mitgliedstaat in den Verkehr gebracht worden waren, sollten frei exportierbar sein. Bereits ab der Erteilung der Zustimmung sollten Tonträger - ungeachtet territorialer Beschränkungen - überall in der Gemeinschaft verbreitet werden können. Diesen Standpunkt vertrat die Kommission ausdrücklich in ihrem Verfahren im Hinblick auf den BIEM/IFPI-Normalvertrag von 1982/1983:

IV. Verfahren anläßlich der Verhandlungen zum BIEM/IFPI-Normalvertrag 1982/1983

Am 31. Dezember 1981 lief der bis dahin gültige BIEM/IFPI-Normalvertrag[617] aus. Es folgten ergebnislose Verhandlungen zwischen den beiden Dachorganisationen der Verwertungsgesellschaften und der Tonträgerindustrie über eine neue Vereinbarung, die den veränderten wirtschaftlichen und rechtlichen Bedingungen Rechnung getragen hätte. Dabei spielten u.a. der Wegfall der Preisbindung für Tonträger, der Preisverfall bei Schallplatten und die Entscheidungen des EuGH eine Rolle[618]. Die Kommission nutzte die Ungewißheit über das zukünftige Lizenzierungssystem dazu, ihre Ansichten über das Gemeinschaftsrecht und dessen Auswirkungen auf den BIEM/IFPI-Normalvertrag in zwei Schreiben[619] mitzuteilen. In diesen Schreiben kritisierte die Kommission verschiedene Aspekte des herkömmlichen Lizenzierungssystems als Verletzung des Gemeinschaftsrechts. Zugleich signalisierte die Kommission, daß sie die entsprechenden Regelungen im neuen BIEM/IFPI-Normalvertrag nicht hinnehmen werde.

1. Kritisierte Lizenzierungspraktiken

Die Kommission stellte zum einen die Berechnung der Lizenzgebühren in Frage, soweit diese an den Endverkaufspreis des Tonträgers anknüpfte und soweit die Bedingungen und Preise des Bestimmungslandes zugrunde gelegt wurden (dazu unten a). Zum anderen wandte sich die Kommission gegen eine angebliche territoriale Beschränkung der Verbreitungslizenzen, die sie im BIEM/IFPI-Normalvertrag vermutete (dazu unten b).

---

617 Zu diesem Vertrag im einzelnen oben **(3)** E.

618 S. *Thurow* Lizenzierung von Tonträgern durch Verwertungsgesellschaften für den Bereich der EG in: *Becker* (Hrsg.) Die Verwertungsgesellschaften im Europäischen Binnenmarkt, 1990, S. 95 ff, 100.

619 Schreiben vom 18. Februar 1982 und Schreiben vom 22. Juni 1983 an BIEM, IFPI, GEMA, MCPS, CBS, jeweils unterschrieben von Direktor J.E. Ferry, Generaldirektion IV (Wettbewerb), Direktion B. Die Briefe sind nicht veröffentlicht. Eine Zusammenfassung der Verfahren findet sich im 13. Bericht über die Wettbewerbspolitik (1983) S. 94 Ziff. 147 - 150 sowie in CMLR 1984, 308.

a) Endverkaufspreis als Grundlage für die Berechnung der Lizenzgebühr und Bestimmungslandprinzip

Im BIEM/IFPI-Normalvertrag war ursprünglich vorgesehen, daß die Lizenzgebühr als Prozentsatz des Einzelhandelspreises des Tonträgers im jeweiligen Bestimmungsland zu berechnen war. Als Prozentsatz wurde entweder die damalige BIEM/IFPI-Normalvertragsrate von 8% des Einzelhandelspreises oder - bei Exporten in das Vereinigte Königreich und Irland - die damals dort geltende Lizenzgebühr von 6,25% des Einzelhandelspreises bzw. 5% des Einzelhandelspreises (Irland) angewandt.
Zur Ermittlung des Einzelhandelspreises wurde in Fällen der Preisbindung oder Preisempfehlung der vom Tonträgerhersteller gebundene bzw. empfohlene Einzelhandelspreis angesetzt[620]. Diese Berechnung war durch den Wegfall der Preisbindung Anfang der siebziger Jahre weitgehend obsolet geworden. In den überwiegenden Fällen wurde daher der vom Tonträgerhersteller für das jeweilige Bestimmungsland veröffentlichte Händlerabgabepreis um eine durchschnittliche Handelsspanne (37,5%) auf den Einzelhandelsspreis hochgerechnet und der so ermittelte Einzelhandelspreis zur Grundlage genommen. Für den Fall, daß der Tonträgerhersteller keine Listen mit seinen Händlerabgabepreisen vorlegen konnte, wurde ein durchschnittlicher Einzelhandelspreis für das jeweilige Bestimmungsland unter Berücksichtigung der Preisangebote anderer Tonträgerhersteller ermittelt ("allgemein praktizierter Preis")[621].

aa) Die Ansicht der Kommission

Die Kommission sah in den Bestimmungen des BIEM/IFPI-Normalvertrages zur Vergütung einen Verstoß gegen Artikel 85 Abs. 1 EGV aufgrund folgender Erwägungen:
Durch die "Ungleichbehandlung" von Inlandverkäufen und Exporten könnten die Tonträgerhersteller nicht die Vorteile nutzen, die sich aufgrund günstigerer wirtschaftlicher Bedingungen im Mitgliedstaat der Herstellung ergäben. Herrsche z.B. im Mitgliedstaat der Herstellung ein niedrigerer Einzelhandelspreis oder - wie im Vereinigten Königreich - ein niedrigerer Prozentsatz, führe dies bei Inlandsverkäufen zu einer entsprechenden niedrigeren Urheberrechtsvergütung. Diese "Kostenersparnis" könne aber nicht für Exporte in einen anderen Mitgliedstaat genutzt werden, da die Lizenz hierfür nicht gelte und da für den Export die höhere Gebühr im Einfuhrstaat maßgeblich sei. Dadurch werde tatsächlicher und möglicher Wettbewerb ausgeschlossen. Hersteller und Händler könnten nicht durch Herstellung von Tonträgern in einem Mitgliedstaat und Ausfuhr in einen anderen Mitgliedstaat Vorteile des Gemeinsamen Marktes nutzen. Importeure und Verbraucher kämen so nicht in den Genuß der "Kostenvorteile".

---

620 So auch heute noch gemäß Artikel V (5) BIEM/IFPI-Normalvertrag i.V.m. Anhang Nr. IV (1), s.o. **(3)** E II 1 a).

621 S.o auch heute noch - ausschließlich bezogen auf den Händlerabgabepreis - gemäß Artikel V (6) BIEM/IFPI-Normalvertrag, s.o. **(3)** E II 1 a).

Das Bestimmungslandprinzip verstärke die Tendenz zur Festschreibung des Preisniveaus in einem Mitgliedstaat: Durch Bezugnahme auf das durchschnittliche Preisniveau des Einfuhrstaates zur Berechnung der Gebühr sei es für den Hersteller weniger interessant, die Kostenvorteile weiterzugeben. Die unterschiedlichen Lizenzgebühren beeinträchtigten den Wettbewerb, da sie als Strafzoll auf Exporte fungierten, dessen Zweck oder Wirkung es sei, das Preisniveau im Bestimmungsland aufrechtzuerhalten.
Die Kommission sah es allerdings als zulässig an, wenn zur Grundlage für die Berechnung der Lizenzgebühr die eigenen Preise des Tonträgerherstellers gegenüber Großhändlern und Einzelhändlern genommen würden. Denn dann wären Unterschiede im Lizenzgebührenniveau zwischen den Mitgliedstaaten das Ergebnis einer eigenen freien Entscheidung des Herstellers, verschiedene Preise für verschiedene Verkäufe anzusetzen. Keinesfalls, so die Kommission, dürften aber unterschiedliche Gebührensätze in Prozent für Inlandsverkäufe und Exporte gelten.

bb) Folge: Umstellung auf den Händlerabgabepreis

Aufgrund des Einschreitens der Kommission ist der BIEM/IFPI-Normalvertrag derart geändert worden, daß nunmehr der Händlerabgabepreis (PPD[622]) für die Berechnung der Lizenzgebühr maßgeblich ist. Betrug die BIEM/IFPI-Rate ursprünglich 8% des Einzelhandelspreises, so wird sie heute mit 11% des Händlerabgabepreises berechnet. In dieser Neuberechnung spiegelt sich die durchschnittliche Handelsspanne von 37,5%. Faktisch hat sich somit nichts wesentliches geändert. Bereits zuvor wurden im Regelfall die Händlerabgabepreise des jeweiligen Tonträgerherstellers angesetzt. Nur wurden diese auf einen durchschnittlichen Einzelhandelspreis hochgerechnet, auf den eine entsprechend niedrigere Lizenzgebühr anfiel.
Auch nach der Umstellung auf den Händlerabgabepreis blieb zunächst grundsätzlich das Bestimmungslandprinzip gewahrt: Relevant war nach dem BIEM/IFPI-Normalvertrag der Händlerabgabepreis, den der Händler jeweils in dem Land anwandte, in dem der Tonträger in den Verkehr gebracht wurde. Für den Bereich der Gemeinschaft wurden jedoch auf Intervention der Kommission im Jahre 1984 Sonderregelungen in den BIEM/IFPI-Normalvertrag eingeführt, nach welchen für Exporte in Mitgliedstaaten die jeweiligen Händlerabgabepreise angesetzt werden, die der Tonträgerhersteller in dem Land praktiziert, in dem er die Lizenz erwirbt. Das Bestimmungslandprinzip ist hier also in sein Gegenteil verkehrt (dazu unten VI).

b) Angebliche territoriale Beschränkung der Verbreitungslizenzen und der entsprechenden Ermächtigungen in den Gegenseitigkeitsverträgen

Ein weiterer Kritikpunkt der Kommission gegen die Lizenzierungpraxis betraf eine angebliche territoriale Beschränkung der Verbreitungslizenzen für Tonträger-

622 S.o. **(3)** E II 1 a).

hersteller, die von der Kommission im BIEM/IFPI-Normalvertrag gesehen wurde. Die Kommission führte diese angebliche territoriale Beschränkung der Verbreitungslizenz auf eine territoriale Beschränkung der Ermächtigungen, die in den Gegenseitigkeitsverträgen enthalten seien, zurück:

aa) Angebliche territoriale Beschränkung der Verbreitungslizenzen

Die Kommission rügte, die Verwertungsgesellschaften lizenzierten ihr Repertoire stets nur für die Verbreitung von Tonträgern in dem Gebiet eines Mitgliedstaates, nämlich entweder ihres "Heimatlandes" oder eines ausländischen Bestimmungslandes. Die Kommission sah darin eine Verletzung des Artikels 85 Abs. 1 EGV, die nicht für eine Freistellung nach Artikel 85 Abs. 3 EGV in Betracht komme. Sie vertrat die Ansicht, jede Lizenz für die Verbreitung von Tonträgern, die von einer Verwertungsgesellschaft in einem Mitgliedstaat vergeben werde, erlaube es dem Tonträgerhersteller, die aufgrund einer Vervielfältigungslizenz rechtmäßig hergestellten Tonträger in jedem beliebigen Mitgliedstaat unmittelbar in den Verkehr zu bringen. Tonträger, die rechtmäßig produziert worden seien und mit einer Verbreitungslizenz versehen, also "verkehrsfähig" seien, müßten daher direkt, d.h. bereits vor dem erstmaligen Inverkehrbringen im Bestimmungsland, in jeden Mitgliedstaat exportiert werden können, ungeachtet einer - von der Kommission im BIEM/IFPI-Normalvertrag vermuteten - territorialen Beschränkung der Verbreitungslizenz[623].
Diese Ausführungen der Kommission beruhen auf einem Mißverständnis: Die Verbreitungslizenzen, die auf der Grundlage des BIEM/IFPI-Normalvertrages erteilt werden, sind tatsächlich territorial überhaupt nicht beschränkt. Sie waren dies auch zum Zeitpunkt des Kommissionsverfahrens nicht. Wie erläutert[624], erfolgt die Einzeichnung, d.h. die Lizenzerteilung, zu einem Zeitpunkt, zu dem noch gar nicht feststeht, wo die Tonträger erstmalig in den Verkehr gebracht werden. Die Erlaubnis zur Verbreitung wird für die gesamte Welt erteilt. Erst wenn der Tonträgerhersteller seine Ausgangsaufstellungen der Verwertungsgesellschaft zur Verfügung stellt, wird offenbar, in welche Länder welche Tonträger mit welchem Repertoire geliefert worden sind. Die Abrechnung über die Lizenzgebühren erfolgt dann auf der Grundlage dieser Ausgangsaufstellungen getrennt nach Bestimmungsländern.
Der eigentliche Angriff der Kommission richtete sich somit nicht gegen die - nicht vorhandene - territoriale Beschränkung von Verbreitungslizenzen, sondern gegen die territoriale Aufspaltung der Lizenzbedingungen durch das Bestimmungslandprinzip: Die Kommission sah es als unzulässig an, daß die anfallenden Lizenzgebühren je nach Bestimmungsland voneinander abweichen können.

bb) Angebliche territoriale Beschränkung der Gegenseitigkeitsverträge

Die Kommission führte die von ihr vermutete territoriale Beschränkung der Verbreitungslizenz auf eine entsprechende territoriale Begrenzung der

623 Schreiben vom 18. Februar 1982 S. 6 Ziff. III 1 b); Schreiben vom 22. Juni 1983 S. 2 Ziff. I 2.
624 S.o (3) E III 1.

Ermächtigungen in den Gegenseitigkeitsverträgen zurück: Jede Verwertungsgesellschaft werde von ihren Schwestergesellschaften jeweils nur zur Vergabe des Verbreitungsrechtes in einem oder zwei Mitgliedstaaten ermächtigt[625]. Da jede Verwertungsgesellschaft nur das lizenzieren könne, worüber sie verfüge, führe diese territoriale Beschränkung dazu, daß die Verbreitungslizenz territorial beschränkt sei. Die Gegenseitigkeitsverträge verletzten Artikel 85 Abs. 1 EGV, soweit sie zur Begrenzung des Verbreitungsrechts führten[626].

Auch mit dieser Stellungnahme ging die Kommission von unzutreffenden Annahmen aus. Die Ermächtigungen, die in den Gegenseitigkeitsverträgen zur Vergabe des Verbreitungsrechts enthalten sind, erstrecken sich heute und erstreckten sich schon damals auf die ganze Welt. Sie sind und waren also territorial nicht beschränkt.

Etwas anderes gilt für die Ermächtigungen zur Vergabe des Vervielfältigungsrechts: Diese Ermächtigungen sind territorial auf das jeweilige Verwaltungsgebiet der ermächtigten Schwestergesellschaft beschränkt. Die Beschränkung führt wie erläutert[627] dazu, daß jede Gesellschaft Lizenzen über das Weltrepertoire an sich nur an Tonträgerhersteller mit Sitz in ihrem Verwaltungsgebiet vergeben kann. Territoriale Beschränkungen von Vervielfältigungslizenzen waren jedoch nicht Gegenstand des Verfahrens zum BIEM/IFPI-Normalvertrag[628], sondern wurden von der Kommission erst 1984 in Frage gestellt[629].

2. Die rechtliche Argumentation der Kommission: "Grundsatz der gemeinschaftsweiten Geltung einer Lizenz"

Die Kommission berief sich zur Stützung ihrer Ansicht, das Bestimmungslandprinzip und territoriale Lizenzbeschränkungen seien unwirksam, auf die Rechtsprechung des EuGH zum freien Warenverkehr und zum Erschöpfungsgrundsatz, insbesondere auf die Entscheidung in *Musik-Vertrieb membran*, wonach die Einfuhr eines Tonträgers, der in einem Mitgliedstaat rechtmäßig mit Zustimmung des Urhebers in den Verkehr gebracht worden ist, in einen anderen Mitgliedstaat nicht verboten werden darf. Die Kommission meinte, dieser Grundsatz müsse auch dann angewandt werden, wenn der Tonträger noch nicht in den Verkehr gebracht worden sei. Es könne für den Erschöpfungsgrundsatz keinen Unterschied machen, ob der Tonträger bereits an einen Dritten verkauft sei. Vielmehr müsse die Erschöpfung in dem Moment eintreten, zu dem der Tonträger alle Voraussetzungen erfülle, um rechtmäßig in einem Mitgliedstaat vertrieben zu werden. Bereits wenn der Tonträger in den Verkehr gebracht werden dürfe, nicht erst

625 Schreiben vom 22. Juni 1983 S. 1 f Ziff. I. 1.
626 Schreiben vom 22. Juni 1983 S. 2 Ziff. I 2.
627 S.o. **(3)** C I 1 und III 1.
628 Schreiben vom 22. Juni 1983 S. 1 Ziff. 1.
629 Dazu unten V.

wenn er in den Verkehr gebracht worden sei, könne er ohne Einschränkung in der Gemeinschaft abgesetzt werden[630].
Die Kommission selbst bezeichnete ihre Ansicht als "Grundsatz der gemeinschaftsweiten Geltung einer Lizenz"[631]. Dieser Grundsatz verlange, daß jede Urheberrechtslizenz, die ein Lizenznehmer in einem Mitgliedstaat für den Vertrieb von Tonträgern erwerbe, zur unmittelbaren Verbreitung von Tonträgern in jedem beliebigen Mitgliedstaat berechtige. Eine territoriale Beschränkung in der Lizenzvereinbarung, nach welcher das erstmalige Inverkehrbringen der Tonträger in einem bestimmten Mitgliedstaat stattfinden müsse, sei nach diesem Grundsatz stets ein Verstoß gegen Artikel 85 EGV und unbeachtlich.

V. GEMA-Verfahren 1984 - Keine Lizenzierung an der Quelle bei Lohnpressungen

Die Kommission erweiterte ihre Stellungnahme zur "gemeinschaftsweiten Geltung einer Lizenz" auf Vervielfältigungslizenzen anläßlich eines Verfahrens gegen die GEMA im Jahre 1984. In diesem Verfahren ging es um die Produktion von Tonträgern durch Lohnpressungen[632].

1. Hintergrund des GEMA-Verfahrens: Das Problem der Ausweitung der britischen gesetzlichen Lizenzgebühr auf die Gemeinschaft

Die Kommission hatte sich in dem Verfahren zum BIEM/IFPI-Normalvertrag in den Jahren 1982/83 zunächst nur auf Verbreitungslizenzen bezogen und gefordert, diese müßten gemeinschaftsweit gelten, wenn die Herstellung der Tonträger rechtmäßig in einem Mitgliedstaat stattgefunden habe. Die territoriale Beschränkung von Vervielfältigungslizenzen machte die Kommission ausdrücklich nicht zum Gegenstand ihres Verfahrens[633].
Wie erläutert war auf der Basis des BIEM/IFPI-Normalvertrages entgegen der Behauptung der Kommission die Verbreitung von Tonträgern stets weltweit zulässig. Die Kommission stellte vielmehr das Bestimmungslandprinzip in Frage, wenn sie verlangte, die direkte Verbreitung von Tonträgern müsse in jedem Mitgliedstaat ungehindert erfolgen können. Insbesondere hatte die Kommission es als unannehmbar bezeichnet, wenn der Gebührensatz als Prozentzahl zwischen verschiedenen Bestimmungsländern schwanke. Dies bedeutete, daß nach Ansicht der Kommission die britische MCPS, die an die britische gesetzliche Lizenz gemäß Copyright Act 1956 mit einer festgeschriebenen Lizenzgebühr von 6,25% des Einzelhandelspreises gebunden war, diese Lizenzgebühr nicht nur für Inlandsverkäufe (im Vereinigten Königreich) sondern auch für Exporte in andere Mitgliedstaaten anzuwenden hatte.

---

630 Schreiben vom 18. Februar 1982 S. 6 f Ziff. III 1. b); Schreiben vom 22. Juni 1983 S. 2 Ziff. I 2.
631 15. Bericht über die Wettbewerbspolitik (1985) S. 89 Ziff. 81.
632 Zur Erläuterung der Lohnpressung s. oben (3) E IV.
633 Schreiben vom 22. Juni 1983 S. 1 Ziff. 1.

Diese Konsequenz der Kommissionsansicht war von besonderer wirtschaftlicher Bedeutung, weil Anfang der achtziger Jahre große Tonträgerhersteller zunehmend europaweite Strukturen mit verbundenen Konzernunternehmen in mehreren Mitgliedstaaten herausgebildet hatten. Diese Tonträgerhersteller waren in der Lage, durch Konzernschwestern im Vereinigten Königreich Lizenzen auf der Grundlage der günstigen britischen gesetzlichen Lizenzgebühr zu erwerben und diese mittels Lohnpressung für die Vervielfältigung und Verbreitung von Tonträgern in allen Ländern ihres Tätigkeitsbereichs zu nutzen.
Um einer solchen Ausweitung der britischen gesetzlichen Lizenz auf die gesamte Gemeinschaft entgegenzuwirken, versuchte die GEMA durchzusetzen, daß für die Lizenzbedingungen (insbesondere Gebührenhöhe) nunmehr dasjenige Land maßgeblich sein solle, in dem die Vervielfältigung tatsächlich stattfinde. Die GEMA gab deshalb Anfang 1984 ihre Absicht bekannt, für sämtliche in Deutschland stattfindenden Vervielfältigungen, auch sofern es sich um Lohnpressungen handelte, Gebühren nach deutschem Urheberrecht zu fordern.

2. Ansicht der Kommission

Die Kommission schritt gegen das Vorhaben der GEMA ein[634] und untersagte es dieser, Tonträgerherstellern Lizenzgebühren in Rechnung zu stellen, wenn die Tonträgerhersteller bereits eine Vervielfältigungslizenz in einem anderen Mitgliedstaat erworben hatten. Die Kommission vertrat die Ansicht, eine Vervielfältigungslizenz, die von einer Verwertungsgesellschaft der Gemeinschaft erteilt werde, habe für die gesamte Gemeinschaft Gültigkeit und berechtige zur Vervielfältigung in jedem beliebigen Mitgliedstaat, und zwar "auch im Wege der Lohnpressung"[635]. Eine gesonderte Abrechnung mit der Verwertungsgesellschaft am Ort der Herstellung bedeute eine Wiedererrichtung nationaler Schranken. Der "Grundsatz der gemeinschaftweiten Geltung einer Lizenz"[636] gelte, auch wenn die Gebühren in den verschiedenen Mitgliedstaaten eine unterschiedliche Höhe aufwiesen. Die Kommission berief sich wie schon im BIEM/IFPI-Verfahren 1982/83 auf die Rechtsprechung des EuGH zu Artikel 30, 36 EGV, insbesondere auf die Entscheidung des EuGH in *Musik-Vertrieb membran.*

3. Konsequenz der Kommissionsansicht: territoriale Beschränkung der Ermächtigungen in den Gegenseitigkeitsverträgen zur Vergabe der Vervielfältigungslizenz unwirksam

Die Formulierung "auch im Wege der Lohnpressung" sowie ein späteres Schreiben der Kommission an die GEMA vom 27.3.1987 (dazu unten VII) zeigen, daß es der Kommission mit ihrem Verfahren nicht nur um die Erhaltung der Lohnpressung als Vertragsregelung ging. Vielmehr sollte nach Ansicht der Kommission eine Vervielfältigungslizenz ebenso wie eine Verbreitungslizenz zur gemein-

634 15. Bericht zur Wettbewerbspolitik (1985) S. 88 ff Ziff. 81.
635 15. Bericht zur Wettbewerbspolitik (1985) S. 88 ff Ziff. 81, S. 89.
636 15. Bericht zur Wettbewerbspolitik (1985) S. 88 ff Ziff. 81, S. 89; ferner schon oben III 2.

schaftsweiten Nutzung berechtigen, ungeachtet möglicher territorialer Beschränkungen. Der Tonträgerhersteller soll nach Ansicht der Kommission aufgrund einer Vervielfältigungslizenz nicht nur in der Lage sein, mittels der Konstruktion der Lohpressung Preßwerke in anderen Mitgliedstaaten zu beauftragen. Er soll schlechthin Vervielfältigungslizenzen gemeinschaftsweit nutzen dürfen. Territoriale Beschränkungen, so die Auffassung der Kommission, sind wegen Verstoßes gegen Artikel 85 EGV unwirksam.

Diese Ansicht hat Bedeutung für die territorialen Beschränkungen in den Gegenseitigkeitsverträgen über das mechanische Recht: Im Schreiben vom 22. Juni 1983[637] hatte die Kommission - fälschlicherweise - angenommen, die Ermächtigungen in den Gegenseitigkeitsverträgen enthielten territoriale Beschränkungen hinsichtlich der Vergabe des Verbreitungsrechts und führten zur - von der Kommission fälschlicherweise angenommenen - territorialen Beschränkung des Verbreitungsrechts. Deswegen seien die territorialen Beschränkungen der Ermächtigungen wegen Verstoßes gegen Artikel 85 EGV unwirksam. Übertragen auf das Vervielfältigungsrecht bedeutet diese Überlegung der Kommission, daß nach Ansicht der Kommission die - tatsächlich vorhandene - territoriale Beschränkung der Ermächtigungen zur Vergabe des Vervielfältigungsrechts in den Gegenseitigkeitsverträgen gegen Artikel 85 EGV verstößt, weil sie zwangsläufig zur territorialen Beschränkung des Vervielfältigungsrechts führt.

Aus der Ansicht der Kommission ergibt sich demnach, daß es jeder Verwertungsgesellschaft der Gemeinschaft ungeachtet der territorialen Beschränkungen ihrer Gegenseitigkeitsverträge erlaubt sein muß, nicht nur die Verbreitung von Tonträgern mit dem Weltrepertoire in der gesamten Gemeinschaft (dies war stets aufgrund der Gegenseitigkeitsverträge möglich), sondern auch die Vervielfältigung von Tonträgern mit dem Weltrepertoire in jedem Mitgliedstaat zu gestatten. Zwar konnte schon immer jede Verwertungsgesellschaft Tonträgerherstellern gestatten, im Wege der Lohnpressung Preßwerke außerhalb des Verwaltungsgebietes zur Vervielfältigung zu nutzen. Dies war trotz der territorialen Beschränkung der Ermächtigungen in den Gegenseitigkeitsverträgen zur Vergabe der Vervielfältigungslizenz möglich, weil bei der Lohnpressung nach dem BIEM/IFPI-Normalvertrag der Tonträgerhersteller mit Sitz im Verwaltungsgebiet der lizenzierenden Verwertungsgesellschaft für die Vervielfältigung verantwortlich ist. Die "Herstellung" findet bei der Lohnpressung im Rahmen des BIEM-Systems sozusagen im Verwaltungsgebiet der Verwertungsgesellschaft statt, in dem der verantwortliche Tonträgerhersteller seinen Sitz hat und auf das die Vervielfältigungslizenz territorial beschränkt ist. Tonträgerherstellern mit Sitz außerhalb ihres Verwaltungsgebietes kann die Verwertungsgesellschaft dagegen an sich keine Vervielfältigungslizenz erteilen, da eine solche Direktlizenz wegen der territorialen Beschränkungen der Gegenseitigkeitsverträge nur das uninteressante heimische Repertoire der Verwertungsgesellschaft, nicht aber das Weltrepertoire umfaßt.

637 S.o. III 1 b).

Aus der Kommissionsansicht folgt demgegenüber, daß jede Verwertungsgesellschaft in der Lage sein soll, an Tonträgerhersteller mit Sitz außerhalb ihres Verwaltungsgebietes Vervielfältigungslizenzen über das Weltrepertoire zu vergeben. Erlauben die Gegenseitigkeitsverträge dies wegen ihrer territorialen Beschränkung nicht, so sind die Gegenseitigkeitsverträge nach Ansicht der Kommission insoweit wegen Verstoßes gegen Artikel 85 EGV unwirksam.

VI. Schriftwechsel der Kommission mit BIEM im Jahre 1984: vollständige Umkehrung des Bestimmungslandprinzips

Im Schreiben vom 22. Juni 1983 hatte die Kommission noch vertreten, eine Berechnung der Lizenzgebühr anhand des Händlerabgabepreises des Bestimmungslandes erscheine unbedenklich. Unterschiede in der Gebührenhöhe zwischen Inlandsverkäufen und Exporten seien dann das Ergebnis einer freien Entscheidung des Tonträgerherstellers, verschiedene Preise für verschiedene Verkäufe anzuwenden[638]. Allerdings hielt es die Kommission auch schon zu diesem Zeitpunkt für nicht hinnehmbar, daß der Gebührensatz in Prozent zwischen den Bestimmungsländern schwanke[639].

In einem Schriftwechsel mit BIEM im Jahre 1984[640] erläuterte und erweiterte die Kommission diesen Ansatz. Sie verlangte, daß für Inlandsverkäufe und Exporte stets derjenige Vergütungssatz gelten müsse, der im "Herstellungsland" anwendbar sei, d.h. der Vergütungssatz, der - so die Kommission - in dem Land gelte, in dem der Tonträgerhersteller die Lizenz erwerbe. Das bedeutet, daß etwa ein Tonträgerhersteller mit Sitz in Deutschland stets den dort anwendbaren BIEM/IFPI-Satz von 9,306% zahlen muß, selbst wenn er in das Vereinigte Königreich exportiert, wo an sich eine niedrigere Lizenzgebühr von 8,5% gilt.

Die Kommission verlangte weiter, der Händlerabgabepreis, der für die Berechnung zugrunde gelegt werde, müsse sowohl für Inlandsverkäufe als auch für Exporte grundsätzlich derjenige sein, der im "Herstellungsland" gelte, d.h. im Land, in dem die Lizenz erworben werde. Ausnahmen ließ die Kommission nur im Hinblick auf Exporte an Lizenznehmer des Tonträgerherstellers oder an mit ihm verbundene Unternehmen zu: Für diese Lieferungen könne der im Bestimmungsland praktizierte Händlerabgabepreis zugrunde gelegt werden, wobei allerdings der Vergütungssatz stets derjenige des "Herstellungslandes" sein müsse.

Die Kommission ging von der Überlegung aus, kleine Tonträgerhersteller ohne verbundene Unternehmen oder Lizenznehmer im Ausland hätten auf die Preisgestaltung im Ausland keinen Einfluß. Es müsse daher der - vom kleinen Tonträgerhersteller beeinflußbare - Inlandspreis angewandt werden. Nur bei großen Tonträgerherstellern sei gewährleistet, daß diese auch auf die Preispolitik im

638 Schreiben vom 22. Juni 1983 S. 3, Ziff. II 4.

639 Schreiben vom 22. Juni 1983 S. 3, Ziff. II 5.

640 Dieser Schriftwechsel ist nicht veröffentlicht. Dem Verfasser liegen ein Schreiben des BIEM vom 12. Oktober 1984 und ein Fernschreiben der Kommission, Generaldirektion IV/B (Direktor J.E. Ferry) vom 5. November 1984 vor.

Ausland Einfluß nehmen könnten. Deshalb sei es gerechtfertigt, daß hier ausnahmsweise die Preise des Bestimmungslandes angewandt würden.
Auf Betreiben der Kommission änderte man den BIEM/IFPI-Normalvertrag hinsichtlich von Exporten in Mitgliedstaaten der Gemeinschaft derart, daß das Bestimmungslandprinzip in sein genaues Gegenteil verkehrt wurde: Maßgeblich für die Gebührenberechnung sind nach der gegenwärtigen Fassung des Vertrages sowohl der Gebührensatz und die Lizenzbedingungen als auch die Preise, wie sie im Exportland praktiziert werden[641]. Nur bei Exporten an Lizenznehmer oder verbundene Unternehmen hat der Tonträgerhersteller ausnahmsweise die Möglichkeit, von seinen Lagerausgängen die während einer Abrechnungsperiode im Lager des verbundenen Importeurs verbliebenen Tonträger abzuziehen und die Ausgänge des Importeurs nach den im Importland praktizierten Preisen abzurechnen, wobei aber hinsichtlich des Gebührensatzes und der sonstigen Bedingungen das Exportland maßgeblich bleibt[642].

VII. Schreiben an die GEMA vom 27.3.1987 - Unzulässigkeit territorialer Beschränkungen in Verbreitungslizenzen oder Vervielfältigungslizenzen

In einem nicht veröffentlichten Schreiben an die GEMA vom 27. März 1987[643] faßte die Kommission ihre Ansichten zur Lizenzierungspraxis zusammen:
Territoriale Beschränkungen von Verbreitungslizenzen seien unzulässig. Tonträger, die in einem Mitgliedstaat auf der Basis eines Lizenzvertrages mit einer Verwertungsgesellschaft hergestellt worden sind, dürften überall in der Gemeinschaft verkauft werden. Damit seien auch direkte Exporte in andere Mitgliedstaaten zulässig. Es sei nicht erforderlich, daß der Tonträger zunächst in dem Mitgliedstaat in den Verkehr gebracht werde, in dem der Lizenznehmer seinen Geschäftssitz habe.
Auch Vervielfältigungslizenzen dürften nicht mit territorialen Beschränkungen innerhalb der Gemeinschaft versehen werden. Die von einer Verwertungsgesellschaft erteilte Vervielfältigungslizenz besitze Gültigkeit in der gesamten Gemeinschaft und berechtige zur Produktion in jedem beliebigen Mitgliedstaat.

---

641 Artikel V (8) BIEM/IFPI-Normalvertrag - Die Umkehrung des Bestimmungslandprinzips hat zur Folge, daß gerade die kleinen Tonträgerhersteller in Ländern mit hohem Lizenzgebührenniveau benachteiligt sind, weil sie für Exporte in das europäische Ausland überhöhte, nämlich am Gebührenniveau im Inland ausgerichtete, Lizenzgebühren zu zahlen haben. In der Praxis scheint man dieser Verzerrung entgegenzuwirken, indem auf nationaler Ebene durch Zusatzvereinbarungen zwischen der jeweiligen nationalen Verwertungsgesellschaft und der jeweiligen Landesgruppe der IFPI dem Tonträgerhersteller Optionen eingeräumt werden, die Bedingungen und Preise des Bestimmungslandes anzuwenden.

642 Artikel V (9) BIEM/IFPI-Normalvertrag.

643 Das Schreiben ist wiedergegeben in OLG München Beschluß vom 30.4.1987 - 6 AR 19/85 - *Schulze* RzU OLGZ 294, S. 60 Ziff. (20) f und bei *Mestmäcker* Zur Urhebervergütung für Tonträger im europäischen Gemeinschaftsrecht in: *Scheurmann, Andreas / Strittmatter, Angelika* (Hrsg.): Urheberrechtliche Probleme der Gegenwart - Festschrift für Ernst Reichardt zum 70. Geburtstag, 1990, S. 141 ff, 161; gleichlautend *Mestmäcker/Schulze* Band 2 Teil III (IntR) 6. Abschnitt B § 7 X 2.

Die Kommission begründete ihre Ansicht mit dem Erschöpfungsgrundsatz auf der Grundlage der EuGH-Entscheidungen in *Deutsche Grammophon*[644], *Musik-Vertrieb membran*[645] und *Merck ./. Stephar*[646]: Mit der Lizenzerteilung nutze der Urheber seine Verwertungschance. Die Lizenzerteilung führe zur Erschöpfung. Die nationalen Urheberrechte könnten danach nicht mehr geltend gemacht werden. Vertragliche Abmachungen, die im Widerspruch zu dieser "Erschöpfung" urheberrechtliche Ansprüche wiederzubeleben suchten, verstießen gegen Artikel 85 EGV und seien nichtig.
Hinsichtlich des Bestimmungslandprinzips bestätigte die Kommission ihre grundsätzliche Ansicht, dieses Prinzip sei mit der Idee des Gemeinsamen Marktes unvereinbar, da es tendenziell an dessen Aufspaltung in einzelne nationale Märkte festhalte. Dennoch erscheine es nicht ausgeschlossen, daß das Bestimmungslandprinzip in bestimmtem Umfang und für einen vorübergehenden Zeitraum nach Artikel 85 Abs. 3 EGV freigestellt werden könne, um allen an der Vergabe und Nutzung von Musikwerken Beteiligten eine Anpassung zu ermöglichen. Eine Freistellung nach Artikel 85 Abs. 3 EGV hat die Kommission allerdings in der nachfolgenden Zeit nicht ausgesprochen.

B. Folgen der Kommissionspraxis

Die Ansichten der Kommission zu territorialen Beschränkungen in Lizenzen und Gegenseitigkeitsverträgen und zum Bestimmungslandprinzip haben weitreichende Konsequenzen für die Urheberrechtslizenzierung und den Urheberrechtsschutz in der Gemeinschaft:
Nach Ansicht der Kommission soll jede Lizenz - auch eine Vervielfältigungslizenz - ungeachtet territorialer Beschränkungen zur Vervielfältigung und Verbreitung in jedem Mitgliedstaat der Gemeinschaft berechtigen. Beschränkungen in den Gegenseitigkeitsverträgen, die dieser "gemeinschaftsweiten Geltung" der Lizenz entgegenstehen, sollen nach Artikel 85 EGV unwirksam und damit unbeachtlich sein. Das bedeutet, daß nach Ansicht der Kommission die Verwertungsgesellschaften sich mittels der Gegenseitigkeitsverträge ermächtigen, das jeweilige Repertoire zur Vergabe von Vervielfältigungs- und Verbreitungslizenzen gemeinschaftsweit wahrzunehmen.
Die Ermächtigungen in den Gegenseitigkeitsverträgen haben es zwar stets zugelassen, daß jede Verwertungsgesellschaft die Verbreitung von Tonträgern mit dem Weltrepertoire weltweit und damit auch gemeinschaftsweit gestattet. Die Vervielfältigung konnte jedoch von jeder Verwertungsgesellschaft wegen der entsprechenden territorialen Beschränkungen in den Gegenseitigkeitsverträgen nur in ihrem jeweiligen Verwaltungsgebiet lizenziert werden. Da es der BIEM/IFPI-Normalvertrag dem Tonträgerhersteller ermöglicht, im Wege der Lohnpressung Preßwerke außerhalb des Verwaltungsgebietes mit der Pressung zu beauftragen,

644 Rs 78/70 *Deutsche Grammophon ./. Metro-SB-Großmärkte* Slg 1971, 487.
645 Rs 55 und 57/80 *Musik-Vertrieb membran ./. GEMA* Slg 1981, 147.
646 Rs 187/80 *Merck ./. Stephar und Exler* Slg 1981, 2063.

wobei die Vervielfältigung ausschließlich dem Tonträgerhersteller zugerechnet wird, wirkte sich die territoriale Beschränkung der Gegenseitigkeitsverträge an sich dahin aus, daß jede Verwertungsgesellschaft Lizenzen nur an solche Tonträgerhersteller vergeben konnte, die ihren Sitz im Verwaltungsgebiet der Verwertungsgesellschaft haben. Vor Einschreiten der Kommission war also gewährleistet, daß jede Verwertungsgesellschaft Lizenzen nur an Tonträgerhersteller mit Sitz in ihrem Verwaltungsgebiet vergab.
Nach Ansicht der Kommission soll nun jede Verwertungsgesellschaft das Weltrepertoire an Nutzer in jedem Mitgliedstaat der Gemeinschaft vergeben dürfen. Wegen der von der Kommission angeordneten Umkehrung des Bestimmungslandprinzips soll jede Verwertungsgesellschaft dabei verpflichtet sein, Gebührensatz, Bedingungen und Preise für die Gebührenberechnung anzusetzen, wie sie in ihrem jeweiligen Verwaltungsgebiet gelten. Diese Praxis der Kommission hat für den Urheberrechtsschutz und die Urheberrechtslizenzierung in der Gemeinschaft im einzelnen folgende Auswirkungen:

I. Gemeinschaftsweiter Minimalschutz des Urhebers

Die von der Kommission betriebene Umkehrung des Bestimmungslandprinzips führt in Verbindung mit der gemeinschaftsweiten Vergabe von Direktlizenzen seitens der Verwertungsgesellschaften dazu, daß Tonträgerhersteller sich für Lizenzen an diejenige Verwertungsgesellschaft wenden können, in deren Verwaltungsgebiet die niedrigste Urhebervergütung gilt und die niedrigsten Tonträgerpreise praktiziert werden. Da für Exporte innerhalb der Gemeinschaft nach der Kommission die Lizenzbedingungen, der Gebührensatz und die Preise des Landes anwendbar sein sollen, die in dem Mitgliedstaat gelten, in dem der Tonträgerhersteller die Lizenz erwirbt, wird tendenziell das niedrigste Vergütungsniveau, das in der Gemeinschaft erhältlich ist, auf die gesamte Gemeinschaft ausgedehnt. Der Urheberrechtsschutz wird gemeinschaftsweit auf das Minimum reduziert, das in der Gemeinschaft vorhanden ist.

II. Beseitigung des Urheber-Monopols durch "Vervielfältigung" des Urheberrechts

Das Weltrepertoire ist zur gemeinschaftsweiten Wahrnehmung in die Hände einer Vielzahl von Verwertungsgesellschaften gleichzeitig gelegt. Das Urheberrecht wird entgegen seiner Konstruktion nach nationalem Recht und seiner vom Gemeinschaftsrecht anerkannten Funktion als ausschließliches Monopolrecht faktisch in eine Vielzahl identischer nicht-ausschließlicher Rechte aufgespalten. Es handelt sich dabei nicht um "parallele Schutzrechte" wie sie aufgrund der Territorialität der nationalen Urheberrechte stets bestanden haben. Vielmehr wird jedes einzelne nationale Urheberrecht, das an einem bestimmten Werk besteht, entsprechend der Anzahl aller gemeinschaftsweit tätigen Verwertungsgesellschaften zu einer Mehrzahl nicht-ausschließlicher Rechte "vervielfältigt". Das Monopol des Urhebers an der Nutzung seines Werkes wird beseitigt.

III. *Wettbewerb zwischen den Verwertungsgesellschaften und gemeinschaftsweites race to the bottom im Urheberrechtsschutz*

Die Verwertungsgesellschaften können auf der Basis der Kommissionsansicht miteinander in den Wettbewerb treten, um Tonträgerhersteller mit Vervielfältigungs- und Verbreitungslizenzen auszustatten. Die rechtliche Monopolstellung des Urhebers, die dem Urheber gegenüber dem Tonträgerhersteller das erforderliche Gewicht bei der Wahrnehmung seines Anspruchs auf angemessene Vergütung verleiht, besteht nicht mehr. Die Urheberrechte am Weltrepertoire sind faktisch in eine Vielzahl identischer nicht-ausschließlicher Rechte aufgelöst, die allen Verwertungsgesellschaften der Gemeinschaft zur gleichzeitigen gemeinschaftsweiten Wahrnehmung zur Verfügung stehen.

Der Wettbewerb zwischen den Verwertungsgesellschaften um Verträge mit Tonträgerherstellern wird nicht wirksam durch einen Wettbewerb zwischen den Verwertungsgesellschaften um Urheber konterkariert: Ist schon zweifelhaft, ob der einzelne Urheber überhaupt eine nennenswerte Verhandlungsposition gegenüber Verwertungsgesellschaften hat, so ergibt sich jedenfalls aus den Gegenseitigkeitsverträgen, daß eine Verwertungsgesellschaft kein Interesse daran hat, potentiellen Urheber-Mitgliedern mit günstigen Konditionen entgegenzukommen. Denn über das Weltrepertoire verfügt die Verwertungsgesellschaft ohnehin, unabhängig davon, ob ein Urheber der Verwertungsgesellschaft oder einer ihrer Schwestergesellschaften angehört. Wegen der fehlenden Marktmacht der Urheber muß der Wettbewerb zwischen den Verwertungsgesellschaften zu einem *race to the bottom*[647] im Urheberschutz führen.

Verwertungsgesellschaften können zu Lasten des Urhebers mit günstigen Konditionen um Tonträgerhersteller werben. Dies können sie auf der Basis des BIEM/IFPI-Normalvertrages dadurch tun, daß sie die Möglichkeiten ausreizen, die der BIEM/IFPI-Normalvertrag für Individualvereinbarungen zwischen der Verwertungsgesellschaft und der nationalen Landesgruppe der IFPI bzw. zwischen der Verwertungsgesellschaft und einzelnen Tonträgerherstellern bietet. Von besonderer wirtschaftlicher Bedeutung sind dabei die Regelungen über Mindestvergütungen[648], die Regelungen über Pauschalabzüge für Exporte von Tonträgern, die im Lager eines verbundenen Importeurs verbleiben,[649] und die Regelungen über Pauschalabzüge für Retouren bei Neuerscheinungen[650]. Individualvereinbarungen in diesen Bereichen ermöglichen es den Verwertungsgesellschaften, Tonträgerherstellern massiv entgegenzukommen.

---

647 Der Verfasser hat sich erlaubt, diesen Begriff aus dem US-amerikanischen Gesellschaftsrecht zu übernehmen (vgl. *O'Kelley, Charles R. / Thompson, Robert B.* Corporations and Other Business Associations, Boston Toronto London 1992, S. 154 Anm. 4).

648 Artikel VI (2) BIEM/IFPI-Normalvertrag.

649 Artikel V (9bis) i.V.m. (9) BIEM/IFPI-Normalvertrag.

650 Artikel V (18bis) i.V.m. (18) BIEM/IFPI-Normalvertrag.

Darüber hinaus gehen Verwertungsgesellschaften mittlerweile dazu über, die Regelungen des BIEM/IFPI-Normalvertrages zu mißachten und Tonträgerherstellern Sonderkonditionen einzuräumen, die von diesem Vertrag eklatant abweichen (z.B. die Berechnung von Lizenzgebühren ausschließlich nach Mindestgebühren). Diese Verletzungen der BIEM-Satzung können dazu führen, daß die anderen Verwertungsgesellschaften ihre Gegenseitigkeitsverträge mit der Gesellschaft kündigen, um ihr eigenes Repertoires zu schützen. Folge des Wettbewerbs zwischen den Verwertungsgesellschaften ist dann letztlich, daß die internationale Kooperation der Verwertungsgesellschaften, durch die im Interesse der Tonträgerhersteller und Urheber weltweit das Weltrepertoire zur Verfügung gestellt wird, zusammenbricht.

C. Stellungnahme zur Kommissionspraxis

Die Kommissionsansicht zu territorialen Beschränkungen von Lizenzen und Gegenseitigkeitsverträgen und zum Bestimmungslandprinzip bedarf der Überprüfung anhand der Rechtsprechung des EuGH zum freien Warenverkehr und zu den Wettbewerbsregeln (dazu im folgenden I - III). Ferner ist die Kommissionsansicht wegen ihrer praktischen Auswirkungen auf ihre Vereinbarkeit mit den urheberrechts- und wettbewerbspolitischen Vorgaben zu prüfen, die sich aus dem Gemeinschaftsrecht für den Urheberrechtsschutz ergeben (dazu unten IV):

I. Territoriale Beschränkungen von Verbreitungslizenzen

Die Kommission hält jegliche territoriale Beschränkungen von Verbreitungslizenzen für unwirksam nach Artikel 85 EGV. Zur Begründung stützt sich die Kommission auf den Erschöpfungsgrundsatz. Soweit es die gegenwärtige Lizenzierungspraxis auf der Basis des BIEM/IFPI-Normalvertrages betrifft, stellt sich die Frage nach der Zulässigkeit territorial beschränkter Verbreitungslizenzen an sich nicht. Die Verbreitungslizenz wird - entgegen der Vermutung der Kommission - territorial unbeschränkt vergeben[651]. Dennoch bedarf es einer Auseinandersetzung mit der Ansicht der Kommission, da im Einzelfall eine territoriale Beschränkung von Verbreitungslizenzen bzw. von Gegenseitigkeitsverträgen zur Wahrung der Urheberinteressen erforderlich sein kann.

1. Vorschriften über den freien Warenverkehr

Der Rechtsprechung des EuGH zum freien Warenverkehr im Zusammenhang mit der Urheberrechtslizenzierung besagt, daß der Urheber die Möglichkeit hat, den

651 Artikel I (1), Artikel II (1) BIEM/IFPI-Normalvertrag - s.o. (3) E III 1.

Ort des erstmaligen Inverkehrbringens eines Tonträgers frei zu bestimmen[652]. Das Verbreitungsrecht erschöpft sich erst dann gemeinschaftsweit, wenn der Tonträger mit Zustimmung des Urhebers rechtmäßig in dem vom Urheber gewählten Mitgliedstaat in den Verkehr gekommen ist[653]. Das Verbreitungsrecht erlischt entgegen der Kommission nicht bereits mit der Erteilung der Verbreitungslizenz. Maßgeblich ist vielmehr allein das zustimmungsgemäße, rechtmäßige Inverkehrbringen[654]. Da der Urheber die Wahl über den Ort des erstmaligen Inverkehrbringens hat, kann er seine Zustimmung auf einen Mitgliedstaat territorial beschränken. Die territoriale Beschränkung der Verbreitungslizenz ist daher durch Artikel 36 EGV gerechtfertigt. Sie verstößt entgegen der Kommission nicht gegen die Vorschriften über den freien Warenverkehr[655].

2. *Wettbewerbsregeln*

Nach Ansicht der Kommission ist eine territoriale Beschränkung der Verbreitungslizenz stets nach Artikel 85 EGV unwirksam. Mit den Vorschriften über den freien Warenverkehr läßt sich dies, wie eben dargelegt, nicht begründen. Es bedarf daher keiner Ausführungen darüber, ob - wie von der Kommission unterstellt - ein Verstoß gegen die Vorschriften über den freien Warenverkehr stets auch mit einem Verstoß gegen die Wettbewerbsregeln gleichzusetzen ist[656]. Aber auch mit den Wettbewerbsregeln läßt sich eine Unwirksamkeit der territorialen Beschränkung von Verbreitungslizenzen nicht begründen:

a) Ausübung der nach Artikel 36 EGV gerechtfertigten urheberrechtlichen Befugnisse

Nach dem EuGH verstoßen in Anwendung des Rechtsgedankens des Artikels 36 EGV weder das Urheberrecht als solches noch seine Ausübung gegen die Wett-

---

652 Rs 55 und 57/80 *Musikvertrieb membran und K-tel International ./. GEMA* Slg 1981, 147, 165 Rn 25 - s.o. **(4)** A II 1 b), 2 b), c).

653 Rs 78/70 *Deutsche Grammophon ./. Metro-SB-Großmärkte* Slg 1971, 487, 500 Rn 13; Rs 55 und 57/80 *Musikvertrieb membran und K-tel International ./. GEMA* Slg 1981, 147, 161 Rn 10, 163 Rn 15; Rs 341/87 *EMI Electrola ./. Patricia Im- und Export* Slg 1989, 79, 88 Rn 9 - s.o. **(4)** A II 1 b), 2 b), c) II 2 b).

654 S.o. **(4)** A II 1 b), 2 b), c), III 2 c) bb) IV.

655 S.o. **(4)** A II 1 b, 2 b), c) aa), IV.

656 Die Frage ist zu verneinen: Nicht jede Maßnahme, die gegen Artikel 30 EGV verstößt, ist mit einem Wettbewerbsverstoß gemäß Artikel 85 oder 86 EGV gleichzusetzen. Der Rechtsgedanke des Artikels 36 EGV findet zwar bei den Wettbewerbsregeln Berücksichtigung. Daraus ergibt sich aber nur, daß die Wahrnehmung urheberrechtlicher Befugnisse trotz ihrer wesensmäßigen wettbewerbsbeeinträchtigenden Wirkung als solche nicht gegen die Wettbewerbsregeln verstößt. Das bedeutet nicht umgekehrt, daß jeder Verstoß gegen die Grenzen des Artikels 36 EGV wettbewerbswidrig ist. Vielmehr muß in jedem Einzelfall geprüft werden, ob die Voraussetzungen der Artikel 85, 86 EGV erfüllt sind. Insbesondere muß die Ausübung des Urheberrechts sich als Gegenstand, Mittel oder Folge einer Kartellabsprache darstellen, damit Artikel 85 EGV erfüllt ist. Artikel 86 EGV ist nur einschlägig, wenn u.a. eine beherrschende Stellung des handelnden Unternehmens besteht.

bewerbsregeln, auch wenn sie wesensgemäß mit Wettbewerbsbeeinträchtigungen verbunden sind[657]. Nach dem EuGH gehört es zu den Befugnissen des Urhebers, die gemäß Artikel 36 EGV von den Vorschriften des Gemeinschaftsrechts nicht in Frage gestellt werden, den Ort des erstmaligen Inverkehrbringens eines Tonträgers seinen Interessen gemäß frei zu bestimmen. Die Zustimmung zum erstmaligen Inverkehrbringen darf der Urheber territorial auf einen Mitgliedstaat beschränken. Die territoriale Beschränkung einer nicht-ausschließlichen Verbreitungslizenz ist damit als solche nur die schlichte Ausübung des Urheberrechts, die nach dem EuGH nicht gegen die Wettbewerbsregeln verstößt. Die Ansicht der Kommission, jede territoriale Beschränkung einer Verbreitungslizenz sei generell nach Artikel 85 EGV unwirksam, ist falsch.

b) Einzelfallprüfung unter Berücksichtigung legitimer Urheberinteressen

Jede territoriale Beschränkung einer Verbreitungslizenz ist vielmehr darauf zu untersuchen, ob sie aufgrund besonderer Umstände Gegenstand, Mittel oder Folge einer verbotenen Kartellabsprache ist. In Betracht kommt eine unzulässige territoriale Marktaufteilung zwischen Unternehmen, die durch eine Vielzahl territorial beschränkter Lizenzen bewirkt wird. Der Rechtsprechung des EuGH zu wettbewerbsbeschränkenden Lizenzvereinbarungen über Schutzrechte des geistigen Eigentums ist in diesem Zusammenhang zu entnehmen, daß territoriale Beschränkungen von nicht-ausschließlichen Verbreitungslizenzen trotz ihrer möglichen marktaufteilenden Wirkungen nicht generell gegen Artikel 85 EGV verstoßen[658]. Es bedarf vielmehr einer Einzelfallprüfung unter Berücksichtigung der legitimen Urheberinteressen[659].
Die territoriale Beschränkung einer Verbreitungslizenz verstößt trotz möglicher marktaufteilender Wirkungen nicht gegen Artikel 85 Abs. 1 EGV, wenn mit ihr legitime von Artikel 36 EGV gedeckte Interessen des Urhebers verfolgt werden[660]. Zu diesen legitimen Interessen gehören nach dem EuGH Verwertungsstrategien, die sich nach dem Vergütungsniveau oder anderen Fak-

657 Rs 78/70 *Deutsche Grammophon ./. Metro-SB-Großmärkte* Slg 1971, 487, 501 Rn 16; Rs 402/85 *Basset ./. SACEM* Slg 1987, 1747, 1769, Rn 18; Rs C-241/91 P und C-242/91 P *Radio Telefis Eireann und Independent Television Publications ./. Kommission*, Slg 1995 I-743, 822 f Rn 46, 48-50, GRUR Int. 1995, 490, 492 f Rn 46, 48 - 50; für das Patent: Rs 24/67 *Parke, Davis ./. Probel u.a.* Slg 1968, 85, 111, 112 f; für das Warenzeichen: Rs 51/76 *EMI ./.CBS United Kingdom* Slg 1976, 811, 850 f Rn 25/29, 36, 37; Rs 86/75 *EMI Records :/. CBS Grammofon* Slg 1976, 871, 908 f Rn 22/26, 33, 34; Rs 40/70 *Sirena ./. Eda* Slg 1971, 69, 81 f Rn 5, 83 Rn 9; für das Geschmacksmuster: Rs 144/81 *Keurkoop ./. Nancy Kean Gifts* Slg 1982, 2853, 2873 Rn 27 Rs 238/87 *Volvo ./. Veng* Slg 1988, 6211, 6235 Rn 8, 9; Rs 53/87 *Consorzio italiano della componentistica di ricambio per autoveicoli und Maxicar ./. Régie nationale des usines Renault* Slg 1988, 6039, 6072 Rn 15; für das Sortenschutzrecht: Rs 258/78 *L.C. Nungesser KG und Kurt Eisele ./. Kommission* Slg 1982, 2015, 2061 Rn 28; s.a. EuG Rs T-69/89 *Radio Telefis Eireann ./. Kommission* Slg 1991 II-485, 518 Rn 67, IIC 1993, 83, 91 Rn 67; Rs T-70/89 *British Broadcasting Corporation u.a. ./. Kommission* Slg 1991 II-535, 562 Rn 54, GRUR Int 1993, 316, 320 Rn 54, EuZW 1993, 190, 192 Rn 54; Rs T-76/89 *Independent Television Publications ./. Kommission* Slg 1991, II-575, 600, Rn 52 - s.o. **(4)** B I 3.

658 S.o. **(4)** B II 2 b) aa) β).

659 S.o. **(4)** B II 2 b) cc).

660 S.o. **(4)** B II 2 b) cc) a. E.

toren wie Vertriebsmöglichkeiten richten[661]. Erst recht gehört hierzu die Erwägung des Urhebers, daß in bestimmten Mitgliedstaaten der Urheberrechtsschutz nur unzureichend ausgestaltet ist oder die Urheberrechte von der ansässigen Verwertungsgesellschaft nur mangelhaft wahrgenommen werden[662]. Denn wenn der Urheber nach dem EuGH einen Mitgliedstaat unter Ausschluß anderer Mitgliedstaaten für das erstmalige Inverkehrbringen von Tonträgern wählen darf, weil er dort eine hohe Urhebervergütung zu erwarten hat, dann darf der Urheber auch Mitgliedstaaten von dem erstmaligen Inverkehrbringen ausnehmen, weil er dort nur einen unzureichend niedrigen Urheberrechtsschutz genießt.

Entgegen der Kommission sind somit territoriale Beschränkungen von nicht-ausschließlichen Verbreitungslizenzen nicht grundsätzlich unzulässig. Sie können als legitimes Mittel zur Verfolgung der Interessen des Urhebers eingesetzt werden. Nur wenn solche Interessen nicht nachweisbar sind, kommt ein Verstoß gegen Artikel 85 EGV in Form einer unzulässigen Marktaufteilung in Betracht.

II. Territoriale Beschränkung von Vervielfältigungslizenzen und territoriale Beschränkung der Gegenseitigkeitsverträge

Nach Ansicht der Kommission erlaubt jede Vervielfältigungslizenz ungeachtet territorialer Beschränkungen die Herstellung von Tonträgern in jedem Mitgliedstaat der Gemeinschaft, sei es im Wege der Lohnpressung oder in anderer Form. Dies bedeutet analog zur Stellungnahme der Kommission zu Verbreitungslizenzen, daß nach Ansicht der Kommission die territorialen Beschränkungen der Ermächtigungen zur Vergabe der Vervielfältigungslizenz, die in den Gegenseitigkeitsverträgen für das mechanische Recht enthalten sind, wegen Verstoßes gegen Artikel 85 EGV unwirksam sind.

Demgegenüber ist den *SACEM*-Entscheidungen zu entnehmen, daß nach Ansicht des EuGH territoriale Beschränkungen in Gegenseitigkeitsverträgen nicht gegen Artikel 85 EGV verstoßen[663]. Die Ermächtigung zur Lizenzierung des Repertoires, die sich die Verwertungsgesellschaften gegenseitig erteilen, ist auf das jeweilige Verwaltungsgebiet der ermächtigten Verwertungsgesellschaft beschränkt. Das ist auf der Grundlage der EuGH-Rechtsprechung dadurch gerechtfertigt, daß jede Verwertungsgesellschaft das Repertoire ihrer Schwestergesellschaften im Interesse der Urheber nur dort wahrnehmen soll, wo sie über die erforderlichen organisatorischen Mittel verfügt, um eine wirksame Kontrolle zu gewährleisten[664].

Ferner ist nach dem EuGH die Weigerung einer Verwertungsgesellschaft, Lizenzen über ihr eigenes Repertoire an Nutzer außerhalb ihres Verwaltungsgebietes zu erteilen, nicht nach den Wettbewerbsregeln zu beanstanden, da sie sich mit

---

661 Rs 55 und 57/80 *Musikvertrieb membran und K-tel International ./. GEMA* Slg 1981, 147, 165 Rn 25; s.a. oben **(2)** B I 1.

662 S.o. **(2)** B I 2, **(4)** B II 2 b) cc).

663 S.o. **(4)** B III 2 a) bb), cc), 3 a).

664 S.o. **(4)** B III 2 a) cc), 3 a).

dem Fehlen entsprechender organisatorischer Mittel im Ausland rechtfertigen läßt[665]. Dann ist es den Verwertungsgesellschaften auch gestattet, die Ermächtigung zur Vergabe ihres eigenen Repertoires auf das Gebiet zu beschränken, in dem die ermächtigte Schwestergesellschaft aufgrund eigener Organisationsstrukturen in der Lage ist, das übertragene Repertoire effektiv zu schützen[666]. Jede Verwertungsgesellschaft darf also ihre Schwestergesellschaft auf deren Verwaltungsgebiet beschränkt mit der Wahrnehmung ihres Repertoires beauftragen, da die Schwestergesellschaft zu einer effektiven Durchsetzung der Rechte am Repertoire außerhalb ihres Verwaltungsgebietes nicht in der Lage wäre.

Schließlich sind die territorialen Beschränkungen der Ermächtigungen in den Gegenseitigkeitsverträgen dadurch gerechtfertigt, daß mit ihnen das Monopol des Urhebers an der Werknutzung als vom Gemeinschaftsrecht anerkanntes Charakteristikum der urheberrechtlichen Vervielfältigungs- und Verbreitungsrechte gewahrt wird[667]. Die territoriale Beschränkung der Gegenseitigkeitsverträge bewirkt eine Aufteilung der Zuständigkeiten der Verwertungsgesellschaften für die Nutzer in ihrem jeweiligen Verwaltungsgebiet. Dem Tonträgerhersteller tritt für die Vergabe des Weltrepertoires nur ein Rechtsinhaber gegenüber. Dies entspricht der gesetzlichen Konstruktion der urheberrechtlichen Ausschließlichkeitsrechte als Monopolbefugnisse, die vom Gemeinschaftsrecht nicht in Frage gestellt wird[668]. Die territorialen Beschränkungen der Gegenseitigkeitsverträge dienen damit der Wahrung der Urheberrechte als ausschließlicher Rechtszuständigkeiten trotz der Einschaltung mehrerer Verwertungsgesellschaften in die Urheberrechtsverwertung. Da die volle Wahrung der Rechte und Interessen der Urheber durch Verwertungsgesellschaften nach dem EuGH wettbewerbsrechtlich nicht zu beanstanden ist[669], verletzen die Verwertungsgesellschaften durch die territoriale Beschränkung der Gegenseitigkeitsverträge nicht Artikel 85 Abs. 1 EGV.

Folge der Zulässigkeit der territorialen Beschränkung der Gegenseitigkeitsverträge ist, daß auch die territoriale Beschränkung der Vervielfältigungslizenz über das Weltrepertoire nicht Artikel 85 EGV verletzt: Jede Verwertungsgesellschaft

---

665 S.o. **(4)** B III 2 b) bb), 3 b).

666 S.o. **(4)** B III 3 b).

667 S.o. **(4)** B III 2 a) cc), 3 a).

668 Rs C-241/91 P und C 242/91 P *Radio Telefis Eireann und Independent Television Publications ./. Kommission* Slg 1995 I-743, 823 Rn 49, GRUR Int. 1995, 490, 493 Rn 49; Rs 341/87 *EMI Electrola ./. Patricia Im- und Export* Slg 1989, 79, 95 Rn 7; Rs 158/86 *Warner Brothers und Metronome Video ./. Erik Viuff Christiansen* Slg 1988, 2605, 2629 Rn 13, *Rs 78/70 Deutsche Grammophon ./. Metro-SB-Großmärkte* Slg 1971, 487, 501 Rn 16; für Urheberrecht, Patent, Geschmacksmuster und Warenzeichen zusammenfassend: Rs 144/81 *Keurkoop ./. Nancy Kean Gifts* Slg 1982, 2853, 2870 Rn 14; ferner für das Geschmacksmuster Rs 238/87 *Volvo ./. Veng* Slg 1988, 6211, 6235 Rn 8; Rs 53/87 *Consorzio italiano della componentistica di ricambio per autoveicoli und Maxicar ./. Régie nationale des usines Renault* Slg 1988, 6039, 6071 Rn 11; für das Urheberrecht s.a. EuG Rs T-70/89 *British Broadcasting Corporation u.a. ./. Kommission* Slg 1991 II-535, 563 Rn 58, GRUR Int 1993, 316, 321 Rn 58, EuZW 1993, 190, 192 Rn 57; Rs T-69/89 *Radio Telefis Eireann ./. Kommission* Slg 1991 II-485, 519 Rn 70; Rs T-76/89 *Independent Television Publications ./. Kommission* Slg 1991, II-575, 601 Rn 55 - s.o. **(4)** B 3.

669 Rs 395/87 *Ministère Public ./. Tournier* Slg 1989, 2521, 2575 Rn 31; Rs 402/85 *Basset ./. SACEM* Slg 1987, 1747, 1769 Rn 18 - s.o. **(4)** B 3 b) bb), 4 a).

kann an Tonträgerhersteller nur das vergeben, worüber sie verfügt. Soweit es das Weltrepertoire betrifft, ist die Verwertungsgesellschaft nur befugt, die Vervielfältigung in ihrem Verwaltungsgebiet zu lizenzieren. Wegen der im BIEM/IFPI-Normalvertrag vorgesehenen Möglichkeit der Lohn- und Konzernpressung bedeutet dies, daß der Tonträgerhersteller seinen Sitz im Verwaltungsgebiet der Verwertungsgesellschaft haben muß, damit die Verwertungsgesellschaft ihm eine Vervielfältigungslizenz über das Weltrepertoire erteilen kann.

III. Bestimmungslandprinzip

Die Kommission hält das Bestimmungslandprinzip für unzulässig. Sie sieht darin eine Wettbewerbsbeschränkung, die gegen Artikel 85 EGV verstoße. Der Tonträgerhersteller könne eine Kostenersparnis, die er im Inland habe, nicht für Exporte nutzen. Das Preisniveau werde im Bestimmungsland festgeschrieben. Die unterschiedlichen Lizenzgebühren für Inlandsverkäufe und Exporte fungierten als Strafzoll auf Exporte.
Diese Ansicht bedarf der Überprüfung zum einen anhand der Vorschriften über den freien Warenverkehr, zum anderen anhand der Wettbewerbsregeln:

1. Vorschriften über den freien Warenverkehr

Die Rechtsprechung des EuGH zum freien Warenverkehr besagt, daß der Urheber die Wahl über den Ort des erstmaligen Inverkehrbringens eines Tonträgers hat. Mittels territorialer Beschränkungen der Verbreitungslizenz darf er diese Wahl treffen. Der Urheber kann das erstmalige Inverkehrbringen eines Tonträgers bzw. gegebenenfalls aller Tonträger mit seinem Werk auf einen Mitgliedstaat beschränken. Daraus folgt, daß es dem Urheber auch erlaubt ist, das erstmalige Inverkehrbringen an Bedingungen zu knüpfen, die den rechtlichen und wirtschaftlichen Vorgaben des jeweiligen Mitgliedstaates anpaßt sind. Denn der Urheber könnte das erstmalige Inverkehrbringen in dem jeweiligen Mitgliedstaat auch gänzlich untersagen. Das Bestimmungslandprinzip verstößt somit nicht gegen die Vorschriften über den freien Warenverkehr[670].

2. Wettbewerbsregeln

Die Kommission sieht einen Verstoß des Bestimmungslandprinzips gegen Artikel 85 EGV (dazu im folgenden b). Darüber hinaus ist zu prüfen, ob das Bestimmungslandprinzip möglicherweise eine unangemessene Geschäftsbedingung im Sinne des Artikels 86 EGV darstellt (dazu im folgenden c). Beiden Vorschriften ist gemeinsam, daß die schlichte Ausübung urheberrechtlicher Befugnisse nicht als wettbewerbswidrig anzusehen ist (dazu vorab a).

---

670 S.o. (4) A II 2 c) bb).

a) Ausübung der nach Artikel 36 EGV gerechtfertigten urheberrechtlichen Befugnisse

Nationales Urheberrecht gewährt dem Urheber das ausschließliche Vervielfältigungs- und Verbreitungsrecht u.a. mit dem Ziel, dem Urheber eine angemessene Beteiligung an der tatsächlichen wirtschaftlichen Nutzung seines Werkes zu garantieren[671]. Zum Teil ordnet das nationale Urheberrecht ausdrücklich an, daß die Vergütung des Urhebers als Prozentsatz der geldwerten Vorteile zu berechnen ist, die aus der Werknutzung gezogen werden[672]. Auf der Grundlage dieser urheberrechtlichen Vorgaben sieht der BIEM/IFPI-Normalvertrag vor, daß die Lizenzgebühr als Prozentsatz des Preises des Tonträgers im jeweiligen Bestimmungsland zu berechnen ist[673]. Ein durchschnittlicher Tonträgerpreis für alle Bestimmungsländer läßt sich nicht ermitteln, da ihm die jeweiligen Absatzzahlen zugrunde gelegt werden müßten, die im voraus nicht bekannt sind. Durch die Berechnung nach Bestimmungsländern wird im Interesse sowohl der Urheber als auch der Tonträgerhersteller verhindert, daß die Lizenzgebühr bei Exporten in Niedrigpreisländer unangemessen hoch, bei Exporten in Hochpreisländer unangemessen niedrig ausfällt[674].

Das Recht des Urhebers auf angemessene Vergütung ist durch das Gemeinschaftsrecht anerkannt[675]. Das Bestimmungslandprinzip im besonderen verstößt, wie dargelegt, nicht gegen Artikel 30, 36 EGV. Der Urheber darf das erstmalige Inverkehrbringen von Tonträgern auf einzelne Mitgliedstaaten beschränken. Er darf daher auch die Erlaubnis zum Inverkehrbringen von Bedingungen abhängig machen, die sich nach den Verhältnissen im jeweiligen Mitgliedstaat richten. Die Berechnung der Lizenzgebühr nach Bestimmungsländern ist damit eine vom Gemeinschaftsrecht respektierte Form der Ausübung des Urheberrechts.

Das Bestimmungslandprinzip verstößt als Form der Ausübung des Urheberrechts nur dann gegen Artikel 85 EGV, wenn es aufgrund besonderer Umstände Gegenstand, Mittel oder Folge einer verbotenen Kartellabsprache ist[676]. Ein Verstoß gegen Artikel 86 EGV läge nur vor, wenn die Verwertungsgesellschaften über die

---

671 S.o. **(2)** A I 1 a).

672 Z.B. im deutschen Urheberrecht: § 13 Abs 3 S. 1 Gesetz über die Wahrnehmung von Urheberrechten und verwandten Schutzrechten vom 9. September 1965 (UrhWG); im französischen Urheberrecht: Artikel L. 131-4 frz. Code de la Propriété Intellectuelle - s.o. **(2)** A I 1 b).

673 Artikel V (4), Artikel VII (4) c) BIEM/IFPI-Normalvertrag i.V.m. Anhang Nr. IV - s.o. **(3)** E II 1 a), 3.

674 S.o. **(3)** E II 3.

675 Rs 55 und 57/80 *Musikvertrieb membran und K-tel International ./. GEMA* Slg 1981, 147, 162 Rn 12, 13; Rs 158/86 *Warner Brothers und Metronome Video ./. Erik Viuff Christiansen* Slg 1988, 2605, 2629 Rn 13 - s.o. **(3)** A IV.

676 Rs 78/70 *Deutsche Grammophon ./. Metro-SB-Großmärkte* Slg 1971, 487, 499 Rn 6; Rs 262/81 *Coditel ./. Ciné-Vog Films (= "Coditel II")* Slg 1982, 3381, 3401 Rn 14, 15; für das Patent: Rs 15/74 *Centrafarm und De Peijper ./. Sterling Drug* Slg 1974, 1147, 1167 f Rn 39/40; für das Geschmacksmuster: Rs 144/81 *Keurkoop ./. Nancy Kean Gifts* Slg 1982, 2853, 2873 Rn 27; für das Warenzeichen: Rs 40/70 *Sirena ./.Eda* Slg 1971, 69, 82 Rn 9; Rs 119/75 *Terrapin ./. Terranova* Slg 1976, 1039, 1062 Rn 6; Rs 51/76 *EMI ./.CBS United Kingdom* Slg 1976, 811, 850 Rn 25/29; Rs 86/75 *EMI Records :/. CBS Grammofon* Slg 1976, 871, 908 Rn 22/26; für das Sortenschutzrecht: Rs 258/78 *L.C. Nungesser KG und Kurt Eisele ./. Kommission* Slg 1982, 2015, 2061 Rn 28 - s.o. **(4)** B I 3 a).

schlichte Ausübung der urheberrechtlichen Befugnisse hinaus mit der Anwendung des Bestimmungslandprinzips aufgrund besonderer Umstände einen Mißbrauch ihrer beherrschenden Stellung begingen[677].

b) Artikel 85 EGV

Nach Ansicht der Kommission verstärkt das Bestimmungslandprinzip die Tendenz zur Festschreibung des Preisniveaus in einem Mitgliedstaat. Ein Tonträgerhersteller könne "Kostenvorteile" bei der Herstellung nicht an Verbraucher im Bestimmungsland weitergeben. Das Bestimmungslandprinzip soll also nach der Kommission das Mittel zur Aufrechterhaltung eines verbotenen Preiskartells sein. Auch sieht die Kommission im Bestimmungslandprinzip eine Beschränkung der geschäftlichen Freiheit der Tonträgerhersteller, da Exporte in Länder mit hohen Gebührensätzen bzw. Tonträgerpreisen mit einem "Strafzoll" versehen würden.
Das Bestimmungslandprinzip schreibt dem Tonträgerhersteller jedoch nicht vor, welche Preispolitik er im Bestimmungsland betreiben will. Die Berechnung der Lizenzgebühr richtet sich nach den Listen des Tonträgerherstellers mit den Händlerabgabepreisen, wie er sie im Bestimmungsland praktiziert. Dem Tonträgerhersteller bleibt die Entscheidung darüber, zu welchen Preisen er seine Tonträger in den jeweiligen Bestimmungsländern verkauft. Insbesondere kann der Tonträgerhersteller Kostenvorteile, die er im Herstellungsland genießt, an die Verbraucher im Bestimmungsland weiterleiten, indem er seine Verkaufspreise entsprechend niedriger gestaltet:
Die Höhe der Lizenzgebühr richtet sich nach den vom Tonträgerhersteller im Bestimmungsland praktizierten Preisen. Genießt der Tonträgerhersteller Kostenvorteile bei der Produktion in einem Mitgliedstaat, so kann er diese an die Abnehmer im Bestimmungsland weiterleiten, indem er die Preise entsprechend niedriger gestaltet. Niedriger fallen dann auch die Lizenzgebühren aus. Wenn Inlandsverkäufe zu niedrigeren Preisen möglich sind als Exporte, beruht auch dies auf der jeweiligen Preispolitik des Tonträgerherstellers im Inland und im Importland. Die dadurch niedriger ausfallenden Lizenzgebühren sind also kein "Kostenvorteil", sondern Ergebnis der Preispolitik des Tonträgerhersteller, die ihrerseits auf Kostenfaktoren beruhen mag.
Die Argumentation der Kommission, dem Tonträgerhersteller werde durch das Bestimmungslandprinzip unmöglich gemacht, Kostenvorteile in einem Mitgliedstaat durch Exporte in einen anderen Mitgliedstaat zu nutzen, weshalb sich die Gebührenberechnung nach dem Herstellungsland richten müsse, beruht auf einem Zirkelschluß: Mit "Kostenvorteilen" meint die Kommission die Höhe der Lizenzgebühr. Die Kommission begründet ihre Forderung, die Höhe der Lizenzgebühr

677 Rs 402/85 *Basset ./. SACEM* Slg 1987, 1747, 1769, Rn 18, 19; Rs 78/70 *Deutsche Grammophon ./. Metro-SB-Großmärkte* Slg 1971, 487, 501 Rn 19; Rs C-241/91 P und C-242/91 P *Radio Telefis Eireann und Independent Television Publications ./. Kommission* Slg 1995 I-743, 823 Rn 49, GRUR Int. 1995, 490, 493 Rn 49; für das Geschmacksmuster: Rs 238/87 *Volvo ./. Veng* Slg 1988, 6211, 6235 Rn 8, 9; Rs 53/87 *Consorzio italiano della componentistica di ricambio per autoveicoli und Maxicar ./. Régie nationale des usines Renault* Slg 1988, 6039, 6073 Rn 16 - s.o. (4) B I 3 b) bb).

müsse sich nach den Bedingungen und Preisen im Herstellungsland richten, damit, daß es dem Tonträgerhersteller erlaubt sein müsse, niedrigere Lizenzgebühren im Herstellungsland als "Kostenvorteile" für Exporte zu nutzen. Ein "Kostenvorteil" ist die Lizenzgebühr aber allenfalls dann, wenn sie nach den Bedingungen des Herstellungslandes (mit Niedrigpreisen) berechnet wird. Diese Berechnung versucht die Kommission aber erst mit ihrer Argumentation zu rechtfertigen.

Daß die Kommissionsansicht nicht haltbar ist, zeigt sich auch für den umgekehrten Fall, daß die Preise im Herstellungsland höher sind als im Importland: Dem Tonträgerhersteller wird dann der Export in Länder mit niedrigen Preisen erschwert, wenn sich die Lizenzgebühr nach den Preisen im Herstellungsland richtet. Was die Kommission als Exporterleichterung für Tonträgerhersteller bezweckt, die ihre Lizenzen in Mitgliedstaaten mit niedrigem Preisniveau erwerben, erweist sich als Exportbeschränkung für diejenigen Tonträgerhersteller, die ihre Lizenzen in Mitgliedstaaten mit hohem Preisniveau erwerben. Dieser Widerspruch ergibt sich letztlich daraus, daß das von der Kommission abgelehnte Bestimmungslandprinzip sowohl den Interessen der Urheber als auch der Tonträgerhersteller daran dient, die Berechnung der Lizenzgebühr möglichst eng an die tatsächliche wirtschaftliche Nutzung des Werkes anzuknüpfen[678]. Die von der Kommission propagierte Umkehrung des Bestimmungslandprinzips läuft zwangsläufig den Interessen sowohl der Tonträgerhersteller als auch der Urheber entgegen.

Die Einwände der Kommission gegen das Bestimmungslandprinzip auf der Grundlage des Artikels 85 EGV sind somit nicht haltbar. Das Bestimmungslandprinzip ist nicht Gegenstand, Mittel oder Folge einer verbotenen Kartellabsprache. Es handelt sich um eine zulässige Form der Ausübung des Urheberrechts, die nicht gegen Artikel 85 EGV verstößt.

---

678 Nur für den Fall, daß der Tonträgerhersteller der Verwertungsgesellschaft keine Preislisten zur Verfügung stellen kann, sieht der BIEM/IFPI-Normalvertrag ausnahmsweise vor, daß der durchschnittliche von anderen Tonträgerherstellern im Bestimmungsland praktizierte Preis angesetzt wird (Artikel V (6) BIEM/IFPI-Normalvertrag). Dieser Preis dürfte dem vom Tonträgerhersteller tatsächlich praktizierten Preis am nächsten kommen. Eine Festschreibung des Preisniveaus im Bestimmungsland ist damit nur insoweit verbunden, als die Höhe der Lizenzgebühr, die rund 9% des Händlerabgabepreises ausmacht, auf der Basis des durchschnittlichen Händlerabgabepreises berechnet wird. Verkauft der Tonträgerhersteller die Tonträger z.B. zu 75% des durchschnittlichen Händlerabgabepreises im Bestimmungsland, so schuldet er eine geringfügig höhere Lizenzgebühr, als sie bei Berechnung nach den tatsächlichen Preisen anfiele. Die Mehrzahlung macht etwa 3% des gesamten Händlerabgabepreises aus. Selbst wenn der Tonträgerhersteller die Tonträger zu 50% des durchschnittlichen Händlerabgabepreises im Bestimmungsland vertriebe, schlüge die Differenz zwischen der Lizenzgebühr nach Liste und der Lizenzgebühr nach durchschnittlichem Händlerabgabepreis zu nur ca. 9% des tatsächlichen Händlerabgabepreises zu Buche. Die Ausnahmeregelung dürfte daher keine spürbare Festschreibung des Preisniveaus im Bestimmungsland bewirken, zumal es der Tonträgerhersteller selbst stets in der Hand hat, eigene Preislisten für die Bestimmungsländer aufzustellen.

c) *Artikel 86 EGV*

Von der Kommission nicht ausdrücklich in Betracht gezogen wurde die Möglichkeit, daß es sich beim Bestimmungslandprinzip um eine unangemessene Geschäftsbedingung im Sinne des Artikels 86 EGV handeln könnte. Denkbarer Anhaltspunkt hierfür wäre, daß wegen der Berechnung der Lizenzgebühr nach Bestimmungsländern die jeweils anfallenden Gebühren für einen Tonträger sehr unterschiedlich hoch sein können, was möglicherweise Indiz für einen Mißbrauch ist. Auch ließe sich argumentieren, dem Tonträgerhersteller entstünden aus dem Bestimmungslandprinzip Einschränkungen seiner geschäftlichen Freiheit, weil er je nach Bestimmungsland unterschiedlich hohe Lizenzgebühren in seine Kalkulation einbeziehen, getrennt abrechnen muß und gegebenenfalls Differenzlizenzgebühren schuldet.

Die Schwankungen in der Urhebervergütung gehen zum einen auf Unterschiede im Gebührensatz zurück, die aufgrund rechtlicher Vorgaben zwischen den Bestimmungsländern bestehen (zur Zeit zwischen Kontinentaleuropa und dem Vereinigten Königreich sowie Irland). Zum anderen beruhen Schwankungen der Urhebervergütung auf den unterschiedlichen Preisen, die hinsichtlich eines Tonträger in den verschiedenen Bestimmungsländern vom Tonträgerhersteller angewandt werden.

Soweit das Bestimmungslandprinzip an unterschiedliche rechtliche Bedingungen in den Mitgliedstaaten der erstmaligen Verbreitung anknüpft, ergibt sich aus den *SACEM*-Entscheidungen wie dargelegt[679], daß ein Verstoß gegen Artikel 86 EGV nicht vorliegt: Es stellt keine unangemessene Geschäftsbedingung dar, wenn Verwertungsgesellschaften Gebühren fordern, deren Berechnung sich nach den jeweiligen rechtlichen Bedingungen des Mitgliedstaates der Werknutzung richten, selbst wenn in anderen Mitgliedstaaten andere rechtliche Vorgaben gelten. Da der BIEM/IFPI-Normalvertrag zur Gewährleistung einer angemessenen Beteiligung des Urhebers für die Gebührenberechnung zulässigerweise an die erstmalige Verbreitung als maßgebliche Nutzungshandlung anknüpft, verstößt es nicht gegen Artikel 86 EGV, wenn die Urhebervergütung sich nach den rechtlichen Bedingungen richtet, die im Mitgliedstaat der erstmaligen Verbreitung gelten.

Soweit das Bestimmungslandprinzip an unterschiedliche Preise für einen Tonträger in den verschiedenen Mitgliedstaaten anknüpft, sind die daraus resultierenden Gebührenunterschiede lediglich das Ergebnis der jeweiligen Preispolitik des Tonträgerherstellers und des Umstandes, daß der Urheber an dem jeweiligen Umsatz des Tonträgerherstellers prozentual beteiligt wird. Die unterschiedlichen Lizenzgebühren ergeben sich aus den unterschiedlichen wirtschaftlichen Erfolgen, die der Tonträger in den verschiedenen Bestimmungsländern hat. Die Akzessorietät der Lizenzgebühr kommt nicht nur dem Urheber, sondern auch dem Tonträgerhersteller zugute, da sie gewährleistet, daß die Lizenzgebühr nicht übermäßig hoch ausfällt. Schon deswegen kann im Bestimmungslandprinzip

679 **(4)** B III 2 d), 3 d).

keine unangemessene Geschäftsbedingung zu Lasten des Tonträgerherstellers gesehen werden.
Zum Bestimmungslandprinzip besteht ferner keine Alternative, um eine angemessene Beteiligung des Urhebers an der wirtschaftlichen Nutzung seines Werkes zu gewährleisten. Ein durchschnittlicher Händlerabgabepreis eines Tonträgers für die gesamte Gemeinschaft ließe sich, wie erläutert[680], nicht errechnen. In ihn müßten die Absatzzahlen einbezogen werden, die der Tonträger in jedem Mitgliedstaat erreicht. Diese Absatzzahlen sind aber nicht bekannt und unterliegen dem wechselnden Publikumsgeschmack, den jeweiligen sich ändernden wirtschaftlichen Verhältnissen und der Vermarktungsstrategie des Tonträgerherstellers - Faktoren, die sich nicht vorhersagen lassen.
Den *SACEM*-Entscheidungen ist schließlich, wie dargestellt[681], zu entnehmen, daß selbst wesentliche Unterschiede zwischen den Mitgliedstaaten in der Höhe der Urhebervergütung nach Artikel 86 EGV unbedenklich sind, wenn sie durch objektive und relevante Unterschiede zwischen den Verhältnissen in den Mitgliedstaaten gerechtfertigt sind[682]. Der Preis eines Tonträgers bildet die sicherste Grundlage für die Berechnung des wirtschaftlichen Wertes eines musikalischen Werkes. Das europäische Gemeinschaftsrecht respektiert den Zweck des Urheberrechts, den Urheber an der wirtschaftlichen Verwertung seines Werkes angemessen zu beteiligen[683]. Ist der Umfang der wirtschaftlichen Verwertung von Mitgliedstaat zu Mitgliedstaat unterschiedlich, so folgt die Urhebervergütung diesen Schwankungen. Die objektiven Unterschiede im Wert eines musikalischen Werkes bilden die sachliche Rechtfertigung dafür, daß die Urhebervergütung nach Mitgliedstaaten unterschiedlich ist.
Das Bestimmungslandprinzip verstößt also nicht gegen Artikel 86 EGV. Da auch kein Verstoß gegen Artikel 85 EGV vorliegt, war es nicht gerechtfertigt, daß die Kommission die Beseitigung des Bestimmungslandprinzips im BIEM/IFPI-Normalvertrag veranlaßt hat.

IV. Urheberrechts- und wettbewerbspolitische Vorgaben des Gemeinschaftsrechts

Wie erläutert[684] hat die Ansicht der Kommission zu territorialen Beschränkungen von Lizenzen und Gegenseitigkeitsverträgen und zum Bestimmungslandprinzip folgende Konsequenzen: Das Minimum an Urheberrechtsschutz, das in einem Mitgliedstaat der Gemeinschaft erhältlich ist, wird auf die gesamte Gemeinschaft ausgedehnt. Das Urheberrecht wird seiner Eigenschaft als Monopolrecht beraubt.

---

680 **(2)** B II 2.

681 **(4)** B III 2 e) aa), 3 e bb).

682 Rs 395/87 *Ministère Public ./. Tournier* Slg 1989, 2521, 2577 Rn 38; Rs 110, 241 und 242/88 *Lucazeau u.a. ./. SACEM u.a.* Slg 1989, 2811, 2831 Rn 25.

683 Rs 55 und 57/80 *Musikvertrieb membran und K-tel International ./. GEMA* Slg 1981, 147, 162 Rn 12, 13; Rs 158/86 *Warner Brothers und Metronome Video ./. Erik Viuff Christiansen* Slg 1988, 2605, 2629 Rn 13 - s.a. **(4)** A IV.

684 S.o. B.

Zwischen den Verwertungsgesellschaften wird ein Wettbewerb institutionalisiert, der zu einem gemeinschaftsweiten *race to the bottom* im Urheberrechtsschutz führen muß.
Diese Konsequenzen der Kommissionspraxis lassen sich mit den rechtspolitischen Vorgaben der EuGH-Rechtsprechung und des sonstigen Gemeinschaftsrechts nicht vereinen:

1. Kein gemeinschaftsweiter Minimalschutz

Der Rechtsprechung des EuGH zum freien Warenverkehr und zu den Wettbewerbsregeln ist zu entnehmen, daß es nicht Zweck des Gemeinschaftsrechts ist, den Urheberrechtsschutz gemeinschaftsweit auf den Standard herunterzufahren, der in dem Mitgliedstaat mit dem geringsten Schutzniveau besteht[685]. Es unterliegt ausschließlich der freien Entscheidung des Urhebers, der Verwertung seines Werkes in einem Mitgliedstaat mit niedrigem Urheberrechtsschutz zuzustimmen[686]. Stimmt der Urheber zu, so setzt sich der niedrige Urheberrechtsschutz dieses Mitgliedstaates in der übrigen Gemeinschaft nur insoweit fort, als diejenigen Tonträger, die in dem Mitgliedstaat zustimmungsgemäß in den Verkehr gelangt sind, anschließend frei innerhalb der Gemeinschaft veräußert werden dürfen[687]. Für Tonträger, die in anderen Mitgliedstaaten erstmalig in den Verkehr gelangen, und für andere Formen der Werknutzung wie dem wiederholbaren öffentlichen Zugänglichmachen[688] verbleibt es beim höheren Urheberrechtsschutz. Ein gemeinschaftsweiter Minimalschutz des Urhebers wird durch das Gemeinschaftsrecht nicht gefordert.
Im Gegenteil weist das sekundäre Gemeinschaftsrecht sogar die Tendenz auf, einen möglichst hohen Schutz des Urheberrechts innerhalb der Gemeinschaft zu etablieren. Das zeigen die Harmonisierungsmaßnahmen[689], insbesondere die Richtlinie 92/100/EWG des Rates vom 19. November 1992 zum Vermietrecht und Verleihrecht sowie zu bestimmten dem Urheberrecht verwandten Schutzrechten im Bereich des geistigen Eigentums[690] und die Richtlinie 93/98/EWG des Rates vom 29. Oktober 1993 zur Harmonisierung der Schutzdauer des Urheberrechts und bestimmter verwandter Schutzrechte[691]. Letztere Richtlinie erklärt in ihrer Präambel ausdrücklich ein hohes Niveau des Urheberrechtsschutzes zum Ziel des Gemeinschaftsrechts[692].
Der Widerspruch dieser rechtspolitischen Vorgaben zur Kommissionspraxis auf der Basis der Wettbewerbsregeln ist behördenintern damit zu erklären, daß die

---

685 S.o. **(4)** A III 2 c) cc), **(4)** A III 3 (1) c), **(4)** A III (2) c), **(4)** A IV, **(4)** B III 2 d), e) aa), 3 d), e).
686 S.o. **(4)** A III 2 c) bb).
687 S.o. **(4)** A II 1 b), 2 b) c).
688 S.o. **(4)** A III 3.
689 S.o. **(2)** D.
690 ABl. EG Nr. L 346 vom 27.11.1992, S. 61; GRUR Int. 1993, 144 - s.o. **(2)** D, **(4)** A III 3 (1) c).
691 ABl. EG Nr. L 290 vom 24.11.1993, S. 9; GRUR Int. 1994, 141 - s.o. **(2)** D, **(4)** A III 2 c).
692 Präambel Nr. 9 - 11 Richtlinie 93/98/EWG des Rates vom 29. Oktober 1993 zur Harmonisierung der Schutzdauer des Urheberrechts und bestimmter verwandter Schutzrechte, ABl. EG Nr. L 290 vom 24.11.1993, S. 9; GRUR Int. 1994, 141.

für Wettbewerb zuständige Generaldirektion IV der Kommission das Urheberrecht stets restriktiver handhabt als die Generaldirektion XV, welche die Richtlinienvorschläge zur Harmonisierung des Urheberrechts verfaßt. Mit der Präambel der vom Rat erlassenen Schutzdauerrichtlinie hat jedoch das rechtspolitische Ziel eines hohen Urheberrechtsschutzes für die Gemeinschaft Außenwirkung erlangt und Vorrang.

2. Anerkennung des urheberrechtlichen Monopols

Das Gemeinschaftsrecht erkennt das Urheberrecht in seiner Eigenschaft als ausschließliches Monopol an[693]. Das gilt auch auf der Ebene der Tätigkeit der Verwertungsgesellschaften. Diese dürfen die Rechte und Interessen der Urheber nach dem EuGH im vollen Umfang wahrnehmen, ohne daß dies gegen die Wettbewerbsregeln verstößt[694]. Von der Monopolstellung, die das nationale Urheberrecht dem Urheber einräumt, sind keine Abstriche zu machen, wenn die Urheberrechte von Verwertungsgesellschaften wahrgenommen werden[695]. Auf diesem Hintergrund ist es nicht gerechtfertigt, die Monopolstellung des Urhebers faktisch dadurch zu beseitigen, daß die Verwertungsgesellschaften sich gegenseitig zur gemeinschaftsweiten Lizenzvergabe ermächtigen. Dies fordert aber die Kommission, wenn sie (zu Unrecht) die Ansicht vertritt, territoriale Beschränkungen in Gegenseitigkeitsverträgen seien unwirksam. Diese Ansicht führt wie erläutert[696] dazu, daß das Urheberrecht an jedem einzelnen Werk faktisch in eine Vielzahl nicht-ausschließlicher identischer Rechte aufgespalten wird, die mehreren Verwertungsgesellschaften zur gleichzeitigen gemeinschaftsweiten Wahrnehmung übertragen sind. Mit der gemeinschaftsrechtlichen Anerkennung des Urheber-Monopols ist das nicht zu vereinbaren.

---

693 Rs C-241/91 P und C 242/91 P *Radio Telefis Eireann und Independent Television Publications ./. Kommission* Slg 1995 I-743, 823 Rn 49, GRUR Int. 1995, 490, 493 Rn 49; Rs 341/87 *EMI Electrola ./. Patricia Im- und Export* Slg 1989, 79, 95 Rn 7; Rs 158/86 *Warner Brothers und Metronome Video ./. Erik Viuff Christiansen* Slg 1988, 2605, 2629 Rn 13, *Rs 78/70 Deutsche Grammophon ./. Metro-SB-Großmärkte* Slg 1971, 487, 501 Rn 16; für Urheberrecht, Patent, Geschmacksmuster und Warenzeichen zusammenfassend: Rs 144/81 *Keurkoop ./. Nancy Kean Gifts* Slg 1982, 2853, 2870 Rn 14; ferner für das Geschmacksmuster Rs 238/87 *Volvo ./. Veng* Slg 1988, 6211, 6235 Rn 8; Rs 53/87 *Consorzio italiano della componentistica di ricambio per autoveicoli und Maxicar ./. Régie nationale des usines Renault* Slg 1988, 6039, 6071 Rn 11; für das Urheberrecht s.a. EuG Rs T-70/89 *British Broadcasting Corporation u.a. ./. Kommission* Slg 1991 II-535, 563 Rn 58, GRUR Int 1993, 316, 321 Rn 58, EuZW 1993, 190, 192 Rn 57; Rs T-69/89 *Radio Telefis Eireann ./. Kommission* Slg 1991 II-485, 519 Rn 70; Rs T-76/89 *Independent Television Publications ./. Kommission* Slg 1991, II-575, 601 Rn 55 - s.o. **(4)** B I 3.

694 Rs 395/87 *Ministère Public ./. Tournier* Slg 1989, 2521, 2575 Rn 31; Rs 402/85 *Basset ./. SACEM* Slg 1987, 1747, 1769 Rn 18; Rs 127/73 *Belgische Radio en Televisie und Société Belge des Auteurs, Compositeurs et Editeurs ./. SABAM* Slg 1974, 313, 317 Rn 9/11 - s.o. **(4)** B I 4 a).

695 S.o. **(4)** B I 4 a).

696 S.o. B II.

3. *Wettbewerb zwischen den Verwertungsgesellschaften zu Lasten der Urheber vom Gemeinschaftsrecht nicht gefordert*

Wettbewerb zwischen den Verwertungsgesellschaften, der zu Lasten der Urheberinteressen geht, wird nicht von den europäischen Wettbewerbsregeln angeordnet. Vielmehr ist die volle Wahrung der Interessen und Rechte der Urheber eine vom EuGH anerkannte Funktion der Verwertungsgesellschaften[697]. Die territoriale Zuständigkeitsaufteilung zwischen den Verwertungsgesellschaften ist vom EuGH im Ergebnis nicht in Frage gestellt worden[698]. Sie begründet sich mit dem Interesse der Urheber an einer effektiven Urheberrechtswahrnehmung, die durch die gegenseitige Nutzung der organisatorischen Strukturen im jeweiligen Verwaltungsgebiet der ermächtigten Verwertungsgesellschaft gewährleistet wird. Zur Direktlizenzierung außerhalb ihres Verwaltungsgebietes kann eine Verwertungsgesellschaft nach den Kriterien des EuGH nicht gezwungen werden[699]. Die territoriale Zuständigkeitsaufteilung ist ferner auch insoweit gerechtfertigt, als sie dazu dient, das Urheber-Monopol auf der Ebene der Verwertungsgesellschaften gegenüber Nutzern fortwirken zu lassen[700].

Die Kommissionspraxis zu territorialen Beschränkungen und zum Bestimmungslandprinzip verstößt somit insgesamt nicht nur gegen die Vorschriften zum freien Warenverkehr und gegen die Wettbewerbsregeln. Sie läßt sich auch mit den rechtspolitischen Vorgaben des Gemeinschaftsrechts nicht in Einklang bringen.

697 Rs 395/87 *Ministère Public ./. Tournier* Slg 1989, 2521, 2575 Rn 31; Rs 402/85 *Basset ./. SACEM* Slg 1987, 1747, 1769 Rn 18; Rs 127/73 *Belgische Radio en Televisie und Société Belge des Auteurs, Compositeurs et Editeurs ./. SABAM* Slg 1974, 313, 317 Rn 9/11 - s.o. **(4)** B I 4 a).

698 S.o. **(4)** B III 2 a) bb) cc), 3 a).

699 S.o. **(4)** B III 2 b) bb), 3 b).

700 S.o. **(4)** B III 2 a) cc), 3 a).

(6) Alternativen zur Kommissionspraxis

Angesichts der nachteiligen Folgen, die mit der Kommissionspraxis für den Urheberrechtsschutz und das System der internationalen Urheberrechtslizenzierung verbunden sind, stellt sich die Frage, welche Alternativen in Betracht kommen, um in Übereinstimmung mit dem Gemeinschaftsrecht dem Urheberrechtsschutz wieder Geltung zu verschaffen, ohne daß dem Interesse der Tonträgerhersteller an möglichst flexibler und kostengünstiger Verfügbarkeit des Weltrepertoires entgegengewirkt wird. Unverzichtbar wird auch in Zukunft die Vernetzung der Verwertungsgesellschaften durch Gegenseitigkeitsverträge sein. Denn ohne sie wäre die Urheberrechtsverwertung in die jeweiligen Repertoires aufgeteilt. Tonträgerhersteller müßten Lizenzen von einer Vielzahl von Verwertungsgesellschaften erwerben. Diese Atomisierung liefe den Interessen aller Beteiligten (Urheber, Tonträgerhersteller, Verbraucher) entgegen. Unverzichtbar bleibt ferner das Bestimmungslandprinzip. Nur die Berechnung der Lizenzgebühr anhand des Preises des Tonträgers im jeweiligen Verkaufsland garantiert im Interesse des Urhebers sowie des Tonträgerherstellers eine angemessene Beteiligung des Urhebers am wirtschaftlichen Ertrag seines Werkes.
Die Frage ist damit, wie einem Wettbewerb der Verwertungsgesellschaften zu Lasten der Urheber entgegengewirkt werden kann, ohne daß die flexible und kostengünstige Verfügbarkeit des Weltrepertoires in Frage gestellt wird.

A. Rückkehr zur strikten nationalen Zuständigkeit der Verwertungsgesellschaften?

Denkbar wäre, daß die Verwertungsgesellschaften zu ihrer Praxis zurückkehren, Lizenzen ausschließlich an solche Tonträgerhersteller zu vergeben, die ihren Sitz im Verwaltungsgebiet der jeweiligen Verwertungsgesellschaft haben. Ein entsprechendes Verhalten wäre auf der Basis der - zulässigerweise - territorial beschränkten Gegenseitigkeitsverträge an sich geboten.
Eine Rückkehr zur ausschließlichen nationalen Zuständigkeit bliebe jedoch gerade gegenüber den großen Tonträgerherstellern mit europaweiten Strukturen wirkungslos. Da diese Tonträgerhersteller über Konzerngesellschaften in den meisten Mitgliedstaaten der Gemeinschaft verfügen, können sie über die Konstruktion der Lohn- und Konzernpressung faktisch zwischen den verschiedenen Verwertungsgesellschaften der Gemeinschaft wählen. Auch wenn die Verwertungsgesellschaften verlangen, daß der Tonträgerhersteller seinen Sitz in ihrem Verwaltungsgebiet hat, können die großen Tonträgerherstellerkonzerne über die jeweils im Verwaltungsgebiet ansässige Konzerngesellschaft Lizenzen für die Vervielfältigung durch sämtliche Konzerngesellschaften erwerben. Ein Wettbewerb zwischen den Verwertungsgesellschaften um den Abschluß von Lizenzverträgen mit den großen Tonträgerherstellerkonzernen ließe sich somit auch bei ei-

ner Rückkehr der Verwertungsgesellschaften zur strikten Einhaltung der territorialen Zuständigkeiten nicht vermeiden.

B. Lizenzierung an der Quelle?

Denkbar wäre, daß in Zukunft die Lizenzvergabe nur noch in dem Mitgliedstaat vorgenommen wird, in dem die Vervielfältigung tatsächlich stattfindet. Wegen der zulässigen territorialen Beschränkungen der Ermächtigungen in den Gegenseitigkeitsverträgen zur Vergabe der Vervielfältigungslizenz wäre jede Verwertungsgesellschaft zur Lizenzierung der Vervielfältigung des Weltrepertoires in ihrem Verwaltungsgebiet allein in der Lage, so daß ein Wettbewerb zwischen den Verwertungsgesellschaften nicht stattfinden könnte. Zum Abschluß des Lizenzvertrages und zur Zahlung der Lizenzgebühren wäre stets das Preßwerk verpflichtet, das die Vervielfältigung physisch vornimmt. Die Möglichkeiten der Lohnpressung und der Konzernpressung müßten ausgeschlossen werden. Auf eine solches System lief die Ankündigung der GEMA aus dem Jahre 1984 hinaus, gegen welche die Kommission einschritt[701].

Ein Verzicht auf die Vertragskonstruktionen der Lohnpressung und Konzernpressung erscheint jedoch nicht realistisch. Die überwiegende Zahl der Tonträgerhersteller beauftragt mittlerweile unabhängige Preßwerke mit der Herstellung von Tonträgern. Kaum ein Tonträgerhersteller betreibt noch eigene Fertigungsstätten. Die gesamte wirtschaftliche Struktur der Tonträgerherstellung müßte also für eine strenge Lizenzierung an der Quelle verändert werden. Ferner wären die Preßwerke zum ganz überwiegenden Teil organisatorisch gar nicht in der Lage, die umfangreichen Anmeldungen und Ausgangsaufstellungen vorzunehmen, die zur Durchführung des BIEM/IFPI-Normalvertrages erforderlich wären. Eine Lizenzierung an der Quelle unter Ausschluß der Lohnpressung und Konzernpressung ist daher kein gangbarer Weg, um einem Wettbewerb der Verwertungsgesellschaften zu Lasten der Urheber Einhalt zu gebieten.

C. Zentrale europäische Verwertungsgesellschaft?

Ein zentrale Verwertungsgesellschaft für die gesamte Gemeinschaft würde das Problem des Wettbewerbs zwischen verschiedenen Verwertungsgesellschaften beseitigen: Die Vergabe der Lizenzen an Tonträgerhersteller mit Sitz in der Gemeinschaft würde stets nur durch die zentrale Verwertungsgesellschaft erfolgen. Die Lizenzbedingungen würden zentral von dieser Verwertungsgesellschaft in Verhandlung mit den Tonträgerherstellern festgesetzt. Mit der Vertragsdurchführung und Kontrolle würden die jeweiligen nationalen Verwertungsgesellschaften beauftragt, die für ihre Verwaltungstätigkeit eine einheitliche Aufwandsentschädigung aus dem Gebührenaufkommen erhielten. Eine solche Konstruktion

701 15. Bericht zur Wettbewerbspolitik (1985) S. 88 ff Ziff. 81; s.o. **(5)** A V.

ähnelte dem Lizenzierungssystem, wie es in der Vergangenheit weltweit bereits einmal bestanden hat, als das BIEM die Lizenzen an die Tonträgerhersteller zentral vergab[702].

Jedoch scheint es, daß weder bei den Verwertungsgesellschaften noch bei den Tonträgerherstellern Interesse an der Gründung einer zentralen Verwertungsgesellschaft besteht[703]. Pläne in dieser Richtung liegen nicht vor. Die Europäische Wirtschaftliche Interessenvereinigung GESAC[704] mit Sitz in Brüssel, der alle Verwertungsgesellschaften der Gemeinschaft als Gesellschafter angehören, hat lediglich die Aufgabe, Lobbytätigkeit bei den Organen der Europäischen Gemeinschaft auszuüben. Dem bereits erwähnten BEL[705] gehören nur die drei großen europäischen Verwertungsgesellschaften GEMA, SACEM/SDRM und MCPS als Gesellschafter an. BEL ist zum gegenwärtigen Stadium nur ein Hilfsinstrument, das ausschließlich dazu dient, die Zentrallizenzierung des Weltrepertoires für EMI durch die Bereitstellung eines gemeinsamen EDV-Systems und einer zentralen Koordinierungsstelle zu unterstützen. Selbst wenn in Zukunft das BEL-System ausgeweitet werden und auch für andere Lizenzverträge Schule machen sollte, so könnte wegen der Beschränkungen, die für die Handlungsmöglichkeiten einer EWIV gemäß Artikel 3 Abs. 2 der EWIV-Verordnung[706] bestehen, jedenfalls auf der Grundlage dieser Rechtsform keine zentrale europäische Verwertungsgesellschaft gebildet werden.

D. Vertragliche Lösung

Es wird deutlich, daß angesichts der Verhältnisse auf dem Tonträgermarkt, insbesondere angesichts der Existenz europaweit tätiger Tonträgerherstellerkonzerne, letztlich nur auf der Grundlage einer eigenen vertraglichen Einigung zwischen den Verwertungsgesellschaften unter Einbeziehung der Tonträgerindustrie die Lizenzierungstätigkeit derart koordiniert werden kann, daß die Rechte und Interessen der Urheber gewahrt bleiben. Eine solche Einigung könnte zugleich zum Anlaß genommen werden, zugunsten der Tonträgerhersteller einen eingeschränkten Wettbewerb der Verwertungsgesellschaften zu institutionalisieren, der nicht zu Lasten der Urheber geht.

Dazu wäre ein Vertrag zwischen den Verwertungsgesellschaften der Gemeinschaft erforderlich, durch den ein System beschränkten Wettbewerbs geschaffen wird, das ausschließlich im Hinblick auf die Effizienz der Verwaltungstätigkeit und die Höhe der Verwaltungskosten eine Konkurrenz zwischen den Verwer-

---

702 S. die Darstellungen bei *Thurow* Lizenzierung von Tonträgern durch Verwertungsgesellschaften für den Bereich der EG in: *Becker* (Hrsg.) Die Verwertungsgesellschaften im Europäischen Binnenmarkt, 1990, S. 95 f und *Mestmäcker/Schulze* Band 2 Teil III (IntR) 6. Abschnitt § 1 VI 2 a).

703 *Karnell* GRUR Int. 1991, 583, 591.

704 Groupement Européen des Sociétés d'Auteurs et Compositeurs.

705 Bureau Européen de Licences, München - dazu näher oben **(3)** J I.

706 Verordnung (EWG) Nr. 2137/85 des Rates vom 25. Juli 1985 über die Schaffung einer Europäischen wirtschaftlichen Interessenvereinigung (EWIV), ABl. EG Nr. L 199 vom 31.7.1985, S. 1.

tungsgesellschaften ermöglicht. Ein solcher beschränkter Wettbewerb liegt auf der wettbewerbspolitischen Linie der *SACEM*-Entscheidungen[707]: In ihnen hat der EuGH die hohen Verwaltungskosten der SACEM gerade als Ergebnis fehlenden Wettbewerbs gerügt[708]. Die volle Wahrnehmung der Rechte und Interessen der Urheber dagegen hat das Gericht als legitime Funktion der Verwertungsgesellschaften anerkannt[709].
Folgende Eckdaten wären bei der vertraglichen Begründung eines eingeschränkten Wettbewerbs der Verwertungsgesellschaften zu berücksichtigen:

I. Abkoppelung der Urhebervergütung von den Kommissionsabzügen

Kernpunkt einer vertraglichen Einigung müßte sein, daß die Vergütung der Urheber von den Verwaltungspauschalen isoliert wird, welche die Verwertungsgesellschaften zur Deckung ihrer Kosten einbehalten. Es müßte ein gemeinschaftsweit einheitlicher Vergütungssatz pro Tonträger festgelegt werden, der in jedem Fall nach der Berechnung auf der Basis des Bestimmungslandprinzips ohne Abzüge von den Verwertungsgesellschaften an die Urheber abzuführen ist. Bei einer gegenwärtig üblichen Verwaltungspauschale von 8% könnte die feste Urhebervergütung z.B. mit 8,6% des Händlerabgabepreises des Tonträgers im jeweiligen Bestimmungsland definiert werden (das ist in etwa die gegenwärtige BIEM/IFPI-Normalvertragsrate abzüglich 8%). Eine ähnliche gemeinschaftsweit einheitliche Regelung müßte für Mindestvergütungen der Urheber gefunden werden, sofern überhaupt an Mindestvergütungen festgehalten wird[710]. Die Mindestvergütungen müßten von der Verwaltungspauschale der jeweiligen Verwertungsgesellschaft abgekoppelt werden und als fester gemeinschaftsweit einheitlicher Betrag den Urhebern garantiert werden. Ist dies nicht möglich, so müßte auf Mindestvergütungen verzichtet und gegebenenfalls zum Ausgleich ein entsprechend höherer Vergütungssatz vorgesehen werden.
Zur Sicherung der festen Urhebervergütung müßten sich die Verwertungsgesellschaften verpflichten, entsprechende Ansprüche der Urheber in die Berechtigungsverträge aufzunehmen. Deren Erfüllung könnte dann von den Urhebergremien in den Verwertungsgesellschaften (Aufsichtsräten etc.) kontrolliert und vom einzelnen Urheber gegenüber seiner Verwertungsgesellschaft gegebenenfalls gerichtlich durchgesetzt werden.

---

707 S.o. **(4)** B III.

708 Rs 395/87 *Ministère Public ./. Tournier* Slg 1989, 2521, 2578 Rn 42; Rs 110, 241 und 242/88 *Lucazeau u.a. ./. SACEM u.a.* Slg 1989, 2811, 2832 f Rn 29 - s.o. **(4)** B III 2 e) aa).

709 Rs 395/87 *Ministère Public ./. Tournier* Slg 1989, 2521, 2575 Rn 31; Rs 402/85 *Basset ./. SACEM* Slg 1987, 1747, 1769 Rn 18; auch Rs 127/73 *Belgische Radio en Televisie und Société Belge des Auteurs, Compositeurs et Editeurs ./. SABAM* Slg 1974, 313, 317 Rn 9/11.

710 Die kartellrechtliche und urheberrechtliche Problematik der Mindestvergütungen wird im Rahmen der vorliegenden Arbeit nicht erörtert; s.o. **(3)** E II 5.

II. Änderungen des BIEM/IFPI-Normalvertrages

Aus dem BIEM/IFPI-Normalvertrag müßten die Möglichkeiten für Individualvereinbarungen zwischen der Verwertungsgesellschaft und der jeweiligen nationalen Landesgruppe der IFPI bzw. dem einzelnen Tonträgerhersteller gestrichen werden. Das gilt vor allem für Individualregelungen zu den eben erwähnten Mindestvergütungen[711], für Individualregelungen über Pauschalabzüge für Exporte von Tonträgern, die im Lager eines verbundenen Importeurs verbleiben[712], und für Individualregelungen über Pauschalabzüge für Retouren bei Neuerscheinungen[713]. Selbstverständlich könnten die entsprechenden Änderungen des BIEM/IFPI-Normalvertrages nur mit Zustimmung der IFPI als Vertreterin der Tonträgerindustrie vorgenommen werden. Denkbar wäre, daß an die Stelle individueller Vereinbarungen einheitliche Standardregelungen treten oder daß auf Pauschalabzüge ganz verzichtet und im Gegenzug die Höhe des Gebührensatzes verändert wird. Ferner müßte der BIEM/IFPI-Normalvertrag mit Einverständnis der Tonträgerindustrie wieder auf das ursprüngliche - gemeinschaftsrechtlich zulässige - strenge Bestimmungslandprinzip umgestellt werden.

III. Zentrale Datenverarbeitung

Angesichts der Fülle an Informationen über Werke und ihre Urheber, die für die Erfassung, Aktualisierung und Bereitstellung des Weltrepertoires verarbeitet werden muß, ist es unausweichlich, daß die Verwertungsgesellschaften in größerem Umfang und effizienter als bisher im grenzüberschreitenden Datenaustausch kooperieren. Die Notwendigkeit eines internationalen standardisierten Systems der Datenverarbeitung für die Urheberrechtsverwertung ist auf europäischer Ebene im "Grünbuch Urheberrecht und verwandte Schutzrechte in der Informationsgesellschaft" anerkannt worden[714].

Im Rahmen einer vertraglichen Regelung müßten die Verwertungsgesellschaften sich verpflichten, die ihnen vorliegenden Informationen über Werke und Berechtigte einer zentralen Datenbank zur Verfügung zu stellen, zu der alle beteiligten Verwertungsgesellschaften Zugang haben. Gegenwärtig verfolgt die Weltorganisation CISAC[715], der auch alle BIEM-Gesellschaften angehören, ein Projekt (CIS[716]-Plan), mit dem die bisherigen Informationssysteme[717] weiterentwickelt und verbessert werden sollen. Möglicherweise bildet dieses Projekt zukünftig ei-

---

711 Artikel VI (2) BIEM/IFPI-Normalvertrag.

712 Artikel V (9bis) i.V.m. (9) BIEM/IFPI-Normalvertrag.

713 Artikel V (18bis) i.V.m. (18) BIEM/IFPI-Normalvertrag.

714 Kommission der Europäischen Gemeinschaften KOM (95) 382 endg. Grünbuch Urheberrecht und verwandte Schutzrechte in der Informationsgesellschaft, Brüssel, den 19.7.1995, S. 17 Ziff. 34, S. 28 Ziff. 71, S. 37, S. 79 ff.

715 Confédération Internationale des Sociétés d'Auteurs et Compositeurs, Paris.

716 Common Information System.

717 Insbesondere die Datenbank CAE (Compositeurs, Auteurs, Éditeurs) bei der schweizerischen Verwertungsgesellschaft SUISA.

ne Grundlage für den erforderlichen Datenaustausch bei der gemeinschaftsweiten Urheberrechtslizenzierung für Tonträger.

IV. Änderung der Gegenseitigkeitsverträge

Zur Gewährleistung eines beschränkten Wettbewerbs zwischen den Verwertungsgesellschaften müßten deren Gegenseitigkeitsverträge in einigen Punkten geändert werden:

1. Ausdrückliche Ermächtigung zur gemeinschaftsweiten Lizenzvergabe

In den Gegenseitigkeitsverträgen müßte klargestellt werden, daß die beteiligten Verwertungsgesellschaften sich gegenseitig ermächtigen, nicht nur die Verbreitung, sondern auch die Vervielfältigung des jeweils anvertrauten Repertoires gemeinschaftsweit an Tonträgerhersteller zu lizenzieren. Dazu müßten der Passus "in dem entsprechenden Verwertungsgebiet der vertragschließenden Gesellschaften" in Artikel I Abs. 2 der vorhandenen Gegenseitigkeitsverträge gestrichen und die Gebietsabgrenzungen in Artikel I Abs. 1 und Artikel III auf die Gemeinschaft erweitert werden[718].

2. Einhaltung des Bestimmungslandprinzips

In die Gegenseitigkeitsverträge sollte die Pflicht jeder Verwertungsgesellschaft aufgenommen werden, bei der Berechnung der festen, dem Urheber zustehenden Lizenzgebühr das Bestimmungslandprinzip anzuwenden. Auf diese Weise wäre gewährleistet, daß Verwertungsgesellschaften nicht durch die Anwendung der Inlandsbedingungen versuchen, zu Lasten der Urheber im Einzelfall Tonträgerherstellern mit Sonderkonditionen entgegenzukommen.

3. Kein fester Kommissionsabzug

Aus den Gegenseitigkeitsverträgen müßten die bisher bestehenden Klauseln gestrichen werden, nach welchen die beteiligten Verwertungsgesellschaften einen einheitlichen Kommissionsabzug für die in Durchführung des Gegenseitigkeitsvertrags eingezogenen Gebühren festlegen[719]. Der angestrebte beschränkte Wettbewerb um effiziente Verwaltungsleistungen der Verwertungsgesellschaften läßt sich nur eröffnen, wenn jede Verwertungsgesellschaft autonom über die von ihr einbehaltenen Verwaltungspauschalen entscheiden kann.

---

718 Vgl. Artikel I Abs. 1 und 2, Artikel III Mustervertrag im EG-Bereich für das Vervielfältigungsrecht gemäß BIEM-Standardvertrag, abgedruckt in GEMA-Jahrbuch 1995/96 D II 6 (S. 213).

719 Artikel VII Mustervertrag im EG-Bereich für das Vervielfältigungsrecht gemäß BIEM-Standardvertrag, abgedruckt in GEMA-Jahrbuch 1995/96 D II 6 (S. 213, 214).

4. Gegenseitige Unterstützung bei Kontrollen und Vollstreckung; Regelung der Aufwandsentschädigung

Die Verwertungsgesellschaften der Gemeinschaft müßten sich gegenseitig verpflichten, einander bei der Durchführung der Lizenzverträge mit Verwaltungsleistungen und Kontrollen zu unterstützen, und zwar - anders als bisher - ausdrücklich auch für den Fall, daß eine Verwertungsgesellschaft eine Lizenz an einen Tonträgerhersteller mit Sitz in einem anderen Mitgliedstaat erteilt. Erst die organisatorische Unterstützung der Schwestergesellschaft in diesem Mitgliedstaat ermöglicht der lizenzierenden Verwertungsgesellschaft eine wirksame Kontrolle darüber, daß der Tonträgerhersteller seinen Pflichten aus dem Lizenzvertrag nachkommt.
Für die erbrachten Verwaltungsleistungen müßte der unterstützenden Verwertungsgesellschaft eine angemessene Aufwandsentschädigung garantiert werden. Eine pauschale Aufwandsentschädigung erscheint hier allerdings nicht praktikabel. Die Höhe der Entschädigung sollte besser, soweit möglich, in jedem Einzelfall zwischen den beteiligten Verwertungsgesellschaften einvernehmlich festgelegt werden. Sie dürfte aber auf keinen Fall auf die feste Urhebervergütung durchschlagen.
Damit die lizenzierende Verwertungsgesellschaft nicht aus Kostengründen zu Lasten der Urheber auf Kontrollen verzichtet, müßte der Schwestergesellschaft im Mitgliedstaat, in dem der Tonträgerhersteller seinen Sitz hat, das Recht eingeräumt werden, aus eigenem Antrieb Kontrollen durchzuführen. Auch für diese freiwilligen Kontrollen müßte der kontrollierenden Verwertungsgesellschaft ein Anspruch auf Aufwandsentschädigung zustehen.
Es müßte der Zugriff der lizenzierenden Verwertungsgesellschaft auf das Vermögen des Tonträgerherstellers im Wege der Vollstreckung für den Fall gesichert werden, daß der Tonträgerhersteller seinen Sitz in einem Mitgliedstaat außerhalb des herkömmlichen Verwaltungsgebietes der lizenzierenden Verwertungsgesellschaft hat. Hierzu müßte die jeweilige Verwertungsgesellschaft im Staat des Tonträgerherstellers mit entsprechenden Vollmachten ausgestattet werden.

V. Einheitliche Befristung der Lizenzverträge

Die Verwertungsgesellschaften der Gemeinschaft müßten sich vertraglich verpflichten, die Lizenzverträge, die sie mit Tonträgerherstellern abschließen, mit einer gemeinschaftsweit einheitlichen zeitlichen Frist zu versehen. Auf diese Weise wäre gewährleistet, daß Tonträgerhersteller nach Ablauf der Frist eine erneute Wahl unter den Verwertungsgesellschaften haben und nicht dauerhaft an eine bestimmte Verwertungsgesellschaft gebunden werden. Damit könnte eine Monopolisierung der Lizenzierungstätigkeit bei einer Verwertungsgesellschaft verhindert werden. Da eine zeitliche Befristung der Lizenzverträge die Rechtstellung der Tonträgerhersteller betrifft, müßte die IFPI als Vertreterin der Tonträgerhersteller bei der Regelung der gemeinschaftsweit einheitlichen Vertragsdauer beteiligt werden.

VI. Sonderregelung für das Verhältnis zum Vereinigten Königreich und Irland

Problematisch ist die Einbeziehung des Vereinigten Königreichs und Irlands in eine gemeinschaftsweite Vertragsregelung. Nach dem - unverzichtbaren - Bestimmungslandprinzip wäre jede Verwertungsgesellschaft verpflichtet, für Exporte in das Vereinigte Königreich die dort aufgrund der Entscheidung des Copyright Tribunal vom 1. November 1991 anwendbare Lizenzgebühr von 8,5% ohne Mindestvergütungen anzuwenden (bzw. für Exporte nach Irland die dort geltenden Sätze). Bei der anvisierten Einigung, an die Urheber einen festen Betrag auszuschütten, müßte eine Sonderregelung gefunden werden (z.B. 7,8% des Händlerabgabepreises als feste, von den Kommissionsabzügen isolierte Urhebervergütung für Verkäufe im Vereinigten Königreich).
Soweit es die Lizenzierungstätigkeit der britischen MCPS betrifft, wäre diese Verwertungsgesellschaft verpflichtet, für Verkäufe in Kontinentaleuropa die dort anwendbare feste Urhebervergütung (z.B. 8,6% des Händlerabgabepreises) an die Urheber abzuführen, was selbstverständlich gegenüber den Tonträgerherstellern zu höheren Lizenzgebühren führt, als sie das Copyright Tribunal für das Vereinigte Königreich vorgegeben hat. Die Entscheidung des Copyright Tribunal steht dem jedoch nicht entgegen, da das Copyright Tribunal zur Begründung der niedrigeren Lizenzgebühr von 8,5% ganz auf die Besonderheiten für die Vermarktung von Tonträgern im britischen Markt abgestellt hat, während es hier um Verkäufe in Kontinentaleuropa geht.
Sollte demgegenüber für die MCPS nach britischem Recht keine Möglichkeit bestehen, auf Exporte nach Kontinentaleuropa den dort anwendbaren Vergütungssatz anzuwenden, so müßten die neu zu schließenden Gegenseitigkeitsverträge der kontinentaleuropäischen Verwertungsgesellschaften mit der MCPS hinsichtlich der Ermächtigung zur Vergabe des Verbreitungsrechts territorial auf das Vereinigte Königreich beschränkt werden. Dies wäre als Schutzmaßnahme zur vollen Wahrung der Rechte und Interessen der Urheber nach Artikel 36 EGV gerechtfertigt und verletzte auch nicht die Wettbewerbsregeln.

(7) Zusammenfassung

Die Praxis der Kommission zu territorialen Beschränkungen von Urheberrechtslizenzen und Gegenseitigkeitsverträgen und zum Bestimmungslandprinzip ist mit dem Gemeinschaftsrecht nicht zu vereinbaren:

Territorial beschränkte Verbreitungslizenzen sind von den Vorschriften zum freien Warenverkehr gedeckt. Sie können im Einzelfall zur Wahrung legitimer Urheberinteressen (z.B. Vermarktungsstrategien, Schutzmaßnahmen) erforderlich sein und verstoßen dann auch nicht gegen die Wettbewerbsregeln. Territoriale Beschränkungen von Gegenseitigkeitsverträgen und die dadurch bewirkte territoriale Aufteilung der Zuständigkeiten zwischen den nationalen Verwertungsgesellschaften für die jeweils in ihrem Verwaltungsgebiet ansässigen Tonträgerhersteller verstoßen nicht gegen das europäische Kartellrecht. Sie sind durch die gegenseitige Nutzung der jeweils vorhandenen Organisationsstrukturen gerechtfertigt und ein zulässiges Mittel zur Wahrung des Urheberrechts als ausschließlicher Rechtszuständigkeit.

Das Bestimmungslandprinzip ist weder nach den Vorschriften zum freien Warenverkehr noch nach den Wettbewerbsregeln zu beanstanden. Es bleibt unverzichtbarer Bestandteil einer vom nationalen und europäischen Recht anerkannten angemessenen Beteiligung des Urhebers an der tatsächlichen wirtschaftlichen Nutzung seines Werkes.

Die Praxis der Kommission führt zu einer gemeinschaftsweiten Reduzierung des Urheberschutzes auf das niedrigste innerhalb der Gemeinschaft vorhandene Niveau. Das Monopol des Urhebers an der Nutzung seines Werkes - als solches vom Gemeinschaftsrecht anerkannt - wird durch die Kommissionspraxis faktisch beseitigt. Der zwischen den Verwertungsgesellschaften eröffnete Wettbewerb geht zwangsläufig auf Kosten der Urheber und führt letztlich zu Lasten aller Beteiligten zum Zusammenbruch der auf Gegenseitigkeitsverträgen beruhenden internationalen Urheberrechtslizenzierung. Diese Konsequenzen der Kommissionspraxis sind mit den wettbewerbs- und urheberrechtspolitischen Vorgaben des Gemeinschaftsrechts nicht zu vereinbaren.

Angesichts der wirtschaftlichen Verhältnisse (Existenz weltweit tätiger Tonträgerherstellerkonzerne) und der Unverzichtbarkeit der Lohn- und Konzernpressung läßt sich ein Wettbewerb der Verwertungsgesellschaften, der zu Lasten der Urheber geht, nur durch eine vertragliche Einigung unter Einbeziehung der Tonträgerhersteller eindämmen. Eine solche Vereinbarung müßte die Urhebervergütung von den Kommissionsabzügen der Verwertungsgesellschaften und von möglichen Sonderkonditionen abkoppeln. Den Verwertungsgesellschaften müßte durch eine wirksamere Kooperation auf dem Gebiet der Datenverarbeitung und durch eine koordinierte gegenseitige Unterstützung bei Kontrollen und Vollstreckung eine gemeinschaftsweite Lizenzierungstätigkeit ermöglicht werden, bei der gewährleistet ist, daß sie nicht zu Nachteilen für die Rechteinhaber führt. Der dadurch zugunsten der Tonträgerhersteller und Verbraucher eröffnete, auf effiziente Verwaltungsleistungen beschränkte Wettbewerb der Verwertungsgesellschaften läge auf der wettbewerbspolitischen Linie der *SACEM*-Entscheidungen.

Es ist zu wünschen, daß eine gemeinschaftsweite vertragliche Einigung zwischen den Verwertungsgesellschaften mit den beschriebenen Eckdaten gefunden wird. Ein solcher Vertrag würde sich in die bereits bestehenden internationalen Vertragssysteme der Verwertungsgesellschaften einreihen und diente den Interessen sowohl der Urheber als auch der Nutzer musikalischer Werke.

Literaturverzeichnis

Beier, Friedrich-Karl: "Gewerblicher Rechtsschutz und freier Warenverkehr im europäischen Binnenmarkt und im Verkehr mit Drittstaaten" in: GRUR Int. 1989, S. 603 ff

Bellamy, Christopher / Child, Graham: "Common Market Law of Competition" 4. Auflage London 1993

Best, Hubert: "Brief Analysis of the BIEM/IFPI Standard Agreement" in: *Lester, David / Faulder, Sarah / van Rij, Cees* (Hrsg.): "Mechanical Rights - Reports presented at the Meeting of the International Association of Entertainment Lawyers MIDEM 1992, Cannes" Apeldoorn/Antwerpen 1992, S. 27 ff

Boytha, György: "The Intellectual Property Status of Sound Recordings" in: IIC Vol. 24 No. 3/1993, S. 285 ff

Corbet, Jan: "Les Sociétés d'Auteurs en Europe" in: *Peeperkorn, David / van Rij, Cees* (Hrsg.): "Collecting Societies in the Music Business - Reports presented at the Meeting of the International Association of Entertainment Lawyers MIDEM 1989, Cannes" Apeldoorn/Antwerpen 1989, S. 91 ff
in englischer Übersetzung: "Authors' Societies in Europe", a.a.O. S. 22 ff

Dauses, Manfred A.: "Handbuch des EG-Wirtschaftsrechts" 3. Ergänzungslieferung München Januar 1996 (zit.: *Dauses - Bearbeiter*)

Davies, Gillian / Rauscher auf Weeg, Hans Hugo von: "Das Recht der Hersteller von Tonträgern" München 1983

Deringer, Arved: "Wandlungen des Urheberrechts unter dem Einfluß des Europäischen Gemeinschaftsrechts" in: NJW 1985, S. 513 ff

Dietz, Adolf: "Das Urheberrecht in der Europäischen Gemeinschaft" Baden-Baden 1978

Dietz, Adolf: "Die Schutzdauer-Richtlinie der EU" in: GRUR Int. 1995, S. 670 ff

Frotz, Gerhard: "Verletzung von Urheberrechten beim Parallel- und Reimport von Tonträgern?" in: Österreichische Blätter für den gewerblichen Rechtsschutz und Urheberrecht 1977, S. 137 ff

Gamm, Otto-Friedrich Frhr v.: "Urheberrechtsgesetz" München 1968

GEMA (Hrsg.): "Jahrbuch 1995/96" Baden-Baden 1995

GEMA (Hrsg.): "Jahrbuch 1993" Baden-Baden 1993

Gleiss, Alfred / Hirsch, Martin / Burkert, Thomas O.J.: "Kommentar zum EG-Kartellrecht Band 1 Art. 85 und Gruppenfreistellungsverordnungen" 4. Aufl. Heidelberg 1993 (zit.: *Gleiss/Hirsch*)

Gorsler, Kai: "Mechanical Rights in Germany" in: *Lester, David / Faulder, Sarah / van Rij, Cees* (Hrsg.): "Mechanical Rights - Reports presented at the Meeting of the International Association of Entertainment Lawyers MIDEM 1992, Cannes" Apeldoorn/Antwerpen 1992, S. 50 ff

Grabitz, Eberhard / Hilf, Meinhard: "Kommentar zur Europäischen Union" 9. Ergänzungslieferung München Oktober 1995 (zit.: *Grabitz/Hilf - Bearbeiter*)
von der Groeben, Hans / Thiesing, Jochen / Ehlermann, Claus-Dieter: "Handbuch des Europäischen Rechts" 339. Lieferung Baden-Baden Januar 1996 (zit.: *Groeben/Thiesing/Ehlermann - Bearbeiter*)

Hodik, Kurt H.: "Leistungsschutzrechtliche Vertragsbeziehungen bei der Tonträgerherstellung und -verwertung" in: UFITA Band 113/1990, S. 5 ff

Jaume, René: "Lizenzverträge und Wettbewerbsregeln" in: WuW 1972, S. 775 ff
Joliet, René: "Zielkonflikte zwischen gewerblichem Rechtsschutz und Gemeinschaftsrecht?" in: GRUR 1992, S. 240 ff

Karnell, Gunnar: "Die Verwertungsgesellschaften in einem zusammenwachsenden Europa" in: GRUR Int. 1991, S. 583 ff
Karnell, Gunnar: "Wer liebt Phil Collins?" in: GRUR Int. 1994, S. 733 ff
Katzenberger, Paul: "TRIPS und das Urheberrecht" in: GRUR Int. 1995, S. 447 ff
Kreile, Reinhold: "EMRO - Zukunft oder Gefährdung der Musiklizenzierung in Europa?" in: *GEMA* (Hrsg.) "Jahrbuch 1993" Baden-Baden 1993, C, S. 65 ff
Kreile, Reinhold / Becker, Jürgen: "Multimedia und die Praxis der Lizenzierung von Urheberrechten" in: *GEMA* (Hrsg.) "Jahrbuch 1995/96" Baden-Baden 1995, C, S. 68 ff sowie (erweitert): "Multimedia und die Praxis der Lizenzierung von Urheberrechten" in: GRUR Int. 1996, S. 677 ff

Lester, David "Mechanical Rights in the UK" in: *Lester, David / Faulder, Sarah / van Rij, Cees* (Hrsg.): "Mechanical Rights - Reports presented at the Meeting of the International Association of Entertainment Lawyers MIDEM 1992, Cannes" Apeldoorn Antwerpen 1992, S. 76 ff
Loewenheim, Ulrich: "Schallplattenimporte und freier Warenverkehr im Gemeinsamen Markt" in: UFITA Band 95/1983, S. 41 ff

Melichar, Ferdinand: "Der Abzug für soziale und kulturelle Zwecke durch Verwertungsgesellschaften im Lichte des internationalen Urheberrechts" in: *Becker, Jürgen* (Hrsg.) "Die Verwertungsgesellschaften im Europäischen Binnenmarkt" Baden-Baden 1990, S. 47 ff
Mestmäcker, Ernst-Joachim: "Europäisches Wettbewerbsrecht" München 1974
Mestmäcker, Ernst-Joachim / Schulze, Erich: "Urheberrechtskommentar" Band 1 - 3, 19. Lieferung München Oktober 1995 (zit.: *Mestmäcker/Schulze*)
Mestmäcker, Ernst-Joachim: "Zur Urhebervergütung für Tonträger im europäischen Gemeinschaftsrecht" in: *Scheurmann, Andreas / Strittmatter, Angelika* (Hrsg.) "Urheberrechtliche Probleme der Gegenwart - Festschrift für Ernst Reichardt zum 70. Geburtstag" München 1990, S. 141 ff
Mestmäcker, Ernst-Joachim: Anmerkung zu OLG Hamburg Urteil vom 22.9.1983 - 3 U 193/82 in: *Schulze* RzU OLGZ 263, S. 32 f

Müller-Henneberg, Hans / Schwartz, Gustav / Benisch, Werner: "Gesetz gegen Wettbewerbsbeschränkungen und Europäisches Kartellrecht - Gemeinschaftskommentar" 4. Auflage Köln/Berlin/Bonn/München 1980 ff (Stand: 18. Lieferung 1995) (zit.: *Gemeinschaftskommentar - Bearbeiter*)

Nordemann, Wilhelm / Vinck, Kai / Hertin, Paul W.: "International Copyright and Neighboring Rights Law" Weinheim 1990

Nordemann, Wilhelm / Vinck, Kai / Hertin, Paul W.: "Internationales Urheberrecht und Leistungsschutzrecht" Düsseldorf 1977

Nordemann, Wilhelm / Vinck, Kai / Hertin, Paul W.: "Urheberrecht - Kommentar zum Urheberrechtsgesetz und zum Urheberrechtswahrnehmungsgesetz" (begründet von *Friedrich Karl Fromm und Wilhelm Nordemann*) 8. Auflage Stuttgart Berlin Köln 1994 (zit.: *Fromm/Nordemann - Bearbeiter*)

Peeperkorn, David / van Rij, Cees (Hrsg.): "Collecting Societies in the Music Business - Reports presented at the Meeting of the International Association of Entertainment Lawyers MIDEM 1989, Cannes" Apeldoorn/Antwerpen 1989

Peeperkorn, David: "Collecting for 'Bluettes'" in: *Peeperkorn, David / van Rij, Cees* (Hrsg.): "Collecting Societies in the Music Business - Reports presented at the Meeting of the International Association of Entertainment Lawyers MIDEM 1989, Cannes" Apeldoorn/Antwerpen, 1989, S. 11 ff

van Rij, Cees: "EC Law and the Licensing of Mechanical Rights" in: *Lester, David / Faulder, Sarah / van Rij, Cees* (Hrsg.): "Mechanical Rights - Reports presented at the Meeting of the International Association of Entertainment Lawyers MIDEM, Cannes" Apeldoorn/Antwerpen 1992, S. 35 ff

Schack, Haimo: "Schutzfristenchaos im europäischen Urheberrecht" in: GRUR Int. 1995, S. 310 ff

Schricker, Gerhard: "Harmonization of Copyright in the European Economic Community" in: IIC Vol. 20 No. 4/1989, S. 466 ff

Schricker, Gerhard: "Urheberrechtsgesetz" München 1987 (zit.: *Schricker - Bearbeiter*)

Schricker, Gerhard: "Urheberrecht zwischen Industrie- und Kulturpolitik" in: GRUR 1992, S. 242 ff

Schulze, Erich: "Zum Tarifstreit zwischen der französischen Verwertungsgesellschaft SACEM und den französischen Diskothekenbesitzern" in: GRUR Int. 1991, S. 26 ff

Schulze, Erich: "Die britische Tonträgerindustrie vor dem Copyright Tribunal" in: GRUR Int. 1993, S. 825 ff

Schulze, Erich: "Urheberrechte in der Musik und die deutsche Urheberrechtsgesellschaft" 2. Aufl. Berlin 1956

Schulze, Erich: "Urhebervertragsrecht" 3. Aufl. München 1982

Smit, Hans / Herzog, Peter: "The Law of The European Economic Community - A Commentary on The EEC Treaty" New York 1976 (zit.: *Smit/Herzog*)

Thurow, Norbert: "Lizenzierung von Tonträgern durch Verwertungsgesellschaften für den Bereich der EG" in: *Becker* (Hrsg.): "Die Verwertungsgesellschaften im Europäischen Binnenmarkt" Baden-Baden 1990, S. 95 ff

Ullrich, Hanns: "Die wettbewerbspolitische Behandlung gewerblicher Schutzrechte in der EWG" in: GRUR Int. 1984, S. 89 ff

Ullrich, Hanns: "Gemeinschaftsrechtliche Erschöpfung von Immaterialgüterrechten und europäischer Konzernverbund" in: GRUR Int. 1983, S. 370 ff

Ulmer, Eugen: Anmerkung zum Beschluß des OLG Hamburg vom 8. Oktober 1970 in: GRUR Int. 1970, S. 379 f

Vacher-Desvernais, Antoine: "BIEM" in: *Lester, David / Faulder, Sarah / van Rij, Cees* (Hrsg.): "Mechanical Rights - Reports presented at the Meeting of the International Association of Entertainment Lawyers MIDEM 1992, Cannes" Apeldoorn/Antwerpen 1992, S. 148 ff
in englischer Übersetzung: "BIEM and Mechanical Rights", a.a.O. S. 17 ff

Vogel, Martin: "Wahrnehmungsrecht und Verwertungsgesellschaften in der Bundesrepublik Deutschland" in: GRUR Int. 1993, S. 513 ff

World Intellectual Property Organization (Hrsg.): Publication No. 688 (E) "Collective Administration of Copyright and Neighbouring Rights" Genf 1990